“十三五”职业教育国家规划教材

国家职业教育金融专业教学资源库升级改进配套教材

icve 智慧职教 高等职业教育在线开放课程新形态一体化教材

互联网金融基础

（第二版）

主编 郭福春 史 浩
副主编 刘晓丰

高等教育出版社·北京

内容简介

本书是“十三五”职业教育国家规划教材，也是国家职业教育金融专业教学资源库升级改进配套教材，还是国家职业教育互联网金融专业教学资源库的配套教材，同步建设有“互联网金融基础”在线开放课程和数字化资源。

国家职业教育金融专业教学资源库项目是教育部、财政部为深化高职教育教学改革，加强专业与课程建设，推动优质教学资源共建共享，提高人才培养质量而启动的国家级高职教育建设项目。

本书包括互联网金融概述、互联网支付、网络借贷与众筹、互联网基金、互联网保险、互联网信托和互联网消费金融、金融科技：云计算、金融科技：大数据与人工智能、金融科技：区块链以及互联网金融监管共十章内容。每章学习目标明确，都以思维导图和最新案例导入，配以丰富的数字化学习资源，体现知识、技能和素质培养与学习并重的理念。

本书可作为高职高专经济管理类专业教学专用教材，也非常适合广大高校、培训机构作为课程教材使用，同时还适合社会各界读者了解和学习互联网金融与金融科技，为更进一步的学习研究打下良好基础。

本书配有丰富的数字化资源和完整的在线开放课程。本书使用者可通过访问“智慧职教”（http://www.icve.com.cn）平台在线学习“互联网金融基础”数字课程，也可登录爱课程网（中国大学 MOOC）参加在线开放课程的学习，详情请参见“郑重声明”页的信息化资源服务提示。

图书在版编目（CIP）数据

互联网金融基础 / 郭福春，史浩主编. -- 2版. -- 北京：高等教育出版社，2020.9（2021.12重印）
ISBN 978-7-04-054735-1

Ⅰ. ①互… Ⅱ. ①郭… ②史… Ⅲ. ①互联网络－应用－金融 Ⅳ. ①F830.49

中国版本图书馆CIP数据核字(2020)第138085号

互联网金融基础（第二版）
HULIANWANG JINRONG JICHU

策划编辑 贾若曦　责任编辑 贾若曦　封面设计 张 志　版式设计 于 婕
插图绘制 邓 超　责任校对 张 薇　责任印制 朱 琦

出版发行 高等教育出版社
社　　址 北京市西城区德外大街4号
邮政编码 100120
印　　刷 三河市华骏印务包装有限公司
开　　本 787mm×1092mm 1/16
印　　张 20.25
字　　数 360千字
购书热线 010-58581118
咨询电话 400-810-0598
网　　址 http://www.hep.edu.cn
　　　　 http://www.hep.com.cn
网上订购 http://www.hepmall.com.cn
　　　　 http://www.hepmall.com
　　　　 http://www.hepmall.cn
版　　次 2017年11月第1版
　　　　 2020年9月第2版
印　　次 2021年12月第3次印刷
定　　价 49.20元

物 料 号 54735-A0

“智慧职教”服务指南 <<<<<<<<<

“智慧职教”是由高等教育出版社建设和运营的职业教育数字教学资源共建共享平台和在线课程教学服务平台，包括职业教育数字化学习中心平台（www.icve.com.cn）、职教云平台（zjy2.icve.com.cn）和云课堂智慧职教 App。用户在以下任一平台注册账号，均可登录并使用各个平台。

● 职业教育数字化学习中心平台（www.icve.com.cn）：为学习者提供本教材配套课程及资源的浏览服务。

登录中心平台，在首页搜索框中搜索“互联网金融基础”，找到对应作者主持的课程，加入课程参加学习，即可浏览课程资源。

● 职教云（zjy2.icve.com.cn）：帮助任课教师对本教材配套课程进行引用、修改，再发布为个性化课程（SPOC）。

1. 登录职教云，在首页单击“申请教材配套课程服务”按钮，在弹出的申请页面填写相关真实信息，申请开通教材配套课程的调用权限。

2. 开通权限后，单击“新增课程”按钮，根据提示设置要构建的个性化课程的基本信息。

3. 进入个性化课程编辑页面，在“课程设计”中“导入”教材配套课程，并根据教学需要进行修改，再发布为个性化课程。

● 云课堂智慧职教 App：帮助任课教师和学生基于新构建的个性化课程开展线上线下混合式、智能化教与学。

1. 在安卓或苹果应用市场，搜索“云课堂智慧职教”App，下载安装。

2. 登录 App，任课教师指导学生加入个性化课程，并利用 App 提供的各类功能，开展课前、课中、课后的教学互动，构建智慧课堂。

“智慧职教”使用帮助及常见问题解答请访问 help.icve.com.cn。

国家职业教育金融专业教学资源库配套教材共有 6 种数字资源标注形式，当教材中出现相应图标时，可在在线开放课程中获取该种类型的资源。

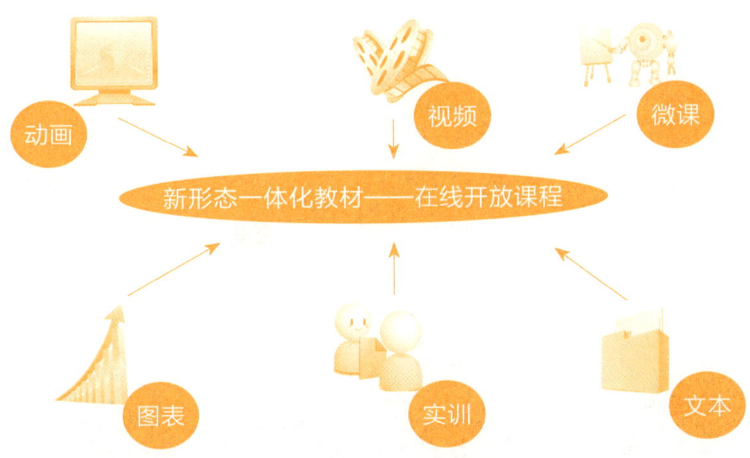

互联网金融基础

主讲教师：郭福春

国家职业教育金融专业教学资源库示范课程（www.icve.com.cn）

互联网金融基础

所属项目: 互联网金融　项目来源: 国家项目

所属分类: 财经商贸大类 > 金融类 > 互联网金融

课程性质: 专业基础课　　学时：54

由于互联网金融的迅速兴起，对我国传统金融业以及整个商业生态带来了革命性的强大驱动力。在现代经济和科技发展的召唤下，互联网金融促使社会资金支付方式更加丰富和便捷、金融产品营销模式不断创新和深化、资本融通日益普惠和高效。本课程着眼于互联网金融的概念阐释、模式详解。

2017/5/29　5218

参加学习　课程收藏　课程分享

教学大纲　课程简介　课程评价

绪论

《互联网金融基础》导学

互联网金融的概念和模式

突破传统金融案例与分析

延伸知识与操作实训

互联网支付

支付概述

银行业金融机构支付

第三方支付机构支付

主讲教师

郭福春
教授

浙江金融职业学院
博士，二级教授，浙江金融职业学院党委委员、副校长，信息与互联网金融学院院长，兼任全国金融职业教育教学指导委员会委员、常务副秘书长，全国高等职业技术教育研究会秘书长，高职研究会秘书长，大学生科技竞赛委员会委员。

吴金旺
教授

浙江金融职业学院
信息与互联网金融学院副院长、互联网金融专业负责人，研究领域：互联网金融、职业教育

中国大学 MOOC 在线开放课程（http://www.icourse163.org/）

高等职业教育金融专业教学资源库升级改进建设项目课程建设委员会 <<<<<<<<<

主任委员：

周建松	浙江金融职业学院教授

副主任委员：

郭福春	浙江金融职业学院教授
董瑞丽	浙江金融职业学院教授

委　员：

陈春祥	浙商银行浙银大学校长
徐　刚	高等教育出版社编审
赵伟江	浙商证券股份有限公司副总裁
吴　胜	浙江金融职业学院教授
杨则文	广州番禺职业技术学院教授
王艳君	泉州轻工职业学院教授
吕鹰飞	长春高等金融专科学校教授
王　华	浙江金融职业学院教授
汪卫芳	浙江金融职业学院教授
黄　素	保险职业学院教授
李晓红	辽宁金融职业学院副教授
胡君晖	北京财贸职业学院副教授

契合新金融时代发展要求的金融专业教学资源库升级改进项目建设之路

高等职业教育金融专业教学资源库项目自2008年开始筹建，于2011年9月获教育部正式立项（教职成函〔2011〕7号），2012年1月正式启动建设（教职成函〔2012〕1号）。建设之初即定位于“基于校企合作双元开发基础，融入以学生、职员、教师（培训师）、大众居民四方为主体的多元社会需求，通过教师教学改革实践平台、学生在线自主学习平台、职员业务素质提升平台、大众金融知识服务平台等四大平台的整体设计，建设满足金融类高素质技能型专门人才培养需求，具有国内领先水平，体现现代金融业最新发展动态的优质教学资源库，并成为推动全国高职金融教育教学改革与建设的主要平台”。高等职业教育金融专业教学资源库项目按照《高等职业教育金融专业教学资源库项目任务书》的要求，项目建设团队根据广泛参与、共建共享的原则，历经6年筹备与建设期，超额实现项目建设目标，并于2014年顺利通过教育部验收。

伴随着互联网金融、普惠金融等新金融业态的兴起，数字化时代的到来，金融行业对金融从业人员的职业素质与能力提出了更高的要求，呼唤学校与行业、企业深度融合，利用现代信息技术和移动互联网技术，改变传统的学校主导教学资源开发的方式，合力开发优质数字化教学资源；打破静态、固化的传统教学资源应用方式，构建教学应用场景；行业、企业全方位介入专业人才培养过程，优化教学效果评价；需要进一步强化金融教育供给侧与金融产业需求侧的对接，搭建职业与教育之间的桥梁，提高学习者的互联网思维能力与金融职业素养，满足“人人皆学、处处能学、时时可学”的泛在学习需求，全面提升金融专业人才培养质量。

基于金融专业资源库前期项目建设与应用的良好基础条件，着力于新金融业态下金融专业教学资源的供给侧改革，实现优质教学资源的共建共享，该项目于2016年5月申请升级改进项目支持建设，并于2016年12月获教育部正式立项（教职成函〔2016〕15号）。

“互联网＋”时代教育发展的趋势是“移动、开放、共享、协作”。随着技术推进教育的发展，慕课和翻转课堂的兴起与“智慧职教”平台的广泛应用，金融专业教学资源库升级改进项目按照经批复的《职业教育金融专业教学资源库升级改进项目建设方案》和《职业教育金融专业教学资源库升级改进项目任务书》要求，遵循“一体化设计、结构化课程、颗粒化资源”的逻辑，以满足用户使用需求为目标，根据金融专业特点，对知识结构、资源属性和运行平台功能等进行一体化整体设计，迁移建设新平台，重新梳理、更新原有资源。项目组会同主持院校浙江金融职业学院，以及广州番禺职业技术学院、北京财贸职业学院、辽宁金融职业学院、长春金融高等专科学校、保险职业学院、山西金融职业学院、山西省财政税务专科学校、宁夏财经职业技术学院等合作院校，在全国金融职业教育教学指导委员会、高等教育出版社以及金融行业合作企业的大力支持和指导下，历经 2 年时间，完成了金融专业教学资源库的升级改进项目建设任务。2018 年 7 月，《关于公布职业教育专业教学资源库 2018 年验收结果的通知》（教职成司函〔2018〕91 号）公布，国家职业教育金融专业教学资源库升级改进项目通过了教育部验收。

金融专业教学资源库升级改进项目在原有的 10 门核心课程“现代金融基础”“商业银行综合柜台业务”“银行会计实务”“金融服务营销”“金融服务礼仪”“证券投资实务”“保险实务”“银行产品”“银行授信业务”“国际结算操作”建设基础上，新增加建设了“互联网金融”课程。“互联网金融”课程内容涵盖传统金融机构互联网方向业务以及新型互联网金融机构业务，体现“互联网 +”背景下金融行业最新发展业态。

金融专业教学资源库升级改进项目基于“能学、辅教”的功能定位，针对教师用户、学生用户、企业用户和社会用户的需求，提供了专业园地、课程中心、微课中心、培训中心、素材中心、特色资源六大模块。

金融专业教学资源库升级改进项目的主要特色体现在以下三个方面：

1. 充分体现“一体化设计、结构化课程、颗粒化资源”的资源建设逻辑。金融专业教学资源库升级改进项目注重知识点和技能点的提炼，在原有课程建设框架基础上重新梳理知识点和技能点、设计课程知识树架构，按照素材、积件、模块、课程等层次结构组织资源、重构资源体系，进一步优化资源质量，增加高级别资源的比重，为搭建结构化课程提供有力支撑。每门课程以知识树为框架，以微课、教学动画、PPT、习题、图片、案例等颗粒化的资源为素材，构建若干知识点、技能点等积件，由积件按照一定的逻辑组合形成学习单元模块，再由若干单元模块构成课程完整的教学内容和教学活动，最终完成结构化课程的搭建。

2. 凸显“互联网 +”背景下金融行业最新发展动态。在“互联网 +”的冲击下，金融业态已发生了新的变化，互联网金融、科技金融的兴起正在改变着传统的金融业态和金融业务。根据“互联网 +”背景下金融业发展对人才需求的变化情况，项目组新增了“金融科技”课程资源，开发建设互联网金融实训软件，建设互联网金融企业案例教学素材库，满足互联网时代金融新业态下教学资源供给需要，充分凸显了教学资源的时代性、发展性和优质性。

3. 资源平台使用便捷，实现了能学、辅教功能。根据金融专业教学资源库升级改进项目建设平台迁移的要求，项目组将更新升级后的资源从主持院校网络平台迁移到“智慧职教”平台，完成了六大模块搭建工作。新平台上的资源内容及呈现方式让用户使用更加便捷，实现了“能学、辅教”的功能。

“能学”体现在：建好的资源平台使用便捷，在校学生以及其他学习者可以通过计算机登录职教云平台，或用手机登录云课堂 App，利用平台上的数字化资源时时、处处开展学习。学生可以根据自己的薄弱点或兴趣点自主选择学习内容，进行系统化、个性化学习，在实现学习目标的同时也提高了学习的自主性。

“辅教”体现在：任课教师可以针对不同教学对象的需求在职教云平台利用颗粒化资源进行组课，对授课班级学生布置习题作业，进行测验考试，开展讨论、头脑风暴、课堂互动等。教师也可以利用资源库实施翻转课堂、线上线下混合式教学等多样化教学组织活动，辅助教学实施，更好地促进教学目标的实现。

与此同时，项目组组织各课程建设团队同步修订了金融专业教学资源库配套系列教材。新修订的教材修改完善了原有的知识体系架构，更新补充了金融业务的新知识、新内容、新制度、新规定，并依托于金融专业教学资源库升级改进项目丰富的数字化资源，以直接扫描二维码呈现与智慧职教平台展示相结合的方式为教材使用者提供各类学习资源。资源库项目升级改进建设与教材建设二者相辅相成，共同为优质的金融应用型人才培养起到积极的推进作用。

国家职业教育金融专业教学资源库升级改进建设项目组
2019 年 1 月

总序 <<<<<<<<<

金融是现代经济的核心，是社会和谐发展的稳定器，对现代经济社会发展具有非常重要的意义。自改革开放以来，我国金融业得到了快速发展，对金融业从业人员提出了更高的要求。如何进一步提高我国金融从业人员，尤其是基层业务一线人员的整体素质和水平，是摆在我国高等教育，尤其是高等职业教育面前一项非常重要的课题。

2006 年，教育部、财政部开始启动“国家示范性高等职业院校建设计划”，旨在引导我国高等职业教育人才培养应面向各行业企业岗位需求，向培养高素质技能型人才方向发展。 国家职业教育金融专业教学资源库建设项目从 2008 年开始启动，2011 年正式获得教育部、财政部建设立项。该项目建设是教育部门为了满足金融业迅速发展对从业人员素质提高的要求，规范金融专业人才培养模式，共享优质教学资源而做的一项重要的、开创性的工作。几年来，国家职业教育金融专业教学资源库建设项目在原教育部高职高专经济类教学指导委员会的指导下，按照教育部提出的“由国家示范高职建设院校牵头组建开发团队，吸引行业企业参与，整合社会资源，在集成该专业全国优质课程建设成果的基础上，采用整体顶层设计、先进技术支撑、开放式管理、网络运行的方法进行建设”的建设方针，确定了浙江金融职业学院、广州番禺职业技术学院、山西省财政税务专科学校等 10 多所院校和中国农业银行浙江省分行、浙商银行等 20 余家金融企业作为联合建设单位，同时以课程和项目为单位吸收全国 30 余所高职院校的 100 余名骨干教师形成了一支学校、企业、行业紧密结合的建设团队。项目建设团队以金融产业转型升级的现实需求为起点，以“六业贯通”为主线，即办好“专业”，注重“学业”，关注“就业”，鼓励“创业”，强化“职业”，成就“事业”，以学生自主学习、教师教学交流、职员业务提升、社会大众金融知识普及四大平台为支撑，以 10 门课程与 15 个资源中心为主要建设内容，以现代教育信息技术为手段，实现优质金融教育资源人人、时时、处处的共建、共用、共享。

在上述工作基础上，项目组推出了国家职业教育金融专业教学资源库系列教材，包括《金融基础》《金融服务营销》《金融服务礼仪》《商业银行会计》（第二版）、《银行授信业务》《银行产品》《国际结算操作》《商业银行综合柜台业务》《证券投资实务》《保险实务》10 本教材。本系列教材是“国家职业教育金融专业教学资源库”建设项目的重要成果之一，也是资源库课程开发成果的重要载体和资源整合应用的实践。2013 年，本系列教材已成功立项为教育部“十二五”职业教育国家规划教材。

本系列教材装帧精美，采用四色或双色印刷，使教材的表现力更加生动、形象。另外，按照资源库建设的顶层设计要求，在本系列教材编写的同时，各门课程开发了涵盖课程大纲、教材、职业活动教学设计、电子课件、操作演示、虚拟实训、案例、动画、视频、音频、图片等在内的丰富的教学资源。这些教学资源的建设与教材编写同步进行，相携而成，是本系列教材最大的特色。同时，为了引导学习者充分使用资源，打造真正的“自主学习型”教材，本系列教材增加了辅学资源标注（具体见本书学习指南），即在教材中通过图标形象地告诉读者本处教学内容所配备的资源类型、内容和用途，从而将教材内容和教学资源有机整合起来，使之浑然一体。如果说资源库数以千计的教学资源是一颗颗散落的明珠，那么本系列教材就是将它们有序串接的珠链。

我们有理由相信，这套嵌合着数以千计的优质教学资源、凝结着数以百计的优秀教师心血的教材将成为高等职业教育金融专业教学上第一套真正意义的理实一体的数字化、自主学习型创新教材。衷心地希望国家职业教育金融专业教学资源库项目成果，能够为高等职业教育金融专业建设和人才培养起到积极重要的推动和引导作用。

国家职业教育金融专业教学资源库建设项目组

2013 年 10 月

第二版前言

互联网金融基础导学

互联网金融（ITFIN）是指利用互联网、移动通信、大数据、云计算等信息通信技术实现资金融通、支付、投资和信息中介服务提供的新型金融业务模式。伴随着人工智能、移动互联网等一大批新兴科技的涌现，作为互联网金融的升级版，金融科技（FinTech）正加速助力金融业的发展与变迁。当前的金融科技以“ABCD”等技术发展为前提，标志并确立了金融业科技变革的长期趋势。这里A指的是人工智能(Artificial Intelligence)，B指的是区块链技术(Blockchain)，C指的是云计算（Cloud Computing），D指的是大数据技术（Big Data）。正是这些时代前沿技术为金融业的发展注入了新的澎湃动力，也同时将互联网金融推向了一个崭新的阶段。

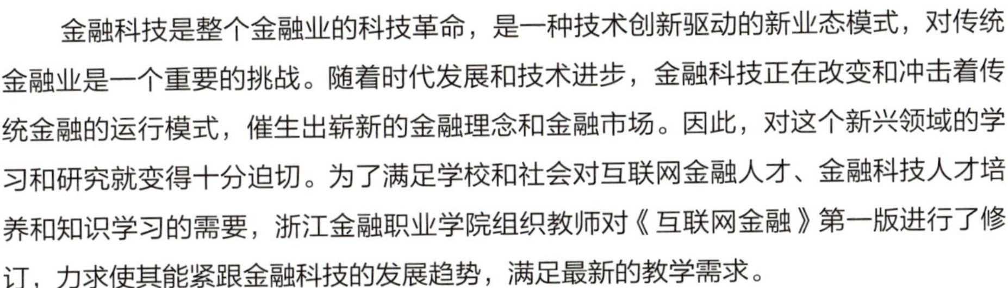

金融科技是整个金融业的科技革命，是一种技术创新驱动的新业态模式，对传统金融业是一个重要的挑战。随着时代发展和技术进步，金融科技正在改变和冲击着传统金融的运行模式，催生出崭新的金融理念和金融市场。因此，对这个新兴领域的学习和研究就变得十分迫切。为了满足学校和社会对互联网金融人才、金融科技人才培养和知识学习的需要，浙江金融职业学院组织教师对《互联网金融》第一版进行了修订，力求使其能紧跟金融科技的发展趋势，满足最新的教学需求。

本次修订构建了更为科学合理的结构体系与知识内容，更新了大量行业案例和发展数据，力求使其脉络更加清晰。此外，新版教材还对课程思政元素的融入进行了尝试，在每章学习目标中加入“思政目标”，旨在引导学习者深入思考，强化互联网金融职业道德建设。

本书第二版共10章，第1章互联网金融概述中加入了金融科技的相关内容；第2章互联网支付呼应和突出了本书体例新、更新快的特点，对于最新的支付工具和支付系统都有所介绍和讲解；第3章网络借贷与众筹对上版分别独立的两章内容进行了合并修订，重点介绍了股权众筹融资；第4章互联网基金增加了对其销售新发展趋势的介绍；第5章互联网保险重新梳理了业务模式，增加了监管和发展的介绍；第6章互联网信托和互联网消费金融亦更新了主要内容，对其纷繁的表象进行了深入的内在分析。

从第7章开始，本书引入了金融科技的内容。第7至9章介绍了金融科技的“ABCD”技术，对于关注互联网金融最新发展状况的学习者会有较大裨益。第10章互联网金融监管依据最新的法律法规进行了修订，全面讲解了互联网金融各种模式的监管主体和监管规则，有助于读者理解国内外的监管思路及相关政策。

围绕全新的知识体系与章节结构，本书重新按照主要知识点设计了思维导图，打破以往的章节编排组织方式，以起到有的放矢的学习效果。

作为国家职业教育金融和互联网金融两个专业教学资源库的配套教材，本书按照“一体化设计、结构化课程、颗粒化资源”原则配套建设有“互联网金融基础”在线开放课程，内含丰富的数字化资源，实现了在线开放课程与新形态一体化教材的“互联网 +”式互动，非常适合广大高校、培训机构教学使用，同时也适合社会各界读者了解和学习互联网金融与金融科技，并为将来更进一步的学习研究打下良好基础。

全书由浙江金融职业学院郭福春和史浩主编并审阅定稿，哈尔滨职业技术学院刘晓丰为副主编。本书第二版具体编写分工如下：第 1 章、第 2 章由史浩编写，第 3 章众筹部分由高泽金编写、网络借贷部分由邱勋编写，第 4 章由吴金旺、余倩编写，第 5 章由朱佳编写，第 6 章由金广荣编写，第 7 章由申睿、杨复勇编写，第 8 章由陆薇编写，第 9 章由袁泉编写，第 10 章由靖研编写。感谢“中国知网”副总经理薛德军先生等行业、企业界专家的参与和支持。在本书编写修订过程中，参考和引用了大量资料，恕不一一致谢。

由于时间仓促，编者学识有限，加之金融科技不断发展、日新月异，书中难免存在不当之处，敬请各位专家、学者和广大读者积极反馈并批评指正，以使本书日臻完善。

编者

2020 年 5 月于杭州

第一版前言 <<<<<<<<<

互联网金融（ITFIN）是指利用互联网、移动通信、大数据、云计算等信息技术实现资金融通、支付、投资并提供信息中介服务的新型金融业务模式。参与的企业除了传统的银行机构，还有大量的非银行企业，尤其是互联网公司。互联网金融不是互联网和金融业的简单结合，而是在实现安全交易、移动互联的基础之上，被用户广泛认可、接受和熟悉，为适应新的需求而产生的新模式及新业务，是传统金融行业与互联网技术相结合的新兴领域。

互联网金融是一种技术创新驱动的新业态模式，对于传统金融业是一个重要的补充。同时也要求传统金融业走出过去的封闭运营模式，通过金融模式创新，从供给侧满足小微企业、创业者、“三农”对于金融服务的需求。随着时代发展和技术进步，互联网金融正在改变和冲击着传统金融的运行模式。互联网金融的出现催生着崭新金融理念的汇聚形成和迅速崛起，对于这个新兴领域的学习和研究就变得十分迫切。为了满足学校和社会对于互联网金融人才培养和知识学习的需求，浙江金融职业学院组织教师编写了本书，力求使其易于学习理解且方便使用。

本书最大的特点是通过大量鲜活的案例，激发学生的学习兴趣，引导学生学习。在体例安排上，分为案例导学、内容讲解、延伸阅读、实训练习四部分。通过案例导学，让学生在实际业务基础上展开学习。通过内容讲解，讲述完整的互联网知识，逐层剖析知识背后的逻辑和体系。通过延伸阅读，拓展学生的视野并加强其对互联网金融实务的认知和理解。通过实训练习，强化学生实践动手能力的训练和培养。本书配备了丰富的线上学习资源和在线开放课程，包括配套的微课、教学课件、在线习题等；本书边白处还配有二维码资源，可以通过手机扫描灵活搭配使用。

全书共十章，第 1 章互联网金融概述主要从宏观上对互联网金融进行全景式扫描，让读者体验到互联网金融的特点、典型模式及其发展趋势。从第 2 章开始，以 2015 年 7 月 18 日中国人民银行等十部委颁布的《关于促进互联网金融健康发展的指导意见》为蓝本进行章节组织。其中第 2 章互联网支付，突破了之前按照金融机构支付和非金融机构支付的划分标准，以央行最新发布的《非银行支付机构网络支付业务管理办法》为指导，按照银行支付机构和非银行支付机构的标准进行内容组织，呼应和突出了本书体例新、更新快的特点，对于支付工具和支付系统都有所介绍和讲解。第 3 章网络借贷从 P2P 个人网络借贷和网络小额贷款两个方面进行了深入浅出的讲解，不仅如此，在实务方面还描述了如何进行 P2P 公司的注册以及如何进行 P2P 网贷理财。第 4 章股权众筹融资则对于各种众筹类型进行了清晰的定义，在适当讲解债权融资的基础上，重点描述了股权众筹融资。第 5 章互联网基金销售介绍了基金管理人、基金销售机构等一些基金业的基本概念，在案例讲解的基础上介绍了互联网基金销售新的发展趋势。第 6 章互联网金融保险介绍了保险的概念、类别、功能及作用，以此为起点，重点突出对于互联网保险模式的归纳和分析。第 7 章互联网信托和互联网消费金融是较新的内容，信托和消费金融也正顺应时代的要求进行互联网 + 转型，这一章对其纷繁的互联网金融表象作出深入的风险判断和理性解析。第 8 章互联网金融监管正本清源，从国家监管和金融安全层面，依据最新法规全面讲解了互联网金融各种模式的监管主体和监管规则，有助于读者对于政策的全面解读和理解。第 9 章介绍了云金融的概念、特点和应用。第 10 章较全面地从银行大数据、保险大数据、证券大数据方面详细阐述了金融大数据的应用。后两章是互联网金融更深入的发展阶段，更多高新科技的应用，配合互联网渠道和平台的支撑，使得金融创新如虎添翼。

全书脉络清晰，逐次展开，内容全新构建。特别地，作为国家职业教育金融专业教学资源库转型升级配套教材，本书按照“一体化设计、结构化课程、颗粒化资源”原则，配套建设有“互联网金融基础”在线开放课程和数字化资源，实现了在线开放课程与新形态一体化教材的“互联网 +”式互动，非常适合广大高校、培训机构作为课程教材使用，同时也适合社会各界读者了解和学习互联网金融，并为更进一步的学习研究打下良好基础。

全书由浙江金融职业学院郭福春教授和史浩副教授领衔主编，审阅定稿，哈尔滨职业技术学院刘晓丰为副主编。本书具体编写分工如下：第 1 章由潘锡泉编写、第 2 章由史浩编写、第 3 章由邱勋编写，第 4 章由高泽金编写，第 5 章由吴金旺编写，第 6 章由朱佳编写，第 7 章由金广荣编写，第 8 章由靖研编写，第 9 章由申睿编写，第 10 章由吕瑞、孔新川编写。在本书编写过程中，参考和引用了大量资料，特此感谢。由于时间仓促，编者学识有限，加之互联网金融发展日新月异，书中难免存在不当之处，敬请各位专家、学者和广大读者积极反馈并批评指正，以使本书日臻完善。

编者

2017 年 6 月于杭州

目录

案例导学索引

延伸阅读索引

第1章　互联网金融概述

学习目标

【知识目标】

- 了解互联网金融的含义。
- 理解并能描述互联网金融的模式及其特点。
- 了解互联网金融国内外发展阶段。
- 理解金融科技的发展趋势。

【能力目标】

- 能够分辨各种互联网金融模式。
- 能够对互联网金融和金融科技的发展进行简单分析。

【思政目标】

- 理解普惠金融思想，积极履行社会责任，为社会经济服务。
- 培养历史思维、辩证思维、系统思维和创造思维，养成良好的互联网金融思维习惯。

思维导图

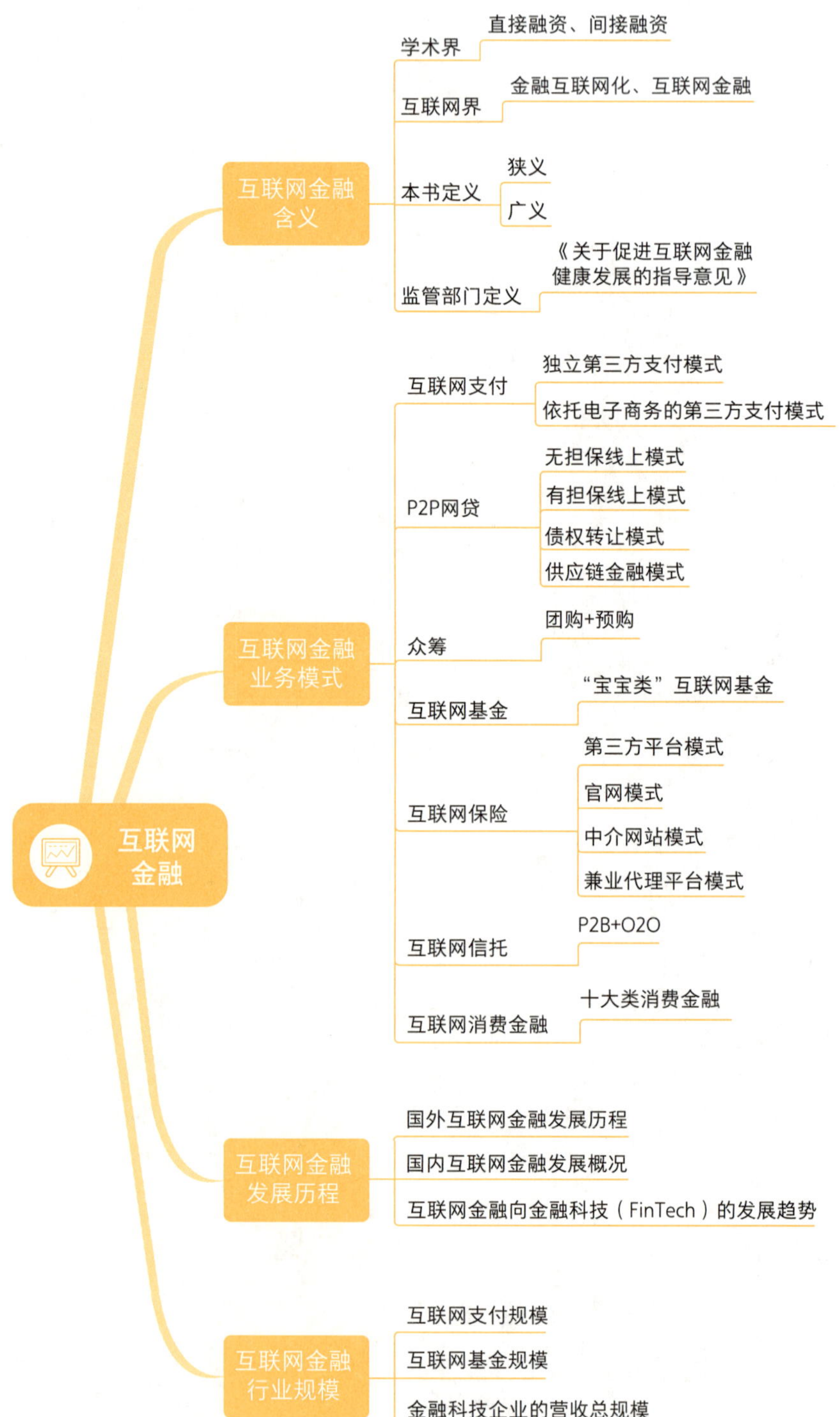
互联网金融
互联网金融含义
学术界
直接融资、间接融资
互联网界
金融互联网化、互联网金融
本书定义
狭义
广义
监管部门定义
《关于促进互联网金融健康发展的指导意见》
互联网金融业务模式
互联网支付
独立第三方支付模式
依托电子商务的第三方支付模式
P2P网贷
无担保线上模式
有担保线上模式
债权转让模式
供应链金融模式
众筹
团购+预购
互联网基金
“宝宝类”互联网基金
互联网保险
第三方平台模式
官网模式
中介网站模式
兼业代理平台模式
互联网信托
P2B+O2O
互联网消费金融
十大类消费金融
互联网金融发展历程
国外互联网金融发展历程
国内互联网金融发展概况
互联网金融向金融科技（FinTech）的发展趋势
互联网金融行业规模
互联网支付规模
互联网基金规模
金融科技企业的营收总规模

案例导学

金融科技：银行系崛起

近年来，银行系密集设立金融科技子公司的消息不绝于耳。2020年1月，交通银行公告，将出资6亿元人民币全资发起设立交通银行金融科技有限公司（简称“交银金科”）。交银金科是第四家由国有六大行启动设立的金融科技子公司。在这之前，国内已有数家银行系金融科技子公司陆续设立。此外，有消息称中原银行、广发银行等一批商业银行也计划设立金融科技子公司。

截至2020年1月，银行系金融科技子公司数量已经达到9家（不包括交银金科），创设金融科技子公司的热潮在席卷整个银行业（如表1–1所示）。

表1–1　已成立的银行系金融科技子公司

金融机构	金融科技子公司	注册时间	注册地	注册资金（亿元）
兴业银行	兴业数金	2015.11	上海	5
招商银行	招银云创	2016.02	深圳	0.5
光大银行	光大科技	2016.12	北京	2
建设银行	建信金科	2018.04	上海	1.6
民生银行	民生科技	2018.04	北京	2
华夏银行	龙盈智达	2018.05	深圳	0.21
工商银行	工银科技	2019.03	雄安新区	6
北京银行	北银科技	2019.05	北京	0.5
中国银行	中银科技	2019.06	上海	6

在自身转型驱动、市场需求拉动和外部竞争推动三重因素作用下，商业银行成立金融科技公司的大幕已拉开。交通银行表示，设立交银金科，旨在推动集团数字化、智慧化转型，提升集团数字化风控能力，进行金融科技服务输出。在业务路径上，银行系金融科技子公司大多遵循由内到外的轨迹，以服务母行集团为首要职能，先帮助银行自身实现金融科技转型与高质量发展，再扩展业务到服务同业中小银行、非银行金融机构甚至中小企业，实现成熟技术、成熟产品的输出。

以第一家银行系金融科技子公司——兴业数金为例，对内，它作为集团高科技内核和创新孵化器，全面负责兴业银行集团科技研发和数字化创新工作；对外，兴业数金致力于运用云计算、人工智能、开放API①、流程机器人等前沿技术，为商业银行数字化转型提供解决方案，输出科技产品与服务。

案例分析

银行系科技子公司是指由银行全资持有或外部合资建立的以发展金融科技为核心，以促进母行/集团金融科技转型为目标，进而实现技术输出的科技公司。与之对应的互联网金融科技公司，则主要是指由百度、阿里巴巴、腾讯、京东等互联网科技公司建立的，以金融科技为依托，对B端进行技术输出，进而触达C端市场的科技公司。如度小满金融、蚂蚁金服、腾讯金融科技、京东数科等。

近几年，商业银行受困于净利润增速放缓、净息差收窄的不利局面，需要加速向金融科技转型来提效降费。设立银行系金融科技子公司就成了商业银行的重要举措之一。为了快速获取金融科技的核心竞争力，商业银行与互联网金融科技公司有竞争也有大量的合作。

金融科技已经开始从被动支撑走向主动赋能。随着“开放银行”口号的提出（即输出自己的账户、支付等能力），银行也开始像互联网巨头一样向外延伸，尝试搭建一个开放的金融生态体系，而金融科技子公司，就是它们往外延伸的第一根触角。

个人征信：芝麻信用与FICO

美国的个人信用评分体系

芝麻信用是芝麻信用管理有限公司依据大数据而设计的面向社会的信用

① API即Application Programming Interface的缩写，指应用程序接口。

服务体系。芝麻信用分是芝麻信用管理有限公司根据采集的个人用户信息，运用大数据及云计算等技术进行加工、整理、计算后得出的信用评分，客观呈现个人的信用状况，通过连接各种服务，让每个人都能够体验信用带来的价值。芝麻信用的分值范围为350 ~ 950，分值越高代表个人信用水平越好，较高的芝麻信用分可以帮助用户获得更高效、更优质的服务。

个人征信：芝麻信用

芝麻信用的运作模式包括两部分：其一，基于大数据、云计算技术建立互联网个人信用信息数据库。与传统征信机构主要采集信息主体在金融机构的信贷数据不同，芝麻信用的评级数据来源更为广泛（见表1–2）。其数据来源广、种类丰富，涵盖了个人网购、信用卡还款、互联网理财、租房、水电煤缴费、社交等各方面信息。随着互联网向社会生活的渗透日益加深，未来信息覆盖的内容会更加广泛。

表1–2　芝麻信用评级数据来源

渠道	数据情况
阿里巴巴集团下属电商平台交易数据	淘宝、天猫等阿里巴巴平台上的实名注册用户信息和小微企业交易信息。
蚂蚁金服集团采集的互联网金融数据	支付宝、余额宝以及蚂蚁微贷采集的个人信用信息数据
与阿里巴巴合作的外部机构提供的信息数据	包括公共管理部门以及部分国内主流电商平台向芝麻信用提供的数据
用户自我提供	用户主动向芝麻信用提供的信用数据

其二，以“芝麻信用分”为核心提供个人信用评分服务。通过上述渠道获取数据之后，芝麻信用采用名为“FICO”的评分体系，综合考虑个人用户的信用历史、行为偏好、履约能力、身份特质、人脉关系这五个维度的信息并对其进行加工，得出最后评分结果，任何一个维度得分的高低，都将影响个人信用的整体得分。芝麻信用分评分体系如表1–3所示。

表1–3　芝麻信用分评分体系

项目	芝麻信用分
评分区间	350 ~ 950分
评分维度	信用历史、行为偏好、履约能力、身份特质、人脉关系
评分等级	由低到高划分为5级：较差（350 ~ 549分）、中等（550 ~ 599分）、良好（600 ~ 649分）、优秀（650 ~ 699分）、极好（700 ~ 950分）
应用领域	与芝麻信用开展合作的商户以及部分个人消费金融领域

资料来源：根据“芝麻信用”网站汇编。

案例分析

芝麻信用基于阿里巴巴在网络购物和支付领域强势的产品线，对接了互联网购物平台、餐饮、住宿、租车、租房、个人消费金融等多个领域，并通过直观的芝麻信用分衡量信息主体的信用状况，在多个生活场景中为用户提供优惠和便利。目前芝麻信用分在很多方面都有应用。如花呗、借呗、相互宝等金融功能的开通都对芝麻信用分有要求。免押金服务会参考芝麻信用分，比如免押金骑共享单车、借充电宝、入住酒店等。签证时也可以申请芝麻信用报告作为财务及履约能力证明使用。

芝麻信用的成功实践源于互联网思维的应用，是传统金融征信在互联网时代的继承。同传统征信评估体系相比，芝麻信用在评估数据、评估技术以及应用场景上更具有优势，具有数据来源更加丰富、产品服务更加便利、评估结果更加灵活的特点。芝麻信用实现了对传统征信的两大变革。一方面，它将征信工作从评估个人经济信用水平变成了评估个人履约能力，完成了从狭义信用到广义信用的革命；另一方面，它将个人信用由静态升级成了实时动态信用。

支付革命：空付

空付（KungFu）是支付宝提出的一种全新支付概念，最早只是一个“愚人节玩笑”。它的主要应用场景为便利店和商超。它的核心功能是通过对任一实物扫描授权赋予其支付能力。在商家出示该实物，经过独有的技术快速识别后，即可成功完成支付。这一产品采用了APR（Augmented Pay Reality，增强支付现实）技术与IRS（Information Recall Secure，信息回溯保障）系统，可以提升支付能力与安全性。APR技术能够建立网络与现实世界的联结，通过对被拍摄对象的立体检测和特征分析，精确识别现实世界的人或物。它可以定位到像素级的极小特征，对特征进行3D组合定位和精准识别。IRS系统则根据APR技术解析后的信息，去追溯匹配在云端加密储存的个人支付账户，从而使空付得以完成。每笔交易都有相应的保证金做赔付保障。

基于以上两项新技术，我们将可以脱离手机，授权任何实物进行支付；也可以多次对多个实物进行授权，赋予不同价值；还可以将已授权的实物，作为礼品赠予他人。空付将直接跳过需要硬件才能支付的阶段，进入到无硬件支付时代。如果选择具有唯一特征的实物进行设置授权，还可以提高空付的安全系数。

案例分析

空付作为全新的支付方式设想，万物皆可被当成有价值的支付方式，这给我们带来了诸多启示：

其一，支付方式的变化体现了以“客户体验”为中心的互联网思维的精髓，空付本质上是对第三方支付的传承与升级。第三方支付方便的支付体验增强了对客户的吸引力。人们将会积极地去体验和拥抱新的支付方式。

其二，互联网思维下支付方式的变更符合消费者“情景化”体验的心理。无论是传统商业银行还是互联网企业，只有依靠以“客户体验”“情景化”消费为核心的互联网精神，全力发展新金融业态，去适应经济发展的新趋势并顺势而为，才能在未来的激烈竞争中占有一席之地。

超级网银：手机号码支付

不少人在转账汇款时常常遇到这样的难题，即对方银行卡号太长记不住，即便完整地输入了卡号，也怕输错几位数把钱汇到其他账号。如今，这个问题正在多方的推动下得以解决：汇款人无须输入对方账号，只输入收款人的姓名和手机号码，就可以完成汇款，包括跨行支付业务。

目前已有多家商业银行推出了“手机号码支付”新功能。以中国工商银行手机银行为例，单击“转账汇款”“境内汇款”选项后，就可“绑定手机号”收款了。这种收付款方式依托“超级网银”的手机号码支付功能，将用户的手机号码与银行账号相关联，免去了输入银行卡号等较为繁琐的步骤，用户只需要提交手机号码就能快速转账，进一步提高了金融消费者的服务体验。

近年来，我国支付清算体系快速发展，给金融消费者带来了越来越便捷的服务体验。2018年9月，中国人民银行决定在网上支付跨行清算系统中增加“手机号码支付”功能，中国工商银行等28家金融机构作为“手机号码支付”功能全国首批试点进行了投产。2019年5月，中国人民银行又组织了第二批96家银行试点“手机号码支付”功能，进一步提升了跨行支付服务水平，打通手机号码跨行支付转账渠道，为社会创造了更加便捷、顺畅的支付环境。

案例分析

银行间转账往往要基于银行账户完成，需要输入账号、户名等信息，操作较为繁琐，在便捷性和用户体验方面存在不足。而作为日常人际交流中的最常见要素之一，手机号码的获取便捷性远远优于账号。

“手机号码支付”是依托中国人民银行网上支付跨行清算系统的新增功能。网上支付跨行清算系统用于支持通过网上支付的新兴电子支付业务跨行资金汇划处理，交易限额为5万元，处理方式为逐笔发送、批量轧差、定时清算，7×24小时连续运行。在全球范围内该系统属于较早在零售领域实现实时支付的系统，被誉为“超级网银”，实现了商业银行网银系统的互联互通，跨行转账，实时到账。“超级网银”手机号码支付具有安全、高效、便捷以及省钱的优势。

在我国，支付清算体系以中国人民银行现代化支付清算系统为核心，其他各金融市场的交易系统、商业银行行内和支付机构的支付系统，都接入中国人民银行。近年来，我国的支付清算体系不断优化，为商业网络注入了发展活力，也为保障国家安全、维护金融稳定、促进经济发展、服务国计民生提供基础支撑。

纯网络银行：美国SFNB与中国后起之秀

直营银行：美国SFNB

1995年10月，美国三家银行联合在互联网上创建了一家新型的网络银行——安全第一网络银行（Security First Network Bank，SFNB），该银行得到美国联邦银行管理机构批准，成为第一家在互联网上提供银行服务的银行，也是第一家在互联网上提供大范围和多种银行服务的银行，其前台业务在互联网上进行，后台处理只集中在一个地点，可以保证安全可靠地开办网络银行业务，业务处理速度快、服务质量高、服务范围极广。

1995年10月SFNB在网上开业。开业后的短短几个月内就有近千万人上网浏览，给金融界带来极大震撼。1996年年初，SFNB全面在互联网上正式营业并开展银行金融服务，用户可以采用电子方式开出支票和支付账单，可以上网了解当前货币汇率和升值信息。SFNB向美国的中低收入家庭提供多种服务，包括低现付抵押和无低限额支票账户服务等。

1998年10月，在成功经营了5年之后，显赫一时的SFNB发展出现了停滞，并在同年被加拿大规模最大的皇家银行以2 000万美元的时价收购，成为加拿大皇家银行金融集团（Royal Bank Financial Group）旗下的全资子公司。

2014年12月，深圳前海微众银行股份有限公司（简称“微众银行”）成立。在中国，微众银行是腾讯牵头发起设立的中国首家纯网络银行。之后，阿里参股的网商银行以及小米参股的新网银行分别于2015年年中和2016年年底开业。2017年，美团点评参股的亿联银行、苏宁云商参股的苏宁银行以及百度参股的百信银行也先后正式开业（见表1–4）。

表1–4　中国的纯网络银行

银行	开业时间	注册资本	参与的互联网公司
微众银行	2014.12.28	42亿元	腾讯持有30%股权
网商银行	2015.6.25	40亿元	蚂蚁金服持有30%股权
新网银行	2016.12.28	30亿元	小米持有29.5%股权
亿联银行	2017.5.16	20亿元	美团点评关联方是第二大股东，持有28.5%股权
苏宁银行	2017.6.16	40亿元	苏宁云商是第一大股东，持有30%股权
百信银行	2017.11.18	20亿元	中信银行控股70%，百度持有30%股权

案例分析

互联网银行是指通过云计算、大数据等方式为客户提供全方位、快捷、安全和高效的在线银行服务的互联网金融服务机构。互联网银行是网络银行中的一种，属于“纯”网络银行，完全通过互联网开展相关业务，没有实体网点。另一类网络银行则是指传统银行开通的网络业务服务，与互联网银行存在本质上的差异。

SFNB的运营与实践，预示着美国银行业的网络办公服务进入了一个新时期，体现了金融服务的电子化与网络化思维，但是从SFNB被收购来看，在当时互联网银行并未如同人们预期的那样成为银行业主流。随着美国网络经济泡沫的破灭，大量互联网银行或被收购或是倒闭。

有SFNB的前车之鉴，中国有关部门正在着手制定首项针对纯网络银行运作的规则，以期将金融业风险降至最低并吸引包括外资银行在内的市场参与者。

数字货币：中国央行DCEP

2020年1月，中国人民银行工作会议明确了央行2020年七大工作重点，包括保持稳健的货币政策灵活适度、坚决打赢防范化解重大金融风险攻坚战、加大金融支持供给侧结构性改革力度、加快完善宏观审慎管理框架、继续深化金融改革开放、加强金融科技研发和应用及全面提高金融服务与金融管理水平。在加强金融科技研发和应用方面，会议特别强调，要继续推进法定数字货币研发。中国从2014年开始研究数字货币，到2019年8月央行数字货币“呼之欲出”，中国在法定数字货币的研发进程上始终保持着全球领跑者的角色。

中国央行的数字货币（Digital Currency Electronic Payment，DCEP）在坚持双层投放、M_0替代、可控匿名的前提下，已基本完成了顶层设计、标准制定、功能研发、联调测试等工作。下一步将遵循稳步、安全、可控原则，合理选择试点验证地区、场景和服务范围，不断优化功能，稳妥推进数字化形态法定货币的出台应用。

案例分析

中国央行数字货币不是简单的纸钞数字化，而是要替代M_0，改变基础货币的形态。M_0指的是流通中的现金，即银行体系以外各个单位的库存现金和居民的手持现金之和。纸钞数字化一般指的是线上代替线下，仍需要账户支持，例如支付宝和微信支付都需要绑定银行卡才能使用。而DCEP却没有这个限制，也就是说，在使用DCEP进行支付的时候，不需要绑定任何银行账户。

中国央行数字货币DCEP具有两个“双”特征。一是采用“双”层运营体系，分别是中国人民银行对商业银行以及商业银行对个人客户。也就是说，DCEP是由中国人民银行将其发行至商业银行业务库，然后商业银行直接面向社会公众提供DCEP的存取和流通服务，商业银行与中国人民银行一同维护数字货币的正常运行。二是“双”离线支付。DCEP基于特殊的设计，可以不依赖于网络进行点对点的交易，简单来说，即便是收支双方的手机都处于离线（断网）状态，仍然可以进行转账支付。而目前的电子支付基本都需要联网。双离线支付使得DCEP在使用上更加接近现钞。

内容讲解

互联网时代的金融

1.1 互联网金融含义

“开放、平等、协作、分享”是互联网精神，互联网金融则是互联网精神在金融领域的应用，也是互联网金融区别于传统金融的关键。然而，互联网金融的内涵在学术界和互联网界仍存在一些争议，尚未形成一种能够被广泛接受的学术概念。

1. 学术界关于互联网金融的定义

互联网金融已成为当前的热门话题，学术界从多个角度对互联网金融进行了界定。其中，原中国人民银行金融研究所所长谢平博士于2012年8月在《互联网金融模式研究》一文中对“互联网金融”下的定义，是目前为止被普遍认同的较为权威的版本：受互联网技术、互联网精神的影响，从传统银行、证券、保险、交易所等金融中介到无中介瓦尔拉斯一般均衡[①]之间的所有金融交易和组织形式。

互联网金融是既不同于商业银行间接融资，也不同于资本市场直接融资的第三种金融模式。在这种金融模式下，支付便捷，超级集中支付系统和个体移动支付统一，信息处理和风险评估通过网络化方式进行，市场信息不对称程度非常低；资金供需双方在资金期限匹配、风险分担等方面的成本非常低，可以直接进行交易。银行、券商和交易所等金融中介都不起作用，可以达到与现在直接融资和间接融资一样的资源配置效率，在促进经济增长的同时，大幅减少交易成本。这体现了互联网金融去中介化的特点，也就是说，在未来互联网金融将没有严格的金融中介，是一种更为民主化，而不是由少数专业精英控制的金融模式，市场充分有效，接近一般均衡定理描述的无金融中介状态，能通过提高资源配置效率、降低交易成本来促进经济增长。互联网金融将产生巨大的社会效益。

李博（中国人民银行金融研究所）和董亮（北京市金融工作局）认为，广义的互联网金融是借助互联网本身的便捷和广度实现传统金融机构在互联网上的服务延伸（2013）。电子银行、网上银行乃至手机银行都属于互联网金融范畴。在这一模式下，传统金融服务从线下扩展到线上，在时间和空间上外延了银行服务。从狭义层面看，互联网金融仅包括借助互联网开展的金融服务，典型的应用模式有第三方支付、P2P网贷、网络众筹以及互联网金融服务（网络形式的金融平台），如网络小贷公司、互联网基金、保险销售平台等，这一模式多为电商企业向金融行业的渗透，是互联网企业跨界到金融行业开展的金融服务。

学者李均则认为，互联网金融有别于科技金融或者新技术金融，并不是简单的“互联网技术的金融”，而是“基于互联网思想的金融”，技术只是作为必要的支撑而已（2013）。从行业主体和参与形式的角度来理解，使得每个

---

① 瓦尔拉斯一般均衡是指整个市场上过度需求与过剩供给的总额必定相等。

个体都有充分的权利和手段参与到金融活动之中。在信息相对对称中平等自由地获取金融服务，逐步接近金融上的充分有效性和普惠性，数据产生（社交网络、电子商务、第三方支付、搜索引擎等形成了庞大的数据量）、数据挖掘（云计算和行为分析理论使大数据挖掘成为可能）、数据安全和搜索引擎技术等是互联网金融的有力支撑，互联网技术的发展使这样的蓝图具备实现的可能。

芮晓武（中国电子信息产业集团有限公司）和刘烈宏（国家互联网信息办公室）认为，互联网金融是互联网技术与金融功能的结合，是依托大数据和云计算，在互联网平台上形成的开放式、功能化金融业态及其服务体系，其本质仍然是金融，包括但不限于基于网络平台的金融组织体系、金融市场体系、金融产品和服务体系、金融消费者群体及互联网金融监管框架等。

2. 互联网界对互联网金融的定义

互联网金融的概念

马云认为，从“互联网”与“金融”的从属关系看，互联网金融主要是指互联网电子商务加载金融功能，而金融互联网主要是指商业银行努力做金融功能加载电子商务。所以，马云认为未来金融有两个机会，一个是金融互联网化，一个是互联网金融（2013）。

在好贷网联合创始人李明顺看来，用互联网的理念和思维去重新看待金融，重新站在以用户为角度的立场上去看待金融的一种新的业态模式，就是新的互联网金融的机会。

中国平安保险集团董事长马明哲认为，互联网金融对于金融行业降低成本、提高效率、改善服务等方面持续发挥着积极作用。互联网金融发展需要各界的扩容和支持，特别是监管部门的支持。互联网金融从业机构也要以开放的心态，集思广益，共谋发展。

3. 本书对互联网金融的定义

各界对互联网金融内涵的界定虽然存在一些差异，但总的来看，具有如下一些共同特征：

（1）互联网金融是一种新兴的金融业态，其存在有一定的合理性，是传统金融体系的有益补充。

（2）互联网金融需要具备“开放、平等、协作、分享”的精神。

（3）互联网金融将互联网作为开展金融活动的资源平台，大数据是互联网金融的核心资源，云计算是互联网金融的核心技术。

（4）互联网金融的模式尚未定型，处于不断演化过程之中。

（5）互联网金融通过降低交易成本、提高金融配置效率和风险管理水平，满足不断增长的异质金融需求，促进经济增长。

基于这些共同特征，本书分别从狭义和广义的角度给出互联网金融的定义。

从狭义层面来看，互联网金融是指以互联网企业为主体，具备互联网精神，基于互联网平台，借助互联网新技术（如大数据、人工智能、云计算、移动互联网等）开展的类金融业务。这类业务有别于传统金融机构，是一种新型的金融脱媒现象，提升了个体参与的充分性和普及性，体现了普惠金融的思想。

从广义层面来看，互联网金融是具备互联网精神的金融业态的统称，无论是互联网企业跨界金融行业，还是传统金融机构借助于互联网技术更好地开展金融业务，凡是基于互联网平台开展的金融业务，包括网上银行、网络证券、网络保险、第三方支付、网络理财、P2P网贷、众筹等，都属于互联网金融的范畴。这种模式下的互联网金融，体现了互联网精神与金融功能的深度结合，通过运用大数据和云计算等技术在互联网平台开展业务，改变了传统金融服务的模式、内容和体系，创造出新的金融业态，使金融活动更加民主化、平台化、信息化和个性化。

4. 监管部门的定义

按照2015年7月18日中国人民银行等十部门发布的《关于促进互联网金融健康发展的指导意见》（简称《指导意见》）中关于互联网金融的定义，互联网金融是传统金融机构与互联网企业利用互联网技术和信息通信技术实现资金融通、支付、投资和信息中介服务的新型金融业务模式。由此可见，互联网与金融深度融合是大势所趋，将对金融产品、业务、组织和服务等方面产生更加深刻的影响。互联网金融对促进小微企业发展和扩大就业发挥了传统金融机构难以替代的积极作用，为大众创业、万众创新打开了新的大门。

1.2　互联网金融业务模式

互联网金融的主要业态

国内对互联网金融的业务模式尚未有统一的界定。而相对较为权威的业务模式划分当属《指导意见》中所提出的七大模式：

1. 互联网支付

互联网支付是指客户为购买特定的商品或服务，依托互联网发起支付指令，实现货币资金转移的行为。互联网支付模式的快速发展为社会公众提供了更加便捷、高效、低成本的支付服务，从根本上改变了支付清算模式，甚至改变了人们的消费习惯和生活方式。目前市场上第三方支付公司主要有两类，第一类是独立第三方支付模式，完全独立于电商平台，不具有担保功能。美国的

PayPal以及国内的“快钱”都是这种模式。第二类则是依托于电子商务的第三方支付模式，这类模式主要依托于自有的B2C、C2C电子商务网站并提供担保功能，支付宝、财付通都属于此类。

2. P2P网贷

P2P（Peer-to-Peer）网贷模式是指拥有资金并且有理财投资意愿的机构或个人，通过网络平台，以信用贷款的方式将闲置资金提供给资金需求方。国内许多人也将其称为“人人贷”。

与传统的投融资渠道相比，P2P网贷模式具有收益高、资金门槛低、省时省力等众多特点。P2P借贷平台根据互联网平台充当的角色与提供的业务类型不同而演化出多种模式，结构各异，主要包括：

（1）无担保线上模式。其网络平台只作为单纯的中介帮助资金借贷双方进行资金匹配，不履行担保职责，是最“正宗”的P2P模式，其本质类似直接融资。

（2）有担保线上模式。这种模式下的网络平台扮演着“网络中介+担保人+联合追款人”的综合角色，提供本金甚至利息担保，实质上是承担间接融资职能的金融机构。

（3）债权转让模式。该模式下借贷双方通常不直接签订债权债务合同，而采用第三方个人先行借款给资金需求者，再由资金借出方将债权转让给其他投资者。

（4）供应链金融模式。该模式下电商企业不直接进行贷款发放，而是与其他金融机构合作，通过提供融资信息和技术服务，让自己的业务模式与金融机构连接起来，双方以合作的方式共同服务于电商平台的客户。在该模式中，电商平台只是信息中介，不承担融资风险。

2018年，P2P网贷行业经历了众多平台的密集“爆雷”，让出借人损失惨重，2019年监管政策进一步明确和落地，以推动大多数机构良性退出，引导部分机构转型。《2019年中国网络借贷行业年报》显示，截至2019年年底，网贷行业总体贷款余额下降至4 915.91亿元，正常运营平台数量下降至343家，相比2018年年底减少了732家。2019年数家待收规模上百亿元的平台开始转型退出。转型的方向主要有：助贷公司（这也是转型的主要方向）、小贷公司、消费金融公司和资产管理公司。随着金融服务供给方的合规迭代及基础设施建设的完备，或许网贷行业在将来还会以某种形式迎来合规发展的“第二春”。

3. 众筹

众筹是以团购加预购的形式向网友募集项目资金。众筹融资一般涉及发起人、支持者、平台三方。发起人是指有创造能力但缺乏资金的人。支持者是指对筹资者的项目和回报感兴趣的，有能力支持的人。

2009年世界第一家众筹网站Kickstarter在美国诞生，2011年中国首家众筹网站点名时间网成立。

受相关法律环境的限制，国内众筹网站上的所有项目不能以股权、债券、分红或是利息等金融形式作为回报，项目发起者更不能向支持者许诺任何资金上的收益，必须是以其相应的实物、服务或者媒体内容等作为回报，否则可能涉及非法集资。因此，虽然国内已经有一批众筹平台，但发展程度远不及美国。

4. 互联网基金

互联网基金模式是指基金销售机构与其他专业机构通过互联网合作销售基金等理财产品的模式。

自2013年天弘基金与支付宝合作推出“余额宝”之后，各类互联网基金，尤其是冠以“宝宝类”理财基金名称的互联网基金大量出现。

余额宝T+0赎回提现每日限额1万元

余额宝在2018年5月中旬发布公告称，自2018年6月6日起，余额宝转出到银行卡的快速到账（T+0日到账）额度，将由每日5万元调整为单日单户1万元。转出到银行卡的普通到账服务（T+1日到账）不受影响。从公开数据来看，余额宝户均金额仅为3 000元，上述调整对绝大部分用户的影响并不大。

2018年6月1日，证监会和央行联合正式发布《关于进一步规范货币市场基金互联网销售、赎回相关服务的指导意见》，将互联网货币基金T+0单日快速赎回的提现额度限制在1万元。

T+0快速赎回提现业务是基金管理人为增强产品竞争力而推出的一项增值服务，一定程度上提升了投资者的资金运用效率，改善了投资体验。但T+0快速赎回给基金管理人带来较大压力，容易导致货币基金流动性风险。而新规将有助于防控金融风险，促使T+0赎回提现业务回归“普惠、小额、便民”定位，调整投资者对货币基金无限流动性的预期，降低市场风险隐患。

5. 互联网保险

互联网保险是指保险公司或新型第三方保险网以互联网和电子商务技术为工具，依托计算机互联网为媒介来支持保险销售等实施过程的全程网络化，完全有别于传统的保险代理人模式。其典型模式又包括第三方平台模式、官网模式、中介网站模式和兼业代理平台模式，例如去哪儿网通过购买机票场景搭售航空意外险，众安保险公司利用淘宝购物的物流场景销售运费险等。

互联网保险虽不是互联网金融业务中起步最早的，却在最近几年表现出较好的发展姿态。相继出现了康泰在线、百安保险等互联网保险公司，百度成立了百安保险公司、京东成立了京东互联网理财保险公司等。最为典型的代表当属由中国平安、阿里巴巴和腾讯于2013年共同发起设立的众安在线财产保险股份有限公司。截至2019年6月30日，众安在线累计服务用户3.5亿，销售保单33.3亿张。

6. 互联网信托

互联网信托是通过网络平台进行的信用委托，是互联网金融的一种全新模式，即金融行业投融资模式（Person to Business，P2B）与线下线上电子商务模式（Offline to Online，O2O）的结合。

互联网信托可以为有资金需求的中小微企业和有投资理财需求的个人搭建一个安全、稳健、透明、高效的线上出借撮合平台。互联网信托平台上发布的借款项目需要参照金融行业风控体系进行严谨的发布前审核，对借款企业一般要求提供超额价值的有效不动产质（抵）押物保证及股东无限责任连带等附加保证，并确保这些质（抵）押资产易于处置。资金出借人可根据个人理财收益目标差异和不同周期资金出借方式，获得稳定的理财收益。

7. 互联网消费金融

互联网消费金融是以互联网技术为手段，向各阶层消费者提供消费贷款的金融服务，是传统消费金融活动各环节的电子化、网络化和信息化。互联网消费金融以小额分散、服务方式灵活、规模效应等独特优势成为主流，形成了信用卡、消费贷、消费分期、消费金融资产证券化、消费信托、消费责任保险、消费返现等多种模式，正以“消费金融化、金融生活化，消费和金融资源错期配置带来增值”来促进消费和金融的快速发展。

互联网金融的特点

根据针对的人群和产品不同，互联网消费金融可以分为以下几类：

（1）综合性电商消费金融。

（2）3C产品消费金融。

（3）租房消费分期。

（4）二手车消费分期。

（5）大学生消费分期。

（6）蓝领消费分期。

（7）装修消费分期。

（8）旅游消费分期。

（9）教育消费分期。

（10）农业消费分期。

1.3　互联网金融发展历程

1. 国外互联网金融发展历程

互联网金融的发展历程和行业规模

互联网金融是伴随着互联网技术的出现及蓬勃发展应运而生的，20世纪90年代以后，在发达国家和地区发展十分迅速。1995年10月18日在互联网上成立的全球第一家纯网络银行——美国安全第一网络银行SFNB，被视为互联网金融的雏形。而美国嘉信理财集团（Charles Schwab Corporation）的网上交易平台Scottrade.com的上线标志着互联网金融时代的开启。

国外互联网金融的发展大致可以分为三个阶段（见图1–1）。

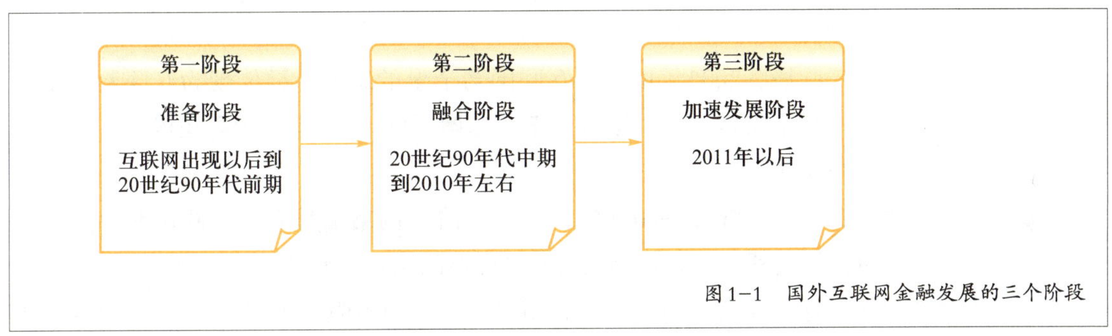

图1–1　国外互联网金融发展的三个阶段

第一阶段：准备阶段。从互联网出现以后到20世纪90年代前期，金融业就开始运用互联网为客户提供金融产品和服务。

第二阶段：融合阶段。20世纪90年代中期到2010年左右是互联网与金融的融合期，开始正式出现专业的互联网金融业态。

第三阶段：加速发展阶段。自2011年以后，互联网金融就呈现出加速发展的态势，创业者、互联网公司以及非金融机构开始涌入互联网金融领域，互联网金融的类型日益丰富，互联网对金融业的冲击和重塑作用日益显现。

经过多年的发展，国外的互联网金融从最初主要集中的网络支付领域逐渐扩展到网络证券和保险领域，然后又延伸到网络信贷领域，业务触角已经深入支付、融资和理财等方面。网络银行业务走向成熟，网络证券业务获得长足发展，网络保险业务稳步前进，电子货币和网络支付业务受到青睐，在线贷款和众筹融资平台得以兴起。总体而言，国外互联网金融的发展已经相对成熟、完善并已具备相当规模，服务全方位、多元化，内容的集成度相当高且创新频繁。

2. 国内互联网金融发展概况

国内互联网金融是在国外互联网金融发展的基础上逐渐被引入中国的，除了阿里巴巴的小额贷款，互联网金融的其他模式如第三方支付、P2P网贷等，都来自于国外。虽然起步较晚，但我国的互联网金融表现得异常活跃，发展势头迅猛。

纵观我国互联网金融的发展，大致可以分为四个阶段（见图1-2）：

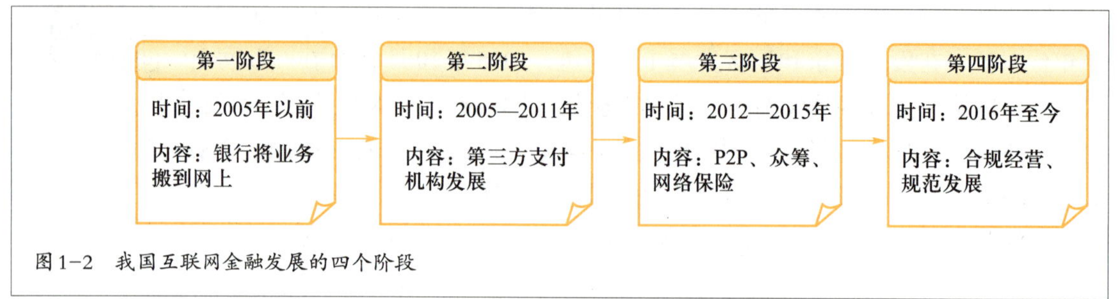

图1-2　我国互联网金融发展的四个阶段

第一阶段：2005年以前，互联网与金融的结合主要体现为互联网为金融机构提供技术支持，帮助银行“把业务搬到网上”。这一阶段还没有出现真正意义上的互联网金融业态。

第二阶段：2005—2011年，在这一阶段网络借贷开始在我国萌芽，第三方支付机构逐渐成长起来，互联网与金融的结合开始从技术领域深入到金融业务领域。这一阶段具有标志性的事件是2011年中国人民银行开始发放第三方支付牌照，第三方支付机构自此进入了规范发展的轨道。

第三阶段：2012—2015年，互联网金融的发展进入了新的阶段。P2P网络借贷平台得到快速发展，众筹融资平台开始起步，第一家专业网络保险公司获得批准，一些银行、券商也以互联网为依托，对业务模式进行重组改造，加速建设线上创新型平台。

第四阶段：自2016年开始，合规经营已经成为互联网金融行业的主题，“十三五”期间“规范发展互联网金融”被放到了重要位置。政府和监管层在强调规范发展互联网金融的同时，也提出了“扎紧制度笼子，整顿规范金融秩序，严厉打击金融诈骗、非法集资和证券期货领域的违法犯罪活动，坚决守住不发生系统性区域性风险的底线”的具体监管要求。

行业观察

我国“互联网金融”元年十大事件回顾

从银行主体的“贵族金融”到互联网金融冲击下初步形成的“普惠金融”，互联网金融让“理财”等观念及行动开始渗透到普通民众的生活，并深刻改变了金融生态环境。

2013年被誉为我国“互联网金融”元年，当年最具影响力的十大事件包括：

（1）6月13日，支付宝联合天弘基金推出“余额宝”理财神器。

（2）10月28日，“百度金融中心——理财”正式上线，互联网巨头百度进军互联网金融。

（3）10月10日，苏宁云商获批基金销售支付结算拍照，加入电商平台金融战。

（4）8月13日，工信部成立互联网金融工作委员会。

（5）8月9日，中关村互联网金融行业协会诞生。

（6）8月7日，京东宣布进军互联网金融。

（7）8月5日，微信上线“微信支付”功能。

（8）7月6日，新浪获得第三方支付拍照。

（9）P2P出现倒闭潮。

（10）建行、农行等传统银行成立互联网金融中心，转型“互联网金融”。

3. 互联网金融向金融科技（FinTech）发展的趋势

互联网与金融业务的融合既诞生出了多种互联网金融业务模式，也通过这些模式积累了大量数据，从而为金融领域的更为广泛的科技运用打下了基础。以人工智能技术为代表的智能化浪潮席卷全球，新一轮科技革命已加速到来，科技正在显著改变金融业的基本要素。

首先是成本和效率的优化。伴随着新兴技术在金融行业的深入应用，创新性的金融解决方案层出不穷，对更多底层运行环节进行智能化改造，可以降低人工成本和交易处理成本、提升服务效率。

其次是风控能力的加强。金融控制风险的能力越强，资金成本就更低，资源配置就更有效。金融科技可以通过更加成熟的大数据平台来主导交易风险监测、授信额度、贷后风险判定等核心业务。

金融科技是采用技术手段而非单纯商业模式变化来进行的从0到1的金融创新，将会深入触及金融行业的本质。2017年在业界被称为金融科技元年，它标志着我们已从互联网金融兴起的2.0时代转向了金融科技的3.0时代（见图1-3）。

图 1-3　互联网金融向金融科技方向发展

2017年之所以被业界称为中国金融科技的元年，是因为这一年中国金融业的转型创新不论是在技术上还是体制上都取得了巨大进步。四大国有银行与互联网大企业深入合作，发展金融科技。

2017年：中国金融科技元年

（1）3月28日，阿里巴巴、蚂蚁金服与中国建设银行签署了三方战略合作协议，共同推进线下线上渠道业务、电子支付，打通信用体系，建行理财产品入驻支付宝，还将实现二维码支付的互认互扫。

（2）6月16日，中国工商银行与京东金融高调宣布，双方合作将在金融科技、零售银行、消费金融、企业信贷、校园生态、资产管理、个人联名账户、物流及电商等领域展开全面合作。

（3）6月20日，中国农业银行与百度金融达成合作，围绕金融科技领域开展，包括共建金融大脑以及客户画像、精准营销、客户信用评价、风险监控、智能投顾、智能客服等方向的具体应用，并将围绕金融产品和渠道用户等领域展开全面合作。

（4）6月22日，中国银行宣布与腾讯公司联合成立金融科技实验室，并将在云计算、大数据、区块链和人工智能等方面开展深度合作，共建普惠金融、云上金融、智能金融和科技金融。

（5）8月22日，交通银行与苏宁在上海签订战略合作协议,双方将在智慧金融、全融资业务、国际化和综合化合作等领域展开全面深入的合作。

金融科技3.0更多的是金融与技术场景跨界的融合，尤其是信息科技类技术发展的全面突破。云计算、大数据、人工智能和区块链等新兴技术与金融业务不断融合，科技对于金融的作用被不断强化，金融机构、科技企业对金融科技的投入力度持续加大，数据价值持续不断地被体现并释放出来，金融业务环节的应用场景更加丰富，金融解决方案推陈出新。开放银行、无人银行、资产证券化、数字票据、不良资产处置等方面业务在科技的赋能下由概念逐步变为现实，随着第五代移动通信技术（5G）、量子计算等前沿技术由概念阶段开始到实际应用，金融作为最先拥抱技术的领域之一，也会摩擦出新的火花。随着互联网金融行业发展日渐成熟、监管细则落地，互联网金融生态正在发生变化，互联网金融初期的野蛮生长得到引导规范，未来金融科技必将成为主旋律。

1.4　互联网金融行业规模

1. 互联网支付规模

我国互联网金融行业规模迅速扩大，尤其是手机银行、网络银行、第三方支付等互联网金融模式的交易规模均得到了快速发展。

根据前瞻产业研究院的《中国智慧银行深度调研与投资战略规划分析报告》与中国银行业协会的统计，我国银行离柜交易额由2012年约1 000万亿元，已增长至2018年约2 000万亿元的规模；同时，银行业平均业务离柜率由2012年的54.37%上升到2018年的88.67%。数据还显示，手机银行交易规模占离柜交易规模的比重从2015年的4.01%提升至2018年的14.62%。

与手机银行相比，网上银行业务虽然不再增长，但由于已形成比较完备的体系且业务分类和市场定位日益清晰和成熟，因此仍占据着电子银行渠道最主要的地位。2018年，网上银行交易规模占离柜交易规模的比重达83.25%。

2. 互联网基金规模

第三方支付工具中，2019年，余额宝的用户数已超过6亿，总规模约1万亿元，天弘基金也成为全球规模最大的一支货币基金。

根据艾瑞咨询的《2019年中国互联网财富管理行业研究报告》，截至2018年中国的移动支付用户规模已达5.8亿人，互联网理财人数已经达到5.3亿。互联网的快速发展带来了用户行为的逐渐转变，用户已习惯于无现金生活和线上支付行为。当前互联网财富管理市场仍然受货币基金主导，预计未来在行业智能化发展、服务提升以及政策引导的驱动下，互联网财富管理市场将逐渐向权益类净值型产品转移。

行业观察

2020年余额宝升级了，最多能存多少钱？

余额宝是支付宝提供的资金管理服务。货币基金主要用于投资国债、银行存款等有价证券。余额宝升级前只提供天弘基金这一只货币基金，而升级后将不断接入多家新的基金公司为用户提供服务，用户可选择的基金种类将越来越丰富。升级后的余额宝货币基金由蚂蚁金服网商银行提供支持。

那么余额宝里面最多能存多少钱呢？由于之前余额宝中只有天弘一只货

币基金，规模增长过快，增加了管理难度与运营成本，因此天弘基金给余额宝的持有额度设置了上限，每日申购总额限制为2万元，个人交易账户持有总额限制为10万元（注意，升级以后该限制仍然没有解除）。为了防范这一系统性风险，余额宝开始接入新的货币基金，在保留原有功能不变的基础上，为用户提供更多的选择，并且购买新基金不再限时、限量。其实，像余额宝这种同一款活期理财产品绑定多只货币基金，已经是行业内通用的方法，对投资者没有任何影响。

余额宝在升级以后，引入了11只全新的货币基金，这些货币基金的发行公司并没有对最高转入额度设置限制，但是根据支付方式的不同，会有不同的支付限额。比如：选择农行、建行、工商、交行的银行卡转入余额宝，银行方的限制是单笔限额1万元；而采用账户余额转入的方式就没有额度的限制。

3. 金融科技企业的营收总规模

据前瞻产业研究院发布的《中国科技金融服务深度调研与投资战略规划分析报告》统计数据显示，2013年中国金融科技营收规模仅695.1亿元。之后呈现高速增长状态，我国互联网金融正逐渐从用户流量驱动向金融科技驱动转型。截至2017年，我国金融科技企业的营收总规模达到6 541亿元左右，同比增速55.2%。据预测，2020年中国金融科技营收规模将达到19 704.9亿元。

延伸阅读

金融科技发展格局与趋势

在当前金融科技市场格局中，主要有以下几种机构类型：① 金融机构，主要服务母行并依托母行优势及行业背景资源，有强大的对外技术输出能力；② 互联网巨头，其最显著的优势是提供以移动支付为代表的金融服务，基于C端全产业布局，有互联网企业技术优势；③ 随着信息技术发展起来的金融科技公司，服务金融机构的时间久、懂金融，深刻理解B端场景且积累深厚，具备“科技+B端场景+金融”融合的能力，具有丰富的项目实践经验；④ 进入市场较短、专注金融细分领域，具有底层技术优势的创新企业。

2019年以来，金融科技规划密集出台，顶层设计和监管体系加快完善和发展，个人金融信息保护强化，一系列举措和事件使得金融科技发展和监管的脉络越来越清晰。

2019年8月，中国人民银行发布《金融科技（FinTech）发展规划（2019—2021年）》（简称《规划》），首次从央行层面对金融科技做出全局性规划。《规划》明确了我国金融科技发展的指导思想、基本原则、发展目标、重点任务和保障措施。既涉及人工智能、大数据等底层技术，也指出了监管沙盒、数据治理、金融标准化等机制的设计方向。

互联网金融推动了金融科技的快速发展，未来中国金融科技可以预见的发展趋势有：

1. 开放银行

开放银行是指银行通过开放应用编程接口（API）对外开放服务，即银行把自己的金融服务通过开放平台（Open API）等技术方式开放给外部客户（企业或个人），客户可以通过调用API来使用银行服务，不需要直接面向银行。银行通过API的开放开展跨界融合，实现银行与银行、银行与非银行金融机构、银行与跨界企业间的数据共享与场景融合，将极大地拓展银行服务的生态。

开放银行成为近年来国内外银行转型的新浪潮。其概念起源于英国，2018年1月，英国9家银行共享数据，首次实践开放银行理念。2018年7月，浦发银行在北京率先发布“API Bank”无界开放银行，标志着国内“开放银行”的落地。随后，工商银行、建设银行、招商银行、兴业银行、光大银行等纷纷展开探索，通过开放API，实现金融和生活场景的链接。

以API Bank为代表的银行4.0时代即将到来。银行的商业模式将从B2C变为B2B2C，衡量客户满意度的服务标准也将从标准用户净推荐度（Net Promoter Score，NPS）升级为整合型NPS。随着金融服务嵌入生活与生产，“场景在前，金融在后”的跨界生态圈将成为主流。虽然目前开放银行应用仍处于早期阶段，但银行的账户功能、支付功能、理财产品、贷款产品等势必将形成标准化的API集中输出，成为打通跨界生态的接口。

银行4.0时代

银行1.0时代，标志是物理银行网点。它来自银行最初的形态，银行的物理网点都没有发生特别大的变化，“银行一直是这样，网点一直是这样”。

银行2.0时代，标志是自助服务。在银行网点之外有了ATM和网银，人们获得银行服务不再受到时间和地点的限制，可以在想要的时间、地点使用ATM或者网银，而不用去银行的网点。

银行3.0时代，标志是手机银行。银行无处不在，你在哪里都可以获得它的服务，甚至不再受限于ATM和网银。

银行4.0时代，标志可能将是以API Bank为代表的开放银行。

2. 无人银行

无人银行是指通过运用生物识别、语音识别、数据挖掘、人工智能、虚拟现实（Virtual Reality，VR）、增强现实（Augmented Reality，AR）、全息投影（Holographic Projection，HP）等科技手段，替代传统银行的柜员、大堂经理、引导员等岗位，为客户提供全自助式的智能银行服务。

银行人力减少是大势所趋。目前大部分银行都实现了人力的部分替代，少数银行试点几乎实现了网点全替代。截至2018年5月28日，我国银行物理网点共退出4 591家；截至2018年6月底，与2017年年底相比，四大行员工数已减少3.2万余人。

短期内无人银行仍处在试点阶段。目前建设银行已经开启无人银行试点，通过更高效率的智能柜员机替代柜员、保安和大堂经理，刷脸刷身份证替代人工验证的方式覆盖了90%以上现金及非现金业务。尽管无人银行为银行网点转型打开了探索的新路径，但目前银行业务还难以实现百分之百无人化，例如需要安排保安值班；客户在智能终端上开卡、汇款时，出于安全风险考虑，也会安排工作人员现场服务。因此未来的一段时间内，无人银行仍将作为探索性的试点存在。

3. 量子计算与金融

量子计算是一种遵循量子力学规律的新型计算模式。普通计算机使用比特（bit）中0与1的两种状态存储数据，而量子计算机的存储单位量子比特除0和1外，同时还可以实现多个状态的相干叠加态。所以，基于量子计算的量子计算机可以通过控制原子或小分子的状态，记录和运算信息，其存储和运算速度远远超越传统计算机。使用超级计算机分解一个400位的数字需要60万年，而用量子计算机只需要几小时甚至几十分钟。

量子计算的应用能极大提升金融服务效率。由于其超级强大的计算能力，量子计算可应用于金融行业的多个方面。例如金融高频交易，利用算法根据预先设定好的交易策略自动执行股票交易，在达到相同结果的前提下，量子计算比传统计算机的速度更快。再如诈骗检测，利用量子计算机快速学习的特点，能大大加速神经网络学习速度，迅速打击新兴诈骗方式。

量子计算在计算速度上的飞跃式提升，也可能会对现有金融体系带来威胁。例如目前正在使用的许多公钥密码系统，在量子计算极高的性能下很有可能会遭到破解，这将严重影响互联网及各地数字通信的保密性和完整性，对现有的安全系统和管理机制造成大范围和系统性的破坏。因此，在量子计算机瓦解当前密码体系并实现商业化之前，必须建立量子安全解决方案以安全过渡。

4. 5G与金融

5G是第五代移动通信技术，将进一步优化金融服务，实现金融场景的再造，为金融行业注入新的生机。5G技术将为用户提供极高的数据传输速率，满足网络极高的流量密度需求，该技术场景将有效提升移动端金融服务的速率，减少因网络延迟造成的支付卡顿等情况，同时速率的提升也有助于通过AR/VR技术进一步丰富支付模式，提供更加真实的虚拟场景体验。5G技术的连续广域覆盖场景有助于银行无人网点的部署，将金融服务带到此前网点无法覆盖的偏远地区，实现普惠金融服务。此外，5G面向物联网业务的低功耗大连接和低时延高可靠场景还将通过万物互联的实现获取海量、多维度、相关联的人、物、企业数据，进一步优化供应链金融、信用评估、资产管理等相关金融服务，实现更多场景的探索。

5. 移动金融安全

移动金融指使用移动智能终端及无线互联技术处理金融企业内部管理及对外产品服务的解决方案的总称，移动金融安全指的是移动金融业务开展过程中的安全。当前移动智能终端的普及加速了金融信息化建设，越来越多的金融服务向移动逐步转型。移动金融丰富了金融服务的渠道，为金融产品和服务模式的创新、普惠金融的发展提供了有效途径。2105年，央行印发《关于推动移动金融技术创新健康发展的指导意见》，将“安全可控”作为移动金融健康发展的重要原则之一，强调了移动金融安全的保驾护航的地位。

移动金融在创新与安全的博弈中发展。随着金融产业的发展，金融行业移动应用日渐成为金融服务及产品的重要支撑手段，移动金融未来将继续在规模和创新上发展。金融科技快速发展给移动金融带来了无限生机，但同时也滋生了诸多风险，安全问题愈发引起重视。移动金融安全成为金融创新发展中至关重要的保障。

6. 生物特征识别

生物特征识别是指通过计算机与光学、声学、生物传感器和生物统计学原理等高科技手段密切结合，利用人体固有的生理特性来进行个人身份鉴定。与传统的密码检验方式相比，生物识别技术基于人的生物特性，具有易测量、排他性以及终身不变的特点，检验快速、结果更准确。目前主流的生物识别方式有指纹识别、虹膜识别、语音识别、静脉识别和人脸识别。目前，生物特征识别已经基本成为移动智能终端的标准配置，逐渐成为金融业务中新型用户身份核实和认证的发展方向。中国人民银行于2018年10月颁布金融行业首个生物识别技术标准《移动金融基于声纹识别的安全应用技术规范》，将安全性和个人隐私保护摆到了突出位置，规范如声纹等生物特征识别的安全应用。

7. 数字票据

数字票据是一种将区块链技术与电子票据进行融合，实现自动安全交易的新型票据。数字票据借助区块链特点，更具安全性和信息公开性，交易更加智能，使用更加便捷。

数字票据可以实现信息传递全程高效真实，自动化交易以及交易过程全程追踪，保护用户隐私。数字票据利用区块链提供可编程的智能合约，实现票据的自动抵押、清算和偿还，规避交易风险。所有交易都被记录在完整的“时间链”上，一旦有违约行为发生，可以追溯其责任。

上海票据交易所数字票据交易平台实验性生产系统已在2018年1月25日成功上线试运行，工商银行、中国银行、浦发银行和杭州银行通过该系统均可顺利完成基于区块链技术的数字票据签发、承兑、贴现和转贴现业务。该系统结合区块链技术和票据业务实际情况，对前期数字票据交易平台原型系统进行了全方位的改造和完善，使结算方式更加创新，业务功能更加完善。

8. 数字资产证券化

数字资产证券化是指将数字资产转化为证券的过程。即将域名、商标、品牌、数字货币、游戏装备、账户号码等相关缺乏市场流动性的数字资产，转换为在金融市场上可以自由买卖的证券的行为。

数字资产证券化的目的在于获取融资，以最大化提高资产的流动性。数字资产是文化产业的创新蓝海，也是互联网+文化产业的新业态。域名、商标等数字资产缺乏市场流动性，通过数字资产证券化，可以有效打破刚性兑付，盘活巨大的金融资产和社会的存量资产，能把缺乏流动性但有收益性的数字资产设计成证券化产品卖出去，获得融资，收回现金，提高流动性。

数字资产证券化也是区块链的最佳实践场景。我国央行货币研究所也在不断探索数字资产证券化区块链平台，借助区块链的分布式数据储存、去中心化的特点，可以保证底层数字资产数据真实并且不可篡改，降低了信息不对称性，增强了信息的透明及可靠程度，有效解决了机构间费时费力的对账清算问题，从而降低数字资产的融资成本，提高融资效率。

9. 智能客服

智能客服是利用机器学习、语音识别和自然语言处理等人工智能技术，处理金融客户服务中重复率高、难度较低且对服务效率要求较高的事务，如服务引导、业务查询、业务办理以及客户投诉等业务。智能客服可以显著提高金融服务效率。目前应用智能客服的场景有智能客服机器人、智能语音导航、智能营销催收机器人、智能辅助和智能质检等。

金融机构对智能客服系统应用广泛：线上智能客服服务系统被应用于网

站、App客户端等，能够实现自动理解客户问题并进行解答和办理简单业务。线下网点的智能化进程也在加速推进，逐步推广无人银行、智能机器人、智慧柜员机、远程视频柜员机（Video Teller Machine，VTM）、外汇兑换机等智能自主终端，大幅减少人工服务成本，使客户获得更满意和周到的服务体验。

随着社会的发展，客户对服务的及时性、移动性、多渠道性提出更多的要求，智能客服的应用提供全天候及时、便捷的服务，增强客户黏性，为金融机构留住更多客户。在智能客服的应用过程中，大量用户数据积累和沉淀下来，也为精准营销和业务流程优化提供参考。

银行业数字化转型与挑战

金融科技的快速兴起改变了整个金融业。我国银行业正面临巨大的外部不确定性和激烈竞争，银行正向客户长尾化、产品场景化、渠道全时化、风控智能化、数据资产化、平台开放化等新型模式转变，数字化转型迫在眉睫。

1. 数字化转型驱动力

数字化、数据化与智能化已渗透至银行业，数字化转型已然是银行把握科技创新机遇、实现高质量发展的必然选择。

我国金融业的数字化转型有四方面驱动：一是“数字中国”战略的引领，构建起了技术、设施等基础环境及支撑；二是新技术对传统金融业务模式产生冲击，倒逼金融业态求变；三是全球金融监管不断强化，各方对金融服务效率和安全的要求渐高，驱动行业转型升级，向技术进步“要”生产力；四是大数据、区块链、人工智能等新技术层出不穷，驱动技术升级。

数字化转型并非单靠银行科技部门来推动，也要靠管理思想的转变，重在“人”的转变。当前，由商业银行科技部门驱动的单一云计算、大数据和区块链项目都只是局部改造，并未将传统思维转化为数字化思维。真正的数字化转型，实质是组织、文化、流程、管理等全面变革。银行一直都是一个高度科技驱动的产业。未来，银行各业务条线都将与科技高度融合，科技的能力将无处不在地分布在银行的各个部门中。

2. 战略规划与举措

银行对数字化转型的战略认识愈发清晰，已逐步跳出模糊概念描述，具化了转型方向和目标，如智慧银行、云平台等（见表1-5）。这表明银行对数字化转型的认识越来越清晰，并且以全局化视角推进数字化转型进程，以差异化视角构建核心竞争优势。

表1-5　2019年部分银行数字化转型——战略规划

银行	数字化转型战略
中国工商银行	推出“智慧银行”战略，推动嵌入式可配置操作系统（ECOS）的建设
中国建设银行	启动新一轮“TOP+”战略，实施金融科技、普惠金融、住房租赁三大战略
中国农业银行	确定“数字化转型，再造一个农业银行”的总体思路，构建新一代数字化云平台iABC
中国银行	科技引领，建设数字化银行
交通银行	全面启动“新531工程”，打造数字化、智慧型交行
中国邮政储蓄银行	打造“体验”和“智慧”并重的“智能型”银行
招商银行	以“金融科技银行”为战略目标，实施“迈向3.0阶段的经营模式”的阶段性战略
平安银行	全面推进人工智能银行（AI Bank）体系建设

积极布局金融科技落实战略举措，加大创新技术的资源部署和研发投入已成为共识。资源部署上，各大银行结合自身发展需求，在成立科技子公司、设立创新实验室、组建人才团队等方面，为数智化发展提供支持和保障。各家银行对金融科技的投入不断增加。国有大行中，2019年建设银行的支出最高，其金融科技投入76.33亿元，占营业收入的2.5%；股份制银行中，2019年招商银行的金融科技投入最多为93.61亿元，占营业收入的3.72%。

3. 战略执行与开放赋能

部分银行数字化转型战略举措

战略执行方面，将战略分解成可量化操作的具体目标。针对当下金融科技战略缺乏制度支撑、难以量化落地等挑战，预计银行将加快制定数字化转型进程的阶段性目标及评估方案，数字业务占比、月活跃用户数、App渗透率、移动应用对网点的替代率等指标将成为衡量转型程度的重要参考依据。

在数字化大潮和开放银行先行者的带领下，近20家银行发布了开放银行的战略布局，从数据、流程、业务功能等方面提供开放服务接口，与合作伙伴、供应商、科技公司等生态参与方对接，打造综合金融服务平台。从各大银行披露的开放银行进展来看，互为场景、互为客户、互为生态是开放银行的搭台导向，金融产品和服务共同创新的合作成效已渐显。

4. 阶段性转型效果

总体上我国商业银行数字化转型正在不断加速，主要采取加大转型投入力度、招录数字化人才、搭建统一大数据平台、改进线上渠道和网点服务等综合措施加快推进转型相关工作。

银行类型上，不同类型调研银行的数字化能力差异显著，国有大型商业银行、股份制商业银行、新型互联网银行数字化能力相对较高，城市商业银行、农村商业银行数字化能力相对较低。

技术应用上，大数据和生物识别技术在调研银行应用广泛，区块链和物联网技术应用占比相对较小，新型互联网银行和国有大型商业银行在技术创新应用方面更为积极。

业务类型上，零售银行业务的数字化能力成熟度高于批发业务，其中支付汇款和个人信贷的数字化程度较高；业务环节上，风险控制的数字化能力成熟度较高，但渠道获客和产品研发的数字化程度较低。

应用场景上，大数据和生物识别技术在个人借贷、小微金融、支付结算等场景中已得到普遍应用；人工智能和云计算技术在个人借贷、财富管理、支付结算、信息安全等场景中有所应用；区块链技术、物联网技术在供应链金融、贸易金融等场景已开始从概念验证逐步迈向商业实践。

5. 数字化转型重点任务与挑战

银行目前仍面临跨部门跨条线协同机制欠缺、敏捷组织文化易流于形式等挑战。预计IT架构转型是下一步金融机构数字化转型的重点难点任务，主要是将前台业务中公共、通用的部分沉淀到中台，转化为前台可复用共享的核心能力，同时将后台与业务结合密切的部分提前到中台，从集团整体的角度更合理地利用技术资源、更好地利用释放数据价值技术资源。重点打造可灵活扩展的业务中台、可敏捷开发的技术中台以及可互联互通的数据中台，实现从“信息化”向“智慧化”升级。

银行数字化转型是一项庞杂的系统工程，不仅是简单的业务线上化、重构组织架构，更是底层的数字架构重塑。不仅要有创新，还要有边界、有底线。要贯彻金融服务实体经济的宗旨，执行金融供给侧改革各项监管规定；要避免派生新风险，防止核心业务失控风险。

尽管我国商业银行在数字化转型上取得了一些成效，但总体上仍面临理念、机制、人才、技术、数据等多方面挑战，特别是部分中小银行在转型资源、科技能力等方面存在约束，在转型方向、路径选择等方面尚缺经验，数字化转型之路任重道远。

实训练习

实训操作1：AI Bank的对比：平安银行和百信银行

1. 实训背景

（1）传统金融背景的平安银行。伴随移动互联网、区块链、云计算、大数据等技术的日趋成熟，人工智能技术在金融行业的应用已经具备非常成熟的条件。而AI技术的应用对提升金融业效率、降低成本、管控风险、促进创新带来了明显效果。以平安银行AI客服为例，随着应用场景的不断累积，语音客服的替代率已经达到80%以上，客户服务量提升了约3倍，客服人力成本降低了40%。从BANK 1.0到BANK 4.0的变化，AI智能化零售银行使得银行服务无所不在。

平安银行在“领先的智能化零售银行”建设中有三个阶段：第一个阶段保证科技投入，做好基础设施建设，并在AI应用上有所产出，大幅改善基础用户体验；第二个阶段科技应用由点及面，成效显现，大部分业务实现AI化，高端客户的满意度及忠诚度保持高位；第三个阶段科技引领商业模式全面革新，成为AI Bank，客户口碑及品牌影响力领先市场。

目前，平安银行已基本完成第一阶段构建，AI营销、AI客服、AI风控均已取得一定的成果。通过丰富的产品种类及权益配置，实现产品权益定制化，做到客户营销立体化、个性化；一改以往通过提问来采集客户信息的方式，通过消费类型、关系图谱、兴趣爱好等维度对客户进行360° 全景扫描，构建客户模型，做到精准营销触达。

（2）互联网背景的百信银行。百信银行作为中信银行战略转型和百度公司抢占金融科技先机的战略布局，充分融合金融与科技的基因，借助中信银行金融风控、产品研发能力及线下渠道优势，结合百度公司的人工智能、大数据和云计算等先进技术，夯实金融科技能力，拓展场景金融服务，打造极致体验的智能银行服务体系。

百信银行拥有三大核心能力，即智能风控、智能账户和智能服务。智能风控是百信银行首要打造的核心竞争力，可以有效降低信用风险、欺诈风险、信息科技风险和市场风险；智能账户是百信银行实现战略目标的核心手段，整合多行业账户，形成虚实结合、借贷合一、投消联动的超级账户体系；智能服务是百信银行差异化竞争力的根本体现，既为C端用户提供智能化用户服务和金融产品，也为B端提供智能银行微服务，并且银行内部通过机器人流程自动化提升运营效率，降低人员成本。

2. 实训目标

通过阅读实训背景并查阅搜索相关资料，加深对银行业与人工智能等技术相结合的路径的理解。

3. 实训内容

请登录并浏览平安银行和百信银行网站，进行体验，搜集资料，尝试分析这两家银行发展AI Bank路径与模式的不同。

实训操作2：网上银行业务分析比较

1. 实训背景

随着互联网金融的飞速发展，银行业的服务也逐渐突破了传统的业务操作模式，摒弃了大部分业务需要通过支行、柜员人工开展的传统服务流程，把银行的业务直接搬到互联网上。由于各家银行展业理念不同，设计的业务流程各有特色，因此通过查看了解、对比分析，能够较好地掌握网上银行的业务模式与特点。

2. 实训目标

通过本实训让学生明确各商业银行提供的网上金融服务；掌握个人及企业网络银行系统的功能模块、业务特点；注重培养学生分析问题、解决问题的能力。

3. 实训内容

（1）访问。通过搜索引擎查询并访问我国几大商业银行的官方网站，浏览各大商业银行提供的网上金融服务内容。

（2）查看。查看各商业银行提供的网上金融服务（建议查看时列表记录，表格形式不限）。

（3）对比。列出各银行相似网上业务（企业和个人）的具体内容。通过列表形式对比各银行网上业务内容的不同如表1–6所示。

表1–6　各银行网上业务（企业和个人）对比

银行	企业业务	个人业务
中国工商银行	公司业务、机构业务、资产托管、企业年金、投资银行、电子银行、工行学苑、金融咨询、网上论坛、网上银行、网上商城、理财、债券、贵金属、股票、基金、期货	电子银行、个人金融、信用卡、投资银行、公司业务、机构业务、资产托管、企业年金、工行学苑、金融咨询、网上论坛、网上银行、理财、外汇、保险、股票、基金、期货、缴费、债券、贵金属
中国建设银行	电子银行、个人存款、个人贷款、银行卡、信用卡、外汇服务、房改金融、证券代理、便利服务、基金、理财、黄金、保险、国债、外汇投资	电子银行、公司业务、机构业务、国际业务、房改金融、投资银行、投资托管、企业年金、现金管理

进一步地，选取并列出至少4项具体业务进行比较。例如，个人业务可以对比账务查询、网上支付、转账汇款、自助缴费。企业业务可以对比账务查询、资金划转、资金管理、财务内控管理。

（4）总结。从用户使用的角度比较其界面风格和易用程度，同时从安全保障机制中比较其不同点。通过个人的使用实践、分析，得出结论。对存在的不足，提出解决建议或结合行业发展的实际提出展望。通过文字或者PPT进行总结报告。

第1章在线练习

课后思考

1. 根据中国人民银行等十部门发布的《关于促进互联网金融健康发展的指导意见》，互联网金融的定义与模式分别是什么？

2. 试辨析银行系科技子公司与互联网金融科技公司的区别与联系。

3. 试辨析芝麻信用与传统征信的区别与联系。

4. 中国央行数字货币具有两个“双”特征，请加以说明。

5. 请谈谈你对互联网金融2.0时代转向金融科技3.0时代的理解。

第2章 互联网支付

学习目标

【知识目标】

- 了解支付和账户的概念。
- 理解支付系统以及支付账户分类标准。
- 了解银行业支付和第三方支付。
- 理解互联网支付和移动支付的特点。

【能力目标】

- 能够分析各种支付方式的原理。
- 能够区分支付牌照类型。
- 能够针对各类支付账户的特点加以选择应用。

【思政目标】

- 通过对各种新型电子支付手段和经营模式的系统化介绍，树立正确的从业理念和社会主义核心价值观。
- 思考只有科技创新才能促进产业发展乃至民族振兴的观点，融入先发制定行业规则、有自主金融科技掌控力，才能在大国博弈中立于不败之地的理念。

思维导图

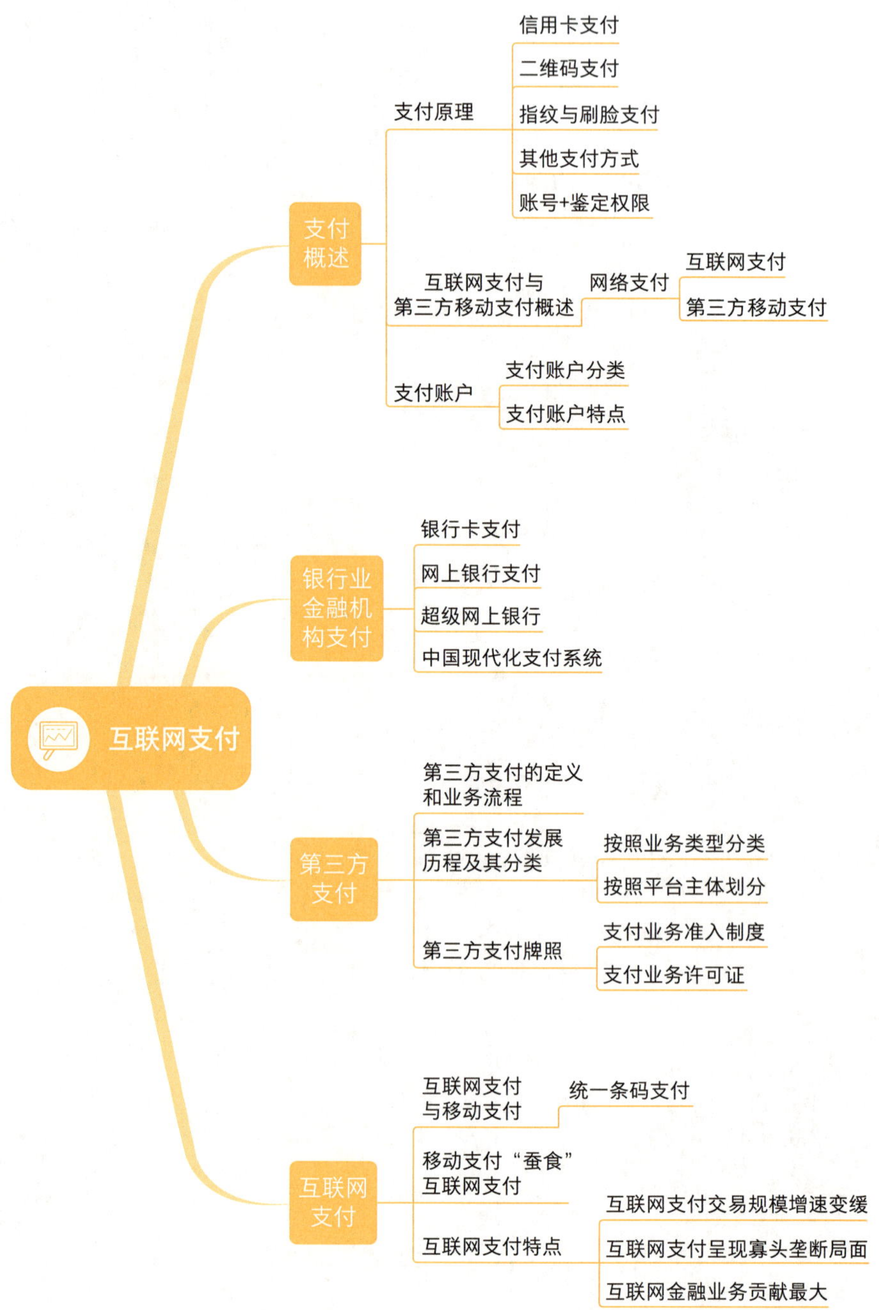
互联网支付
支付概述
支付原理
信用卡支付
二维码支付
指纹与刷脸支付
其他支付方式
账号+鉴定权限
互联网支付与第三方移动支付概述
网络支付
互联网支付
第三方移动支付
支付账户
支付账户分类
支付账户特点
银行业金融机构支付
银行卡支付
网上银行支付
超级网上银行
中国现代化支付系统
第三方支付
第三方支付的定义和业务流程
第三方支付发展历程及其分类
按照业务类型分类
按照平台主体划分
第三方支付牌照
支付业务准入制度
支付业务许可证
互联网支付
互联网支付与移动支付
统一条码支付
移动支付“蚕食”互联网支付
互联网支付特点
互联网支付交易规模增速变缓
互联网支付呈现寡头垄断局面
互联网金融业务贡献最大

案例导学

行业旗舰：蚂蚁金服与支付宝

支付王者：支付宝

蚂蚁金服成立于2014年10月，旗下包括了支付宝、支付宝钱包、余额宝、招财宝、蚂蚁小贷及网商银行等品牌。蚂蚁金服已跻身全世界价值最高的私营科技公司之列，是全球最大的金融科技独角兽企业。

2020年，蚂蚁金服市场估值约2 000亿美元。作为最有价值的非上市公司，蚂蚁金服对投资者有着极强的吸引力和好奇心。

蚂蚁金服背靠阿里巴巴，更多是保障金融业务的健康持续开展，蚂蚁金服的主要股东中，就有人寿、人保、太保与新华人寿四家保险公司。在业界看来，支付宝业务是蚂蚁金服得以快速发展的重要因素。

支付宝支付特点和挑战

案例分析

智能终端的普及和移动互联网的全面快速兴起让移动支付市场迅猛发展。从交易金额来分析，根据易观发布的《中国第三方支付移动支付市场季度监测报告》，在移动支付C端用户市场，支付宝（蚂蚁金服）和微信支付（腾讯金融）在2019年依旧保持90%以上的第三方移动支付市场交易份额。从交易人数来分析，我国移动支付的季度活跃用户规模增速从2018年3季度开始呈现出明显的下滑趋势，这说明移动支付市场整体C端用户规模和其移动支付市场份额分配逐渐趋于稳定和固化。在这种环境下促使其他第三方支付机构积极向B端谋求发展，探索新机遇。

2 社交网络：微信支付

在移动时代，微信支付在庞大社交用户群的基础上异军突起，结合了社交和腾讯生态的微信支付，既是支付宝的最大竞争对手，也是它共同把这块蛋糕做大的伙伴。

2019年，腾讯财报显示，微信月活跃用户突破11亿，主要增长原因是微信小程序和微信支付的活跃。

微信支付特点和挑战

实际上，金融行为与人的映射关系是微信支付最感兴趣的。微信支付想以社交为触点，将支付与社交结合起来，再打通更多的内容体系，拓展并构建多样化的支付场景。例如借助腾讯与合作伙伴的技术产品，通过社交和媒体营销，向海外的跨境消费者和跨境商家进一步拓展。

随着中国居民可支配财富的不断累积，海外购物与教育的花费也随之攀升。中国旅游研究院、携程旅游大数据联合实验室共同发布了《2018年中国游客出境游大数据报告》显示，2018年中国内地游客境外消费达1 200亿美元，微信支付笔数最多的前五个国家依次分别为日本、泰国、韩国、澳大利亚和新加坡。

案例分析

如果微信支付的目标仅仅停留在成为一个支付接口，那么其想象力空间就太小了。在社交场景支付的基础上，微信支付进一步提出了“支付即营销”的口号。通过提供智慧支付解决方案，给商户提供更好的技术工具、运营手段和增值服务，既让商户赚到钱，也让消费者完成快速便捷的支付。

其中微信小程序就是一个非常经典的形式。小程序是以“商业化利器”的面貌出现的，通过小程序扫码、下单、支付，用户的行为和消费画像被留在微信支付平台上。接入移动支付系统后，商家也获得了高收益。门店也可以与顾客建立一对一的长期连接互动，最终目的是提升门店流量和交易量。

微信支付以小程序、公众号等工具为核心的微信社交开放生态正在形成，通过一枚二维码更简单地连接人、物、服务，实现了价值链到价值网的升级，极大地激发了商业价值裂变。

3 电商支付：拼多多“新人登场”

2019年10月，在拼多多四周年动员会上，它宣布真实支付成交总额

（Gross Merchandise Volume，GMV）已经超过京东，成为中国第二大电商平台。

作为电商巨头之一，拼多多长期以来被无支付牌照经营所困扰。2020年，拼多多正式收购付费通，这是2020年首笔支付牌照易主交易，意味着拼多多已曲线获得支付牌照。

上海付费通于2011年取得第三方支付牌照，是首批获得第三方支付牌照的机构，业务范围涉及互联网支付、移动电话支付、固定电话支付、银行卡收单业务，是第三方支付“全牌照”公司。

随着对付费通的正式收购，拼多多将成为持有支付牌照的“正规军”。自此，我国互联网行业前20强公司均已拥有支付牌照。

案例分析

电商平台如果没有支付牌照，就只能做自营产品收款。一旦涉及其他商户在电商平台上开店，就会需要由电商平台帮助商户收款，那么该电商平台就必须要有支付牌照才能开展这项业务。拼多多上的商品主要都是商户开店售卖，通过平台来统一收款。自2017年起，相关部门已对拼多多主体公司——上海寻梦公司开展调查取证，认定该公司存在无证经营网络支付业务行为，并已要求其进行整改。

合理的做法是：要么电商平台自己获取支付牌照，要么直接对接其他持牌支付机构。为了解决平台内部清算合规问题和存留保护交易数据，收购支付牌照似乎是拼多多的唯一选择。

三类无证经营支付业务行为

4 支付枢纽：网联清算

网联清算有限公司（NetsUnion Clearing Corporation，简称NUCC）是经中国人民银行批准成立的非银行支付机构网络支付清算平台的运营机构，网联清算平台若按日间交易和峰值交易笔数进行计算，目前是全球最大清算体。

网联清算有限公司在中国人民银行指导下，由中国支付清算协会按照市场化方式组织非银行支付机构以“共建、共有、共享”原则共同参股出资，于2017年8月在北京注册成立，为公司制企业法人。

2017年8月，央行支付结算司印发《中国人民银行支付结算司关于将非银行支付机构网络支付业务由直连模式迁移至网联平台处理的通知》(简称《通知》)。《通知》表示，自2018年6月30日起，支付机构受理的涉及银行账户的网络支付业务全部通过网联平台处理（见图2–1）。

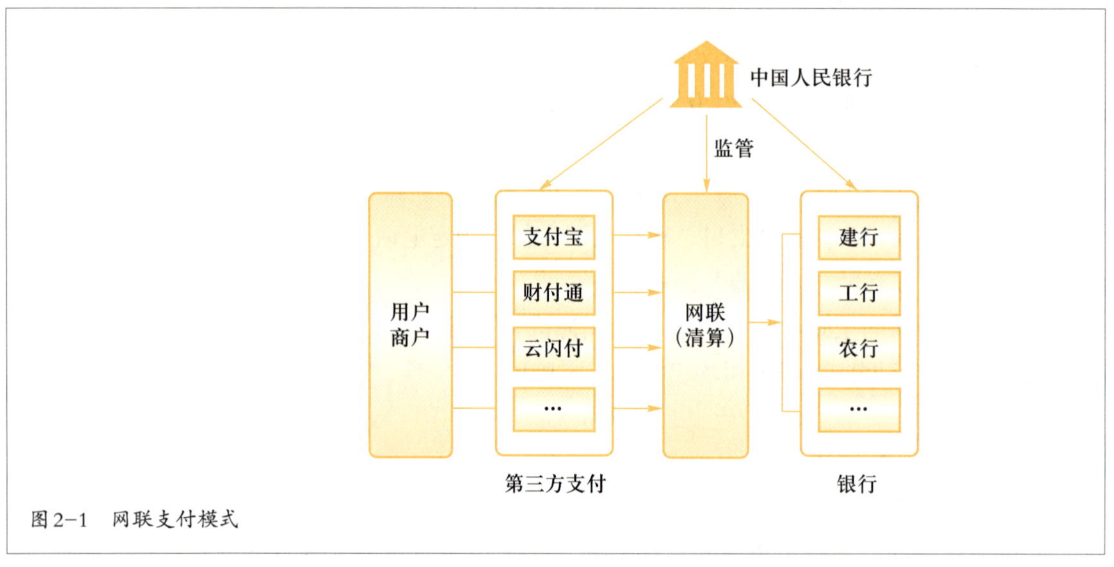

图2–1　网联支付模式

也就是说，第三方支付机构在各家银行的清算账户被直接切断，必须经过网联或者银联系统之后才能连接到银行。支付流程的转变也将改变第三方支付企业的商业操作模式，对其产生一定的影响。截至2020年1月，网联平台已经接入530家商业银行、115家持网络支付牌照机构、102家村镇银行。

网联的作用

在互联网时代，与线下支付相比较，线上支付的核心地位不可撼动。数据显示网联的交易笔数是银联的近3倍。

央行推动网联成立的意图非常明显：利于监管。近几年，第三方支付行业的快速发展，给支付和金融市场造成了混乱。而网联通过可信服务和风险侦测，可以防范和处理诈骗、洗钱、钓鱼以及违规等风险。从银行角度来看，网联可以减少银行特别是一些中小型银行与众多第三方支付机构直连的繁琐过程。网联可以让参与支付的各方权责逐渐变得更加明确、清晰和独立。

非银行支付机构网络支付清算平台作为全国统一的清算系统，主要处理非银行支付机构发起的涉及银行账户的网络支付业务，实现非银行支付机构及商业银行一点接入，提供公共、安全、高效、经济的交易信息转接和资金清算服务，组织制定并推行平台系统及网络支付市场相关的统一标准规范，协调和仲裁业务纠纷，并将提供风险防控等专业化的配套及延展服务。

非银行支付机构网络支付清算平台作为国家级重要金融基础设施，由非银行支付机构相关专家共同参与设计，采用先进的分布式云架构体系，在北京、上海、深圳3地建设6个数据中心，实现平台系统高性能、高可用、高安全、高扩展、高可控、高一致性等全面高标准，以适应行业高速发展态势。网联清算有限公司及非银行支付机构网络支付清算平台的建立，实现了网络支付资金清算的集中化、规范化、透明化运作，节约连接成本，提高清算效率，支撑行业创新，促进公平竞争，助力资金流向有效监控，保障客户资金安全，并推动行业机构资源共享和价值共赢，实现市场长远健康发展。

5 后起之秀：银联云闪付

银联在线

作为中国自主的银行卡组织，目前银联已成为全球发卡量第一、交易量第一的国际卡公司。2019年，银联网络延伸至178个国家和地区，银联卡全球发行总量突破80亿张。上线短短两年，云闪付用户数超过2.4亿。

2020年1月中国银联公布了最新的业务数据：2019年银联网络转接交易金额达到189.4万亿元，同比增长54.3%，为近五年来增速最快的一年。2018年，银联交易金额首次突破百万亿元大关，达到120.4万亿元。这是中国支付市场黄金时代的写照，也是银联人十多年来不懈努力的结果。

银联的移动支付产品多种多样（见图2-2），以云闪付App（打开App才可支付）为例，它支持610家银行余额查询、近150家银行信用卡账单查询及0

手续费还款，支持在线申请包括工行、农行、中行、建行、交行等20多家银行的300余种信用卡。

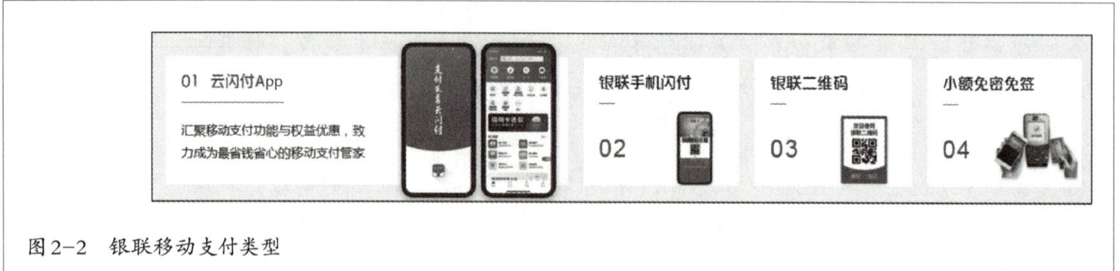

图2-2 银联移动支付类型

银联手机闪付采用NFC和Token技术，实现了手机、手环、手表等移动设备的线下非接触支付，并支持二维码支付、远程在线支付，让支付更便捷、更安全。银联手机闪付产品（不打开App就可支付）已覆盖华为、小米、OPPO、vivo、苹果、三星等多个主流手机品牌，“一闪就付”逐渐深入人心。

案例分析

在移动支付领域，银联打造了全产品、全场景的移动支付服务体系，既有云闪付App，又有覆盖主流手机品牌的银联手机闪付。

云闪付和闪付有何区别呢？严格来说这里需要注意区分三个概念：云闪付、云闪付App和闪付。

云闪付是个品牌，其产品线功能比闪付多，不仅涵盖了旧有的“银联闪付”功能，还支持二维码支付设备（即云闪付App）。而云闪付App只是一个软件，它具有收付款、享优惠、卡管理三大核心功能。可以认为，云闪付=云闪付App+银联闪付。在不严格区分的场合，我们有时也称银联闪付为云闪付（注意这里没有App后缀，不是云闪付App）。

云闪付App属于在线支付业务，只能在App内绑定有“银联”标识的银行卡，绑定完成后用二维码支付。云闪付App只能用二维码支付，不支持挥卡支付，也无须NFC支持。

而闪付也是银联推出的支付功能，但推出的时间比“云闪付”早，闪付包括手机闪付、银联卡闪付和银联异形卡闪付。其中，手机闪付指的是绑定手机NFC而无需打开App进行支付，也就是各种“Pay”，像Apple Pay、Huawei Pay、MiPay等都属于手机闪付业务。手机闪付的本质是在支持NFC功能的手机终端上申请一张虚拟银联银行卡，把手机贴在具有银联“闪付”（QuickPass）标识的POS机上完成支付。而银联卡闪付和异形卡闪付就是用标有“闪付”标识的银行卡进行挥卡支付。

6 刷脸支付：蜻蜓与青蛙

说到刷脸支付，大家最容易想到的肯定是零售场景。在零售场景，支付宝起初的愿望是让消费者不用带手机、钱包，就可以吃饭、购物、完成转账。

2019年4月，支付宝发布第二代基于线下消费场景的刷脸支付机具“蜻蜓”。和首代“蜻蜓”相比，二代“蜻蜓”在价格和外观方面取得了显著提升。随着二代“蜻蜓”的发布，支付宝的线下场景布局也浮出水面。除了最直接相关的零售行业，支付宝的线下支付也在餐饮、娱乐、生活服务、医疗健康、交通出行和酒店入住等多个领域有所应用。

从消费者的角度来说这自然更便捷。虽然二维码已经极大地简便了人们的支付流程，但顾客仍需要操作手机，这在购物场景中有时仍然不方便，比如手里有太多物品的时候。

北京的连锁面包店味多美是“蜻蜓”的首批合作商家之一。据负责人介绍，“蜻蜓”系统全面使用后，顾客不仅不用掏手机，等待时间还降低了约50%。这样一来，“蜻蜓”不仅简便了客户，还提高了收银台的运转效率。

有趣的是，在二代“蜻蜓”发布前一个月，微信支付也发布了其刷脸支付设备“青蛙”。二者功能非常相近，均瞄准线下商铺的支付场景。在二代“蜻蜓”的发布会上，支付宝宣布补贴30亿元用来扶持生态，且宣布施行“倒找一块钱”的定价策略，而“青蛙”则打起了免费申请的口号。在线下刷脸支付领域，战事才刚刚打响，而这将必然引爆继POS机、NFC、二维码之后的第四次无现金支付变革。

案例分析

如今，“蜻蜓”已经不再局限于承担一个刷脸支付工具的功能，而是更多地作为智能营销工具在使用。通过识别“你是你”，商家能够更精准地为顾客推荐商品、发放优惠券，也能更便捷地为顾客注册会员。

以会员拉新注册为例，“蜻蜓”优势明显。传统的开卡过程中，消费者要填表格或口头告诉商家手机号、姓名、生日等，非常耗时。也正因为这个繁琐的过程，使商家流失了很多潜在会员。而“蜻蜓”的出现很大程度地简化这一流程。在收银环节有限的几十秒和顾客接触的时间中，有时店员只需要询问一句，被识别的顾客就会自动携带其信息成为商家会员，整个过程耗时几十秒且非常流畅自然。支付宝官方数据显示，使用“蜻蜓”后，商家的会员开卡率可提升5倍以上。

另外，刷脸还在健康医疗系统中得到应用。由于刷脸支付具有足够强的比对能力，因此在打击医保卡盗刷以及号贩子方面将发挥强大作用。

内容讲解

2.1 支付概述

2.1.1 支付原理

支付的原理与本质

（1）信用卡支付。在支付中不少人都使用过信用卡，在POS机上刷卡是目前最常见的信用卡使用方式。刷卡时，收银员一般根据发卡行选择相应的POS机，将磁条式信用卡的磁条在POS机上划过，或者将芯片式信用卡插入卡槽，连通银行等支付网关，输入相应的金额，然后交由持卡人输入密码。远程支付网关接受信息并成功验证密码后，POS机上的刷卡程序就完成了。这个支付过程有两个要点，一是刷卡的动作，其实就是传递信用卡对应的银行账户信息；二是输入密码，这是验证是否有使用这个银行账户进行支付的权限。总结起来，其本质就是两个步骤：一传递账号，二鉴定权限，如图2–3所示。

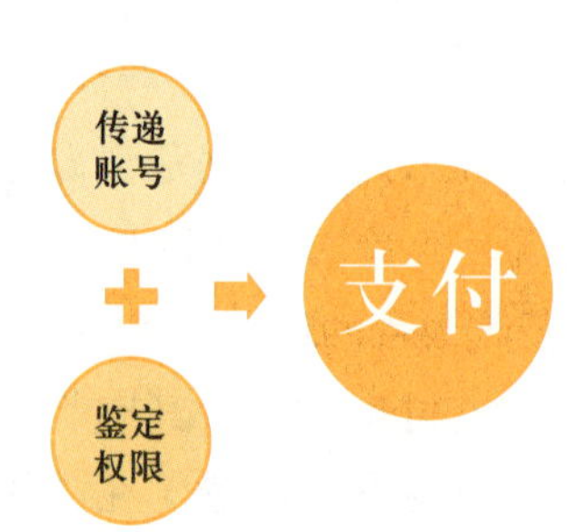

图2–3 支付要素

支付的发展

（2）二维码支付。其实二维码就是一段文字，只不过这段文字进行了编码，人类无法看懂，而计算机或智能手机程序则可以识别其图案、读懂其内容，这段文字中还可以包含网页的地址，扫描二维码可以直接跳转到指定的网页。扫描二维码支付，其实就是读取二维码中包含的银行账户，然后输入支付密码完成支付。所以本质上来看和POS机上刷卡支付也没有什么不一样，同样是传递账号并输入密码。只不过传递账号的方式不是刷卡，而是扫码。

（3）指纹与刷脸支付。指纹支付也分两步，第一步传递支付账号，第二步通过指纹进行权限鉴定，也就是用输入指纹来代替输入密码的过程。支付形式虽然不同，但是其原理和本质是一致的。指纹属于生物特征，具有不易丢失、无须记忆、方便快速的优点。更进一步的应用方式是将账户和密码合二为一，识别脸部图像的时候，账户号码和密码输入可以一并完成。在刷脸支付时，只需要面对摄像头，系统就会分析面部特征，连接个人支付账户，整个消费过程不需要钱包、银行卡，也不需要输入密码。

（4）其他支付方式。光子支付、声波支付和摇摇支付的原理。光子支付是利用手机的闪光灯将支付账号传递给收银台，然后输入密码即可完成支付。声波支付则用声波代替光波来传递支付账号给自动售卖机，而摇摇支付则是利用手机中的GPS位置传感器来判断和传递支付账户。

综上可知，支付的过程中一般包含了两个必备要素，第一是账户，第二是鉴定权限。无论支付的形式如何变换，这两个本质要素是不可或缺的。只有真正理解了支付的原理，才能体会到支付的本质。无论采用哪种形式，现代电子化支付最终的结果就是账户之间资金的转移。

2.1.2　互联网支付与第三方移动支付概述

目前，在支付领域内最重要的两个监管文件就是中国人民银行颁布的《非金融机构支付服务管理办法》和《非银行支付机构网络支付业务管理办法》。

文件规定，非金融机构支付服务，是指非金融机构在收付款人之间作为中介机构提供下列部分或全部货币资金转移服务：① 网络支付；② 预付卡的发行与受理；③ 银行卡收单；④ 中国人民银行确定的其他支付服务。

其中，网络支付是指依托公共网络或专用网络在收付款人之间转移货币资金的行为，包括货币汇兑、互联网支付、移动电话支付、固定电话支付、数字电视支付等。

1. 互联网支付

互联网支付

在实际使用中，互联网支付是特指客户通过台式计算机、笔记本电脑等设备，依托互联网发起支付指令，实现货币资金转移的行为。根据艾瑞咨询的统计，2019年中国第三方互联网支付交易规模约为25万亿元，与2018年同期相比有所下降。这主要是受P2P监管“三降”要求影响。（2018年年底，对网贷平台的监管正式进入“三降”时代，即：降存量业务规模、出借人数量、借款人数量。）

据艾瑞网研究数据显示，2019年中国第三方互联网支付市场交易规模约为25万亿元，其中市场份额排名从高到低依次为支付宝、银联商务、财付通、快钱、宝付、易宝支付、中金支付、京东支付（京东钱包）、苏宁支付（易付宝）（见图2–4）。

2. 第三方移动支付

第三方移动支付（通过手机等移动设备）规模保持增长，2019年交易规模约为226.2万亿元，同比增速为18.7%。从2018年全年来看，第三方移动支

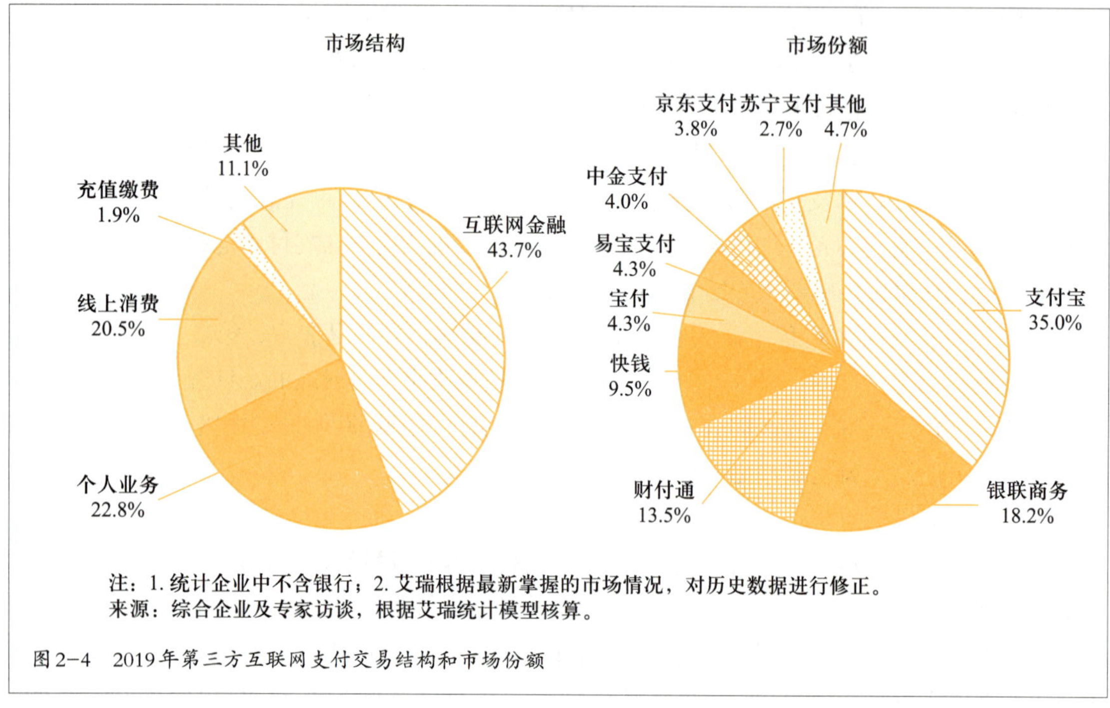

注：1. 统计企业中不含银行；2. 艾瑞根据最新掌握的市场情况，对历史数据进行修正。
来源：综合企业及专家访谈，根据艾瑞统计模型核算。

图2–4　2019年第三方互联网支付交易结构和市场份额

付交易规模达到190.5万亿元（见图2–5），同比增速为58.4%。2018年，人们在日常生活中使用移动支付的习惯已经养成，第三方移动支付渗透率达到较高水平，市场成倍增长的时代结束，正式进入稳步发展阶段。在此阶段，移动金融领域的快速发展、线下支付在新场景的进一步渗透或将成为行业规模增长的主要驱动力。

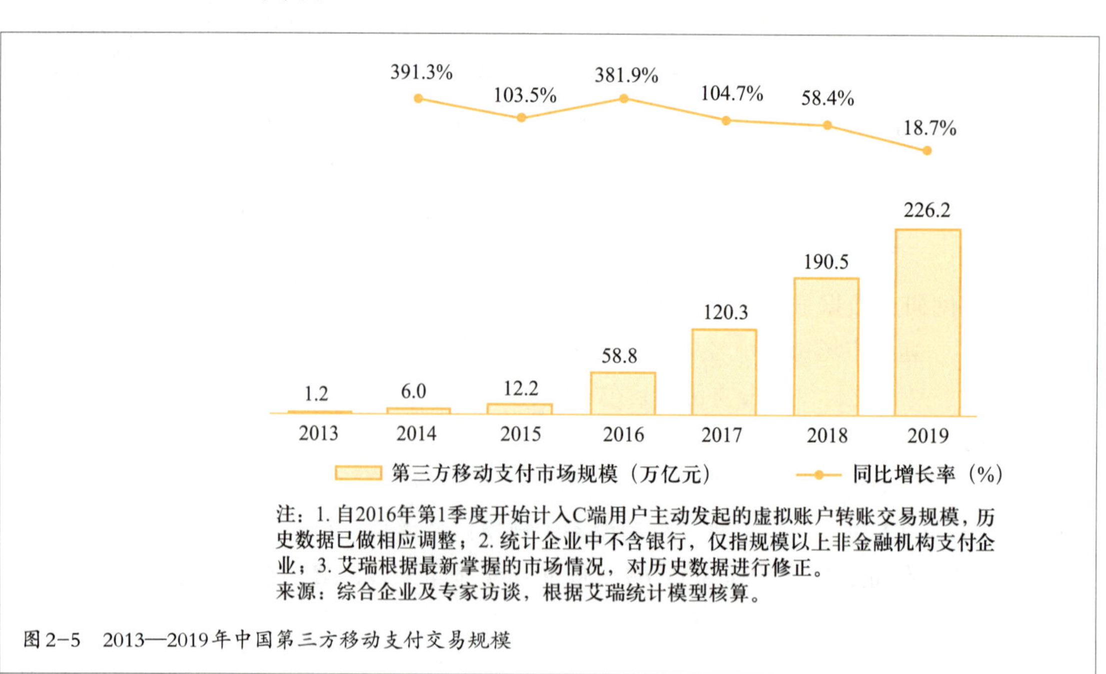

注：1. 自2016年第1季度开始计入C端用户主动发起的虚拟账户转账交易规模，历史数据已做相应调整；2. 统计企业中不含银行，仅指规模以上非金融机构支付企业；3. 艾瑞根据最新掌握的市场情况，对历史数据进行修正。
来源：综合企业及专家访谈，根据艾瑞统计模型核算。

图2–5　2013—2019年中国第三方移动支付交易规模

2.1.3　支付账户

一般来说，我国的支付账户体系分为两部分：一是办理银行支付开立的银行账户，二是适应这几年电子商务发展和日常小额支付需要不断壮大的第三方支付，即非银行支付账户，简称支付账户。

2015年12月，中国人民银行正式颁布了《非银行支付机构网络支付业务管理办法》（中国人民银行公告〔2015〕第43号，下称《办法》），困扰互联网金融行业多年的支付账户业务相关问题终于尘埃落定。《办法》从实名制认定方式、交易金额、转账对象限制以及监管标准等大众关心的问题对支付账户进行了详细的说明，归纳起来支付账户有以下几个特点：

（1）不是存款。根据《办法》第7条规定，支付账户所记录的资金余额不同于客户本人的银行存款，不受《存款保险条例》保护，其实质为客户委托支付机构保管的、所有权归属于客户的预付价值。该预付价值对应的货币资金虽然属于客户，但不以客户本人名义存放在银行，而是以支付机构名义存放在银行，并且由支付机构向银行发起资金调拨指令。通俗地说，钱是通过支付机构存在银行里的。

（2）不开账户。根据《办法》第8条规定，支付机构不得为金融机构以及从事信贷、融资、理财、担保、信托、货币兑换等金融业务的其他机构开立支付账户。

（3）不避责任。《办法》第10条规定，银行应当事先或在首笔交易时自主识别客户身份并与客户直接签订授权协议，明确约定扣款适用范围和交易验证方式，设立与客户风险承受能力相匹配的单笔和单日累计交易限额，承诺无条件全额承担此类交易的风险损失先行赔付责任。也就是说，如果快捷支付发生了风险损失，银行要承担先行赔付的责任。

同时《办法》第19条规定，支付机构应当建立健全风险准备金制度和交易赔付制度，并对不能有效证明因客户原因导致的资金损失及时先行全额赔付，保障客户合法权益。“你敢付、我敢赔”成为第三方支付的新常态，支付变得更加放心。如果支付账号被盗或资金损失，无论在哪个支付机构，只要支付机构没有足够的证据证明是用户的原因造成的，它就得赔偿用户。

（4）三类账户。《办法》第11条规定，支付机构应根据客户身份对同一客户在机构开立的所有支付账户进行关联管理。支付账户可分为三类。Ⅰ类支付账户，账户余额仅可用于消费和转账，余额付款交易自账户开立起累计不超过1 000元（包括支付账户向客户本人同名银行账户转账）；Ⅱ类支付账户，账户余额仅可用于消费和转账，其所有支付账户的余额付款交易年累计不超过10万元（不包括支付账户向客户本人同名银行账户转账）；Ⅲ类支付账户，账户余额可以用于消费、转账以及购买投资理财等金融类产品，其所有支付账户的余额付款交易年累计不超过20万元（不包括支付账户向客户本人同名银行账户转账）。

（5）支付机构分类。中国人民银行可以结合支付机构的企业资质、风险管控特别是客户备付金管理等因素，确立支付机构分类监管指标体系，把支付机构分为普通支付机构和优质支付机构。优质支付机构必须满足的条件是：评定为“A”类且Ⅱ类、Ⅲ类支付账户实名比例超过95%的支付机构。《办法》对普通支付机构和优质支付机构的执行细则有很大差别。

（6）账户验证。普通支付机构必须按照《办法》第11条规定进行客户身份核实和支付账户开户（见图2–6）。

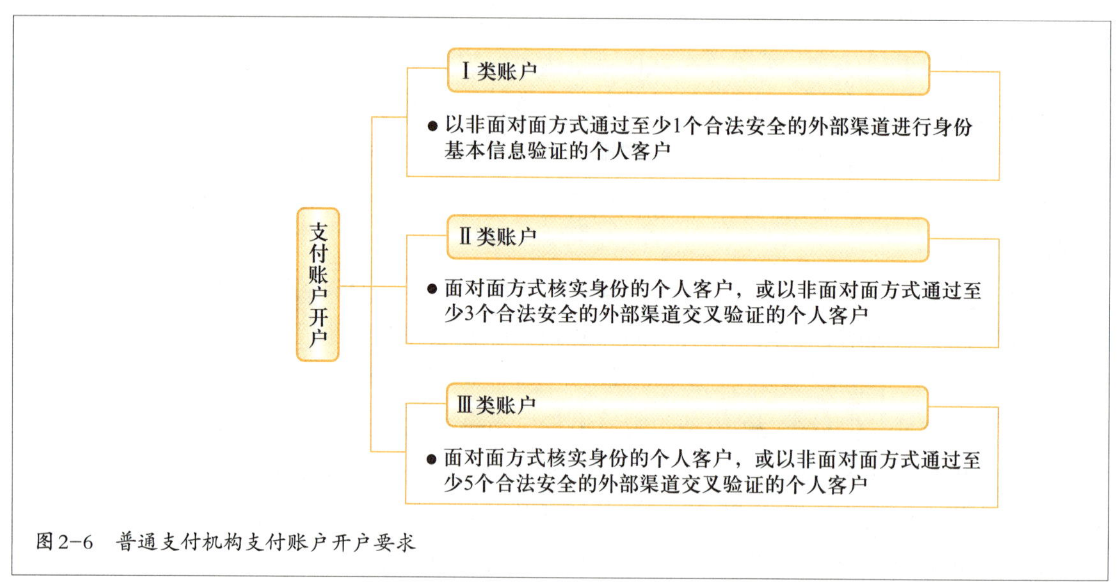

图2–6　普通支付机构支付账户开户要求

普通支付机构，除了面对面现场核实身份外，还可以通过指定的外部渠道进行核实，包括公安、社保、民政、住建、交通、工商、教育、财税等政府部门，以及商业银行、保险公司、证券公司、征信机构、移动运营商、铁路公司、航空公司、电力公司、自来水公司、燃气公司等单位。

而对于优质支付机构，可按照《办法》第33条规定，评定为“A”类且Ⅱ类、Ⅲ类支付账户实名比例超过95%的支付机构，可以采用能够切实落实实名制要求的其他客户身份核实方法，经法人所在地中国人民银行分支机构评估认可并向中国人民银行备案后实施账户验证。这种监管理念还存在于该办法的多个条款中。

（7）账户转账。进行“银行账户与支付账户互转”业务时，对于普通支付机构，《办法》第12条规定，支付机构办理银行账户与支付账户之间转账业务的，相关银行账户与支付账户应属于同一客户。而对于优质支付机构，《办法》第35条规定，对于已经实名确认、达到实名制管理要求的支付账户，在办理前述转账业务时，相关银行账户与支付账户可以不属于同一客户。

（8）单日限额。普通支付机构按照《办法》第24条执行：① 支付机构采用包括数字证书或电子签名在内的两类（含）以上有效要素进行验证的交易，单日累计限额由支付机构与客户通过协议自主约定。② 支付机构采用不包括数字证书、电子签名在内的两类（含）以上有效要素进行验证的交易，单个客户所有支付账户单日累计金额应不超过5 000元（不包括支付账户向客户本人同名银行账户转账）。③ 支付机构采用不足两类有效要素进行验证的交易，单个客户所有支付账户单日累计金额应不超过1 000元（不包括支付账户向客户本人同名银行账户转账），且支付机构应当承诺无条件全额承担此类交易的风险损失赔付责任。

而优质支付机构则可以按照《办法》第36条执行：① 评定为"A"类且Ⅱ类、Ⅲ类支付账户实名比例超过95%的支付机构，可以将达到实名制管理要求的Ⅱ类、Ⅲ类支付账户的余额付款单日累计限额，提高至《办法》第24条规定的2倍。② 评定为"B"类及以上，且Ⅱ类、Ⅲ类支付账户实名比例超过90%的支付机构，可以将达到实名制管理要求的Ⅱ类、Ⅲ类支付账户的余额付款单日累计限额，提高至《办法》第24条规定的1.5倍。

（9）个人卖家管理。普通支付机构参照个人支付账户管理，受余额影响，即Ⅱ类支付账户年累计不超过10万元，Ⅲ类支付账户年累计不超过20万元。优质支付机构参照单位客户进行管理，不受此额度限制。

（10）便捷支付验证方式。① 普通支付机构根据《办法》第10条规定，除单笔金额不超过200元的小额支付业务，公共事业缴费、税费缴纳、信用卡还款等收款人固定并且定期发生的支付业务，支付机构不得代替银行进行交易验证。② 优质支付机构根据《办法》第37条规定，可以与银行根据业务需要，通过协议自主约定由支付机构代替进行交易验证的情形。也就是说，对于普通支付机构，200元以上的支付就需要跳转到银行网关进行密码、安全介质等校验工作；而对于优质支付机构则不需要。

综上所述，《办法》的正式出台对于规范支付业务有着举足轻重的意义，对第三方支付的长远发展是重大利好。但对第三方支付行业内部却是几家欢喜几家愁，通过门槛的高度可以看到，评定为优质的第三方支付机构将得到功能和性能上的最大便利，而普通的支付机构就要受到更多的监管和制约。

2.2　银行业金融机构支付

银行卡支付及其规模

2.2.1　银行卡支付

1. 银行支付业务

非现金交易是指以现金以外的其他支付手段进行货款清算的交易方式。

这里的非现金支付手段包括票据、信用卡、电子结算等。采用非现金交易可以促成买卖，节约交易时间，降低交易费用。

在我国，银行卡业务是一个传统金融业务与现代信息技术有机结合的新兴业务。银行卡业务是商业银行重要的中间业务之一，也是国内外银行业竞争的焦点。

发卡行是给持卡人发放信用卡的银行。发卡行通过收取年费、支付利息以及商户回佣分成（其中包括外贸信用卡收款通道的手续费分成）等方式盈利，发卡行有自己的风控系统，一般系统认为有疑问和风险的订单，交易会失败。信用卡收单行主要负责特约商户的开拓与管理、授权请求、账单结算等活动，简单地说收单行就是为商户提供POS终端的银行，目前大多发卡行同时也兼任着收单行的角色。

举个例子，客户刷卡购买商品，签字后离开。商家把签购单交给发给商家POS机的银行，这个银行就是收单行。收单行收到客户签购单，按上面的数目扣除佣金之后，付款给商户。然后收单行再通过银联平台连接到发卡行获取该笔钱。客户还钱给发卡行就可以了。收单是指该商户接受了消费，商户可以凭POS单到银行进行结算，这就是为什么消费日有时不是记账日的原因。银行根据商户性质的不同，收取一定的手续费。在中国这笔手续费按照7：2：1的比例在发卡行、收单行和银联（清算组织）间进行分配（如图2-7所示）。通常这些手续费是由商户出。

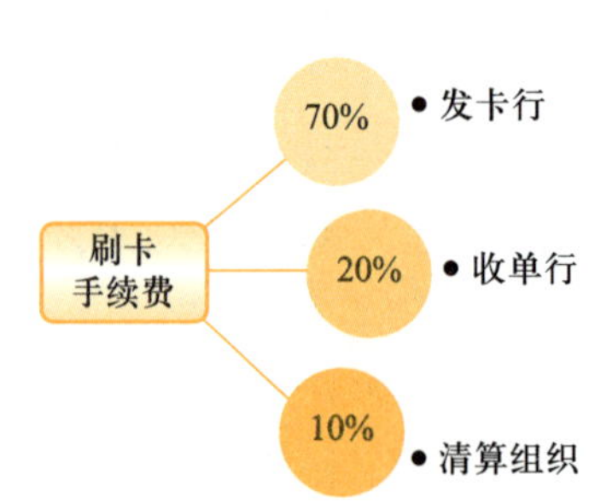

图2-7　银行卡刷卡手续费分配比例

银行卡清算业务是通过制定银行卡清算标准和规则，运营银行卡清算业务系统，授权发行和受理本银行卡清算机构品牌的银行卡，并为发卡机构和收单机构提供其品牌银行卡机构间交易处理服务，协助完成资金结算的活动。即在银行卡跨行交易时负责多个银行或特许从事金融业务机构（非金融支付机构）之间的往来资金计算，并协助完成资金划拨。从对象来看，清算机构业务往来对象为银行或是特许经营机构；从业务特点看，清算机构需要两个必备动作：计算资金和协助资金转移。因此，清算机构是一个完成多个发卡机构与多个收单机构之间资金计算与划转的业务主体（即“多对多”），与银行、支付机构“一对多”的结算业务存在较大差异，需要应对更大的金融风险。

以多年专营国内银行卡清算市场的中国银联为例，2019年银联网络转接交易金额达到189.4万亿元，估算下来每日银行卡清算机构处理的资金达千亿元级别。为了资金快速、准确结算，清算机构会对每一家机构进行轧差（即出、入相抵，只计算机构当日净额），根据轧差结果完成各机构之间的资金划拨。因此清算风险管理是银行卡清算机构最为重要的风险类型之一，一方面要求较高的资金来应对风险；另一方面如果资金不能正常到账，社会将对金融机构的信用产生怀疑，甚至引发挤兑风险等更为严重的后果。

国家对支付机构的注册资本要求较高，根据央行规定，申请人拟在全国范围内从事支付业务的，其注册资本最低限额为1亿元人民币。国家对于清算组织的注册要求更高，根据国务院公布的《关于实施银行卡清算机构准入管理的决定》，注册资本不低于10亿元人民币，是支付机构注册资本的10倍，这主要是由业务风险性质的大小所决定的。设立清算组织的资本要求基本等同于设立银行的要求，远超设立证券公司或保险公司所要求的注册资本。根据《中华人民共和国商业银行法》的规定，设立全国性商业银行的注册资本最低限额也为10亿元人民币。

2. 银行卡支付规模

中国人民银行发布的《2019年支付体系运行总体情况》报告显示，2019年全国银行卡在用发卡数量84.19亿张。其中，借记卡在用发卡数量76.73亿张，同比增长11.02%；信用卡和借贷合一卡在用发卡数量共计7.46亿张，同比增长8.78%。全国人均持有银行卡6.03张。银行卡授信总额为17.37万亿元，银行卡卡均授信额度2.33万元。

银行卡受理终端数量有所下降，银行卡跨行支付系统联网商户2 362.96万户，联网POS机具3 089.28万台，ATM机具109.77万台。

银行卡交易持续增长，全国共发生银行卡交易3 219.89亿笔，金额886.39万亿元。其中，存现业务金额52.88万亿元；取现业务金额51.65万亿元；转账业务金额664.71万亿元；消费业务金额117.15万亿元。全年银行卡渗透率为49.03%，银行卡卡均消费金额为1.39万元，同比增长13.90%。

从交易金额上看，银行卡主要资金使用方式是进行转账。另外，与第三方支付相比，银行卡交易规模远远高于第三方互联网支付和移动支付的规模。

线下扫码快捷支付走银联通道

根据央行每个季度发布的“支付体系运行总体情况”报告中对于数据来源的解释，由于自2018年4月1日起《条码支付业务规范（试行）》正式实施，因此自2018年第二季度起，实体商户条码支付业务数据由网络支付调整至银行卡收单进行统计。

也就是说“扫码+快捷支付”归属于银联业务，若在线下消费时，用支付宝或微信采取银行快捷支付方式付款的数据将统计在银联处。

另外，自2018年第二季度起，还有两点需要注意：①非银行支付机构处理网络支付业务量将包含支付机构发起的涉及银行账户的以及支付账户的网络支付业务量，但不包含红包类等娱乐性产品的业务量。②银行卡跨行支付系统业务笔数仅包含资金清算的交易，不包含查询、账户验证等不参与资金清算的交易。

自2019年第一季度起，银行卡跨行支付系统业务量包括支付机构发起的通过银行卡跨行支付系统处理的涉及银行账户的网络支付业务量。

从银联自身的转接交易规模来看（注意：它与银行卡交易规模不同），2018年首次突破百万亿元大关，达到120.4万亿元；2019年升到189.4万亿元，同比增长了57.3%。伴随着云闪付、银联手机闪付、银联二维码等移动支付方式的快速普及，中国银联产品功能不断完善，境内外受理环境日益拓展，品牌受到越来越多用户的青睐与肯定。

2.2.2 网上银行支付

1. 网上银行

网银支付

网上银行业务是指银行借助计算机或其他智能设备，通过互联网技术或其他公用信息网，为客户提供的多种金融服务。网上银行业务不仅涵盖传统银行业务，还可以突破银行经营的行业界限，深入到证券、保险甚至商业流通等领域。1995年10月全球第一家网络银行"安全第一网络银行"在美国诞生之后，中国的银行业就开始快速跟进，并实现了中国式的创新。1996年中国银行在国内率先设立网站，向社会提供网上银行服务，1997年招商银行开办网上银行业务，推出了当时让其名声大噪的一网通服务。1999年，建设银行、工商银行也开始向客户提供网上银行服务。20多年来，网上银行的用户数和交易量得到了迅猛发展。网上银行代表了未来银行业的方向，网上银行业务的迅速发展必将推动银行业产生新的革命。

与网上银行容易混淆的一个概念是电子银行（E-bank），后者是指商业银行利用计算机技术和网络通信技术，通过语音或其他自动化设备，以人工辅助或自主的形式，向客户提供方便快捷的金融服务。呼叫中心、无人银行、电话银行、ATM、POS等多种多样的金融服务形式都涵盖在电子银行的范畴之内。

网上银行主要指金融机构通过互联网提供的各种金融服务，是电子银行的代表，又被称为"3A银行"，因为它不受时间、空间限制，能够在任何时间（Anytime）、任何地点（Anywhere）、以任何方式（Anyway）为客户提供金融服务。按服务对象，网上银行可以分为企业网上银行和个人网上银行。按经营组织形式，网上银行可以分为网点型网上银行和纯网上银行。

（1）网点型网上银行是指现有的传统银行将互联网作为新的服务手段，

建立银行站点、提供在线服务而设立的网上银行。该类网上银行一般都拥有同时提供银行服务的线下实体网点。中国绝大多数银行的网上银行都属于此类。

（2）纯网上银行又称为虚拟银行，它起源于“安全第一网络银行”，是专门提供在线银行服务而成立的独立银行，它没有任何的线下分支机构或实体营业网点，因此也被称为“只有一个网站的银行”。2014年首批5个民营银行试点中，浙江网商银行（第一大股东蚂蚁金服）和深圳前海微众银行（第一大股东腾讯）属于没有分支机构，也没有营业网点的纯网络银行。

传统银行的个人网上银行开通方式是本人带上身份证去营业网点开通。开通时需要签约和领取U盾（即网上交易的数字证书，各家银行的称呼会有不同）。在计算机上使用时，还需要安装对应银行的网上银行程序（包括驱动程序、网上银行助手、网上银行控件、密码控件等）才能进行正常支付。其特点是安全性相对较高。

2. 手机银行

近年来，伴随着移动互联网的迅猛发展以及智能手机的广泛使用，人们的上网习惯正在从PC端向移动端加速转移。电子支付和网络支付的发展，也深刻改变了银行用户的交易习惯。我国银行平均离柜率从2012年的54.37%上升至2018年的88.67%。金融机构为顺应市场发展潮流，加快了对移动端服务的布局，越来越多的银行推出了手机银行。手机银行是用户利用移动通信网络及终端办理相关银行业务的简称。据前瞻产业研究院《中国智慧银行深度调研与投资战略规划分析报告》的数据显示，2019年中国手机银行交易规模为335.63万亿元[①]，同比增长38.88%（见图2-8）。

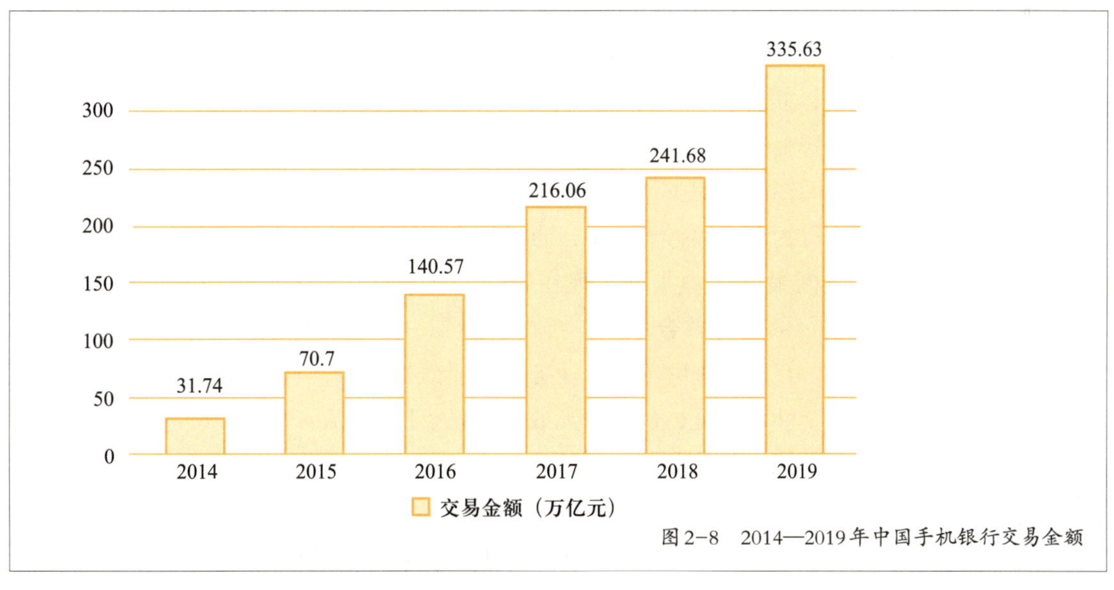

图2-8　2014—2019年中国手机银行交易金额

① 注意：手机银行的统计口径不等同于移动支付。

各大商业银行的手机银行用户规模也逐渐增长起来。大型国有银行的手机银行用户数处于领先地位。截至2018年年底，工行、农行、中行、建行四大行的手机银行用户数分别达到3.13亿户、2.58亿户、1.45亿户和3.11亿户，略领先于招商银行（0.78亿户）和交通银行（0.74亿户）。

2.2.3 超级网上银行

超级网银

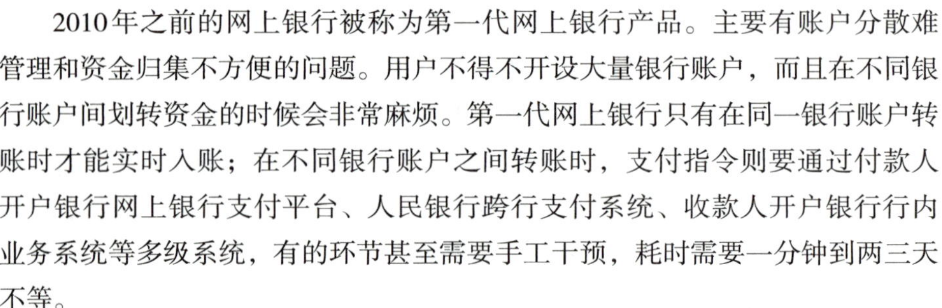

2010年之前的网上银行被称为第一代网上银行产品。主要有账户分散难管理和资金归集不方便的问题。用户不得不开设大量银行账户，而且在不同银行账户间划转资金的时候会非常麻烦。第一代网上银行只有在同一银行账户转账时才能实时入账；在不同银行账户之间转账时，支付指令则要通过付款人开户银行网上银行支付平台、人民银行跨行支付系统、收款人开户银行行内业务系统等多级系统，有的环节甚至需要手工干预，耗时需要一分钟到两三天不等。

2010年央行推出了第二代网上支付跨行清算系统，被称作“超级网银”，能够实现各大银行网上银行的互联互通。超级网银主要用来处理用户通过在线方式发起的小额跨行支付（金额在5万元以下）和账户信息查询业务，包括跨行转账、跨行账户查询、资金归集等功能。

作为第二代支付系统，超级网银打破了银行之间的壁垒，通过一个操作界面便可查询多家商业银行的账户情况，还可直接向各银行发送交易指令，有着诸多传统网上银行不可比拟的优势。跨行转账和支付能够实现实时到账，单笔业务20秒内即可处理完成，还可以进行跨行账户查询、在线签约等。

超级网银的作用主要体现在两方面：① 用一个银行账户可以访问和操作其他银行的账户；② 实现了网上支付跨行业务的实时处理，而且是7×24小时全天候地运行，为用户转账汇款、网络购物、网上缴费、投资理财等提供最大方便。超级网银就相当于增加一个安全阀，各家商业银行的网上银行不再一一对接央行的核心支付结算系统，而是通过“超级网银”这一入口统一接入。超级网银的作用类似于线上的银联，没有直接的网址供登录使用，它嵌入在各家银行的网上银行界面中，直接面向各家银行网上银行的调用。

超级网银的优势主要体现在资金归集方面。客户可以通过“超级网银”将其他银行的资金整合起来，跨行归集到一个主账户里，集中开展缴费、转账、支付、存款、理财等综合业务。在时效性方面，归集的频率可以根据客户需求进行个性化设置，例如每天或者每月。同时，客户还可以自行设定保底额度，实现“保底归集”。

中国现代化支付系统

2.2.4 中国现代化支付系统

中国现代化支付系统（China National Advanced Payment System，CNAPS）是中国人民银行按照我国支付清算需要，利用现代计算机技术和通信网络自主开发建设的一套系统。目前该系统已经是第二代，无论是系统架构还是功能使用，都比第一代提升了很多。该系统能够高效、安全地处理：① 各银行办理的异地、同城各种支付业务及其资金清算；② 货币市场交易的资金清算。总之，它是各银行和货币市场的公共支付清算平台，是中国人民银行发挥职能作用重要的核心支持系统。

简单地说，CNAPS由大额支付系统（HVPS）、小额支付系统（BEPS）以及网上支付跨行清算系统（IBPS）构成。CNAPS结构分为三层：位于北京总中心的国家处理中心（NPC）、位于各个城市的城市处理中心（CCPC）和位于各个商业银行的前置机系统（MBFE）。

作为国内唯一能够实现跨行资金结算的清算系统，CNAPS正以多种方式为商业银行之间和商业银行与中国人民银行之间的支付业务提供快速、高效、安全的支付结算服务。同时通过与债券系统、外汇系统、银行间同业拆借系统、银行卡系统等多个清算系统的对接，还可为其他行业提供资金清算服务。

此外，CNAPS系统还提供了完善的监管功能，将协助中国人民银行对金融市场的资金流动情况进行全面监控，有利于实施货币政策，防范金融风险，保证国民经济平稳运行。

2.3　第三方支付

2.3.1　第三方支付的定义和业务流程

第三方支付定义和业务流程

在商品交易的过程中，存在两种方式：一种是货物和钱款当面同时交割，称为同步交易；一种是货物和钱款非当面同时交易，称为异步交易。在异步交易中存在着信用风险，于是出现了买家和卖家之间作为信用担保的第三方，以保证交易能够顺利进行。第三方支付公司的出现显著降低了网络交易的风险，同时也促进了电子商务的迅速发展。这个第三方机构必须具有一定的诚信度，可以由有公信力的公司来充当，也可以由银行来充当，国际贸易中往往就由银行来充当第三方机构。

通常所指的第三方支付公司，一般采用预先收取买家货款的方式，承担买家和卖家之间的信用担保职能。这样卖家得到了支付承诺，同时买家也保留了撤销支付的可能。在中国，第三方支付公司的典型代表就是支付宝。中国最早的第三方支付企业是成立于北京的首信股份公司和上海环迅电子商务有限公司，他们主要为B2C网站服务。

第三方支付公司的操作流程一般是：买方先将钱支付给第三方，确认收货后再将钱真正付给卖方。这样的付款方式是较好的缓冲，一旦发现收不到货物或者收到不满意的货物时可以撤回所付款项。特别适合交易双方无法当面交易的网络购物或者跨境贸易。

第三方支付的特点：① 为银行和商户提供公共转接平台。在电子商务交易当中，银行若逐一给数十万家中小商户开设网关接口，成本过高，得不偿失。第三方支付企业的作用就是通过搭建一个公用平台，将成千上万的小商家和银行连接起来，为商家、银行、消费者提供服务，从中收取手续费。对于商家来说，不用安装各个银行的认证软件，从一定程度上简化了费用和操作。② 为用户提供支付缓冲，包括支付金额上的缓冲和支付信息上的缓冲。第三方支付模式下商家看不到客户的信用卡信息，同时又避免了信用卡信息在网络多次公开传输而导致被窃，不仅缓冲了直接支付的风险，还缓冲了银行信息泄露的风险。这两个特点分别对应着第三方支付的两种角色，即网关代理和信用中介。

2.3.2 第三方支付发展历程及其分类

1. 第三方支付发展历程

第三方支付发展历程及其分类

1998年11月，由北京市政府与中国人民银行、原信息产业部、原国家内贸局等共同发起的首都电子商务工程启动，确定首都电子商城（首信易支付的前身）为网上交易与支付中介的示范平台。1999年3月，具有半官方性质的首信易支付作为最早的实践者开始运行，标志着我国在第三方支付的实践拉开了序幕。紧随其后，环迅支付也于2000年在上海开始运营。2002年3月，经国务院同意、央行批准，中国银联成立。同年6月，中国银联控股的银联电子支付服务有限公司（ChinaPay）揭牌。2003年10月，淘宝网首次推出支付宝服务，2004年12月，浙江支付宝网络科技有限公司成立。2005年腾讯的财付通公司成立。

2009年7月，支付宝用户数突破2亿大关，从而超越PayPal（1.8亿）成为全球用户数最大的电子支付平台。2014年年初，支付宝宣布，其已成为全球最大的移动支付公司。这一金额相当于PayPal和另一移动支付巨头Square总和的3倍。在业务体量上，今天的PayPal不及支付宝的1/10，在移动支付这一项被看作支付未来的业务上，PayPal不及支付宝的1/20。

2019年12月，PayPal通过旗下美银宝信息技术（上海）有限公司收购GoPay（国付宝）70%股份。这标志着PayPal正式进入中国国内支付市场，成为首家拥有国内支付牌照的外资支付公司[①]。2019年PayPal的全球活跃账户基数达到3.05亿，其中包括2 400万商家。而阿里巴巴集团发布的2019财年业绩显示，支付宝及其合作伙伴服务的全球用户数已超过10亿。

① 本来英国支付公司WorldFirst有望成为中国首家外资支付机构，但在2018年11月，出于商业考虑，WorldFirst已向中国人民银行正式提交撤回其中国主体越蕃商务信息咨询（上海）有限公司的支付业务许可证申请。

2. 第三方支付分类

（1）按照业务类型不同，第三方支付企业可以划分为三类：① 依托大型B2C、C2C等网站的网关支付，如支付宝、财付通、快钱等；② 通过销售点终端（POS）的线下支付，如拉卡拉；③ 储值卡等预付卡服务。第三方支付服务业务的范围、规模不断扩大，新支付工具不断推广，市场竞争日趋激烈。

（2）按照平台主体不同，第三方支付企业可以划分为两类：① 以银联电子支付、快钱、汇付天下为首的金融型支付企业，侧重行业需求开拓和应用。② 以支付宝、财付通为首的互联网型支付企业，以在线支付为主，联合大型电子商务网站，迅速做大做强。

支付的广阔发展前景体现在其强大的金融属性和海量的用户参与数量上。支付是一项经济活动的终点（交易完成），同时更是另一项经济活动的开始（数据收集）。在互联网大数据时代，支付公司的价值更凝聚在其沉淀的支付数据和用户资源上，通过向企业和消费者两个方向服务延伸加以变现。第三方支付源于交易，贵于数据，成于服务。

2.3.3　第三方支付牌照

1. 支付业务准入制度

第三方支付牌照及行业规模

第三方支付行业形成于电子商务行业的资金流需求，可以说支付企业的作用就是支付网关，即各家商户和银行之间连接的“中转站”。北京的首信易支付、上海的环迅支付、中国银联控股的ChinaPay这三家最早的第三方支付企业，虽然出身背景各不相同，但其经营模式基本一致，即向接入商户收取一定的服务费用。它们主要收取三部分费用：新商户接入时的开通服务费、每笔交易的交易手续费以及系统二级开发的定制费用。随着2004年后支付宝、财付通等一批推行“免费”支付的企业加入竞争，整个行业进入了新阶段。借助淘宝和腾讯等商户平台，支付企业的作用从纯粹的“网关代理商”转变为促成交易的“信用中介”，通过第三方介入有效解决了互联网在线交易中的信任问题。2005年，央行出台《支付清算组织管理办法（征求意见稿）》和《电子支付指引（第一号）》，首次向市场表达了要将第三方支付纳入监管的意图。2007年，央行在首次编写的《中国支付体系发展报告（2006）》中明确提出，当年将正式发布实施《支付清算组织管理办法》，并出台《电子支付指引（第二号）》，进一步规范和发展网上支付服务市场。2009年4月，《中国人民银行公告〔2009〕第7号》宣布对第三方支付企业进行登记备案。同月，央行筹建的“全国支付清算协会”有关事项协调会召开。2010年6月，中国人民银行公布了《非金融机构支付服务管理办法》，办法规定未经中国人民银行批准，任何非金融机构和个人不得从事或变相从事支付业务。至此，对于支付业务的准入制度正式建立起来。

2. 支付业务许可证

> 动动手
> 通过央行官网首页→政务公开→行政执法信息→行政审批公示→“支付业务许可证”核发信息公告→已获许可机构（支付机构），实时查询支付牌照数量。

2011年5月，中国人民银行对外公布了首批27家获得“支付业务许可证”的企业名单，它们可以从事互联网支付、移动电话支付、银行卡收单、预付卡发行与受理、货币汇兑等诸多支付业务。其中，既有支付宝、财付通、快钱、汇付天下等民营第三方支付企业，也有银联商务有限公司、广州银联网络支付有限公司、北京银联商务有限公司等国企。支付业务许可证是对企业发放的牌照，并非完全针对业务类型分类发牌，实际上，获得牌照的支付企业可以根据发展需要，向监管部门提交递补业务申请。比如支付宝申请时公示的支付业务内容是“互联网支付、预付卡发行与受理、银行卡收单”；而批准之后发布的支付业务许可证显示其支付业务类型包括货币汇兑、互联网支付、移动电话支付、预付卡发行与受理（仅限于线上实名支付账户充值）和银行卡收单。截至2020年2月，持牌企业共计达到237家。

从本质上看，第三方支付最初是银行与电子商务之间业务衔接不畅的产物，还承担部分信用担保的工作。伴随着以网购为代表的电子商务和移动互联网时代O2O的爆发，第三方支付行业迎来了爆发式增长。在移动商务时代，第三方移动支付已经超越第三方互联网支付规模。

行业观察

第三方移动支付市场的第二梯队

艾瑞网数据显示，中国第三方移动支付市场依然保持市场份额比较集中的情况。第一梯队的支付宝、财付通分别占据了55.1%和38.9%的市场份额。第二梯队的支付企业在各自的细分领域发力。

壹钱包通过举办“920年度营销节”联合上海迪士尼度假区首发“迪士尼奇梦卡挚爱套装”，并联动平安集团开展“金融消费生活节”等多重创新营销活动，带动壹钱包App交易活跃。京东支付针对大型商超零售场景在全国近百个城市、千家门店推出了智能收银解决方案——自助收银机，以“自助收银+人脸支付”的方式提升用户结算体验，交易规模排名第四。联动优势受益于平台化、智能化、链化、国际化战略，推出面向行业的支付+供应链金融综合服务，促进交易规模平稳发展。另外，快钱在购物中心、院线、文化旅游等场景快速扩展；易宝支付加大营销力度，在航旅领域持续发力；苏宁支付致力于O2O化发展，为C端消费者、B端商户提供便捷、安全的覆盖线上线下的全场景支付服务。

2.4　互联网支付

2.4.1　互联网支付与移动支付

如本章之前所述，互联网支付属于网络支付，而在业界的分析中一般认为广义的互联网支付可以再被分为计算机支付和移动支付（不同于电话支付），计算机支付可以认为是狭义的互联网支付（见图2–9）。即：互联网支付在业界分析中一般指通过计算机进行的支付，与移动支付相对应。而移动支付是指使用智能手机等电子产品来进行电子货币支付，买家可以使用移动设备购买一系列的服务、数字产品或者商品。广义的移动支付一般包含通过手机进行的远程和近端支付，即狭义的移动支付和扫码支付。移动支付将互联网、终端设备、金融机构有效地联合起来，形成了一个新型的支付体系。

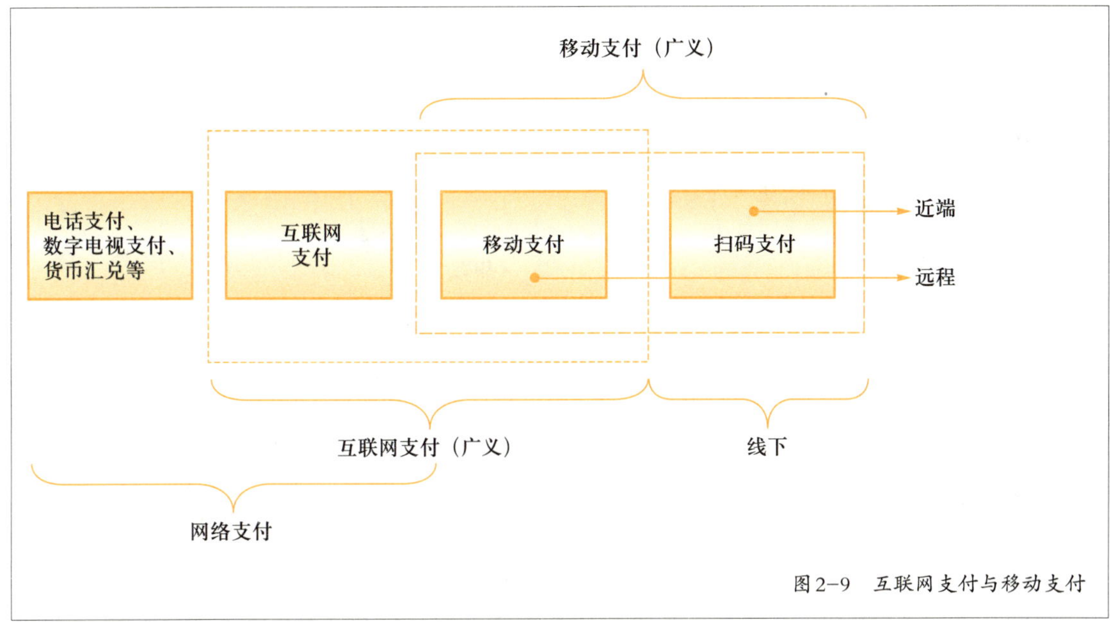

图2–9　互联网支付与移动支付

据艾媒数据中心数据显示，2014年以来，我国移动支付用户规模逐渐扩大，2018年，中国移动支付用户规模达6.59亿人，预计2020年将达7.9亿人。据艾瑞网统计，2019年，线下扫码支付市场持续以高于整体市场的增速增长，带动移动消费板块占比持续增加（见图2–10）。

移动消费包括移动电商、移动游戏、移动团购、网约车、移动航旅和二维码扫码；移动金融包括货币基金、P2P和其他口径内移动金融产品；个人应用包括信用卡还款、银行卡间转账、银行卡至虚拟账户转账、虚拟账户间转账；其他还包括生活缴费、手机充值和其他口径内交易。

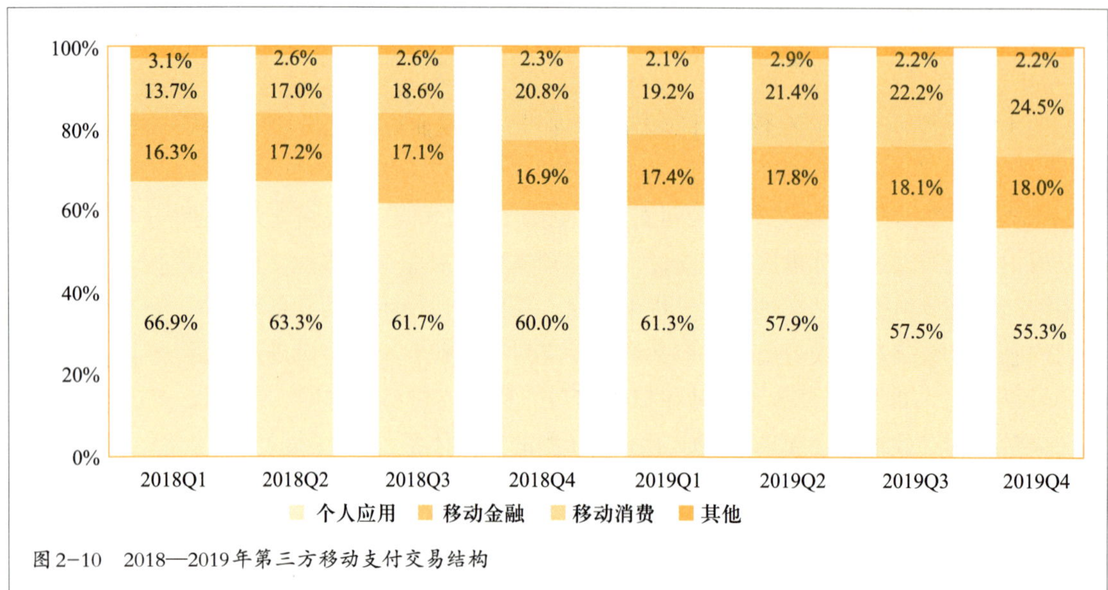

图 2-10　2018—2019 年第三方移动支付交易结构

行业观察

统一条码支付

2020 年 1 月，银联和财付通就联合发布消息：双方已经实现银联二维码网络与微信支付网络的全面贯通，目前正在福州进行试点。

2019 年 8 月，中国人民银行印发《金融科技（FinTech）发展规划（2019—2021 年）》，明确提出：推动条码支付互联互通，研究制定条码支付互联互通技术标准，统一条码支付编码规则、构建条码支付互联互通技术体系，打通条码支付服务壁垒，实现不同 App 和商户条码标识互认互扫。

在 2020 年开年，微信和银联率先实现二维码互通，如无意外，在央行规划性文件指引之下支付宝也会加入，届时银联、微信和支付宝将实现三方二维码互通，这是支付业界的一件大事。

各家支付公司都采取自家认可的条码标准，不仅造成用户习惯上的不便（用户要下载所有公司 App 方能在线下体验不同公司的移动支付），更为重要的是，这导致以聚合所有支付产品的“聚合支付”大行其道，在缺乏有效监管之时，聚合支付存在挪用商户未提取资金的问题。例如，之前曝光的深圳某信息技术有限公司就以“聚合支付”名义从事非法资金支付结算业务，截留商家资金，涉案金额高达 92 亿元人民币。

“聚合支付”本身还存在会被恶意诈骗的问题。许多“聚合支付”平台为拉拢商家而推出T+0提现模式，如冒用虚假客户完成支付，向商家申请T+0提现，则“聚合支付”平台需代替商家垫款给客户，客户再以各种条件申请退款，那么最后只能是“聚合支付”平台承担损失。

实现了条码互通之后，不但方便了商家的收款，而且将对“聚合支付”平台的种种乱象进行根治，使资金实现点对点的转移，被中间商结存的可能性将大大降低。

2.4.2 移动支付“蚕食”互联网支付

2016年，以春节微信红包为契机，转账成为移动支付规模增长的一大动力。此后互联网支付的占比逐年缩小，而移动支付的占比逐年提升。随着智能手机以及5G网络的快速发展，大大推动了移动支付市场的发展。一方面，部分互联网端的支付规模转移至移动端；另一方面，线下扫码支付、NFC支付的习惯养成推动了移动支付规模大幅增长。2019年前瞻产业研究院发布的《中国第三方支付行业“十三五”市场前瞻与发展规划分析报告》显示，2018年第三方支付中，互联网支付规模约10.3%，移动支付规模约61.9%。

2.4.3 互联网支付特点

1. 互联网支付交易规模增速变缓

2013—2018年互联网支付规模持续增长，但增速逐年放缓。2018年中国第三方互联网支付交易规模达到29.1万亿元，同比增长3.6%。2019年中国第三方互联网支付交易规模约为25万亿元，同比首次出现负增长（–14.1%），主要原因是网络借贷规模的持续下降。

2. 互联网支付呈现寡头垄断局面

虽然互联网支付在第三方支付市场中占比逐渐下滑，但从市场份额来看，互联网支付市场仍呈现寡头垄断的局面。支付宝、银联商务、财付通分别以35.0%、18.2%和13.5%的市场份额占据市场的前三位。

3. 互联网金融业务贡献最大

首先从互联网支付应用场景来看（见图2–11），互联网金融业务（包括理财销售、网络借贷等）已逐渐发展成为互联网支付市场中占比最高的业务（44.5%）。但由于监管趋严及部分P2P平台爆雷等因素的影响，该业务的增长受到很大的限制。

其次是个人业务（包括转账业务、信用卡还款业务等）和线上消费（包括网络购物、O2O、航空旅行等），交易规模分别占比21.5%和18.7%。其中个人业务规模基本被支付宝和财付通两大龙头企业占领，但随着支付习惯从PC端到移动端的转移，个人业务占比相比之前有所减少。

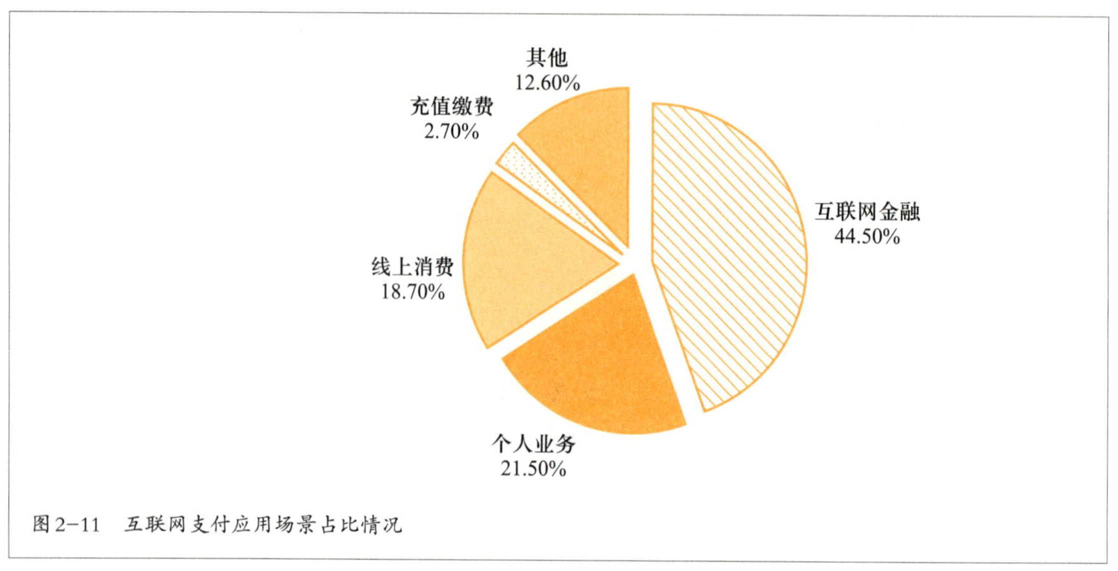

图 2-11 互联网支付应用场景占比情况

延伸阅读

银行账户分类

1. 法规脉络

银行账户是社会资金运行的起点和终点，也是单位和个人生产生活的重要基础。银行账户实名制是一项重要的、基础性的金融制度，是金融账户实名制和经济活动的基础，是建设惩罚体系、打击违法犯罪活动、维护经济金融秩序的重要保障。因此，中国人民银行高度重视银行账户服务，于2015年12月发布了《关于改进个人银行账户服务 加强账户管理的通知》，宣告个人银行账户管理正式启动。

2016年9月央行下发《中国人民银行关于加强支付结算管理 防范电信网络新型违法犯罪有关事项的通知》，再次细化银行账户管理。同年11月央行下发特急文件《中国人民银行关于落实个人银行账户分类管理制度的通知》，再次重申账户管理形式，并对原通知在账户分类的管理上做出了更为详细的解释。

2018年1月中国人民银行发布《关于改进个人银行账户分类管理有关事项的通知》，扩大了银行II类、III类账户的应用范围，从开户、资金转入转出及限额等方面，都有了更多的改进。

2. 账户分类

个人银行账户分类管理制度将个人银行结算账户分为Ⅰ、Ⅱ、Ⅲ类银行结算账户（以下简称Ⅰ、Ⅱ、Ⅲ类户），根据实名程度和账户定位，赋予不同类别账户不同功能，个人根据支付需要和资金风险大小使用不同类别账户，从而实现在支付时隔离资金风险、保护账户信息安全的目的。

简单说，Ⅰ类账户是全功能账户，常见的借记卡就属于Ⅰ类账户；Ⅱ、Ⅲ类账户则是虚拟的电子账户，是在已有Ⅰ类账户基础上增设的两类功能逐级递减、资金风险也逐级递减的账户（见图2–12）。

	Ⅰ类账户	Ⅱ类账户	Ⅲ类账户
主要功能	全功能 就是常见的借记卡、存折	•储蓄存款及投资理财 •限额消费和缴费 •限额向非绑定账户转出资金业务	•限额消费和缴费 •限额向非绑定账户转出资金业务
账户余额	无限制	无限制	账户余额≤2 000元
使用限额	无限额	非绑定账户转账、存取现金、消费缴费： 日累计限额合计　1万元 年累计限额合计　20万元	非绑定账户转账限额、消费缴费： 日累计限额合计　2 000元 年累计限额合计　5万元
账户形式	借记卡及储蓄存折	电子账户 也可配发实体卡片	电子账户

图2–12　个人人民币银行结算账户分类

具体来说，三类银行账户就像是三个不同资金量和用途的钱包。

Ⅰ类账户可以理解为“个人金库：不必随身携带，避免卡片遗失”，即具有全功能的账户，可以存款、转账、消费缴款、购买理财产品等。使用范围和金额不受限制，对安全性要求高。例如个人的工资收入等主要资金来源都存放在该账户中。

Ⅱ类账户可以理解为“日常钱包：日常限额使用、避免大额损失”，主要是消费和理财账户，是以62开头的一个银行卡号，没有实体卡片。Ⅱ类账户可以购买理财产品，也可以进行一定限额的消费和缴费支付，但不能转账和存款。例如个人日常刷卡消费、网络购物、网络缴费通过该账户办理，还可以购买银行的投资理财产品。

Ⅲ类账户可以理解为“零钱袋子：可以随用随充、便捷安全”，仅能用于小额消费和缴费支付，不能办理其他业务，并设置有2 000元的限额。Ⅲ类账户也是以62开头的一个银行卡号，同样没有实体卡片。主要用于金额较小、频次较高的交易，例如目前银行基于主机的卡模拟（HCE）、手机安全单元（SE）、支付标记化（Tokenization）等创新技术开展的移动支付业务，包括免密交易业务等。

总体来说，Ⅰ类户的特点是安全性要求高，资金量大，适用于大额支付；Ⅱ、Ⅲ类户的特点是便捷性突出，资金量相对小，适用于小额支付，Ⅲ类账户尤其适用于移动支付等新兴的支付方式。

银行卡的分类管理将实现账户风险隔离，降低风险。例如，持卡人把工资卡设定为I类账户并关联到手机支付宝钱包，一旦手机中毒或者丢失，相当于工资卡也丢失了。而如果将非工资卡的某张银行卡设定为Ⅲ类账户，专门用来绑定支付宝，万一手机丢失或者被盗刷，风险可控，个人损失少。

3. 账户新规

个人银行账户分类管理制度实施以来，社会各界反应良好，社会公众开立Ⅱ、Ⅲ类账户的意愿较为强烈，开户数量和业务办理快速增长。为进一步提升客户体验，优化个人银行账户服务，充分发挥个人银行账户分类管理的作用，中国人民银行在深入调研、广泛征求各方意见的基础上于2018年1月发布了《关于改进个人银行账户分类管理有关事项的通知》，对账户的开立和使用做出了一定的调整。调整主要从便利Ⅱ、Ⅲ类户开立和使用着手，重点推广应用Ⅲ类账户，进一步发挥Ⅲ类账户在小额支付领域的作用，从而推动Ⅱ、Ⅲ类户成为个人办理网上支付、移动支付等小额消费缴费业务的主要渠道。

（1）账户开立。个人开立Ⅲ类户时，可暂缓出示身份证件，只需填写个人姓名、身份证件号码、绑定账户账号和联系方式等基本信息即可开户。只有当同一个人在同一家银行所有Ⅲ类账户资金双边收付金额累计达到5万元（含）以上时，银行才要求个人在7日内提供有效身份证件，并留存身份证件复印件、影印件或影像，登记个人职业、住所地或者工作单位地址、证件有效期等其他基本身份信息。

除银行柜台外，银行接触客户的所有渠道，如网上银行、手机银行、自助机具等，均提供Ⅱ、Ⅲ类账户开户服务。

（2）账户使用。在满足反洗钱、反诈骗要求的前提下，放宽Ⅲ类账户的使用限制。① 非面对面线上开立Ⅲ类账户能够接受非绑定账户入金，以满足个人之间小额收付款、发放红包、与个人支付账户对接、银行或商户小额返现奖励等场景需求。② Ⅲ类账户余额从1 000元提升为2 000元，可以更好地满足社会公众日常小额支付需求。③ 允许银行向Ⅲ类账户发放本行小额消费贷款并通过Ⅲ类账户还款，鼓励银行基于Ⅲ类账户提供更多元化的产品设计和功能组合。④ 将Ⅲ类账户消费和缴费支付、非绑定账户资金转出等出金的日累计限额从5 000元下调至2 000元，年累计限额从10万元下调为5万元，更好地平衡安全和效率的关系，一方面满足小额支付需求，另一方面符合Ⅲ类账户定位。

（3）资金流向。现行个人银行账户分类制度对Ⅱ、Ⅲ类账户与支付账户之间的出入金管理作出了较为严格规定，即非面对面线上开立的Ⅱ、Ⅲ类账户可以向支付账户出金，未用完余额可从支付账户退回，但Ⅱ、Ⅲ类账户不能直接从支付账户入金（见图2-13）。

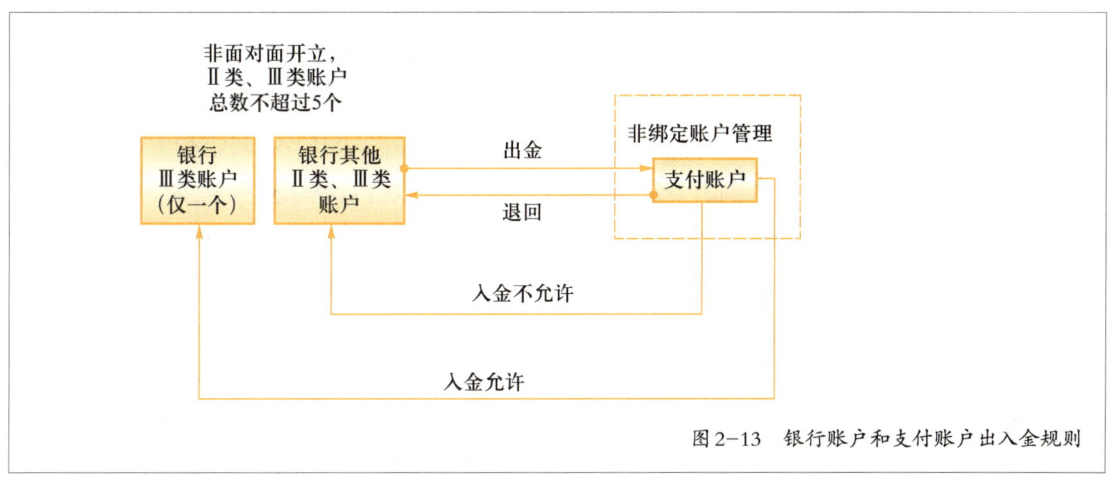

图2-13　银行账户和支付账户出入金规则

主要原因是支付账户的实名程度相对不高且出入金对象不受限，如果允许支付账户与线上开立Ⅱ、Ⅲ类账户之间任意转入、转出资金，不利于落实账户实名制，也不利于保护绑定Ⅰ类账户以及Ⅱ、Ⅲ类账户资金安全。为落实个人账户实名制，防范风险，新规进一步重申将支付账户作为非绑定账户管理，即支付账户不能直接向线上开立的Ⅱ、Ⅲ类账户入金，但允许非绑定账户入金的1个Ⅲ类账户除外。

2　中国民营银行

2014年12月中国首家民营银行——深圳前海微众银行正式成立；截至2020年2月共有19家民营银行获批成立或筹建。

1. 民营银行获批历程、业务定位和类型

（1）获批历程。2014年3月我国启动民营银行试点，第一批试点民营银行分别为前海微众银行、温州民商银行、天津金城银行、浙江网商银行与上海华瑞银行。2015年，首批5家试点民营银行全部顺利开业，同年《关于促进民营银行发展的指导意见》发布，民营银行的受理全面开闸，2015年也被称为是中国民营银行元年。

2016年，民营银行开始第二批试点，共批筹12家民营银行，分别为重庆富民银行、四川新网银行、湖南三湘银行、安徽新安银行、福建华通银行、武汉众邦银行、北京中关村银行、江苏苏宁银行、山东蓝海银行、辽宁振兴银行、吉林亿联银行和梅州客商银行。此后两年间，获批的银行陆续开业。2019年，江西裕民银行和无锡锡商银行获批筹建。

（2）业务定位。民营银行不同的股东背景和实力往往会导致各家银行的业务侧重点有所差别。比如，股东在流量和场景方面强大的民营银行会将业务重点放在个人消费贷和小微企业贷上；股东或注册地建立在自贸区的银行，会更加注重自贸区金融服务业务；股东为互联网大企业的定位于纯互联网银行。

（3）业务类型。融360大数据研究院的报告显示，民营银行主要业务类型包括两类：个人消费贷和小微企业贷（包括联合贷款）业务、供应链金融业务和网贷资金存管业务。其中，个人消费贷和小微企业贷是民营银行最主要的业务，也是民营银行的建立初衷，即补充传统银行不能覆盖的贷款主体。

2. 注册资本

除无锡锡商银行之外的18家民营银行中，超过30亿元的共有9家。其中，网商银行、微众银行、中关村银行和苏宁银行的注册资本在40亿元以上；天津金城银行、华瑞银行、富民银行、新网银行和三湘银行的注册资本为30亿元，其余银行均在20亿元上下。

随着民营银行不断发展，资产规模逐步扩大，资本金成为制约民营银行发展的重要因素。目前监管部门对非系统重要性银行的资本充足率要求为不得低于10.5%，如果不及时补充资本，业务发展就将面临“天花板”。但受限于业务发展、股东实力等因素，完成增资扩股工作的民营银行并不多见。一些民营银行的小股东自身面临较大困难，难以拿出一大笔“真金白银”用于增资扩股；而大股东虽然实力普遍较强，有意愿多增资，但存在30%的持股比例上限。

3. 合规的“互联网贷款”业务

有了民营银行牌照，也要有用户才会有业绩。为了扩大经营范围，不少民营银行选择“互联网+”这一利器。最早布局互联网的有腾讯主导的微众银行、蚂蚁金服主导的网商银行以及新希望集团主导的新网银行。福建华通银行、武汉众邦银行、北京中关村银行、江苏苏宁银行、吉林亿联银行等也均为

自己打上了“互联网银行”的标签，主要依靠互联网渠道开展业务。

2020年5月，银保监会就《商业银行互联网贷款管理暂行办法（征求意见稿）》（以下简称：《办法》）公开征求意见，《办法》对商业银行互联网贷款业务的定义和范畴、参与资质、发放余额、授信和风控、数据与模型、联合贷款及其额度、催收合作等多方面做出详细规定。

《办法》定义了互联网贷款：指商业银行运用互联网和移动通信等信息通信技术，基于风险数据和风险模型进行交叉验证和风险管理，线上自动受理贷款申请及开展风险评估，并完成授信审批、合同签订、放款支付、贷后管理等核心业务环节操作，为符合条件的借款人提供用于借款人消费、日常生产经营周转等的个人贷款和流动资金贷款。

同时该《办法》还重点强调了以下几个方面：

（1）商业银行互联网贷款：个人信用贷额度不超30万元。《办法》规定商业银行办理互联网贷款业务，应当遵循小额、短期的原则。单户个人信用贷款授信额度应当不超过人民币30万元。个人贷款期限不超过一年。对期限超过一年的流动资金贷款，至少每年对该笔贷款对应的授信进行重新评估和审批。该规定意味着“一次授信、循环使用”的方式，将不复存在。

（2）强调银行的主体作用，须独立开展核心环节。《办法》规定，互联网贷款业务模式涉及与外部机构合作的，核心风控环节应当由商业银行独立开展且有效，不得将授信审查、风险控制、贷款发放、支付管理、贷后管理等核心业务环节委托给第三方合作机构。该规定将促使小型城市商业银行、农村商业银行改变对金融科技合作方的风控依赖，让上述银行加大科技投入力度，补齐传统风控短板，重塑业务价值链。

（3）民营银行、异地分支行可“跨区域经营”。《办法》规定，地方法人银行开展互联网贷款业务，应主要服务于当地客户，审慎开展跨注册地辖区业务，识别和监测跨注册地辖区互联网贷款业务开展情况。无实体经营网点，业务主要在线上开展，且符合中国银行保险监督管理委员会规定其他条件的除外。在外省（自治区、直辖市）设立分支机构的，对分支机构所在地行政区域内客户开展的业务，不属于前款所称跨注册地辖区业务。该“跨区域经营”规定明确了地域性商业银行可不受注册地范围限制，能够满足全国范围客户的信贷需求。

这一文件对于商业银行、消费金融公司、网络小贷公司以及转型“助贷”的P2P企业和其他各类金融科技公司带来利好，对助贷业务的合规发展指明了方向。同时从银行的角度来看，地方性商业银行以及民营银行可据此《办法》利用好互联网贷款来扩大业务形式，今后或将有利于实现利润的可持续式增长。

实训练习

实训操作1：二维码商家支付单日限额

1. 实训背景

2017年12月，中国人民银行发布《关于印发〈条码支付业务规范（试行）〉的通知》，同时配套印发了《条码支付安全技术规范（试行）》和《条码支付受理终端技术规范（试行）》，自2018年4月1日起实施。新规为条码支付立了“规矩”：使用静态扫码支付，同一客户银行或支付机构单日累计交易金额应不超过500元；使用动态扫码支付的则最高不限额。

央行出台该规则并不是要一刀切限制或停用静态二维码，而是要保证用户交易的安全，只要能够证明是自己在交易而不是被盗用，能够对交易结果负责就可以。对于使用动态条码（如手机上实时生成的条码）进行支付的，风险防范能力根据交易验证方式不同分为A、B、C三级，同一客户单日累计交易限额分别为自主约定、5 000元和1 000元。使用静态条码进行支付的风险防范能力为D级，可以采用任何交易验证方式，同一客户银行或支付机构单日累计交易金额应不超过500元（见图2-14）。

风险防范能力	交易验证方式	交易限额（同一客户单日累计）	
		银行（单个银行账户）	支付机构（所有支付账户或快捷支付）
A级（动态条形码）	采用包括数字证书或电子签名在内的两类（含）以上有效要素进行验证	自主约定	自主约定
B级（动态条形码）	采用不包括数字证书、电子签名在内的两类（含）以上有效要素进行验证	5 000元	5 000元
C级（动态条形码）	采用不足两类有效要素进行验证	1 000元	1 000元
风险最大 D级（静态条形码）	可以采用任何交易验证方式	500元	500元

图2-14 条码支付安全等级

2. 实训目标

了解线下扫码操作中动态码和静态码的概念，体验其支付风险防范能力，加深对于扫码支付的理解。

3. 实训内容

（1）仔细阅读《条码支付安全技术规范（试行）》并能解释“付款扫码”和“收款扫码”这两个概念。

（2）调研并判断常见的路边摊、菜市场、杂货店等贴在墙上或者打印好的二维码属于静态条码还是动态条码支付？支付限额是多少？

（3）若本次支付金额超出条码支付限额，应该怎么处理？

（提示：消费者在使用微信钱包扫描静态条码支付时，单日使用零钱包支付的上限不超过500元，同时微信关联的所有银行卡还可以再独立获得500元的支付上限。）

（4）用支付宝扫码付款时，明明扫的是静态二维码，但是超过500元还是一样支付，请调查或者实验之后说明其原因。

（提示：二次确认动态支付码。）

实训操作2：二维码商家收款语音提示

支付案例：收款的陷阱

1. 实训背景

现在做生意用支付宝或者微信收钱，开通到账提示音就不用再特意去看客人是否付钱，以及付款金额是否正确等，这样会让商家在经营过程中觉得更加方便，也提升了收款效率。

以支付宝为例，开通到账提示音有两种办法，一种是在支付宝“商家服务”里设置（见图2–15），一种是在支付宝“我的”设置里。支付宝收款到账提示音，只针对二维码收钱时会有提示，如果不用二维码收钱则没有。

图2–15　支付宝“商家服务”界面

2. 实训目标

通过设置二维码商家收款语音提示，熟悉支付宝的功能及其具体操作步骤，体验线下扫码支付为商家收款带来的便捷性。

3. 实训内容

（1）尝试用两种方式打开或关闭支付宝到账提示语音。

（提示：找到“新消息通知”。）

（2）打开或关闭微信支付收款提示语音。

（提示：进入到微信支付界面。单击左方的收付款按钮，然后单击二维码收款。在显示的二维码收款界面，单击右上角的三个点按钮，开启收款到账语音提醒即可。）

在线练习

第2章在线练习

课后思考

1. 请分别指出三类支付账户的支付特点（用途和额度）。
2. 简述网上银行的定义及分类。
3. 为什么头部电商平台寻求收购支付牌照？
4. 什么是网联？网联成立的意义是什么？
5. 云闪付和闪付有什么区别与联系？

第3章 网络借贷与众筹

学习目标

【知识目标】

- 了解个体网络借贷的发展概况、风控模式和监管演进。
- 了解网络小额贷款定义、业务规则、科技风控和监管政策。
- 了解众筹的分类，尤其重点了解股权众筹的特点和监管政策。

【能力目标】

- 能区别个体网络借贷与网络小额贷款，了解其业务开展要求。
- 能分析众筹的融资特点，掌握股权众筹的参与和退出机制。

【思政目标】

- 秉持普惠金融理念，不忘服务实体经济的初心，履行助力小微企业发展的使命。
- 培养辩证的思维习惯，树立正确的人生观、价值观和消费观。

思维导图

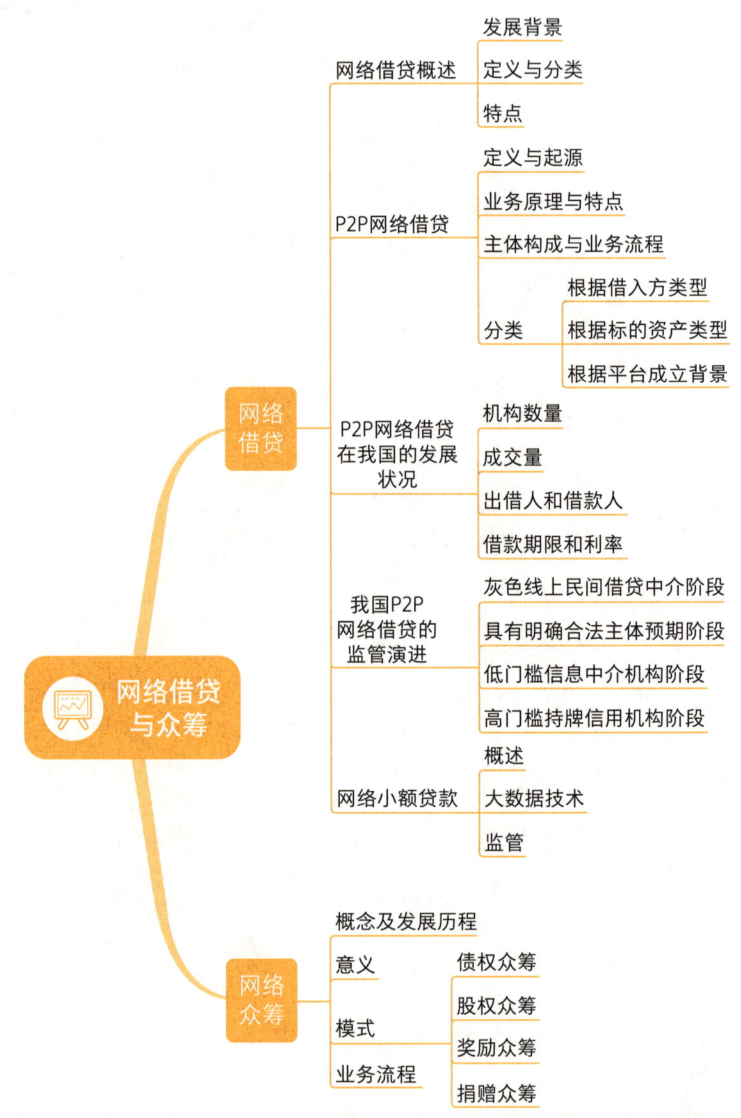

案例导学

美国P2P网络贷款巨头：Lending Club

美国Lending Club公司于2006年10月成立，2014年12月成为第一家在纽约交易所挂牌上市的P2P公司。截至2019年09月30日，Lending Club占有美国P2P市场75%的份额，累计贷款金额超过537亿美元，服务超过300万名借贷会员，支付给投资人的利息超过67亿美元，给出借人提供了平均年化5.38%的回报率。

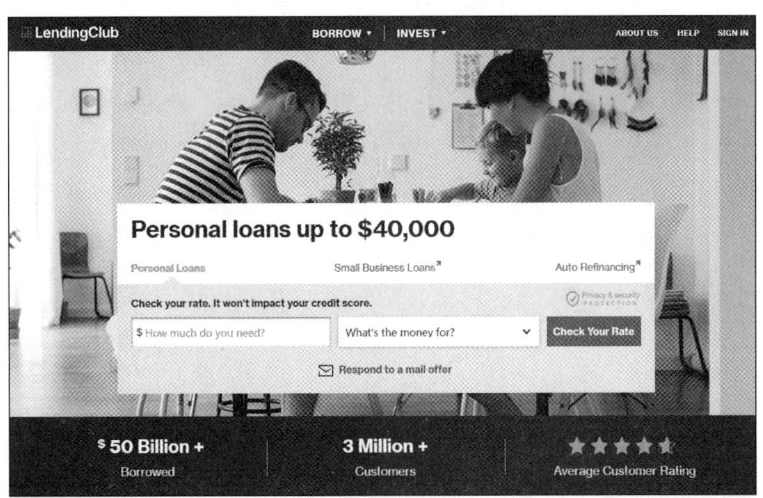

Lending Club自正式上线以来共经历了三个阶段：① 2007年5月至2008年4月：运营初期。Lending Club不发放凭证，而是由贷款人成员直接购买成员贷款，贷款人收到其贷款金额的匿名个人凭证，Lending Club就要为其成员贷款提供服务。② 2008年4月至2008年10月："静默期"。2008年伴随着金融危机的发生，美国证券交易委员会（SEC）加强了对P2P贷款公司的监管，收益权凭证被SEC定义为证券，Lending Club需要对收益权凭证注册后才能向贷款人出售。这段时间虽然暂停新业务受理，但Lending Club仍继续为之前筹集的贷款提供服务，贷款人成员仍可以查询账户，管理之前的贷款和撤出可用的资金。③ 2008年10月至今：新模式运营。自Lending Club成功向SEC注册后，就开始通过发行会员支付凭证来向借款人贷款。Lending Club通过与美国联邦存款保险公司（FDIC）担保的犹他州特许银行（WebBank）合作，由WebBank向通过审核的借款用户放贷，WebBank再将贷款以凭证形式卖给Lending Club，并获得由Lending Club发行会员支付凭证的资金。

为控制借贷风险，Lending Club采用有效的信用评估体系筛选优质借款人，保留一般借款人、拒绝风险较高借款人，并根据不同信用等级划分，实现借款利率差异化定价。所以，Lending Club通过制定严格、严谨、有效的信用评估系统，结合外部评分和内部评级，在最大程度上规避坏账风险。

案例分析

Lending Club能成为全球最大的撮合借款人和投资人的线上P2P金融平台，主要是利用互联网和金融科技建立了一种比传统银行系统更有效率的、能够在借款人和投资人之间自由配置资本的机制。通过Lending Club的平台，借款人和小微企业可以获得更低的利率，投资人则可以获得较好的收益。当然外部成熟的运营环境也是Lending Club成功的重要因素，比如美国有完整的信用体系，能通过FICO评分准确评估借款人的信用；利率已经高度市场化，信用卡的利率都比较高；有严格的监管要求，把诸多不具有竞争能力的P2P平台淘汰出市场。

世界首家P2P网络贷款平台：Zopa

英国伦敦的P2P平台Zopa成立于2005年3月，是世界上第一家P2P网络借贷平台。Zopa是“可达成协议的空间（Zone of Possible Agreement）”的缩写，全称为英国Zopa网上互助借贷公司，也是英国三大借贷平台之一，占有英国约25% 的P2P市场份额。2018年年底，Zopa获得了英国金融行为监管局（Financial Conduct Authority，FCA）的银行牌照。在Zopa上借款的主要用途为：汽车贷款、偿还信用卡贷款、家庭消费贷款和婚礼贷款。

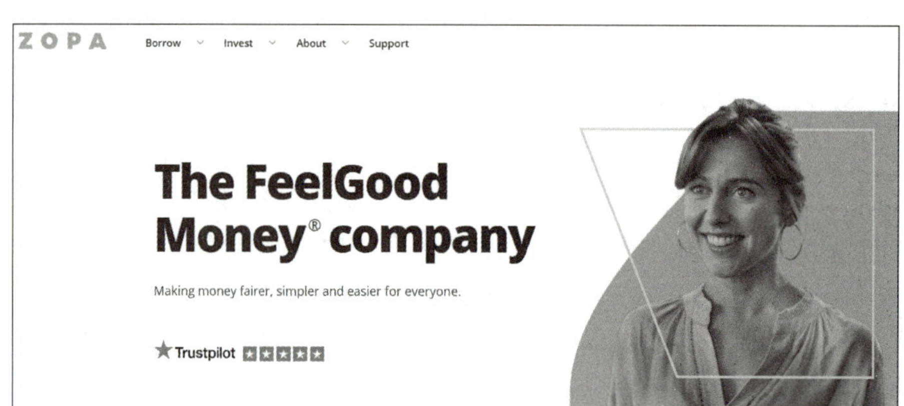

Zopa将其自身定位为一种连接贷款者（投资者）与借款者的网络平台：借款者登录Zopa网站上传借款申请；经过Zopa的匹配，投资者借钱给他们并获得一笔不小的贷款利息作为回报。而Zopa收取投资者总资金1% 的手续费，收取借款者30 ~ 610英镑不等的手续费。目前，Zopa运营模式最大特点是投资者的回报率与借款者的借款利率都由Zopa决定。Zopa有三种借款利率，即借款者的预期利率、借款者的最终贷款利率、投资者的固定收益率。

Zopa在风险控制上与美国的Lending Club类似，即在收到投资者的投资申请后，Zopa会将投资者资金分成*n*份10英镑，借给不同借款者，借款者被分到足够借款金额后，Zopa再将钱汇给借款者。在信用评级上，Zopa与评级机构Equifax达成了合作，参照借款者在Equifax上的信用评分将其分类到Zopa不同的贷款市场中。贷款市场等级分为A^* ~ E，目前Zopa只给评级为A^*到C的借款者发放贷款。投资者可以清楚地看到自己的钱借给了哪种贷款市场，有多大的风险。另外，2013年3月，Zopa启用了安全保障基金，并专门成立了一家非营利性机构P2PS Limited，对基金进行单独管理。借款超过4个月未清偿，安全保障基金就会介入，赔付贷款人的本金和利息。除此之外，Zopa还是英国网贷公司自律组织P2PFA的创始成员之一。它将借贷资金与自身的运营资金分开，存于苏格兰皇家银行（RBS）单独的账户里，因此即使Zopa倒闭，投资者也可以安全收回本金。

案例分析

英国是银行业相当集中的国家，有5家大型银行，几乎垄断了整个行业，这种垄断性增加了个人与企业的贷款难度：贷款速度慢、种类少、难度大、手续冗长。Zopa以创新性的方式省略了传统借贷中的中介机构——银行，取而代之的是贷款者与借款者的直接交易。借款者可以省去在银行借款的烦冗手续，简单快捷地获得借款；贷款者将其作为一种低风险的投资，并且回报率较为可观。不过Zopa目前已取得阶段性的银行牌照，正在积极谋求实现从P2P借贷平台向数字银行的转变，这从一个侧面说明在英国P2P平台的短期盈利比较艰难（美国和中国的P2P平台也是如此），更难以与传统银行业机构的盈利能力相匹敌。

美国中小企业网络贷款平台：OnDeck

OnDeck是美国一家向中小企业提供小额贷款的在线平台，可利用算法快速向中小企业放贷，贷款金额在5 000 ~ 250 000美元，期限从6个月到18个月不等。

OnDeck评估贷款申请的过程简单又快速。2009年2月，OnDeck推出第一代“OnDeck Score”，引入200多个数据指标以评估一家企业的信用。

为加速贷款申请进程，OnDeck开始收集银行数据。2012年，第三代“OnDeck Score”可用于衡量企业信用的数据指标已超过800个。现在，用户在OnDeck上完成贷款申请只需要几分钟，经过OnDeck Score评分后，OnDeck当天就可以决定是否放贷并把钱打到申请人账户上。

截至2019年12月，OnDeck已累计发放各类创业贷款130亿美元，业务遍布美国、加拿大等全球多个国家的700多个行业，为美国创造了7.4万个就业岗位。

OnDeck目前的营业收入主要来自于放贷的利息收入。OnDeck获得用户的渠道主要有三个：公司的销售团队、战略合作伙伴以及融资顾问。OnDeck的主营业务成本包括贷款损失准备金和融资成本两部分，直至2017年还处于亏损状态，但营业收入保持了年均20%以上的增加。2018年公司实现盈利3 000万美元，2019年的半年财报也实现盈利1 100万美元，同比增长157%。

案例分析

金融危机后，出于风险的考虑，小额信贷业务被美国传统银行所忽视，这也给互联网金融公司带来了发展机遇。OnDeck利用自创的大数据模型和自有资金给中小企业快速发放贷款，它自身就是一家小额贷款公司。由于OnDeck的客户主要是小企业，这也意味着他们更容易受经济环境的影响，也更容易发生违约。OnDeck在2018年之后的持续盈利说明，在金融服务体系和层次比较完善的美国，利用大数据、人工智能等新兴金融科技驱动业务发展，在激烈的竞争中能获得十分有价值和意义的生存空间。

我国生态化网络贷款平台：阿里巴巴小额贷款

浙江阿里巴巴小额贷款股份有限公司（简称“阿里小贷”）由马云、彭蕾等五位股东于2010年3月发起成立。阿里小贷成立之初主要是基于阿里商业生态，以借款人的信誉发放的贷款。其特征是债务人无须提供抵押品或第三方担保，仅凭自己的信誉就能取得贷款，并以借款人的信用程度作为还款保证。所以，阿里小额贷款早期就是针对阿里巴巴会员提供的一款纯信用贷款产品（简称“阿里信贷”）。贷款放款对象为会员企业的法定代表人（个体版诚信通为实际经营人）。阿里信贷主要有两种模式，一种是循环贷，就是在规定的贷款额度内循环，比如借贷人申请了一笔贷款，借贷人可在贷款期限内随借随还。这种贷款相对来说比较灵活，更受人们欢迎，贷款利率比较高；另一种是固定贷款，即在获得贷款审批后，一次性发给申请人按期偿还，借贷人不能随借随还，利率要低一些。

数据显示，阿里小贷自成立之后就处于营业额高速增长阶段。2013年同比增长400%，2014年同比增长224%。更有意思的是，其增长率与阿里巴巴的B2C业务增长率产生了某种对应关系。2013年，阿里小贷业务增长率是阿里巴巴B2C业务增长率的近4倍。2014年，阿里小贷业务增长率则是B2C业务增长率的3.8倍。2015年，网商银行注册成立。由于阿里小贷的放贷资金受到注册资本金的限制，阿里小贷的业务越来越多地由网商银行合作开展。截至2019年12月，网商银行以及网商银行前身阿里小贷服务了2 000万小微企业和个体经营者，累计发放贷款3.6万亿元，全部是信用贷款，不良率始终在1%左右，单笔贷款10万元以下的客户是主流，占到96%。

案例分析

网络贷款公司是小额贷款公司的一种。2015年8月，中国人民银行发布了《非存款类放贷组织条例（征求意见稿）》（简称《条例》）。《条例》允许网络贷款公司突破传统小贷公司的业务地域限制。网络小额贷款公司主要通过网络平台获取借款客户，综合运用网络平台积累的客户经营、网络消费、网络交易等行为数据、即时场景信息等，分析评定借款客户的信用风险，确定授信方式和额度，并在线上完成贷款申请、风险审核、贷款审批、贷款发放和贷款回收等全部流程的小额贷款业务。阿里小贷是网络贷款公司的一个典型代表，“3分钟申请、1秒放款、0人工干预”的“310”模式是阿里小贷独有的一套高效工作放贷模式。这样的高效有赖于其背后独特的业务模式，它将是否放贷、贷款额度和风险评估等传统银行最为看重的业务环节完全交给了大数据处理平台。阿里小贷有很强的生态性，即放贷数据基本上来自客户的阿里生态体系，主要来源于贷款者线上经营信用数据、财务数据等，阿里小贷对贷款者在互联网上积累的海量数据进行分析并予以授信。数据成为阿里小贷业务模式的基础，也是其核心所在。究其根本，这是一笔数据放贷生意。

影视众筹：中国电影《大圣归来》

2015年夏天，动画电影《大圣归来》创下了中国电影的诸多纪录。其中，最值得称道的是，它不仅是第一部票房超越好莱坞动漫电影的国产大片，也是第一部众筹成功的国产电影。

2014年12月，《大圣归来》进入最后的宣传发行阶段。但是，这样一部缺少明星、缺少话题的动画片，如何吸引观众走进电影院？那时，这部电影已经筹备了接近8年的时间，投资人的压力可想而知。如果按照电影的老套路，《大圣归来》票房顶多1亿元。业内很多资深人士更悲观，预估最高到8 000万元。

在这样的情况下，出品方预计2015年春节档上映。他们没想过这部电影能挣多少钱，但有信心影片不会亏本。令他们没有想到的是，从众筹启动开始，短短4个小时已经有超过70位朋友加入了这个名为“大圣”电影众筹的微信群里，4个小时内共募集了500多万元。一个星期之后，《大圣归来》的电影众筹项目共筹集了780万元，有89名投资人参与。他们以个人名义直接入股了《大圣归来》的领衔出品方“天空之城”，直接参与到这部投资合计约6 000万元的电影项目中。

股权众筹的机制，让这89名投资人深度参与到电影的宣发过程中，大家每天都在众筹群里出谋划策、贡献资源，他们成了电影的第一批“铁粉”，不仅在电影上映初期包了200多场，还充分调动各自的资源为电影推广出力。北京三里屯、上海人民广场地铁口的广告位，甚至远在新疆喀什最大的一块户外屏都是投资人无偿贡献出来的。这批众筹出品人带领《大圣归来》走出了最艰难的第一步，成就了营销口碑的起点，也成为票房“逆袭”的关键点。

最终，《大圣归来》收获票房9.56亿元，被评为第30届中国电影金鸡奖的最佳美术片。

案例分析

影片《大圣归来》是电影众筹产品，同时也像是一个社交产品，一种基于移动互联网时代的社交关系。60后、70后只能叫电影观众，而85后、90后和00后的网生代是电影用户，他们不仅仅观影，还要参与到电影的评论、传播和建设中。只有满足他们的需求才是电影营销的王道。

可以说，《大圣归来》的成功，让更多的人看到了“电影+众筹”的巨大潜力：这样的组合不仅是一种营销手段，还可以成为一个收益不菲的商业模式。如今，影视众筹被认为是影视行业发展的一个趋势，因为众筹可以帮助解决影视剧的融资与宣发问题，而且粉丝投资影片后会自觉发动身边亲友来为其造势。但是，不少影视制作项目开放的一些“准众筹”产品，投资者只是买了一个理财产品，有一定的收益率，并不一定能像许诺中的那样成为真正的影视出品人。

公益众筹：一半是公益，一半是情怀

公益众筹

北京山水乐团是一支专业乐团，成立于2012年3月，大部分成员均有不同程度的身体残疾。他们曾在人民大会堂演出并受到党和国家领导人接见。乐团的团员来自五湖四海，都是年轻的80后和90后。山水乐团是国内残疾人界唯一的民族器乐和声乐专业乐团，唯一参加过2008年残奥会开幕式演出的残疾人民族器乐和声乐专业乐团，国内唯一由高校校友运作的残疾人专职乐团。

2015年4月，“乐来悦爱”山水乐团公益音乐会众筹项目在淘宝众筹和新浪微公益平台正式上线，意味着国内唯一专注民族器乐兼声乐的残疾人专职乐团“山水乐团”离自己的梦想——在国家大剧院演出只有一步之遥。网友可依据不同捐赠档位，支持不同金额，在帮助山水乐团圆梦的同时，还可获得相应的回报。

众筹的内容分为三大块，即：一场音乐会、一张光盘和一部报告文学。公益音乐会拟筹集20万元人民币，筹款周期为30天，所筹资金全部用于山水乐团此次音乐会的场地、舞台搭建、服装、乐器、指挥、编排等成本支出。2015年5月底，众筹项目完成，最终募集金额超过60万元。一个月之后在中国国家大剧院，一曲婉转的“盛世国韵”开启了“乐来悦爱·山水乐团主题音乐会”。

案例分析

“乐来悦爱”山水乐团音乐会众筹项目是一个典型的公益众筹，它以其公益性打动了许多音乐圈内的重量级的人物，更以其小人物的情怀感动了数以千万的普通大众。因此，在该项目的进展过程中，受到了普遍的社会关注，也促进了项目的成功。应该说，公益众筹以小额、便利为特点，充分发挥了普通人的公益热情。就山水乐团的这个项目而言，参与众筹既能够实现助人的愿望，又能够获得音乐会门票的回报，的确容易吸引人。

就众筹项目的发起人而言，通过开展众筹，可以预售门票，提前锁定用户，也避免出现音乐会门票销售收入过少而产生的投资风险，是一种市场化的公益众筹思路。一旦公益项目可以市场化，必将为公益事业注入新的活力。

内容讲解

3.1 网络借贷

3.1.1 网络借贷概述

1. 网络借贷的发展背景

网络借贷概述

现代信息与互联网技术的进步，特别是云计算、移动互联网、大数据分析、搜索引擎和社交网络的发展，深刻地改变甚至颠覆了许多传统行业，金融业也不例外。近年来，金融业成为继商业分销、传媒之后受互联网影响最为深远的领域，许多基于互联网的金融服务模式应运而生，网络借贷就是互联网金融的模式之一。

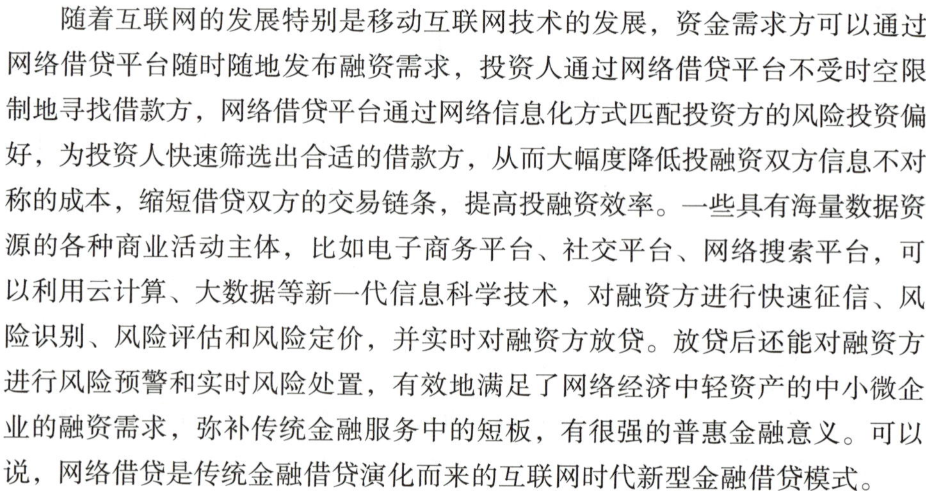

随着互联网的发展特别是移动互联网技术的发展，资金需求方可以通过网络借贷平台随时随地发布融资需求，投资人通过网络借贷平台不受时空限制地寻找借款方，网络借贷平台通过网络信息化方式匹配投资方的风险投资偏好，为投资人快速筛选出合适的借款方，从而大幅度降低投融资双方信息不对称的成本，缩短借贷双方的交易链条，提高投融资效率。一些具有海量数据资源的各种商业活动主体，比如电子商务平台、社交平台、网络搜索平台，可以利用云计算、大数据等新一代信息科学技术，对融资方进行快速征信、风险识别、风险评估和风险定价，并实时对融资方放贷。放贷后还能对融资方进行风险预警和实时风险处置，有效地满足了网络经济中轻资产的中小微企业的融资需求，弥补传统金融服务中的短板，有很强的普惠金融意义。可以说，网络借贷是传统金融借贷演化而来的互联网时代新型金融借贷模式。

2. 网络借贷的定义

网络借贷是指借助互联网平台实现借贷双方的信息对接并完成金融活动的借贷模式。网络借贷具有三个关键要素，一是以互联网渠道及平台为交易载体；二是借贷双方的信息匹配通过互联网完成；三是交易双方完成投融资活动，明确资金配置的跨期与对价。

3. 网络借贷的分类

《关于促进互联网金融健康发展的指导意见》（简称《指导意见》）的第二

章第八条指出，网络借贷包括个体网络借贷（即P2P网络借贷）和网络小额贷款。个体网络借贷是指个体和个体之间通过互联网平台实现的直接借贷。网络小额贷款是指互联网企业通过其控制的小额贷款公司，利用互联网向客户提供的小额贷款。

4. 网络借贷的特点

网络借贷有以下特点：

（1）立足小额，服务小微。网络贷款一般为小额借贷，借贷额度通常小于100万元，覆盖人群一般是银行业传统机构体系覆盖不足的小微企业主、个体工商户和中低收入人群，因此是银行体系必要、有效的补充。

（2）信息透明，降低成本。网络借贷中借贷双方的多数信息公开透明，同时借助大数据、云计算、移动技术和数据挖掘新兴科学技术对融资方进行多维度的数据化征信，从而精准对其进行风险分析、风险评估和风险定价。很明显，网络借贷能借助互联网技术进行征信与风险控制，可以有效缩短交易链，降低交易成本，提高交易效率。

（3）时空无限，快速便捷。网络借贷不受时空限制，融资者可以通过移动终端在任何时间、任何地点向网贷平台提出借款申购，有些基于数据驱动的网贷平台可以为借款人实时放款。投资者也可以使用移动终端随时随地投资或利用借贷平台的自动投资功能实现资金自动投资。

（4）打破金融资源垄断，践行普惠。众多无法从银行业金融机构获得金融服务的小微企业主、个体工商户和中低收入人群均可以通过网络借贷借款，有些网络借贷平台专门为他们提供无抵押、纯信用借款。所以网络借贷有助于建立多层次的资本市场，具有很强的金融普惠意义。

3.1.2　P2P网络借贷

1. P2P网络借贷的定义与起源

P2P网络借贷的概述

（1）定义。P2P网络借贷是指个体和个体之间通过互联网平台实现的直接借贷。概念中的个体包括自然人、法人和组织，在P2P网络借贷平台上发生的直接借贷行为属于民间借贷范畴，P2P网络借贷平台为投资方和融资方提供信息交互、撮合、资信评估等中介服务。

（2）起源。P2P借贷的起源可以追溯到1976年，孟加拉国经济学家穆罕默德·尤努斯在一次乡村调查中把27美元借给了42位贫困的村民，支付他们用以制作竹凳的微薄成本，以免受高利贷的盘剥，从而开创了小额融资的一种现代模式。后来，他一手创办格莱珉银行（Grameen Bank，意为“乡村银行”）专门向穷人提供小额贷款，因其“从社会底层推动经济与社会发展”的努力获得2006年度诺贝尔和平奖。P2P网络借贷的起源则可以追溯到2005年3月在英国成立的P2P网络借贷平台Zopa。

2. P2P网络借贷的业务原理与特点

（1）业务原理。P2P网络借贷在欧美是一种纯信息中介平台，投资者在投资中出现的本息损失一般由投资者自己承担。欧美P2P网络借贷平台为什么能让投资者的平均收益高于银行的同期存款收益呢？主要是由于以下原因：① 以完善的征信体系为基础。欧美的个人征信体系比较完善，商业征信公司拥有绝大多数的信用数据，欧美的P2P借贷平台对借款人的信用评分有较高要求，把信用低的人挡在平台之外。② 以小额化的投资为主导。欧美的法律法规对个人投资者在P2P借贷平台的年度总额有限制，同时，P2P平台对个人投资者单笔投资额度也有限制，以降低投资者的损失程度。③ 以分散化的投标为手段。欧美的P2P借贷平台一般会建议或强制投资者将投资资金分成n份，出借给n个借款人，以分散投资风险。④ 以银行级的资金存管为保障。欧美的P2P借贷平台都是将借贷双方的资金存在银行业金融机构，确保自身运营资金与平台资金分账管理。

（2）特点。P2P网络借贷有如下特点：① 点对点直接高效融资服务。P2P网络借贷平台有高速寻找机制，让投资人在很短的时间内可以找到与自己风险收益偏好相匹配的借款人，投融资双方在平台通过便利的操作就能达成交易。② 投融资边际成本显著降低。P2P网络借贷虽然本质还是金融活动，但因为其与互联网深度融合后，其边际成本将逐步递减，甚至可能趋向零，因此理论上P2P网络借贷可以突破交易成本的约束。③ 金融民主普惠特征明显。以银行业为核心的传统金融机构基于投入产出的考虑，热衷服务20%的大客户，因此大量的小微企业、个体工商户和中低收入者难以获得金融服务。而P2P网络借贷的主要服务对象正是银行不愿顾及的80%的庞大客户市场，体现了金融的普惠化，对社会福利有帕累托效应。④ 风险控制信息化趋势明显。随着社会各种数据的开放共享及P2P网络借贷平台之间数据的共享，P2P网络借贷平台普遍开始采用移动技术、大数据、云计算和数据挖掘等对借款人进行风险分析和风险定价，将风险控制能力提高到一个新的水平。

3. P2P网络借贷的主体构成与业务流程

（1）主体构成。P2P网络借贷的主体一般由五部分组成：① 网络借贷平台。根据《指导意见》的规定，网络借贷平台是一种信息中介机构，为投资方和融资方提供信息交互、撮合、资信评估等中介服务。② 借款人，即融资方，可以是自然人、法人和组织，但是必须达到平台的最低信用要求。③ 出借人，即投资方，也可以是自然人、法人和组织。④ 资金存管机构。世界各国都要求网络借贷平台与投融资双方资金实行分账管理，因此，借贷平台会与一个第三方资金机构进行合作，对借贷双方资金进行存管或托管，一般都将借贷双方资金存管在传统银行业机构，不允许资金存管在第三方支付机构。⑤ 增信合作机构。信用是金融活动的基础和生命线，多数网络借贷平台会与其他金融机构合作对自身进行增信，以增强投资者的信心，当借款发生逾期时，通常由合作的增信机构先行垫付逾期的本息。

P2P网络借贷的业务流程与模式分类

（2）业务流程。P2P网络借贷的主体结构及业务流程如图3-1所示。① 借款人向P2P网络借贷平台提出融资申请。② P2P网络借贷平台对借款人进行信用审核，主要对借款人提供信息的真实性、完整性和准确性进行核查，以确定借款人的信用等级。③ 当借款人的融资申请通过后，平台发布融资项目。④ 出借人与融资项目进行风险投资偏好的匹配，在找到合适的项目后，出借人将投资资金转入商业银行机构存管，然后通过投标进行投资。⑤ 借款标未满标之前出借人投资资金冻结在商业银行存管机构。满标之后扣除完平台相关服务费，商业银行存管机构将剩余资金划拨到借款人的账户中。⑥ 借款人根据借贷合同，按时将应还本息存入商业银行存管机构，由平台发出资金划拨指令，商业银行存管机构将资金划拨给出借人账户。⑦ 如果平台与第三方增信机构有合作，增信机构通常会在借款人出现逾期或无法偿还本息时，承接借款人的债权，并对出借人的本息进行代偿。

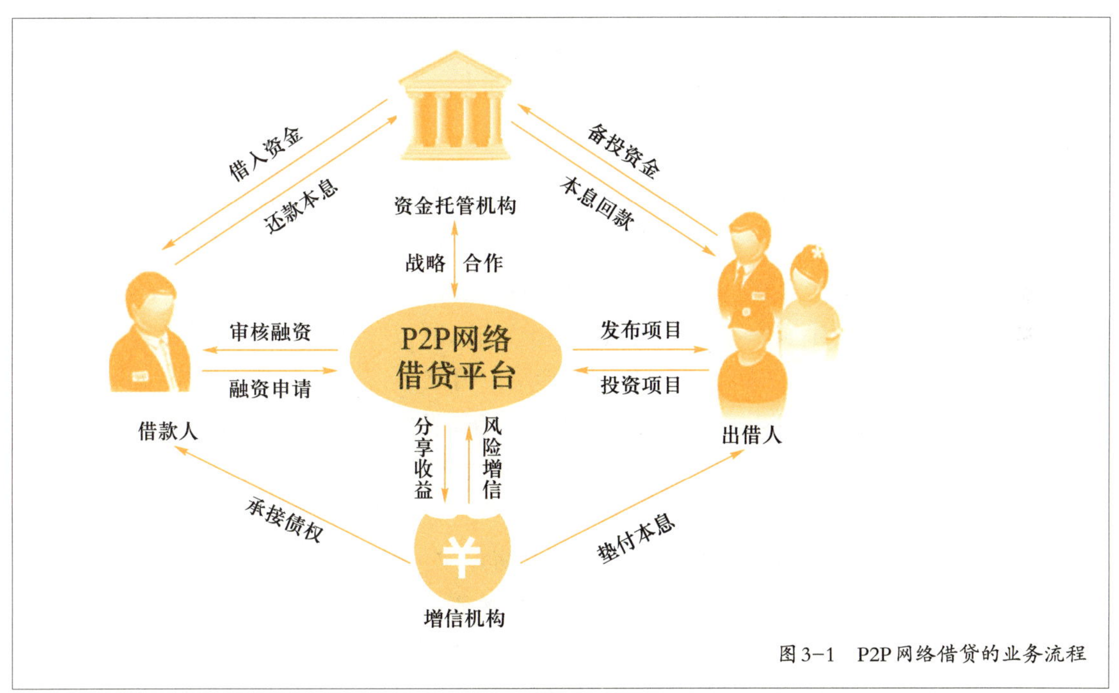

图3-1　P2P网络借贷的业务流程

需要注意，虽然早期也有一些平台采用源于英国P2P网络借贷平台的风险备付金的模式，风险备付金通常存放在银行，银行定期出具风险备付金验资报告，用风险备付金代偿出借人的逾期本息。但风险备付金的风控模式在中国不符合监管规定。

4. P2P网络借贷的分类

（1）根据借入方的类型可分为三类：① 个人对个人的借贷（Person to Person Lending，P2P），投融资双方都是自然人。② 个人对企业的借贷（Person to Business Lending，P2B）或（Person to Company Lending，P2C），借出方是个人，借入方是企业。③ 个人对政府的借贷（Person to Government Lending，P2G），借出方是个人，借入方是具有政府相关背景的组织。2017年全国第五次金融工作会议明确地方金融监管的范围和责任，经过P2P乱象强力整治，P2G的业务目前已难见踪迹。

（2）根据P2P平台标的资产类型可分为三类：① 纯信用资产模式，P2P平台标的资产为纯信用的小额信贷，类似银行信用卡模式，但风险控制的难度最大。② 抵质押资产模式，P2P平台标的资产为有一定流动性的抵质押资产。③ 类资产证券化模式，P2P平台标的资产来源于金融机构或准金融机构、类金融机构的已有债券资产。根据已出台的监管政策，我国已经禁止P2P网络借贷机构采用类资产证券化借贷模式。

（3）根据P2P平台的成立背景可以分为五类：① 银行系，② 国资系，③ 上市公司系，④ 风投系，⑤ 草根系。

3.1.3 P2P网络借贷在我国的发展状况

1. P2P网络借贷机构数量

（1）数量变化。中国第一家P2P网络借贷机构“拍拍贷”在2007年6月正式上线运营，拉开了中国的P2P网络借贷发展的序幕。但是由于受行业发展环境、法规政策和理财观念等因素影响，中国的P2P行业发展非常的缓慢。2013年，随着余额宝的普及使用，使得普通民众开始关注、理解并参与各种互联网金融理财。同年中国P2P网络借贷以门槛低、收益高、项目多、流动性强等特点获得众多草根投资人的青睐，开始爆发式增长，达到800家。由于巨大的市场前景，在随后的两年，中国P2P网络借贷机构在“无门槛、无标准、无监管”的背景下“遍地开花、疯狂发展”。2015年年末，P2P网络借贷机构数达到了3 543家，创出历史最高。然而，P2P网络借贷的风险逐步暴露，并且出现高发、频发的态势。网络借贷的监管主体已经明确，P2P网络借贷监管法规陆续出台，监管开始全面收紧。P2P网络借贷行业进入洗牌期，开始快速缩减。截至2017年年末，P2P网络借贷机构有2 414家，比2015年的峰值下降了约32%。2017年的金融工作会议和党的十九大都明确提出，防范金融风险是未来几年的中心工作，在这一背景下，P2P网络借贷行业被进一步规范。2018年，行业爆发“大雷潮”，监管再次收紧，同年年底，互联网金融整治办、网络借贷整治办联合发布了《关于做好网贷机构分类处置和风险防范工作的意见》，行业迎来深度洗牌，P2P网络借贷机构的数量不断下降，截至2019年12

月，正常运营的P2P网络借贷机构只剩下343家，如图3-2所示。

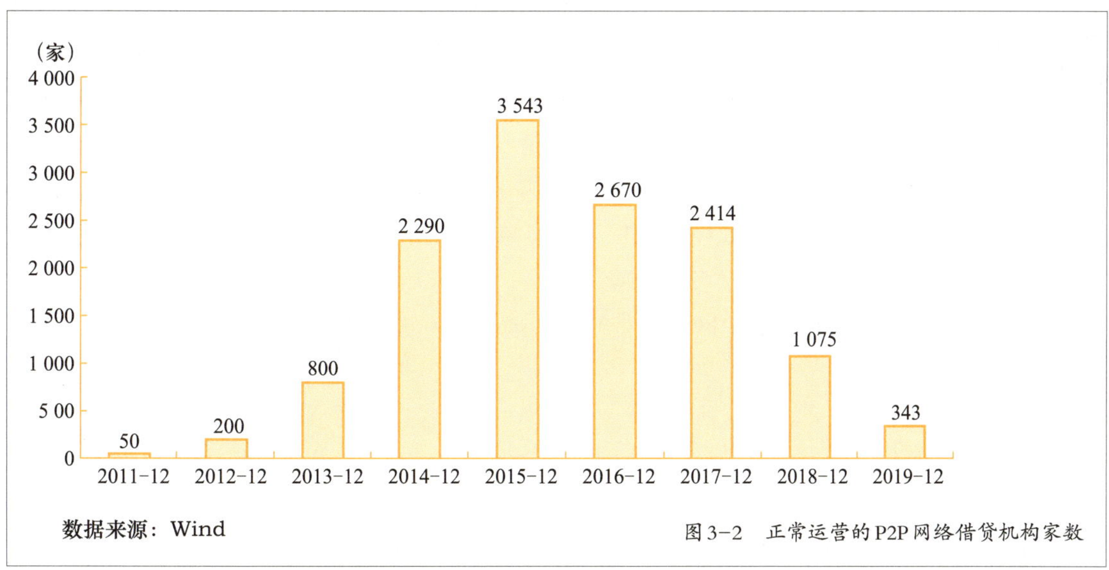

图3-2　正常运营的P2P网络借贷机构家数

（2）退出状况。P2P网络借贷退出运营的平台包括问题平台和转型停业平台。2016年P2P网络借贷退出运营平台为1 741家，是近9年中退出运营平台最多的年份。在2018年和2019年，退出运营平台数都超过正常运营平台数，如图3-3所示。这说明整个行业近两年正常运营平台成倍萎缩。主要原因是经过连续多年的行业规范整治，许多伪平台、乱平台、综合实力羸弱平台的主动和被动退出。可以预见，未来行业的发展环境将愈加规范和健康，只有极少数的平台能存活下来。

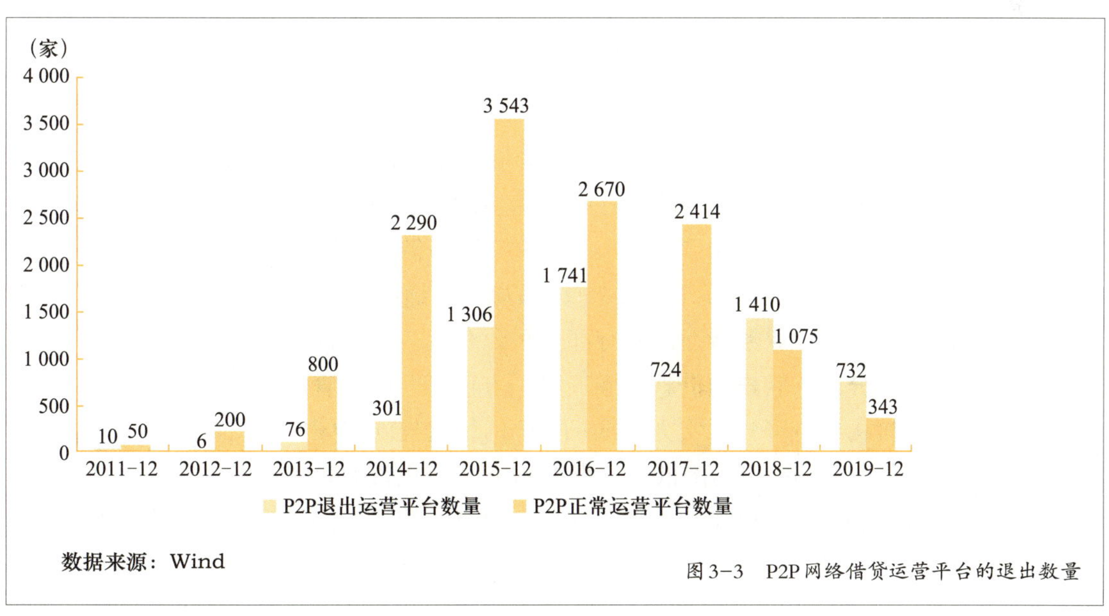

图3-3　P2P网络借贷运营平台的退出数量

2. P2P网络借贷成交量

中国P2P网络借贷的市场概况

2013年至2017年，中国P2P网络借贷成交量爆发式增长，在2017年12月达到28 048.49亿元人民币的峰值，创出历史新高；之后进入调整下行通道，如图3-4所示。在行业规范运营和严格监管的背景下，以往一些不合规的业务逐步退出，同时，传统金融机构逐步向互联网服务升级或转型也将挤压P2P网络借贷行业的市场。特别是2018年之后的监管新规，要求地方辖区减少网贷机构数量、行业规模和借贷人数规模；要求网贷机构减少贷款余额、借款人数和营业面店数量，不少知名的大平台进行转型，纷纷停止网贷业务，可以预见，在短期内P2P网络借贷行业的成交量将进一步萎缩。

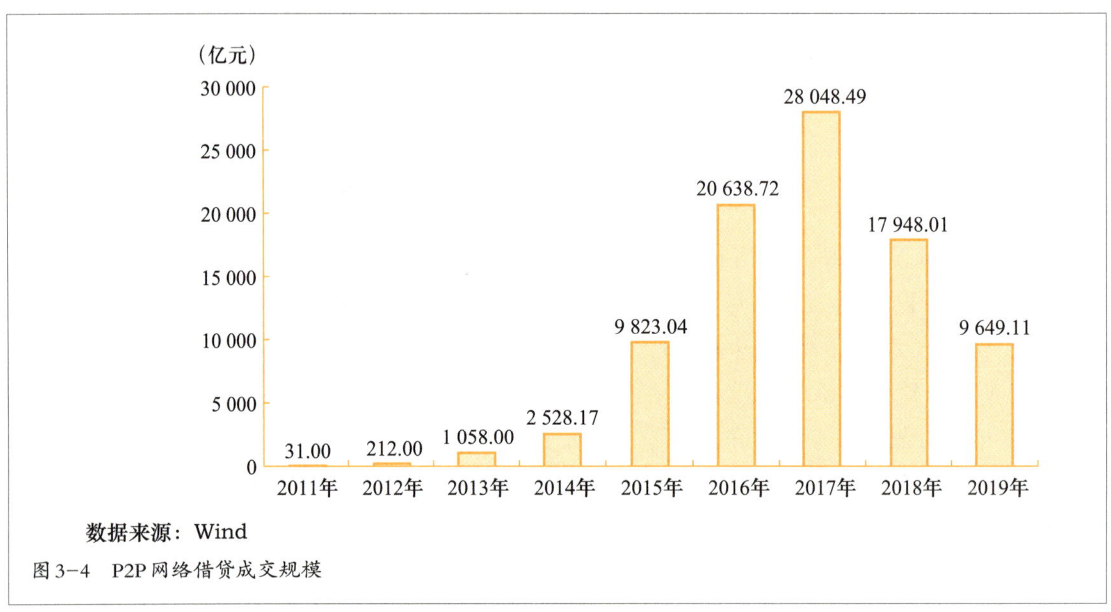

数据来源： Wind

图3-4　P2P网络借贷成交规模

3. P2P网络借贷的出借人和借款人

2014—2017年间，P2P网络借贷行业的投资人数与借款人数都在快速增加，这说明P2P网络借贷有越来越多的用户熟悉并参与，P2P网络借贷行业蓬勃向上发展。2017年，一方面P2P网络借贷机构受单一自然人在同一网贷平台不能超过20万元的限额政策的影响，不少P2P网络借贷机构平台向消费金融等小额业务转型，还有部分平台对接了现金贷资产，此类业务的共性是小额分散、涵盖的借款人多；另一方面行业的监管趋严，知名的P2P网络借贷机构纷纷降息，实力较弱的P2P网络借贷问题频发，使得P2P网络借贷对新借款人的吸引力降低，使得2017年借款人数数量和增长速度均超过投资人数。2018—2019年行业危机和监管收紧的背景下，出借人和借款人规模开始下滑，2019年出借人下滑的幅度更为明显。近年的出借人和借款人规模如图3-5所示。

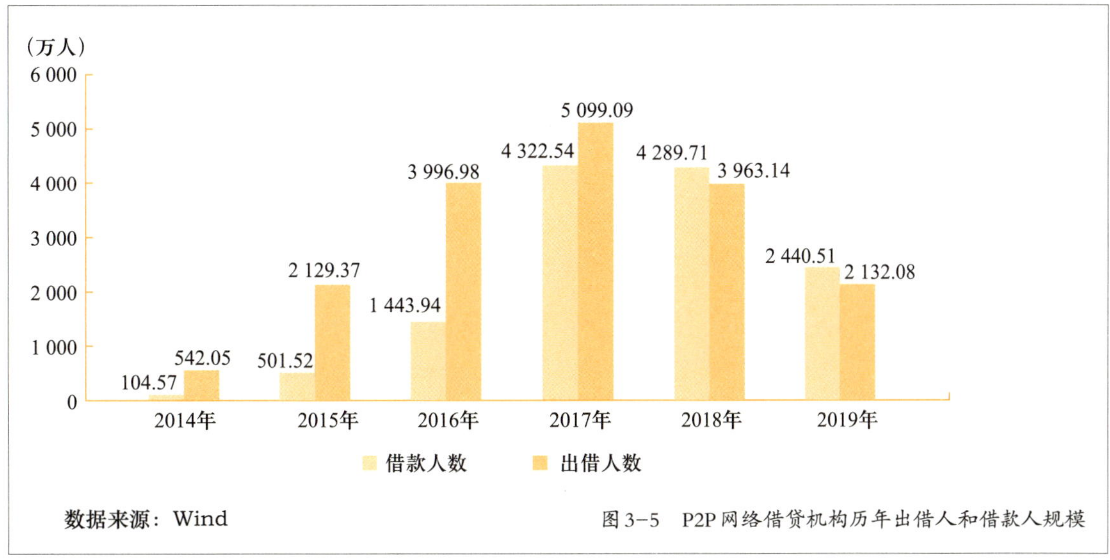

数据来源：Wind

图3-5　P2P网络借贷机构历年出借人和借款人规模

4. P2P网络借贷的期限和利率

中国P2P网络借贷的营销管理分析

（1）2014—2019年，P2P网络借贷的平均借款期限保持增加。2019年行业平均借款期限为15.34个月，比2014年拉长了9.5个月（如图3-6所示）。从近6年各个月的平均借款期限走势看，虽然有波动，但整体趋势向上。由于监管新规实施，P2P网络借贷机构的活期理财、拆标错配、期限错配和资金池业务逐步退出，整个行业的长期融资项目规范化，必然导致行业平均借款期限拉长。所以，预计未来年P2P网贷行业平均借款期限将继续抬升，或将突破36个月。

（2）P2P网络借贷的平均出借综合利率保持下降。2019年P2P网络借贷行业平均出借综合利率为9.82%，相比2014年行业平均出借综合利率下降了868个基点（1个基点=0.01%）。2019年平均出借综合利率延续近四年整体下行的趋势，但下降速度有所放缓（如图3-6所示）。原因有：① 体量靠前的平台大部分都具有强大背景，比较受投资人青睐，但其综合收益率相对较低；② 应监管政策要求，资产端借款利率也在逐步下行，综合影响网贷行业综合收益率下行。

由于目前整改正当时，监管强化下平台的运营成本也在上升，预计未来P2P网贷行业综合收益率将在9%左右，下行的空间比较有限，除非市场利率大幅下降。

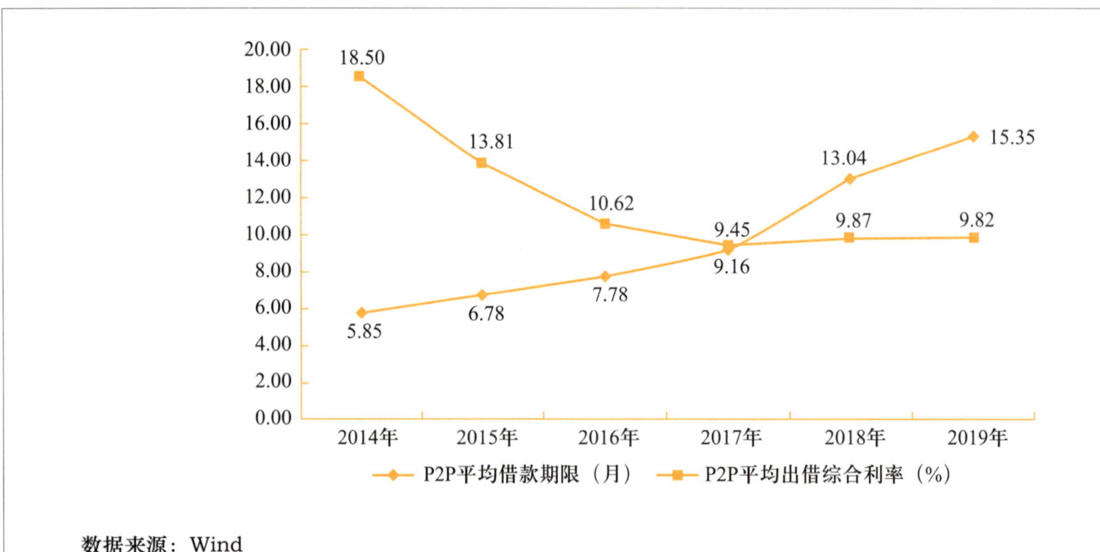

数据来源：Wind

图3-6　P2P网络借贷的贷款期限和利率

新闻速览

英国监管机构对P2P贷款等高风险零售投资表示担忧

2020年2月18日，英国金融行为管理局（FCA）发布年度行业报告（Sector Views）。报告指出，高风险零售投资可能对消费者产生负面影响，并再次强调了对P2P行业风险的批评。FCA表示，P2P贷款和包含P2P贷款的创新金融ISA均属于高风险零售投资。平台常常只专注推销产品，而并没有充分说明其中涉及的风险。统计显示，创新金融ISA产品注册用户已经从2017年的5 000人增加到2018年的3.1万人，而投资总额也从0.36亿英镑迅速攀升至2.90亿英镑。如果P2P平台不能有效减少业务或实现业务转移，比如平台仍然选择投资更多投机性或房地产这类流动性较差的资产类别，消费者可能不仅无法获得允诺的高回报，最终甚至需要自己去终端借款人那里催收。此前，包括Lendy、Funding Secure等P2P平台相继被监管机构叫停，因为FCA担心此类违规事件可能会给市场信心带来更大打击。FCA还指出，宏观经济因素也推动了高风险产品的增多，包括那些符合ISA要求的产品。比如，持续的低利率导致较安全资产投资回报吸引力下降，不少投资者为了寻求高回报而选择了高风险产品，这给相关欺诈和不合规运营留下了可乘之机。此前，FCA还在Google广告页面投入重金，将更多有关ISA的搜索引流到一个FCA官网页面，在这里详细介绍了高回报高风险投资的相关内容，其中就包括P2P贷款投资。未来，FCA希望监管机构和业界能够将更多注意力放在风险和损害预防方面，积极监督行业发展，帮助消费者做出更加明智的投资决策。

3.1.4　我国P2P网络借贷的监管演进

中国P2P网络借贷的风控管理分析

从目前来看，我国监管层出台了诸多P2P网络借贷的监管政策与文件，对P2P网络借贷的性质属性认定也出现了相应变化，按照P2P网络借贷性质的变迁可以将监管分成以下四个阶段：

1. 灰色线上民间借贷中介阶段：2007年至2013年6月之前

P2P网络借贷于2007年在中国萌芽，虽然P2P网络借贷是一种舶来创新的互联网金融模式，但毕竟还是公开的金融活动，必须有牌照许可，没有牌照许可就存在随时被取缔的风险，其合法性存在明显疑问。从2011年陆续开始出现P2P网络借贷机构涉嫌集资诈骗跑路的案例，也引起了国家相关部门的关注。2011年8月，《关于人人贷有关风险提示的通知》发布，明确指出P2P网络借贷容易演变为非法金融机构等七大问题和风险，要求银行业金融机构务必采取有效措施与P2P网络借贷之间构筑风险“防火墙”。由此可见，在P2P网络借贷的萌芽期其问题和风险就被全面并准确地认识到，但是监管主体缺位和监管制度缺失，我国错过了P2P网络借贷的监管最佳期。在这个阶段P2P网络借贷游走于“法律的边缘”，参与者和交易规模相当有限并且增长缓慢，风险资本不敢贸然进入，P2P网络借贷不温不火地发展。

2. 具有明确合法主体预期阶段：2013年6月至2015年7月之前

在这个阶段，政府对像P2P网络借贷等新型互联网金融模式提供解决小微企业融资难的新路径充满了期待。而学界与业界因互联网金融能否改变金融的本质属性产生分歧并引发热烈讨论。2013年8月，《国务院办公厅关于金融支持小微企业发展的实施意见》发布，其中提出“充分利用互联网等新技术、新工具，不断创新网络金融服务模式”；2013年11月，第十八届三中全会通过了《中共中央关于全面深化改革若干重大问题的决定》，正式提出要“发展普惠金融，鼓励金融创新，丰富金融市场层次和产品”；2014年3月，“互联网金融”首次被写入政府工作报告：“促进互联网金融健康发展，完善金融监管协调机制”。

P2P网络借贷毫无疑问成了互联网金融的重要业态，其法律障碍被消除，传统金融机构、国有企业、上市公司、民营企业和众多草根创业者纷纷涌入P2P网络借贷行业，大量的风险资本也灵敏地蜂拥而来。在此背景下，许多普通民众在P2P网络借贷机构的营销攻势下纷纷开始投资。P2P网络借贷行业在政策支持、资本驱动和三无（无门槛、无标准、无监管）状态下野蛮发展，成为一个完全自由放任的金融产品和市场。在这个阶段，倒闭、跑路和停业的P2P网络借贷平台的数量、频率和资金规模明显增加。政府部门也强烈地意识到了P2P网络借贷等互联网金融新模式的风险，并加快了出台互联网金融监管制度的步伐。

3. 低门槛信息中介机构阶段：2015年7月至2018年11月

P2P网络借贷经历了近八年的自由发展，各类风险案例开始频繁出现，特别是2015年下半年爆发的震惊全国的“E租宝”P2P网络借贷重大资金诈骗案，证明了P2P网络借贷本质仍然是金融，核心依然是风控。2015年7月，《关于促进互联网金融健康发展的指导意见》(下称《指导意见》)出台，明确指出P2P网络借贷平台属于信息中介性质，不得提供增信服务，不得非法集资，并由银保监会监管。2015年8月，最高人民法院出台了《关于审理民间借贷案件适用法律若干问题的规定》(下称《若干规定》)，明确规定了P2P网络借贷的最高合法利率，P2P网络借贷机构提供借贷担保并不违法，但需承担担保责任。

基于《指导意见》和《若干规定》两个顶层宏观框架文件和法规，2016年4月，国务院办公厅印发了《互联网金融风险专项整治工作实施方案》，再次强调P2P网络借贷是信息中介并将其确定为风险专项整治的重中之重。网络借贷风险专项整治工作领导小组成立，并于同月发布了《P2P网络借贷风险专项整治工作实施方案》(下称《11号文》)，根据P2P网络借贷异化信息中介的程度分为合规类、整改类和取缔类进行分类处置。

2016年8月的《网络借贷信息中介机构业务活动管理暂行办法》、2016年10月的《网络借贷信息中介机构备案登记管理指引》、2017年2月的《网络借贷资金存管业务指引》与2017年8月的《网络借贷信息中介机构业务活动信息披露指引》这四个文件被业界称为P2P网络借贷“1+3”监管制度体系。“1+3”监管制度体系的核心是微观具体地指引P2P网络借贷主体按照信息中介模式运营。随着《11号文》和“1+3”监管制度的出台，监管部门开始全面整治P2P网络借贷乱象，同时还积极打击“校园贷”“现金贷”“套路贷”“首付贷”等违法违规业务。经过专项整治，2017年12月，《关于做好P2P网络借贷风险专项整治整改验收工作的通知》出台，明确指出各地方金融办要完成P2P网络借贷专项整治整改验收及网络借贷机构的备案登记工作。

鉴别P2P平台的关键指标

在多重因素的叠加下，2018年下半年行业发生了规模空前的“大雷潮”，期间共出现569家问题平台，涉案资金超千亿元，涉及投资人数超百万人，给人民群众造成巨大损失，也给社会稳定产生一定冲击。为了稳妥化解存量风险，银保监会又出台了《关于开展P2P网络借贷机构合规检查工作的通知》，再次明确网络借贷“1+3”制度框架，督促网络借贷机构合规经营，回归信息中介本质定位。为保证合规检查工作有效落实，还一同下发《网络借贷信息中介机构合规检查问题清单》（又称为108条清单）作为检查执行标准，条件成熟的机构可按要求申请备案。

在P2P网络借贷分类整治过程中，由于P2P网络借贷征信体系非常薄弱，部分借款人趁机恶意逃废债。为了打击借款人恶意逃脱还债义务的行为，央行和银保监管会在2018年出台了《关于报送P2P网络借贷机构借款人逃废债信息的通知》和《关于进一步做好网络借贷行业失信惩戒有关工作的通知》，上述两份通知明确将恶意逃废债人的不良信息纳入“诚信中国”和“百信征信”数据库。

保险机构与P2P合作，前途几何？

银保监会发布《2019年保险中介市场乱象整治工作方案》，强调了要强化整治与保险机构合作的第三方网络平台的保险业务，其中重点整治保险机构是否与从事理财、P2P借贷、融资租赁等互联网金融的第三方网络平台存在合作。由于保险机构与P2P网贷平台的合作一直以来就备受关注，此方案一出便引起了社会热议。

对于保险机构而言，关于P2P平台的风险评估极为重要，因为一旦与之合作的网贷平台出现问题，也将大大影响保险机构本身，既造成大量的资金损失，又会在公众面前产生负面影响。例如：长安责任保险与平台钱保姆、存利网是合作关系，而在2018年钱保姆宣布清盘，存利网暂停运营后，长安责任保险的偿付能力也大幅下降，从二季度末的152.3%降至三季度末的-41.5%，主体信用等级也由“A”下调为“A-”，并列入了信用观察名单，随后其风险综合评级也从B类降至D类。截至2018年年底，在长安责任保险累计为P2P平台赔付接近20亿元后，未了结的保险责任余额仍有22亿元。

事实上，在P2P行业频繁爆雷阶段，许多与之合作的保险机构也受到了波及，长安责任保险绝不仅仅是个例。也正是因此，P2P平台想要加强与保险机构合作也变得更加困难，“网贷+保险”这一模式也逐渐失去了其优势。

4. 高门槛持牌信用机构阶段：2018年12月至目前

P2P网络借贷行业风险及规避对策

银保监会出台一系列文件对P2P网络借贷机构合规整改，但均未按计划时间完成。2018年下半年的行业大雷潮促使中央和地方都对P2P网络借贷监管进行了重大调整与升级，明确并压实了地方金融监管的风险责任。2018年12月，央行和银保监管会联合出台了《关于做好网络借贷机构分类处置和风险防范工作的意见》(下称《175号文》),首次将P2P网络借贷机构划分成两大类六小类,只有被分类为规模较大的正常机构才有可能继续运营,部分正常机构还将被引导转型为网络小贷公司和助贷机构,其余机构能退尽退,应关尽关,所有P2P网络借贷机构的存量规模和投资人数开始执行“双降”。所以《175号文》的出台明确了未来的P2P网络借贷行业只属于极少数业务规模体量大的头部合规平台,正式开启了P2P网络借贷停增去存的窗口,坚决去除多数存量平台并实行名单制管理。

P2P现行监管条例

2019年1月,央行和银保监管会联合下发了《关于进一步做实P2P网络借贷合规检查及后续工作的通知》,要求全国P2P网络借贷机构做好实时数据接入工作,开始实施科技监管,各地方的P2P网络借贷机构总数、业务总规模、投资人数必须实现“三降”,加快清退不配合的P2P网络借贷机构。2019年4月,银保监管会下发《网络借贷信息中介机构有条件备案试点工作方案》,首次划分网络借贷机构类别,并根据网络借贷的类别充实注册资本金、缴纳一般风险准备金和设立出借人风险补偿金。其备案门槛大幅提高,没有雄厚的资本主体根本不可能获得备案,P2P网络借贷机构向持牌信用中介机构演进的路径已经非常清晰。2019年9月,央行和银保监管会又联合下发了《关于加强P2P网络借贷领域征信体系建设的通知》,明确提出P2P网络借贷机构将全面纳入金融信用信息基础数据库运行机构(央行征信数据库)和百行征信机构,P2P行业将全面纳入征信系统。这对行业无疑是重大利好,一方面破除了P2P行业征信的沉重枷锁,另一方面P2P网络借贷终于挤入金融机构的大家庭。11月,银保监管会下发《关于网络借贷信息中介机构转型为小额贷款公司试点的指导意见》,明确了网络借贷机构转型小额贷款公司的基本条件,其中转型全国性网络小额贷款公司的网络借贷机构股东实缴货币注册资金不得低于10亿元,政策层面再次确认P2P网络借贷机构必须成为持牌的金融机构。

新闻速览

至少9家头部P2P启动转型　2家平台已拿到牌照

2020年2月,《175号文》发布近一年,包括红岭创投、团贷网、网信普惠、网利宝、泰然金融、麦子金服、懒财网、铜板街等数十家头部P2P平台相继退出或被立案。与此同时,已有至少9家平台(陆金服、拍拍贷、微贷网、51人品、积木盒子、金投行、达飞、美易理财、掌中财富)启动金融科技或网络小贷转型。截至2月20日,陆金服(中国平安集团旗下)和金投行(杭州金投集团旗下)已成功转型,并分别取得消费金融牌照和网络小贷牌照。

3.1.5　网络小额贷款

网络小额贷款

1. 小额贷款概述

小额贷款又称为微型金融或小额信贷，是为低收入者或者微型企业提供资金支持的一种信贷服务方式。其基本特征是额度较小、无担保、无抵押、服务于贫困人口。小额贷款可由正规金融机构及专门的小额贷款机构或组织提供。在我国，主要的小额贷款服务方有银行业金融机构、小额贷款公司和民间放款人。小额贷款公司是由自然人、企业法人与其他社会组织投资设立，不吸收公众存款，经营小额贷款业务的有限责任公司或股份有限公司。小额贷款公司作为我国普惠金融体系的重要组成部分，长期坚持小额分散、服务“三农”和小微企业的正确方向道路，在实现金融创新及规范民间投资等方面发挥了重要作用。截至2019年9月末，全国共有小额贷款公司7 680家。贷款余额9 288亿元，比前三季度减少257亿元。

小额贷款公司的运营原理：

（1）资金来源。根据2018年印发的《关于小额贷款公司试点的指导意见》，小额贷款公司的资金来源为股东缴纳的资本金、捐赠资金、来自不超过两个银行业金融机构的融入资金以及经国家有关部门同意的其他资金来源。小额贷款公司从银行业金融机构获得融入资金的余额，不得超过资本净额的50%。

（2）放款机制。小额贷款公司应坚持“小额、分散”的原则，同一借款人的贷款余额不得超过小额贷款公司资本净额的5%。主要放款对象为小微企业、个体工商户和农户。

（3）小额贷款公司的运营流程包括贷款的受理、评估、审查与审批、发放、管理和收回6个环节。

2. 网络小额贷款定义

网络小额贷款是指互联网企业通过其控制的小额贷款公司，利用互联网向客户提供的小额贷款。网络小额贷款主要基于生态体系并运用大数据、云计算和数据挖掘等新一代信息科学技术对客户海量的网络行为数据进行分析和挖掘，是一种对客户进行快速征信、评级和放贷的网络贷款模式。最能体现出互联网金融相对于传统金融在风控、定价和成本方面的优势。例如：专注于服务小微企业和小微经营者的网商银行，截至2018年年末累计服务小微企业和小微经营者1 227万户，户均余额2.6万元，不良贷款率仅为1.3%，不但实现盈利且不良贷款率低于传统商业银行，有力地推动了普惠金融的发展。截至2019年12月底，全国共批设了262家网络小贷公司（含已获地方金融办批复未开业的公司），其中有245家完成了工商登记。从地域分布来看，这262家网络小贷公司主要分布在21个省市，其中广东省最多，有60家网络小贷公司；

其次是重庆市，有45家；江苏省和江西省排名第三和第四，分别有26家和23家；浙江省（22家）排名第五。这五个省市批设的网络小贷总数，占全国批设总数的67.18%。

3. 网络小额贷款与大数据技术

大数据指不用随机分析法（抽样调查），而采用所有数据进行分析处理。IBM提出的大数据特点包括：Volume（大量）、Velocity（高速）、Variety（多样）、Value（价值）和Veracity（真实性）。例如，要用大数据评判一个学生是否为好学生，首先要通过调查和分析找出好学生的共同特性，即给好学生画像。然后将这些共同的特性作为数据采集的维度。比如去图书馆的次数、打水的次数、考试的排名、出勤的时间等。在理解了业务规则，确定了数据维度后，接下来就是对数据源进行采集（包括结构化数据、半结构化的数据和非结构化的数据）。再对数据进行预处理，包括数据的清洗、抽取和整合，以便于放入数据仓库存储。设置好主题，建好模型，采用大数据处理软件对数据进行分析和挖掘，就可以判断哪个学生是好学生。最后，将计算结果进行翻译表示，用图表、文字或声音呈现大数据处理结果。

网络借贷的大数据加工过程如图3-7所示。

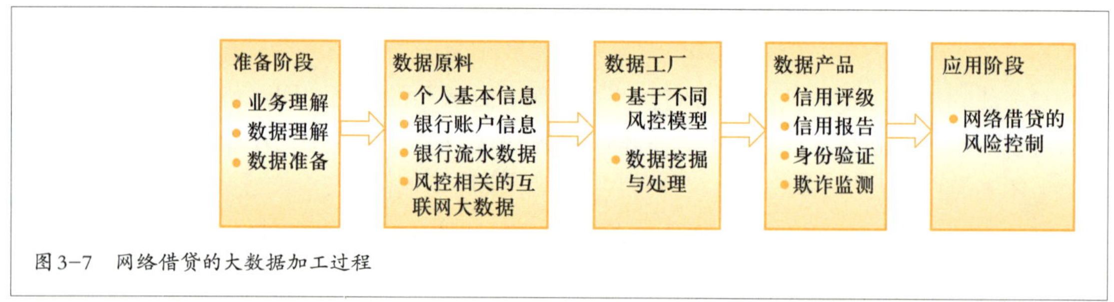

图3-7　网络借贷的大数据加工过程

4. 网络小额贷款的监管

网络小额贷款由银保监会监管。国务院2015年8月发布《非存款类放贷组织条例（征求意见稿）》（简称《条例》），非存款类放贷组织通过互联网平台经营放贷业务的须遵守《条例》有关规定。

（1）牌照经营。《条例》第四条规定，除依法报经监督管理部门批准并取得经营放贷业务许可的非存款类放贷组织外，任何组织和个人不得经营放贷业务。

（2）注册资本金要求。《条例》第十二条规定，有限责任公司不得低于等值500万元人民币，股份有限公司不得低于等值1 000万元人民币。

（3）融资渠道多。《条例》第十九条规定，非存款类放贷组织主要运用自有资金从事放贷业务，也可以通过发行债券、向股东或银行业金融机构借款、资产证券化等方式融入资金从事放贷业务。

（4）打破空间的局限性。《条例》第十五条规定，非存款类放贷组织取得经营放贷业务许可证后，可依法在省、自治区、直辖市内经营。跨省、自治区、直辖市经营放贷业务的，应当经拟开展业务的省、自治区、直辖市人民政府监督管理部门批准，并接受业务发生地监督管理部门的监督管理。

（5）禁止暴力催款、不当放款。《条例》第二十九条规定，不得以不合法、不公平或不正当手段催收债务。第二十七条规定，不得采取欺诈、胁迫、诱导等方式向借款人发放与其自身贷款用途、还款能力等不相符合的贷款。

（6）利率规定。《条例》第二十三条规定，非存款类放贷组织与借款人自主协商确定贷款利率和综合有效利率，但不得违反法律有关规定。

虽然《条例》的出台给网络小额贷款平台开展业务提供了宏观管理框架，但是网络小额贷款采用属地监管，存在中央和地方权责模糊和激励匹配的问题，一些网络小额贷款平台为攫取高额利益，大肆开展“校园贷”“套利贷”“首付贷”等非法高利放贷活动，给借款人的财产甚至人身安全造成了严重的损害。对此，监管层出台了一系列针对网络小额贷款的监管文件，2017年11月底，互金整治办下发的《关于立即暂停批设网络小额贷款公司的通知》明确要求自即日起，各级小额贷款公司监管部门一律不得新批设网络（互联网）小额贷款公司，禁止新增批小额贷款公司跨省（区、市）开展小额贷款业务，自此网络小额贷款的批设基本处于停滞状态，截至2019年12月，网络小额贷款审批仍未重新开闸。

行业观察

网商银行和微众银行的经营模式

2019年3月1日金融时报发布的《中国民营银行发展报告》分析了网商银行和微众银行的经营模式，二者一个针对小微金融，另一个针对消费金融，分别属于小存小贷和个存小贷。

网商银行为代表的小存小贷主要面向小微企业和个体经营者，客户包括小微经营者、三农用户等。每6家小微企业，就有一家在网商银行贷过款。截至2018年12月，已有超过600万码商通过“多收多贷”获得贷款。虽然小而散，但整体规模却很大。网商银行在服务小微企业时，充分发挥了自身的优势。由于中国的小微企业分散广，数量多，通过传统的金融手段难以获取其有效数据。网商银行则通过小微企业在支付宝扫码付款这一基础上，采集线下商户的位置等信息，利用大数据、人工智能技术等风控体系，从而对小微企业进行风险评估。在这一点上突破了传统金融风控的限制。

微众银行为代表的个存小贷主要面向普通大众，客户群体广泛但是分散，包括工薪阶层，进城务工人员等。据微众银行年报信息，2018年微众银行有效客户超过1亿人，较2017年增加了4 000万人。其中80%用户为大专及以下学历，75%为非白领从业者。72%以上的借款人单笔借款成本不足100元；授信的企业客户中，66%属首次获得银行贷款，如此高的增长数得益于其拳头产品“微粒贷”和“微业贷”作为服务长尾特色的贡献。

3.2 网络众筹

3.2.1 众筹的概念及发展历程

1. 众筹的概念

认识众筹

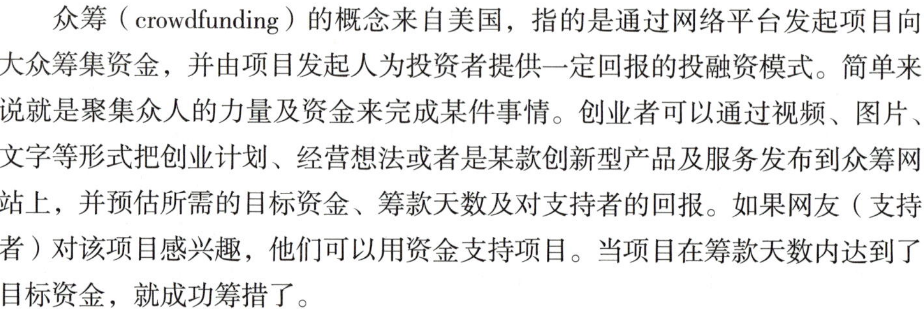

众筹（crowdfunding）的概念来自美国，指的是通过网络平台发起项目向大众筹集资金，并由项目发起人为投资者提供一定回报的投融资模式。简单来说就是聚集众人的力量及资金来完成某件事情。创业者可以通过视频、图片、文字等形式把创业计划、经营想法或者是某款创新型产品及服务发布到众筹网站上，并预估所需的目标资金、筹款天数及对支持者的回报。如果网友（支持者）对该项目感兴趣，他们可以用资金支持项目。当项目在筹款天数内达到了目标资金，就成功筹措了。

相对于传统的融资方式，众筹更为开放，能否获得资金也不再将项目的商业价值作为唯一标准。只要是网友喜欢的项目，都可以通过众筹方式获得项目启动的第一笔资金，为更多小本经营或创作人提供了无限的可能。

Kickstarter

我们在考察众筹的发展历程时，无论如何都无法回避Kickstarter，这个诞生自一个期货交易员之手的公司创造了太多众筹的新鲜模式和情怀，打破了太多众筹界的记录。正如陈佩里创立这家公司的初衷一样，它建立的目的就是要解决人们在实现梦想的过程中由于资金问题而面临困境的问题，大家一起努力做成一件事情。

陈佩里虽然是一个期货交易员，但是他却是一个狂热的艺术爱好者。一场由于资金而搁浅的音乐会让陈佩里萌生了通过众筹手段解决梦想者面临资金难题的念头。于是，陈佩里创立Kickstarter，通过粉丝预先付费的方式筹集到了开办音乐会所需的资金，粉丝也通过预先付费获得了超值的回报，同时也因为成就了他人的梦想而具有更多的成就感。因此，这个世界上第一家众筹平台在成立之初就将它与梦想者的情怀紧密联系在了一起，并试图通过借助互联网的力量助力这些梦想的实现。

Kickstarter的成功，让所有心怀梦想的人看到了这样的一种可能：只要你有梦想，只要你的梦想切实可行，你一定可以通过互联网世界寻找到你的支持者，他们可以给你提供实现梦想的资金、市场、资源，你在实现梦想的道路上将得到更多的支持，面临更少的风险。

2. 发展历程

众筹的创新效应自第一家众筹平台Kickstarter验证后，迅速风靡全球。从2010年开始，众筹在世界各国，尤其在发达国家开始迅猛成长，促使各国开始修法以使其健康发展。其中以美国的《创业企业融资法》(JumpstartOur Business Startups Act)最为明显。该法案简化了100万美元以下的网上小额集资交易的注册程序，鼓励网上小额融资交易，降低中介机构参与交易的门槛，减少了发行公司的交易成本和融资成本；同时也加强了对参与交易的中介机构的监管，并向中介渠道分散了部分监管职责，要求中介渠道提高对投资者的透明度和从事中介活动的规范化，以保护投资者和公众利益。这一方面降低了小公司和初创公司进入资本市场的门槛，允许私募发行的中介机构在特定投资者范围内进行宣传，另一方面则控制了融资总量的上限并加强了对个人投资者的保护。同时，美国的监管机构不断调整监管要求，以保持与时俱进，更好地满足企业小额融资的需求。例如，将免除注册的小额公开发行额度从500万美元提高至5 000万美元，同时也提高了信息披露的要求。

众筹在中国

2011年，原新浪网产品总监、奥美广告业务总监张佑创立“点名时间”，成为国内众筹行业第一个吃螃蟹的人。9年来，点名时间已从最早的众筹平台转化为智能硬件首发平台，国内的众筹行业也是“轻舟已过万重山”，发生了翻天覆地的变化。

在众筹刚刚兴起的时候，国内涌现了许多的垂直类众筹平台，其中主要以两类为主。一类集中在出售产品、公益活动、门票等方面，其模式为预售+团购；另一类则是以针对为中小企业提供创业融资服务的股权众筹平台。

从需求的角度来看，发布众筹的一方能够通过众筹的方式为产品和创业项目快速找到足够的资金，实现自己的筹款目标。与银行贷款以及P2P贷款不同的是，他们不需要现金返还，只需要把筹集到的款项妥善料理好就可以安心创业。

从产品以及项目本身的角度来看，通过众筹的方式能够极大地吸引广大用户对产品和项目的关注度。通过借助众筹平台的入口以及流量，可以轻松实现项目的宣传。有的项目产品还没有上线，借助众筹平台就已经达到了非常火爆的地步，很多初创企业借助众筹的目的除了融资，还有品牌宣传。

从创业长期发展的角度来看，众筹也很好地帮助创业团队拉到了一帮长期支持者，虽然说这些人不会直接参与到公司的任何运作管理当中，但是他们都是产品以及项目的铁杆粉丝，并且日后有可能会成为团队的成员，这对于初创公司的发展同样有着极大的帮助。

行业发展初期，国内的众筹市场也经历了一个野蛮的增长过程，但这为其发展奠定了基础，同时也让众多的创业者看到了众筹的价值所在。

2013年下半年起，随着京东、阿里巴巴等互联网巨头的涌入，国内的众筹市场格局也迎来了2.0时代。他们的加入掀起了众筹平台的淘汰赛，很多垂直类众筹网站都开始纷纷转型谋发展。

从入口上，不论是京东还是淘宝，都有着其他垂直众筹平台所无法比拟的优势。不论是产品还是其他类型项目的众筹，首先必须要保证平台拥有足够的人气，只有这样众筹的产品或者项目才能够真正火起来。这也就是为什么创业项目和产品都更愿意登录大平台。

从品牌的角度，不论是对于创业团队还是对于投资人，做众筹首先看中的是可信度。如京东众筹依托其背后的公司实力，更容易获取创业团队和投资人的信任。

在众筹2.0时代，众筹的发展在很多人看来仅仅是项目融资或者产品营销方面的需求入口。很明显，这并不是众筹的最终发展方向所在，除了帮助项目、产品进行集资之外，众筹未来真正的方向应该更多的是考虑如何才能够满足用户和创业团队的需求，这样才能迎合消费升级的大潮流，将众筹的价值发挥至最大。

2014年，众筹以其对创新创业的天然支撑，开始进入新一轮的爆发期。以京东众筹、淘宝众筹、平安众筹、众筹网为代表的大平台除了在资金与资源上对创业者提供扶持外，还开始搭建各类“众创”平台，能够为创业创新企业提供系列培训课程，众筹成为创业创新企业的场景生态孵化基地。2014年全年，众筹市场融资额达到34亿元[①]。

2015年，随着“双创”工作的进一步推进，众筹变得更加火热。截至年底，全国正常运营的众筹平台超过300家，全年融资额跨越100亿元大关，比2014年增长200%以上[②]。据世界银行的报告，众筹已经在全球45个国家成为规模达数十亿美元的行业，预计到2025年，发展中国家的众筹规模将达到960亿美元，而中国将占据500亿美元。中国传统的“熟人社会”和“圈子文化”

① 根据梦想众筹网相关研究报告整理。

② 根据梦想众筹网相关研究报告整理。

将成为众筹发展的肥沃土壤，这将是一个众筹的时代。

数据显示，截至2019年10月，我国各类型正常运营的众筹平台总计350家，其中股权众筹平台最多，达140家；其次是奖励众筹平台，124家；混合众筹平台为75家；公益众筹平台仍然为小众类型，仅有11家。

3.2.2 众筹的意义

应该说，众筹行业的快速发展与其在社会经济发展、企业融资、市场营销、投资标的选择等方面显现出的巨大价值密不可分。其意义主要有：

1. 筹资

众筹成功往往意味着企业在没有开始生产时便获得了一笔资金，而且这笔资金是不需要偿还利息的，将在产品生产出来后以产品的形式偿还；或者在企业有盈利后以红利的形式偿还。这对改善企业的财务状况无疑有重大的好处。众筹可以是一种权益类和预付类的融资，降低了企业的负债率和资金成本。

众筹的特征及属性

2. 营销

众筹这个概念本身就是一个很大的营销点，通过众筹可以匹配上下游的产业链包括资本市场、最终的用户，实现资源资金的对接。众筹最大的价值莫过于广告价值。很多企业希望通过在互联网上发起一个众筹项目以宣传企业。

传统媒体的标准化宣传很难精准地传达到潜在客户。而众筹是自媒体时代绝佳的宣传模式。在如今的自媒体时代，每一个支持者都会成为新一轮宣传的发起点。同时，众筹体现了互联网时代的“产销合一”的特征。通过众筹的广告效应，发起人也可在众筹过程中结识一批志同道合的朋友，以期共同完成更大的事业。众筹的广告效应可以帮助很多人实现“筹资源”“筹人脉”“筹思想”的目标。

3. 验证

国外的高科技究竟是否符合中国市场？创业者的理想究竟符不符合人们对于产品的正常需求？

对于奖励众筹来说，众筹往往是在产品还未生产出来时就发起了，因而，发起人并不了解市场对众筹产品的反应。因而，众筹作为接受产品预订的一种方式带有对市场的调查作用。

对于股权众筹来说，众筹过程实质上是众筹平台上的投资人对企业创意进行投票的过程，投票的多少决定了众筹可否成功。股权众筹实际上是采集多数人意见的过程。如果众筹成功，则发起者更有理由把他的想法诉诸现实，因为很多人已经预测其大有可为。

在互联网金融快速发展的浪潮下，众筹模式也得到了越来越多的人的认可，与此同时，其自身的平台价值和发展潜力也受到资本市场的认可。

4. 资源

众筹的参与者带来了巨大的资源，这对于创业者而言具有无与伦比的吸引力。

无论是股权众筹还是奖励众筹，更多的小投资者的参与给创业者带来了难以想象的资源。在传统模式下，创业者单打独斗，在产品生产、营销、宣传、危机处理等方面都疲于应付。而在众筹模式下，所有生产经营的环节都有投资人的参与，创业者变得更加轻松，各类生产经营手段将变得更加有效。

在众筹模式之下，一旦有新品上市，只要创业者发出说明，所有的众筹参与人（投资人）一定会积极参与宣传。届时，许许多多投资人的朋友圈、社交媒体、人际圈子都成了该产品免费的、精准的宣传媒介，获得了传统经营模式下难以企及的宣传效果。

5. 价值发现

众筹为中产阶级及高净值人群提供了更多的投资选择和创富机会。

众筹面对的不仅是企业的融资和营销，也能为社会提供更多的投资标的，供中产阶级及高净值人群作为理财和投资的重要选择。

如果有一群优秀的创业者，将自己的创业项目放诸众筹平台，通过开放的互联网平台向所有合格投资者开放投资，这些投资者将可能分享创业项目带来的巨大的增值机会。

3.2.3 众筹的模式

众筹发展到今天，已经显现出巨大的适应性和生命力，它与许多行业、许多商业模式都可以很好地融合，形成独特的众筹模式。一般而言，根据投资者的支付和获得回报的方式可以把众筹分为两大类共四种模式（如图3–8所示）。

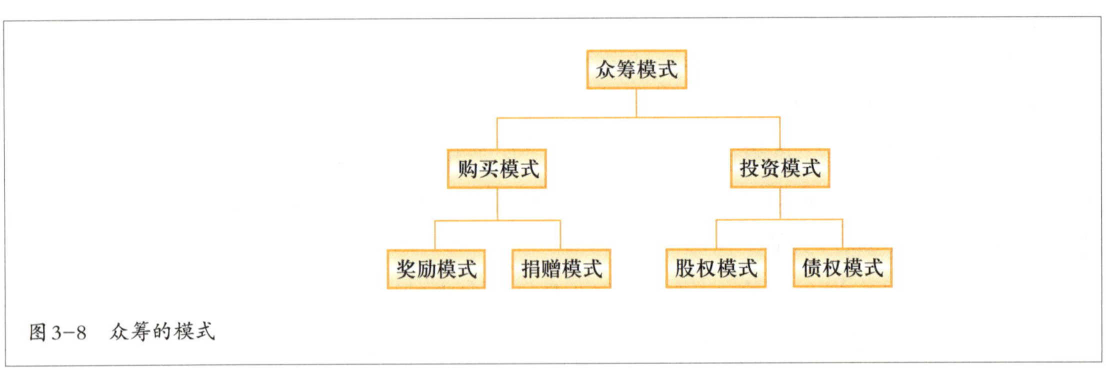

图3–8 众筹的模式

1. 购买模式

投资人的支付不会获得投资回报，而只能获得相应的产品或者精神回报，具体又分为奖励众筹和捐赠众筹两种。

（1）奖励众筹（Reward-based crowd funding），是投资者对项目或公司进行投资，获得产品或服务。事实上，奖励众筹是众筹平台最早试水的模式。

国内的众筹平台无一不是先以奖励政策试水，在获取足够的市场知名度和网络流量后再开展其他众筹业务。从奖励众筹业务的运行模式来看，它更像一种营销模式的创新，可以舒缓传统经济在互联网冲击下的困境。在《关于促进互联网金融健康发展的指导意见》中，对奖励众筹只字未提，也从侧面说明了这一模式的健康性。

（2）捐赠众筹（Donate-based crowd funding），又称公益众筹，是投资者对项目、公司或个人进行的无偿捐赠。捐赠众筹能够充分发挥社会大众的公益热情，将社会的爱心通过开放、包容、无边界的互联网世界表达出来。捐赠者可以在众筹平台上使用第三方支付工具以小额、便利的方式表达爱心。捐赠众筹有助于我国公益事业的发展。

中华民族向来就有扶危济困、乐善好施的传统，对于不幸者，我们更有“人饥己饥，人溺己溺”的恻隐之心。尽自己的一份力量，献自己的一份爱心，帮助他人渡过难关，是人人都有的善行。所以，每一次面对不幸者的报道，都会引来我们巨大的关注。捐赠众筹，事实上就是把星光汇聚起来，把爱心熔铸起来，让我们触摸到社会的温度。

互联网捐赠众筹的力量，在于其真实性和鲜明的指向性。参与众筹的人们知道自己的爱心用在什么人身上，做了什么事，达到了什么效果。公众的爱心，得到尊重；善行的力量，可以被看到。这或许是其有别于传统慈善方式的地方，也正是其更真实感人的原因所在。

2. 投资模式

投资模式是投资人支付后，是希望在未来可以获得本息或者股权增值回报，具体也可以分为两种模式，即股权众筹和债权众筹。

（1）股权众筹（Equity-based crowd funding），是投资者通过众筹平台完成对项目或公司的投资后，获得其一定比例的股权的众筹模式。

股权众筹

股权众筹从是否担保来看，可分为两类：无担保股权众筹和有担保股权众筹。无担保股权众筹是指投资人在进行众筹投资的过程中没有第三方的公司提供相关权益问题的担保责任。目前国内基本上都是无担保股权众筹。有担保股权众筹是指股权众筹项目在进行众筹的同时，有第三方公司提供相关权益的担保，这种担保是固定期限的担保责任。但这种模式在国内尚未被多数平台接受。

股权众筹因其改变了投资人传统的投资逻辑和投资路径而备受争议。股权众筹改变了过去由专业投资人垄断股权投资的现象，给普通投资人更多的投资选择和更高的投资收益空间。与此同时，由于普通投资人的风险承受能力有限，如果不加限制地允许任何人参与到股权众筹之中，也可能会由于创业的高风险导致创业公司大量破产，进而导致投资人血本无归，产生巨大的社会风险。

（2）债权众筹（Lending-based crowd funding），指投资者对项目或公司进行投资，获得其一定额度的债权，根据约定在未来获取利息收益并收回本金的众筹模式。

国内近年来引起了巨大争议的P2P网络借贷本质上就属于债权众筹，它由多位投资人对P2P平台上的借款项目进行投资，按投资比例获得债权，在未来获取利息收益并收回本金。

但2015年以来，P2P平台出现了大量的问题，究其原因，是P2P逐步背离了众筹平台的基本要求：信息中介、不做资金池、不得自融。而这些要求，应该是众筹平台的红线。所以，如果P2P不能充分公开信息并遵守基本的行业规范，其实就不是真正意义上的债权众筹。

3.2.4 众筹的业务流程（以股权众筹为例）

以图3-9所示，股权众筹投资典型流程如下所述。

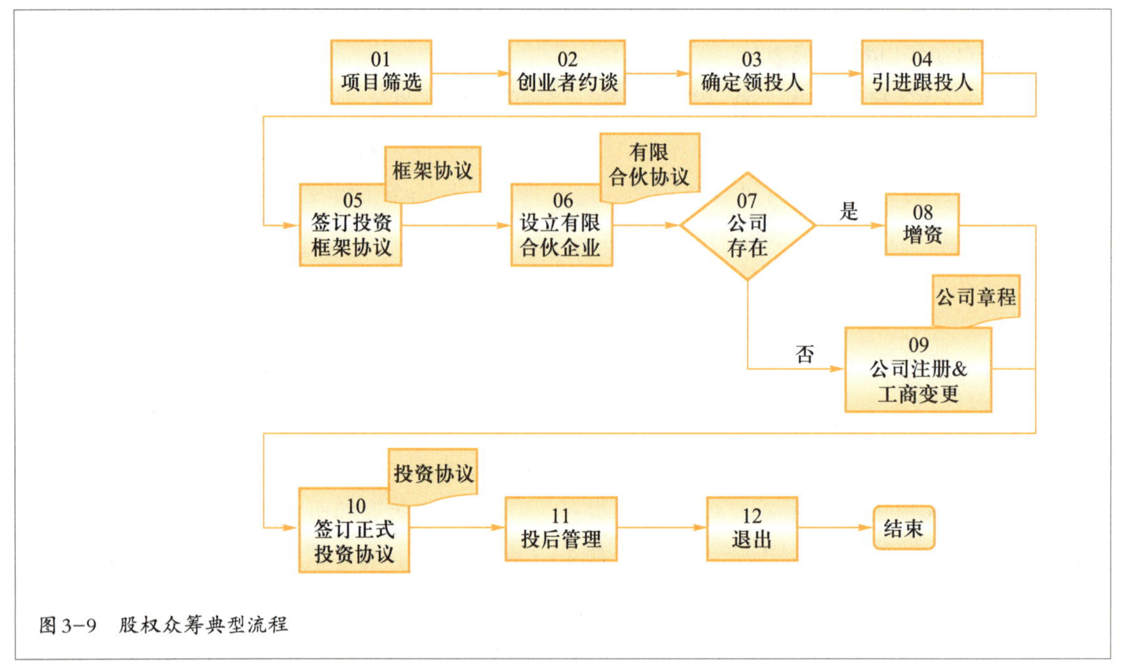

图3-9 股权众筹典型流程

股权众筹的分类和运营模式

1. 项目筛选

低成本、高效率地筛选出优质项目是股权众筹的第一步。创业者需要将项目的基本信息、团队信息、商业计划书上传至众筹平台，由平台经验丰富且高效的投资团队对每一个项目做出初步质量审核，并帮助信息不完整的项目完善必要信息，提升商业计划书质量。项目通过审核后，创业者就可以在平台上与投资人进行联络。

2. 创业者约谈

股权众筹的项目一般处于天使投资，投资标的主要为初创型企业，企业的产品和服务研发正处于起步阶段，几乎没有市场收入。因此，传统的尽调方式不适合天使投资，而决定投资与否的关键因素就是投资人与创业者之间的沟通。在调研的过程中，多数投资人均表示，创始团队是评估项目的首要标准，毕竟事情是人做出来的，即使项目在目前阶段略有瑕疵，只要创始团队学习能力强、有格局、有诚信，投资人也愿意对其进行投资。

路演

3. 确定领投人

优秀的领投人是众筹能否成功的关键所在。领投人通常为职业投资人，在某个领域有丰富的经验，具有独立的判断力、丰富的行业资源和影响力以及很强的风险承受能力，能够专业地协助项目完善商业计划书（Business Plan，BP）、确定估值、投资条款和融资额，协助项目路演，完成本轮跟投融资。在整个众筹的过程中，由领投人领投项目，负责制定投资条款，并对项目进行投后管理、出席董事会以及后续退出。通常情况下，领投人可以获得5% ~ 20%的利益分成（Carried Interests）作为权益，具体比例根据项目和领投人共同决定。

4. 引进跟投人

跟投人在众筹的过程中同样扮演着重要的角色，通常情况下，跟投人不参与公司的重大决策，也不进行投资管理。跟投人通过跟投项目，获取投资回报。同时，跟投人有全部的义务和责任对项目进行审核，领投人对跟投人的投资决定不负任何责任。

5. 签订框架协议

框架协议（termsheet）是投资人与创业企业就未来的投资合作交易所达成的原则性约定，除约定投资人对被投资企业的估值和计划投资金额外，还包括被投资企业应负的主要义务和投资者要求得到的主要权利，以及投资交易达成的前提条件等内容。框架协议是在双方正式签订投资协议前，就重大事项签订的意向性协议，除了保密条款、不与第三人接触条款外，该协议本身并不对协议签署方产生全面约束力。

天使投资的框架协议主要约定价格和控制条款两个方面：价格包括企业估值、出让股份比例等，实际上就是花多少钱，买多少股；控制条款包括董事会席位、公司治理等方面。对于早期创业者来说，如何快速获取第一笔投资尤其重要。因此，尽可能地简化投资条款，在很多时候反而对创业者和投资人都相对有利。近年来，天使投资框架协议有逐步简化的趋势，IDG、真格基金等推出“一页纸框架协议”，仅包含投资额、股权比例、董事会席位等关键条款，

一页纸框架协议

看上去一目了然，非常简单易懂。

6. 设立有限合伙企业

在众筹的过程中，领投人与跟投人入股创业企业通常有两种方式：一种是设立有限合伙企业以基金的形式入股；另一种则是通过签订代持协议的形式入股，领投人负责代持并担任创业企业董事。

7. 注册公司

投资完成后，创业企业若已经注册公司，则可以直接增资；若没有注册公司，则新注册公司并办理工商变更。公司进行设立登记时，应提供公司章程。公司章程是指公司依法制定的、规定公司名称、住所、经营范围、经营管理制度等重大事项的基本文件，也是公司必备的规定公司组织及活动基本规则的书面文件。

公司章程包括：公司名称和住所、经营范围、注册资本、股东的姓名、出资方式、出资额、股东的权利和义务、股东转让出资的条件、公司的机构及其产生办法、职权、议事规则、公司的法定代表人、财务、会计、利润分配及劳动用工制度、公司的解散事由与清算办法等条款。创业企业完成融资后，需要对公司章程相应条款进行修改，除注册资本、股东外，还包括投资方要求更改的部分条款。

8. 签订正式投资协议

正式投资协议是天使投资过程中的核心交易文件，包含了框架协议中的主要条款。正式投资协议主要规定了投资人支付投资款的义务及其付款后获得的股东权利，并以此为基础规定了与投资人相对应的公司和创始人的权利义务。协议内的条款可以由投融资双方根据需要选择增减。

9. 投后管理

除资金以外，天使投资人利用自身的经验与资源为创业者提供投后管理服务可以帮助创业企业更快地成长。同时，股权众筹平台也会在企业完成众筹后，为创业者和投资人设立投后管理的对接渠道，使双方能够无障碍沟通。

投后管理服务包括：发展战略及产品定位辅导、财务及法务辅导、帮助企业招聘人才、帮助企业拓展业务、帮助企业再融资等方面。

10. 退出

退出是天使投资资金流通的关键所在，只有完成了有效的退出才能将初创企业成长所带来的账面增值转换为天使投资人的实际收益。天使投资主要的退出方式包括：风险投资（Venture Capital，VC）、接盘、并购退出、管理层回购、IPO、破产清算等。股权众筹在B轮之前很少退出，在B轮之后有合适的机会可以考虑退出，但好的项目一般会跟到最后。按照惯例，天使投资在退出时通常会有一定的折扣，折扣部分以现金或等值股份给予创始团队或以老股形式卖给下轮投资人。因此，天使投资在A、B轮退出收益不高。

需要指出的是，股权众筹的流程非常复杂，有许多因素在制约着众筹能否成功。众筹项目在规范的基础上是否能够进行有效推广是项目能否成功的关键。

延伸阅读

宜人贷平台分析

1. 宜人贷概况

宜人贷是宜信公司2012年在北京推出的P2P网贷借贷平台，致力于提供高效便捷的个人信用借款与理财咨询服务。宜人贷为中国优质城市白领人群提供高效、便捷、个性化的信用借款咨询服务，通过“宜人财富”为大众富裕人群提供安全、专业的在线财富管理服务。2015年12月18日，宜人贷在美国纽约证券交易所成功上市，成为中国金融科技第一股。宜人贷也是中国第一个上市的P2P网贷平台，说明中国P2P行业受到了国际资本的认可，为中国的P2P发展带来很强的正能量，具有里程碑式的意义。截至2019年12月30日，宜人贷累计交易总额为1 287亿元，累计交易笔数为192万笔，借款余额382亿元，借款总人数164万人，出借总人数170万人，当前借款人数量为81.8万人，出借人数量为21.2万人，人均借款额为4.67万元，人均出借额为18万元，出借人全部如期获得本金和利息，宜人贷累计代偿金额为7.99亿元。

2. 宜人贷风险管理

宜人贷具有多种多样的分类数据和信用决策能力，超过100万个欺诈检测点，250多个决策规则和庞大的贷款数据库。在2017年，宜人贷的风控模式升级后将借款人风险等级从四级升级为五个等级。当借款人向宜人贷申请贷款时，宜人贷验证并判定借款人的风险等级，然后系统自动匹配借贷合同发送给出借人。借款人采用自动还款流程进行还款，最后由宜信记录信用。根据宜人贷2019年第三季度财报，Ⅰ档借款人占比19.4%，Ⅱ档借款人占比29.1%，Ⅲ档借款人占比24.2%，Ⅳ档借款人占比15.6%，Ⅴ档借款人占比11.7%。当然，有风控模型也必然会出现坏账，在近5年中，6个月期限的坏账率宜人贷保持得很平稳，但是9个月期以上的坏账率有上升的趋势。

对于逾期借款，宜人贷在2016年之前采用风险备用金模式，即从每笔新增贷款中提取特定比例的现金放进风险备用金，利用风险备用金偿付出借人本息。后来由于风险备用金模式在我国不符合监管规定，宜人贷改用第三方代偿，合作第三方是中国人保财险公司。合作第三方背景积极有效地增强了投资人的信心。

3. 营业收入与净利润

宜人贷2019年第三季度的营业收入同比下降1.32亿元，但是净利润2.28亿元，同比扭转了亏损，增长3.64亿元。在大行业的低潮和艰难期，仍能盈利实属不易。其中重要原因是宜人贷将科技创新作业企业持续发展的驱动力，将大数据、机器人、人工智能等前沿技术应用于产品创新、风险控制、客户服务等业务全流程，从而降低成本，稳健运营。

股权众筹是时代发展的必然选择

互联网金融是现代金融发展的大趋势、大方向，而股权众筹则是互联网金融发展的最新阶段，是投资银行业务的前端延伸，是多层次资本市场的有机构成部分，是解决中小微企业融资难的有效途径，是推动大众创业万众创新、为经济转型注入活力的重要支撑。以股权众筹为代表的新兴金融业态，是中国进入真正的股权时代的重要标志。

1. 股权融资是时代的必然选择

股权众筹是彻底脱媒的直接融资形式，它是投行业务前端延伸，也是私募股权投资基金的新业务领域。相对于IPO股票发行，股权众筹不需要券商承销；相对于新三板挂牌，股权众筹不需要主办券商和做市商。股权众筹业务是通过互联网平台进行的股权融资活动。传统投行业务对于项目要求较高，而对于中小微企业来说，由股权众筹来承担融资职能，延伸了传统投行业务领域。股权众筹业务为专业性的私募投资、创业投资公司提供了独特的业务渠道；被投企业的发展，会为私募投资、创业投资带来更多的机会和回报。

对于股权众筹项目，应严格坚持私募股权融资对合格投资人的要求；采取“两次尽职调查”的风控措施，以此作为每个众筹项目的必经流程，严控众筹项目融资风险。众筹项目上线后，所筹资金由第三方机构进行托管。项目完成后，根据约定，资金托管机构将所筹资金划至项目方指定的银行账户内。股权众筹资金的托管制度可以确保众筹资金的安全。

一个企业的不同发展阶段，对资金的需求不同，而每个阶段的融资方式也相应地有所不同。大量未达到挂牌和IPO条件的中小企业一直以来都面临融资难、融资贵的难题，这些企业融资需求非常强烈，但由于种种原因，达不到现有上市挂牌的条件，券商对这些企业也不感兴趣，这类企业找银行贷款更是难上加难。在这样的背景下，风险控制能力好，想企业之所想、急企业之所急的股权众筹平台必将受到企业的热切欢迎。可以说，股权融资是适应社会经济发展的内生需要而产生的新生事物，是金融发展的必然要求，中国已经或者即将进入股权融资时代。

2. 发展私募股权众筹宜早不宜迟

很多初创期的企业融资需求极为迫切，必须有一类金融机构顺势而生，解决这类企业的融资需求，而且是以真正降低企业融资成本的新方式。

通过私募股权众筹这种互联网金融平台，吸引资金充实实体经济，使企业获得最低成本的股权融资，社会经济增长就好比在江河的源头补充了水源。同时私募股权众筹相关领域的法律法规，也应尽快推出，并在实践中不断完善。

目前欧美国家对股权众筹都非常重视，并把放宽准入、支持发展、适度监管提上了立法日程。美国颁布的《创业企业扶助法》（JDBS法案）及其补充条款，对募集规模、募集方式与信息披露都做了具体的规定，这对我国股权众筹的发展有一定的借鉴作用。

3. 加快股权众筹立法有助于防范风险

任何一种金融业态的诞生和新融资工具的出现，都会伴生相应的风险。这是一枚硬币的两面。股权众筹作为新兴的融资模式，在提高公众参与度、拓展投资者投资途径、为融资方开辟新的融资通道的同时，也会隐含一些需要防范的风险。

一般来说，股权众筹的风险主要有法律风险、市场风险、信用风险、操作风险和流动性风险等。其中，法律风险主要包括募集过程是否合规的集资风险、平台运营是否合规的经营风险、在税收处理上是否合法的税收风险、投资者和项目发起人信息保护的隐私风险等。

针对股权众筹的法律风险，一方面，众筹平台作为沟通筹资人与投资人之间的桥梁，在法律风险控制上要把好第一关；另一方面，对于公募股权众筹和私募股权众筹要有针对性的法规予以规范。

为加强股权众筹风险管理，一是应该尽快出台相关法律法规及监管条例；二是加强互联网金融系统的基础建设；三是完善股权众筹平台的风险管理制度，并发挥行业自律管理作用；四是加强股权众筹相关知识的宣传和教育，使社会公众在认知上，把目前十分泛滥的非法集资与合法、规范的股权众筹融资区别开来，把公募股权众筹与私募股权众筹区别开来。

股权众筹具有周期长、流动性差、风险度高的特征，其投资理念、风险控制与其他形式的金融产品有其性质上的区别，广大投资者对其还比较陌生。

因此，加强股权众筹知识的普及和投资者教育，有利于投资者强化风险意识，避免参与社会上的非法集资，并理性参与正当的股权众筹投资。

不论在理论上还是在操作实务层面，股权众筹在我国都处于产生和发展的初期阶段。众筹的类型和形式很多，这里面包含着许多问题和风险，亟待厘清概念和范围，以有利于众筹和股权众筹这个新生事物的健康发展。在这方面，立法和监管的到位刻不容缓。

实训练习

实训操作1：蚂蚁借呗实践操作

1. 实训背景

蚂蚁借呗是蚂蚁微贷提供的纯信用类个人消费贷款产品。芝麻信用600分以上的支付宝客户都可以申请开通。蚂蚁借呗以支付宝为操作平台，但与蚂蚁花呗不同，客户不但可以在阿里电商生态中消费，还具有提现功能。

2. 实训目标

蚂蚁借呗实践操作

蚂蚁借呗主要的授信模式是通过芝麻信用评分，从借款人的身份特质、行为偏好、履约能力、人脉关系、信用历史等方面进行自动综合评估判定，给予用户授信额度。通过实际的借还款操作，体验和理解以蚂蚁借呗为代表的信用借贷模式。

3. 实训内容

（1）蚂蚁借呗贷款操作：① 手机打开支付宝钱包。② 点击右下角“我的”按钮，进入个人界面。③ 下划菜单找到并点击“蚂蚁借呗”，弹出立即体验界面。④ 点击“立即体验”按钮，进入借呗借款额度界面。⑤ 点击“去借钱”按钮。⑥ 在“借多少”框中输入需要申请的额度。系统会自动核算年息总额和每月还款额。⑦ 点击“确定”按钮。⑧ 输入短信验证码后，点击“下一步”按钮。输入支付宝支付密码，点击“确定”按钮，则弹出完成贷款界面。⑨ 完成贷款后，用户可以在支付宝账单中看到贷款详情。

（2）借呗还款操作：① 手机打开支付宝钱包。② 进入借呗主界面。③ 点击右上角“还款”，进入“还款”界面。点击“提前还款”按钮，进行提前还款操作。系统会自动提示还款的总额和利息，点击“确定”确认还款操作。④ 输入短信验证码后，点击“下一步”按钮。输入支付宝支付密码，点击“确定”按钮，则弹出完成还款申请界面。⑤ 当还款完成后，还会收到还款成功的短信，还款人也可以在支付宝账单看到还款详情。

实训操作2：淘宝贷款

1. 实训背景

淘宝贷款是蚂蚁微贷和网商银行旗下非农业经营性贷款统一品牌“网商贷”下的一个网络小微贷产品。淘宝贷款分为：① 淘宝订单贷；② 淘宝信用贷款；③ 天猫订单贷款；④ 天猫信用贷款；⑤ 营销充值宝。

淘宝订单贷是网商贷的产品之一，其服务对象为淘宝个人和企业卖家，只要卖家符合一定的条件，且当前有符合条件的“卖家已发货，买家未确认收货”的订单，就可以申请该订单贷款，申请成功的贷款将直接发放到店铺绑定的支付宝账户或网商银行二类户中。

淘宝贷款实践操作

2. 实训目标

通过申请淘宝贷款，了解并体验阿里体系中的纯信用个人经营贷款。其特点是：无抵押、免担保，利率大大低于市场同类产品，可以快速解决经营者资金难题。

3. 实训内容

以淘宝订单贷为例，其操作步骤为：① 打开浏览器，进入淘宝贷款网站。② 使用淘宝账号登录。③ 点击“查看额度”，进入订单贷款页面。④ 点击“我要贷款”按钮，进入填写订单贷款申请表。⑤ 输入贷款的金额，根据实际需要选择是否“自动贷款”。⑥ 填写相应贷款人信息。⑦ 填写联系人信息。⑧ 完成手机验证。⑨ 点选“我已阅读并同意”选择框。⑩ 点击“下一步”按钮。⑪ 点击“下一步”进入支付宝确认。⑫ 点选“我已阅读并接受合同”单选按钮。⑬ 输入“支付宝密码”。⑭ 点击“确定”按钮。⑮ 贷款成功后贷款者可以通过支付宝余额变化来查看贷款是否到位。

另外，在网商贷操作过程中请注意了解并回答：还款最长期限、贷款日/年利率、计息方式、还款方式分别是什么？

实训操作3：查阅众筹平台融资数据并分析

1. 实训背景

根据众筹家发布的《2019年12月中国众筹行业月报》数据显示，当月成功项目总融资额约8 292.91万元。在报告中，据人创咨询最新统计，截至2019年12月底，我国处于运营状态的众筹平台共有67家。对运营中的平台按类型进行统计：互联网非公开股权融资型（以下简称“股权型”）平台有23家，权益型平台有25家，物权型平台有8家，综合型平台有7家，公益型平台有4家。

如何参与众筹项目

该月报选取了5家股权型众筹平台作为分析样本，这5家平台分别是第五创、聚募网、众筹客、人人创和合伙吧，其数据如表3-1所示。

表3-1　2019年12月股权型众筹成功项目数据

平台名称	成功项目数	成功项目融资额（万元）	成功项目投资人数
人人创	2	7 121.97	191
第五创	13	1 008.94	149
聚募网	1	108.00	41
合伙吧	3	54.00	3
众筹客	0	0.00	0

注：本表统计的是各平台2019年12月股权型成功项目的相关数据，不包括众筹中项目和已失败项目。

5家股权型众筹平台在12月共成功19个项目，成功项目总融资额8 292.91万元，总投资人次为384人。成功项目数、成功项目融资额与11月相比都有所上升，但是投资人数有所下降。

2. 实训目标

通过查询众筹平台的分类统计数据，了解当前中国众筹行业的发展趋势，特别是对股权众筹的数据进行详细解读，把握股权众筹的行业热点和监管动向。

3. 实训内容

请访问众筹家等网站或公众号，查阅当月我国众筹平台融资数据，试分析互联网股权众筹未来的发展趋势。

第3章在线练习

课后思考

1. 网络借贷的特点是什么？
2. 网络小额贷款与传统小额贷款的本质区别是什么？
3. 请问众筹有着什么样的意义？
4. 请问众筹的模式主要有哪些？
5. 众筹完成后，为什么需要通过设立有效合伙企业的形式入股项目公司？

第4章 互联网基金

学习目标

【知识目标】

• 熟练掌握证券投资基金的含义、特点及运作流程。

• 理解货币基金与其他基金的特点，了解互联网基金销售模式。

【能力目标】

• 能够分析互联网基金的销售模式，制订基金销售策略。

• 能够参与互联网基金的线上推广，对“宝宝”类基金学以致用。

【思政目标】

• 通过对基金销售案例及互联网基金发展历程的学习，了解内因和外因在事物发展变化中起到的不同作用，建立辩证的唯物史观。

思维导图

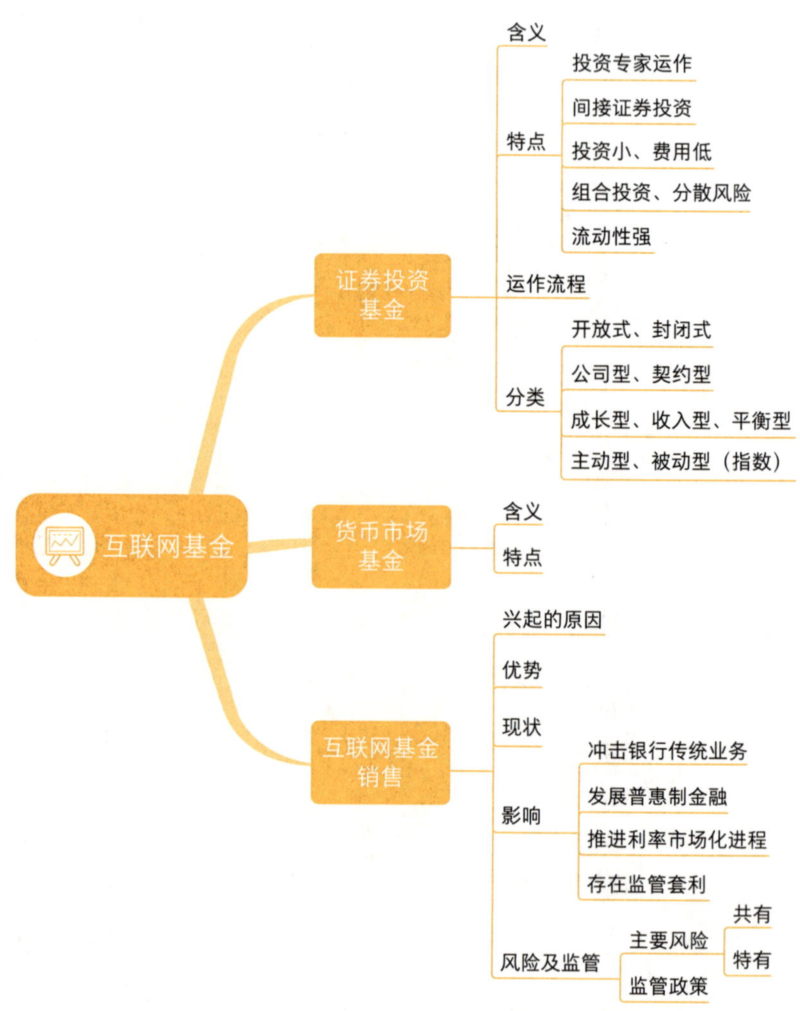

案例导学

神奇的余额宝

2013年6月，由支付宝推出的余额宝正式上线。余额宝是由第三方支付平台支付宝打造的一项余额增值服务，用户可通过余额宝直接购买基金等理财产品，一元钱就能购买，而且转入余额宝的资金不仅可以获得较高的收益，还能随时消费支付，灵活便捷。支付宝账户中的余额既能随时用于消费、转账等支出，还能享受由天弘基金提供的货币基金投资收益，获得增值。没有任何理财经验的网友也能通过余额宝投资基金。

神奇的余额宝

2013年年底，余额宝的七日年化收益率达到4.87%，是同期银行活期存款利率的近14倍。“随时转入转出、看收益，更有全额赔付”这个简单、直接、一击即中的余额宝广告词，让理财“小白”们纷纷投入其怀抱。

近年来，虽然货币基金收益持续向常态回归，但用户不离不弃，余额宝规模也并未如市场所担忧出现缩水。

截至2019年年底，余额宝用户数超过4亿，蝉联全球单只基金用户数冠军。这意味着，平均每4位中国人中即有1位“宝粉”，仅次于世界第二人口大国的人口。

余额宝经受住了收益回归考验的背后，凸显出其强大的网购支付属性带来的客户黏性。速度快、体验简单、能理财，余额宝强大的支付功能，确保了长久的生命力，使得它得以脱离传统理财产品收益影响规模的“地心引力”，影响力稳步攀升。

案例分析

余额宝开创了互联网基金的新时代，它使得互联网基金不仅是一个普通的能获取收益的理财产品，还能帮助更多的人认识碎片化理财的重大意义，增强了理财意识，进而改变了平时的理财习惯。余额宝突破了传统银行理财起点较高的瓶颈，促进了普惠金融的发展。对于基金市场，具有鲜明互联网基金风格的余额宝，是公募基金销售对银行渠道的突围，也是互联网金融诉求的成功。

2　互联网渠道冲击下的基金代销版图之变

2020年一季度末，各个国有银行和股份制商业银行均陆续披露了2019年年报，基金代销的数据也随之公之于众，从中可以看出基金代销版图的变化。

银行是公募基金代销的传统渠道，占据着基金代销的绝大部分市场份额。随着近几年互联网金融的兴起，东方财富、蚂蚁金服、腾讯理财通等互联网平台强势进军基金代销领域，逐步分食银行的蛋糕，市场格局发生了较大变化。

工商银行和招商银行是银行代销渠道的“两强”，二者竞争颇为激烈。工商银行财报显示，2019年代理销售基金5 892亿元，较2018年减少了1 789亿元，降幅达23.29%。招商银行未披露完整的代销规模，而是以非货币公募基金规模披露基金代销情况。截至2019年年底，招商银行代销非货币公募基金规模2 197.7亿元，同比增长33.8%，代销基金收入47.13亿元。

此外，交通银行、邮储银行、农业银行等也披露了基金销售数据。交通银行的非货币公募基金代销规模同比增长70.4%；邮储银行2019年代销规模为738.94亿元，其中非货币公募基金378.83亿元，约占51%；农业银行的主代销基金数量和偏股型基金销量创新高，非货币基金代销金额比2018年增长44.8%。

与此同时，互联网基金销售平台的销售规模增长迅猛。2017年、2018年上半年，东方财富旗下平台天天基金的基金销售额分别为1 585.68亿元和3 025.55亿元，2019年上半年的基金销量也超过3 000亿元，且非货币基金的销量占比首次超过50%。而在代销基金的数量方面，天天基金等互联网平台已超越银行渠道。统计显示，天天基金代销了139家基金公司的7 000多只基金，蚂蚁财富已接入近5 000只基金，陆金所代销的基金数已超过5 300只。而目前开展基金代销业务的158家银行中，代销基金最多的银行也未超过3 000只。

案例分析

随着互联网金融的深入发展和用户对移动互联网使用习惯的逐步养成，基金代销从线下转移到线上的大趋势已不可逆转。银行和互联网公司在互联网基金销售领域各有优劣势，银行有庞大的基础用户群和长期以来积累的用户信任感，但线上流量远不及支付宝、微信等互联网大平台；互联网平台依托流量和用户体验的优势，在基金代销市场分得一块大“蛋糕”，但在合规和专业性上还需提升。互联网和传统渠道在竞争中殊途同归，最终都需要提升互联网渠道的服务水平和质量，从卖产品转变为给投资者提供投资顾问服务，帮助投资者进行更高水平的资产管理。

基金销售的第三条路：天天基金网

长期以来，银行在基金销售市场上占据着绝对主导位置，基金公司的管理费“蛋糕”也不得不被银行切走一大块，基金公司一直想摆脱银行但不得其法，因为银行拥有的网点数量和客户数量都无人能敌。然而，随着互联网金融的兴起，这一切已然发生改变。

根据中国互联网协会统计，东方财富网在全球中文财经门户网站中持续排名第一。依托东方财富网流量平台的天天基金网是基金领域做得最好的第三方理财平台之一，在基金销售领域占据强势地位。2019年其互联网金融基金销售规模达到6 589亿元，截至2019年年底，共上线7 861只基金产品。

天天基金网根据客户风险偏好和流动性要求的不同，推出了“活期宝”“定期宝”“指数宝”“私募宝”等品种，前两种是天天基金推荐的多款货币基金和债券等低风险的投资品种，指数宝即指数基金，有一定风险，而私募定则是向特定客户定制的基金。

案例分析

天天基金网以销售基金为主的定位比较精准，在第三方理财市场，基金超市的模式是比较契合其发展的，可以让投资者有更广泛的选择权。由于天天基金网以东方财富网的海量客户为依托，且与绝大多数基金公司都开展了合作，率先搭建起平台，占据了先发优势，加上其基金品种比较全面、申赎费用比较优惠，当然就会聚集越来越多的人气，对其他基金销售渠道特别是银行带来了冲击。它针对海量客户的分众化、定制化的基金超市模式，让不同风险偏好的人群可以建立适合自己的投资组合，从而拥有更好的互联网基金体验。

陆金所基金开放平台

陆金所是一个开放的一站式互联网财富管理平台，为用户提供各种固定收益与浮动收益投资理财服务，有P2P、保险、票据等。

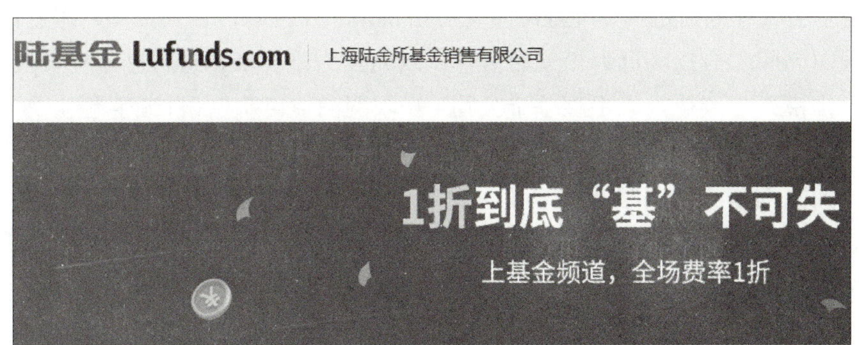

2015年12月23日，陆金所基金开放平台单日基金销量已超过10亿元，其上线基金数量已经超过2 000只，而这距离陆金所基金开放平台上线仅3个月，陆金所成为互联网基金销售领域的一匹黑马。2019年3月，陆金所基金被《中国基金报》评为“最具成长性独立基金销售机构”。

陆金所基金开放平台是陆金所整体开放平台战略的重要组成部分，陆金所基金开放平台之所以能够发展如此迅速，一是因为在上线之初，陆金所就已经拥有超过1 000万的用户，有基数庞大、高质量的用户基础；二是因为陆金所基金开放平台绝大多数基金申购费率仅为1折，是行业最低水平，大大降低了客户的投资成本；三是因为该平台不仅基金数量多、品种全，还联合平安证券为客户提供专业的基金投资顾问服务，定期推荐分类型的优质基金、精选热点主题和市场人气基金，为投资者提供参考，这是陆金所基金平台与其他平台的重要差异之一。

申购费优惠在互联网基金销售领域并不新鲜，而陆金所基金平台的杀手锏则是更大的费用优惠：基金申购费与管理费“双送”。陆金所是业内首个赠送基金管理费的平台，此举可极大节省基金投资者的投资成本。此外，陆金所是一个开放的一站式互联网投资理财平台，除基金产品外，还可以为投资者提供包括P2P、保险、票据、委托理财等在内的各种固定收益及浮动收益投资理财服务，方便投资者进行一站式投资理财。

大数据基金

智能投顾

资本市场可以通过大数据应用对投资者行为做出更精准的分析，从而有效预测市场行情，获取超额收益，大数据基金就是其典型代表。大数据基金，就是基金管理人通过构建专业的量化分析模型，从互联网公司提供的海量信息数据中提炼出与投资行为相关的信息，以此作为重要依据进行基金投资决策。其合作模式为“业内大中型基金公司+互联网商业巨头”，自诞生起就受到投资者青睐。

大数据基金和普通基金各有所长。大数据基金的优势是引入增量信息，可以比普通股票型基金甚至量化基金捕捉到更多的超额收益信息来源，能更好地衡量企业的基本面价值，也能量化广大投资者的市场参与行为，最终进一步发扬量化投资的优势。因此，大数据基金的优点是量化基金的固有优点加上互联网大数据的时效性和全面性。

虽然投资者购买热情较高，但大数据基金的表现短期内并不理想。截至2020年2月14日，10只大数据基金中有7只基金略战胜同期沪深300指数；“东方红京东大数据混合”超过同期沪深300指数最多，超额收益率为40.92%；“南方大数据100A”设立时间最长，但成立以来累计收益率-28.16%。从风险波动水平来看，大数据基金所承担的风险性却非常大，尤其是在市场行情急速下挫的环境下，回撤高于常规指数。业绩不如预期的主要原因是大数据基金采用了指数化投资的方式，跟踪大数据指数使其很难回避市场的下行风险。

此外，大数据基金投资过于分散化，股票切换频率过快，也是其运作的弱势之处。

案例分析

大数据真正的价值在于通过数据做分析整理，进行预测，长期的目的是建立金融大数据库，以满足各类投资需求。而当前的大数据基金多数是以互联网数据作为增量信息，有机纳入传统的基本面数据和交易数据，进行量化选股，这只是简单的尝试，对大数据的应用远未达到理想水平。相信伴随着科技及市场的发展，大数据基金会全面升级，促使新的量化基金出现，逐渐成为股票型证券投资基金的主流。可以从将互联网大数据作为信息来源的比例、数据与资本市场之间的传导路径、数据体量这几个维度来辨识大数据基金的“含金量”。

6 互联网基金违规销售乱象

“野蛮生长”是互联网区别于传统行业的一个重要特征，即互联网公司根据市场形势和用户需求，自由选择业务方向、商业策略和发展路线。这种发展方式能够充分发挥市场这只“看不见的手”的调节作用，极大地激发互联网从业者的内在潜力和创业热情，实现业务的快速发展。但市场失灵的情况不可避免，在尤其注重合规的金融领域，这种“野蛮生长”的互联网模式带来了丛生的违规销售乱象。

目前，一些互联网基金销售平台上的各种红包形式五花八门，名目繁多，已涉监管雷区，基金促销“红包”大致被包装成了奖学金（如学习基金基础知识即获基金红包）、承诺保本保息（如“基金经理任职期间100%都赚钱”）、送体验奖励、送福利（如“福利派发最高赢取100元，可在购买基金时使用”）

等方式，但这些都改变不了其违规销售的本质，给基金投资者的选择带来了很大的干扰。部分互联网基金销售平台也因此遭到监管处罚。

一些互联网基金产品在销售宣传时期常盲目夸大产品收益、淡化风险，频繁使用“低门槛”“超短期”“收益高”“有保底”等宣传用语，市场一时间乱象频现。新的发展模式对互联网基金的有效监管提出了新的挑战，这要求监管部门正视互联网基金蓬勃发展的现状，以开放的态度研究分析互联网金融对基金行业的冲击，制定相关制度和管理办法对互联网基金销售加以有效引导和规范。

内容讲解

4.1 证券投资基金

4.1.1 证券投资基金的含义

基金是什么

基金（Fund）有广义和狭义之分。广义上，基金是指为了某种目的而设立的具有一定数量的资金。主要包括信托投资基金、公积金、保险基金、退休基金，各种基金会的基金等类型。人们平常所说的基金主要是指狭义的证券投资基金，是一种间接的证券投资方式。基金管理公司通过发行基金单位集中投资者的资金，由基金托管人（一般为具有资格的银行）管理和运用资金，从事股票、债券等金融工具投资，共同分享收益，共担投资风险。

4.1.2 证券投资基金的特点

（1）证券投资基金是由投资专家运作、管理并专门投资于证券市场的基金。这些投资专家不仅掌握了广博的投资分析和投资组合理论知识，而且在投资领域也积累了相当丰富的经验。

（2）证券投资基金是一种间接的证券投资方式。与直接购买股票相比，投资者通过购买基金间接投资于证券市场，与上市公司没有任何直接关系，不参与公司决策和管理，只享有公司利润的分配权。

（3）证券投资基金具有投资小、费用低的优点。在我国，每份基金的单位面值为人民币1元。证券投资基金最低投资额一般较低，投资者可以根据自己的财力认购，从而解决了中小投资者“钱不多、入市难”的问题。

（4）证券投资基金具有组合投资、分散风险的好处。投资学上有一句谚语：“不要把鸡蛋放在同一个篮子里。”如果投资者把所有资金都投资于一家公司的股票，一旦这家公司破产，投资者便可能尽失所有。而证券投资基金通过汇集众多中小投资者的小额资金，形成雄厚的资金实力，可以把投资者的资金分散投资于各种股票，某些股票跌价造成的损失可以用其他股票涨价的盈利来弥补，分散了投资风险。

（5）流动性强。基金的买卖程序非常简便。对于封闭式基金，投资者可以直接在二级市场套现，买卖程序与股票相似；对于开放式基金，投资者既可以向基金管理人直接申购或赎回，也可以通过证券公司等代理销售机构交易，还可以委托投资顾问机构代为买卖。

证券投资基金市场数据

截至2019年12月底，我国境内共有基金管理公司128家，其中中外合资公司44家，内资公司84家；取得公募基金管理资格的证券公司或证券公司资管子公司共13家，保险资管公司2家。以上机构管理的公募基金资产合计14.77万亿元人民币。

4.1.3　证券投资基金运作流程

投资基金运作流程如图4-1所示：

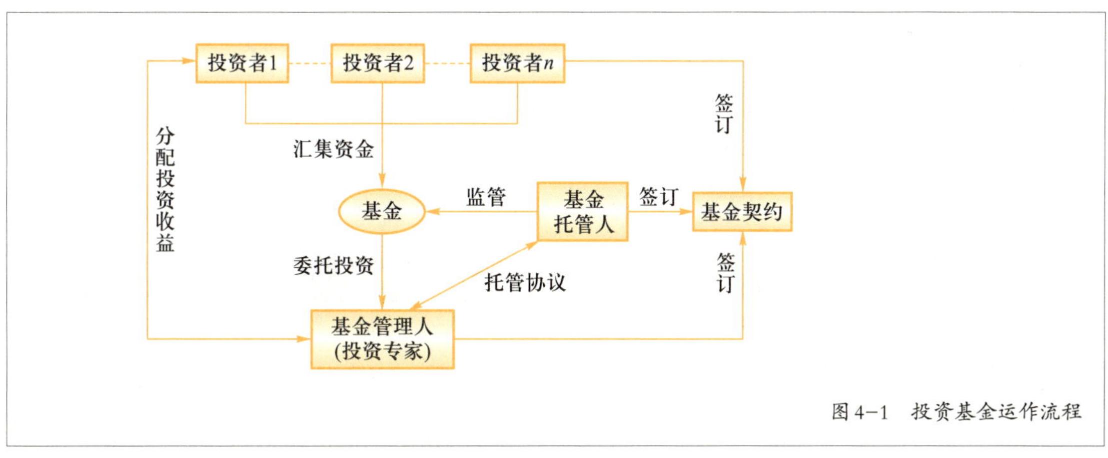

图4-1　投资基金运作流程

（1）投资者资金汇集成基金。

（2）该基金委托投资专家——基金管理人投资运作。① 投资者、基金管理人、基金托管人通过基金契约方式建立信托协议，确立三者之间的信托关系：投资者出资并享有收益、承担风险，基金管理人受托负责理财，基金托管人负责保管资金。② 基金管理人与基金托管人通过托管协议确立双方的责权。

（3）基金管理人经过专业理财，将投资收益分予投资者。在我国，基金托管人必须由合格的商业银行担任，基金管理人必须由专业的基金管理人担任。基金投资人享受证券投资基金的收益，也承担其亏损风险。

4.1.4 证券投资基金的分类

根据不同标准，可以将证券投资基金划分为不同的种类：

（1）根据基金单位是否可增加或赎回，可分为开放式基金和封闭式基金。

封闭式基金是指发起人在设立时先确定发行总额，筹集到这个总额的80%以上时，即宣告成立并进行封闭，在封闭期内不再接受新投资的基金。例如，在深交所上市的开元基金（4688），1998年设立，发行额为20亿基金份额，存续期限（封闭期）为20年。也就是说，开元基金从1998年开始运作期限为20年，运作额度为20亿元，在此期限内，投资者不能要求退回资金，也不能增加新的份额。在封闭期限内虽然不允许投资者退回资金，但封闭式基金可以在市场上流通，投资者可以通过市场交易套现。

开放式基金是指发行总额不固定，单位总数随时增减，投资者可以按报价在基金管理人确定的营业场所申购或者赎回基金单位的基金。开放式基金可根据投资者的需求追加发行，也可按投资者的要求赎回。例如，我国首只开放式基金“华安创新”首次发行50亿份基金单位，设立时间为2001年，没有存续期，其基金单位也会在“开放”后随时发生变动，可能因为投资者赎回而减少，也可能因为投资者申购或选择“分红再投资”而增加。

我国开放式基金单位的交易通过在基金管理公司直销网点或代销网点（主要是银行营业网点）申购与赎回的办法进行，投资者的申购与赎回都要通过这些网点的柜台、电话或网站进行。

二者之间的区别见表4–1。

表4–1 封闭式基金与开放式基金对比

类别	封闭式基金	开放式基金
交易场所和方式	在证券交易所上市交易	在销售机构的营业场所交易，不上市
基金存续期限	有固定期限	没有固定期限
基金规模	固定额度，一般不能再增加发行	没有规模限制（但有最低的规模限制）
赎回限制	在期限内不能直接赎回基金，需通过上市交易套现	可以随时提出申购或赎回申请
交易价格决定因素	主要由市场供求关系决定	依据基金的资产净值而定
分红方式	现金分红	现金分红、再投资分红
交易费用	手续费	申购费、赎回费

续表

类别	封闭式基金	开放式基金
投资策略	封闭式基金不可赎回，无须提取准备金，能够充分运用资金进行长期投资，取得长期经营绩效	因投资者随时可能赎回，长期投资会受到一定限制，随时面临赎回压力，必须更注重流动性等风险管理，要求基金管理人具有更高的投资管理水平
信息披露	每周至少公告一次单位资产净值	每个开放日公布一次单位资产净值

（2）根据组织形态的不同，可分为公司型基金和契约型基金。通过发行基金股份成立投资基金公司的形式设立的，通常称为公司型基金；美国的基金多为公司型基金。由基金管理人、基金托管人和投资人三方通过基金契约设立的，通常称为契约型基金，目前，我国的证券投资基金均为契约型基金。

（3）根据投资风险与收益的不同，基金可分为成长型、收入型和平衡型。① 成长型基金：以追求资本增值为目的，主要投资于具备良好成长潜力的上市公司股票，较少考虑当期收入。② 收入型基金：以追求稳定的经常性收入为基本目标，主要以大盘蓝筹股、政府债券、公司债券等稳定收益证券为投资对象。③ 平衡型基金：兼顾资本增值和稳定收益的目标。一般而言，成长型基金的预期风险收益水平最高，收入型基金的预期风险收益水平最低，而平衡型基金介于二者之间。

（4）按照投资理念的不同，可分为主动型基金和被动型（指数）基金。主动型基金是一种力图超越基准表现的基金，预期风险和收益水平均高于被动型基金。被动型基金不主动寻求超越市场的表现，而是试图复制指数的水平，一般选取特定的指数作为跟踪的对象，通常也被称为指数型基金。

此外，还有其他分类方式，如可以根据投资对象的不同，分为股票基金、债券基金、货币市场基金、期货基金等。

4.2 货币市场基金

货币市场基金（Money Market Fund，MMF）是指投资于货币市场短期（一年以内，平均期限120天）有价证券的一种基金。该基金资产主要投资于短期货币工具（如国库券、商业票据、银行定期存单、银行承兑汇票、政府短期债券、企业债券等短期有价证券）。货币市场基金只有一种分红方式——红利转投资。

认识货币市场基金

货币市场基金的主要特点有：

（1）货币市场基金的基金单位资产净值固定不变，通常是每个基金单位1

元。这是它与其他投资于股票的基金最主要的不同。投资该基金后，投资者可利用收益再投资，不断积累投资收益，增加投资者所拥有的基金份额。比如某投资者以100元投资于某货币市场基金，可拥有100个基金单位，1年后，若投资报酬是8%，那么该投资者就多8个基金单位，总共108个基金单位，价值108元。

（2）衡量货币市场基金表现好坏的标准是收益率，这与其他基金以净资产价值增值获利不同。

（3）风险低。货币市场基金投资组合的平均期限一般为4 ~ 6个月，到期日通常很短，风险较低，其价格通常只受市场利率的影响。

（4）投资成本低。货币市场基金通常不收取赎回费用，其管理费用也比较低，货币市场基金的年管理费用大约为基金资产净值的0.25% ~ 1%，比传统的基金年管理费率（1% ~ 2.5%）低。

（5）货币市场基金均为开放式基金，通常被视为无风险或低风险投资工具，适合资本短期投资生息以备不时之需。特别是在利率高、通货膨胀率高、证券流动性下降、可信度降低时，货币市场基金可使本金免遭损失。

（6）本金安全。大多数货币市场基金的投资品种具有安全性，这就决定了其在各类基金中风险最低，是最安全的投资工具之一，不过它的收益也偏低，适合偏好低风险、资金流动性高的投资者。

（7）资金流动性强。货币市场基金买卖方便，到账时间短。一般基金赎回两三天资金就可以到账。目前，已有多只货币市场基金实现T+0赎回制度，流动性能够与活期存款相媲美。

4.3 互联网基金销售

4.3.1 互联网基金兴起的原因

互联网基金销售的秘诀

2013年之前，我国开放式基金销售整体还延续着银行渠道为主、基金直销和券商为辅的局面。而在英美等金融业发达的国家，第三方机构已占据基金销售市场主导地位，拥有60%以上的市场份额，已经形成多渠道、多费率层次的基金销售模式。我国单一的销售渠道以及高额的费率，给基金公司和投资人带来了沉重的负担，也在很大程度上影响了基金的销售。面对基金销售的渠道瓶颈，各个基金公司都在尝试开拓多元化的销售渠道，试图摆脱这一行业困境。

随着大数据、云计算、移动互联等信息技术的快速发展，互联网与金融业的融合越来越深入。在金融业快速触网的同时，互联网企业也广泛运用大数据，深度挖掘数据资源中隐藏的海量信息，逐步将业务拓展到金融领域，推动了互联网与基金业的相互融合，创造了信息技术与金融资本相结合的新兴金融产品——互联网基金。

4.3.2　互联网基金销售的优势

1. 操作快捷方便

方便快捷的操作是互联网基金最大的特点及优势。相较于银行和证券公司代销等传统的基金购买方式，互联网基金按照现代管理模式，充分利用计算机和智能手机的优势，从客户申请转入资金到资金到账采用全流程网络化、无纸化操作，尽量简化基金运行环节。

2. 互联网平台与基金公司高度融合

稳定而庞大的客户群是众多金融机构不懈追逐的目标。互联网基金最显著的特点是实现了互联网与基金的高度融合，拥有数量庞大的客户群。以余额宝为例，它的优势就在于与支付宝紧密地捆绑在一起，拥有规模化的客户资源，同时在客户发展方面具有可持续性。

3. 满足了新兴客户群体特殊的投资需求

还是以余额宝为例，它通过支付宝这个平台发掘出一个银行尚未重视的新兴客户群体。这个群体大致有三个基本特点：第一，客户在支付宝中的资金或闲置资金达不到银行理财要求的门槛；第二，客户对于基金及理财产品没有清晰的认识；第三，客户有投资需求，希望自己的闲散资金可以保值增值，对投资产品有很大兴趣。

4. 更好的客户体验

互联网基金采用互联网技术，用网络将信息与储户联系在一起，进行了许多人性化设计，给客户带来的使用体验超过了传统投资理财产品，这也是互联网金融得天独厚的优势。互联网基金每天都有收益提示，既增加了透明度，也让投资者得到了良好的客户体验。投资者可以随时随地查看自己的资产，这种体验是传统投资模式所不能比拟的。

4.3.3　互联网基金销售现状

在独立基金销售机构和证券投资资讯公司百花齐放的大背景下，互联网基金正在塑造行业销售新格局。

目前，已有不少基金公司、第三方财富管理公司通过打造电子商务平台，利用灵活的销售折扣、便捷的手机应用和定期的基金投资教育，成功实现了基金销售模式的转变。互联网基金销售正呈现以下趋势：

1. 规范化营销

互联网基金销售机构及其合作机构不仅需要严格备案，还要对自身的经营状况以及产品的构成、收益、风险等关键要素进行如实披露。规范化的营销对投资者来说，无疑能更好地保证自身的权益。

2. 交互式营销

在互联网社会，交互是最重要的特征。虽然财经类网站用户有较高的专业度，但电商网站的客户对于基金相对陌生，资金更为碎片化，如何适应这部分客户的需求并对其进行投资者教育是新的课题，也带来新的营销方式。互联网基金更强调交互式营销，内容更浅显易懂、在对客户需求的响应方面也要更高效。另外，互联网公司创新意识强，未来互联网基金销售将有更多的创新发展空间。

3. 个性化营销

互联网基金销售不仅是在网上单一销售基金产品，还以客户为导向，提供在线投资顾问服务和一站式的解决方案，通过互联网服务平台进行资产配置乃至个性化定制，让普通投资者理解并接受复杂的基金产品。

4. 专业化营销

互联网的透明、开放特性会进一步强化金融行业所特有的专业化优势，借助金融科技，基金公司能够快速提供满足细分用户需求的产品，凸显自身品牌和服务的差异化，这也是互联网基金应对同质化竞争的关键。

4.3.4 互联网基金的影响

互联网基金销售的影响

1. 冲击银行传统业务

与传统银行业的基金营销相比，虽然起步较晚，发展时间较短，但互联网基金具有信息量大、交易成本低、效率高等特点，自出现以来，给传统银行业造成强大冲击，带来了深远的影响。

（1）对银行存款业务产生冲击。互联网基金对银行存款构成了持续分流的压力，银行的盈利空间也被极大地挤压了。从美国的历史经验来看，20世纪70年代初期货币基金的出现，分流了美国商业银行大量活期存款，20世纪80、90年代美国货币基金规模年均增速达33%，而同期银行活期存款占比则降至10%。

（2）对银行贷款业务产生冲击。互联网基金的最终投入方向除了货币市场，还有实体经济。一些新兴的互联网基金直接将资金投向了企业，在供应链、小微企业融资等方面与商业银行进行直接竞争，对其贷款业务产生了冲击。

（3）对银行的金融中介功能产生冲击。金融中介的存在主要有以下两个原因：一是通过规模经济效应和专门的产品技术设计，降低交易成本；二是提高信息处理效率，缓解资金供需双方的信息不对称及由此引发的逆向选择和道德风险问题。互联网基金模式下，新信息技术的开放性和共享性显著降低了资金供需双方的信息不对称水平，提高了资金的参与度和透明度。从融资角度看，资金供需双方利用互联网平台确定交易对象，而交易过程由互联网基金公司完成；从支付角度看，第三方支付平台为客户提供收付款、转账、汇款等结算和支付服务。由此可见，在互联网基金销售模式下，资金供需双方实现了与融资相同的资源配置效率，有效节约了双方的交易成本，使商业银行的资金中介功能被边缘化。

2. 有利于发展和推进普惠制金融

借助互联网技术支持，互联网基金扩大了金融服务的覆盖面和渗透率，为中小零售客户提供更加便捷、高效的现代金融服务。以余额宝为代表的互联网金融服务创新使得更多寻常百姓能够以“标准化、碎片化”的方式获得原来主要面向高端客户的理财服务，互联网基金的出现和发展符合发展普惠制金融的理念。在其示范效应带动下，商业银行开始关注用户的体验与感受，部分商业银行着手细分理财业务的用户市场、着手提升服务质量、重视投资者权益的保障。

3. 推进了利率市场化进程

互联网基金争夺活期存款带来“鲶鱼效应”，推动商业银行与金融市场进行变革与创新，各类互联网基金产品分流存款、客户需求不断变换、外部竞争日益加剧的新形势，促使商业银行转变经营理念和发展方式。在利率市场化改革的大背景下，互联网基金利用开放共享的平台化运营、大数据挖掘分析方法和高度注重客户体验的理念，加剧了竞争的激烈程度，客观上倒逼传统商业银行自我变革。同时，互联网基金使得货币市场的交易结构更加多样化，短期货币市场交易更加活跃，促进货币市场短期投资标的的发展。完善金融市场体系和价格形成机制，对于进一步形成有效的市场化利率水平具有积极意义。

4. 存在监管套利，不利于金融市场完善和发展

互联网基金另一个突出特点是所募集的客户资金大部分投向银行协议存款。以余额宝为例，2019年12月底，其资产组合中银行存款和结算备付金的合计占比约为60%。而根据我国目前的监管政策，这部分协议存款属于同业存款，不同于一般工商企业和个人存款，没有利率上限，也不受存款准备金管理，其利率由银行参照银行间市场利率与客户协商决定，通常远高于一般存款利率，并且多数都签订了提前支取不罚息的保护条款。银行能够支付高利率的原因是该笔存款不缴存准备金，这给予了余额宝类互联网基金套利空间，资金并未真正“脱媒”，这在一定程度上影响了金融市场的效率。

4.3.5　互联网基金销售风险与监管政策

1. 互联网基金销售面临的主要风险

对于基金而言，风险即为实际收益对预期收益的偏离和基金资产价值的

互联网基金销售的风险

损失。而互联网货币基金不但面临着传统基金本来具有的风险，还面临由互联网基金运行机制引起的流动性风险，由法律法规滞后引起的法律风险以及由互联网信息技术引起的技术风险。

（1）与传统基金共同的风险主要有：

① 信用风险。互联网基金门槛低、管理松，其业务参与者和服务提供者都具有显著的虚拟性，这增加了确认交易者身份、信用评价等方面的信息不对称。客户可能利用他们的隐蔽信息做出不利于互联网基金服务提供者的决策，而从事互联网基金业务的机构却无法在网上鉴别客户的风险水平，导致其在选择客户时处于不利地位，从而诱发诈骗等犯罪活动。

② 利率风险。只有在社会资金偏紧，整体利率水平偏高的情况下，货币基金才有机会博取较高的利差收益。如果利率实现了市场化，一旦利率水平下降，货币基金就难以获得利差收益。此时，规模庞大的互联网基金将无法应对广大的用户群体。换言之，如果出现利空因素，互联网基金用户将大量赎回，而基金公司一旦没有大量的准备金，就有可能引发巨大的危机。

③ 市场风险。在信息不对称的情况下，互联网基金市场可能成为“柠檬市场”。互联网基金销售服务是一种虚拟的金融服务，而我国的互联网基金销售还处于起步阶段，客户不了解各机构的服务质量，这就有可能导致价格低、服务质量相对较差的互联网基金服务提供者被客户接受，而质优价高的互联网基金服务提供者却被排挤出互联网基金市场。

（2）互联网基金特有的风险包括：

① 流动性风险。目前规模较大的互联网基金大多采用联合第三方支付平台进行销售，其资金来源与支付平台的资金流量密切相关。例如，余额宝的投资门槛几乎为零，基本可实现“T+0”的申购赎回模式，其资金随时都有赎回可能。此外，支付宝允许投资者直接使用余额宝中的余额进行消费支出。当遭遇类似“双十一”的大型促销活动时，支付的快捷性使瞬间资金交易量剧增，余额宝极有可能面临巨额赎回。若不能妥善处理，会导致基金折价兑现，收益率下降，进一步使投资者的信心受损，陷入挤兑的恶性循环之中，甚至导致基金清盘。

② 法律风险。目前互联网金融机构监管法律法规尚不完备，监管主体、职责和标准不明确，大量的资金流转于银行体系之外，使中央银行对其控制力不足，对货币流通速度、货币流通量等无法准确估测。一旦资金链出现断裂，将在很大程度上阻碍社会经济、金融的正常运转。

③ 技术风险。计算机网络技术是否安全与互联网基金能否有序运行密切相关。目前，我国互联网安全技术的应用缺乏统一的标准，基金交易系统平台经常匆忙上线，配套措施跟不上，系统维护、技术保障和应急管理投入相对不

足，抵御黑客攻击和防范突发事件能力较差，存在互联网传输故障、黑客攻击、计算机病毒等技术风险，这是互联网基金所面临的特有风险中，极为重要且难以解决的问题。

2. 互联网基金销售的监管政策

关于基金销售业务，证监会一直有明确的基本监管原则！① 要确保投资人资金安全，防止投资人资金被挪用或者侵占；② 要防止欺诈、误导投资人行为的发生；③ 要严格落实销售适用性原则，充分关注投资人风险承受能力与基金产品风险收益特征的匹配。互联网基金销售属于基金销售业务的一种业态类型，应遵循现有基金销售业务规范。

互联网基金销售的监管

为规范基金销售业务、维护投资者合法权益，证监会先后制定完善了《证券投资基金销售管理办法》《证券投资基金销售结算资金管理暂行规定》《证券投资基金销售机构内部控制指导意见》《证券投资基金销售适用性指导意见》《证券投资基金销售业务信息管理平台管理规定》和《开放式证券投资基金销售费用管理规定》等法规体系。就互联网基金销售业务，还有《证券投资基金销售机构通过第三方电子商务平台开展业务管理暂行规定》和《网上基金销售信息系统技术指引》等规范，确立了基金销售业务的相关规范和监管要求。整体上看，互联网基金销售业务监管的相关法律法规和机制已基本建立健全，投资人权益可以得到有效保护。

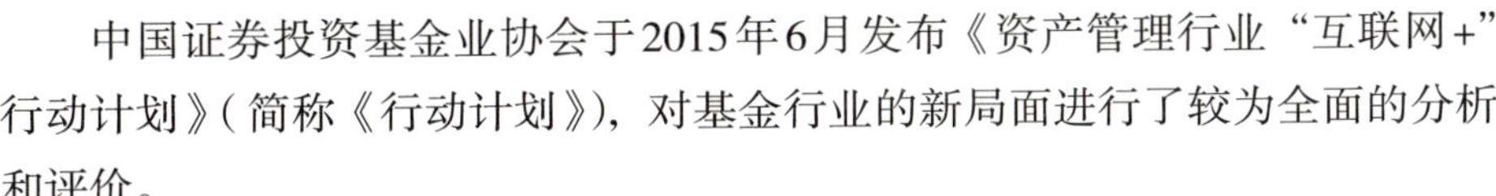

中国证券投资基金业协会于2015年6月发布《资产管理行业“互联网+”行动计划》(简称《行动计划》)，对基金行业的新局面进行了较为全面的分析和评价。

《行动计划》指出，以基金为代表的资产管理机构“网、端、云”构建基本完成，优势明显。“网、端、云”是互联网时代三个主要标志。第一是“网”，基金管理公司借助支付方式革新，建立了庞大、安全、有效的销售支付平台，继而使得基金产品可以深入任何支付场景和投资者。第二是“端”，通过基金管理公司和基金销售机构的移动客户端以及对银行实名制的等效认证，投资者可以非现场购买基金产品，改变过去必须到证券公司营业部开户的情况。通过建立中央数据交换平台，基金行业整合了各个基金公司和销售机构分散的数据库，保障了投资者资金和份额的安全。第三是“云”，通过完整、标准、计算机可处理的数据规范和长期全面、客观的基金评价体系，具备应用大数据匹配投资者需求和基金产品的能力。

《行动计划》虽重点支持、大力发展“互联网+”计划，但在推动建立“互联网+”资产管理支持服务体系中，也初步提出了监管的基本要求，大致分为三点：一是强化自律自治，优化服务手段；二是加强基金销售和投资顾问人员的管理与培养；三是建立健全行业信息公示和诚信约束机制。

2015年12月，中国证监会联合中国人民银行发布《货币市场基金监督管理办法》，自2016年2月1日起施行。该办法被业界誉为货币市场基金发展的“及时雨”，针对货币市场基金与互联网深度融合发展的新业态，对货币市场基金的互联网销售活动与披露提出针对性要求。基金管理人、基金销售机构、基金销售支付结算机构以及互联网机构在从事或者参与货币市场基金销售过程中，向投资人提供快速赎回等增值服务的，应当充分揭示增值服务的业务规则，并采取有效方式披露增值服务的内容、范围、权利义务、费用及限制条件等信息，不得片面强调增值服务便利性，不得使用夸大或者虚假用语宣传增值服务。从事基金销售支付结算业务的非银行支付机构应当严格按照《支付机构客户备付金存管办法》有关要求存放、使用、划转客户备付金，不得将客户备付金用于基金赎回垫支。

第三方支付机构在开展互联网基金销售支付服务过程中，要遵守中国人民银行、证监会关于客户备付金及基金销售结算资金的相关监管要求，其客户备付金只能用于办理客户委托的支付业务，不得用于垫付基金和其他理财产品的资金赎回。

延伸阅读

不一样的“宝宝”

奔跑吧，宝宝们

自2013年7月以来，中国出现一类通过互联网直接销售的货币市场基金，门槛极低，风险不高，赎回自由，每天可查知收益，用户体验佳。这类网络直销基金大都以“××宝”命名，如“余额宝”“全额宝”“零钱宝”等，人们称之为“宝宝”类互联网直销基金。

目前市场上的“宝宝”们按照产品功能可以被划分为三大类：

（1）基金类。最常见的是余额宝等货币基金产品，这也是人们通常所理解的，除余额宝外，常见的还有招商银行招钱宝、苏宁零钱宝、民生如意宝、中银活期宝，以及名中不带“宝”字的京东小金库、理财通等货币基金。

（2）委托投资类。在网络理财平台上常与这些“宝宝”做比较的是一种开放式现金管理类定向委托投资项目，如360你财富的小活宝、陆金所的零活宝等。它们是定向委托投资标的，并非单纯的货币基金，不仅投资了货币基金、银行存款，还投资了委托贷款、信托计划等其他产品。由此可见，它们和货币基金“宝宝”有类似之处，但并不相同。在带来比货币基金更高的收益的同时，风险也比货币基金更高。

（3）网络借贷类。除了上述两种，还有一些“宝宝”出现在P2P平台上，它们和货币基金基本没有关系，投资流向也不同，绝大多数流向借款项目。P2P平台上的大部分“宝宝”为单一网络借贷项目，投资人投资某一标的，满标后，资金被划入借款人账户，随后借款人还款，投资者获得收益及本金。

相对于货币基金类“宝宝”，这类产品收益更高，适合做闲置资金投资，但其风险也更大。不仅可能有逾期风险，也可能面临平台跑路、自融等风险。目前，随着对P2P平台整顿清理工作的深入，P2P网络借贷类“宝宝”逐渐退出历史舞台。

随着央行“双降”，不少投资者认为把钱存在银行似乎越来越不划算，试图把资金转移到网络理财平台进行投资，以期获得更高收益。尽管网络理财平台上许多非货币基金类“宝宝”们是合规设计，但在营销过程中，它们戴上“宝宝”的帽子，部分平台客服甚至在解答投资者疑问时声称其“就是货币基金”，容易使投资者陷入认识误区。

所以，投资者在投资前需要仔细辨别，避免投资与自身风险承担能力不相适应的产品，毕竟产品在带来高收益的同时，往往也会伴生相对较高的风险和较差的流动性。

基金销售新模式——基金组合

“宝宝”类金融产品的异军突起，带动了互联网金融的蓬勃发展。一方面，大众对理财的认知逐步加深，投资行为更趋理性，投资需求也日臻旺盛；另一方面，银行、券商、基金公司等传统直销和代销机构纷纷发力互联网渠道，使得互联网基金销售的竞争向白热化发展。这促使基金公司和销售机构开始开发更加贴近用户需求，更加个性化的基金产品，帮助自己从竞争中脱颖而出，因此基金组合产品应运而生。

基金组合并非近年出现的新事物，在传统的基金公司产品序列中一直都有，近几年在互联网金融的大趋势下重新焕发了生机，成为用户投资理财的重要选择之一，也是基金公司的一个重要销售手段。

1. 基金组合简介

基于分散投资的理论，基金组合将一揽子基金进行打包销售，基金经理对基金组合内的基金进行动态调仓，以实现业绩目标。目前基金组合的运作形式有两种：

（1）FOF（Fund of Funds）通常被称为“基金中的基金”，即该基金组合投资于多只不同的基金，实现资产的进一步分散和广泛的投资范围。

（2）MOM（Manager of Managers）通常被称为“管理人的管理人”，即委托不同的投资人共同管理一只基金组合。和FOF选基金不同，MOM基金重在选人，基金管理人以投资子账户委托形式让选中的投资经理负责投资管理，以帮助客户获得资产的长期保值增值。

由于投资标的是人而不是现有的基金产品，MOM的投资领域要比FOF宽，可以更好地实现多资产、多策略和多管理人的结合，达到控制风险、提高收益的目的。但是，由于私募管理人的信息大多不透明，MOM投资的尽调非常重要，尤其是对过往业绩、风控等方面的评估将比FOF产品更困难，对主管理人的能力要求更高。

一般的基金、FOF、MOM三者的区别如表4-2所示：

表4-2　一般基金、FOF、MOM的区别

比较项目	一般基金	FOF	MOM
投资标的	股票、债券等	基金	股票、债券等
投资方法	投资于股票、债券等，进行资产配置	由母基金购买子基金	母基金设置若干账户，由不同投资顾问管理
资产安全性	较高，基金资产始终在该基金账户	相对较低，基金资产实际划入各子基金账户	相对较高，基金资产始终在母基金账户
交易下单权限	基金管理人自行下单	各子基金管理人自行下单	母基金管理人下单，子账户投资顾问只提供建议
合规风险	相对较低，由基金管理人实时、全权监督	相对较高，由各子基金自行把控，母基金做事后审查	相对较低，由母基金管理人实时、全权监督
费率结构	单层	双层	单层
利益分配方式	基金管理人收取	母基金、子基金各自收取	母基金管理人收取，根据合同约定与投资顾问分成
管理难度	较低	较低	较高，母基金管理人全权负责基金运作及协调投资顾问
调仓灵活性/时效性	较高，各资产配置比例随时调整	较低，申赎每个子基金需要一定时间，不能实时调仓	较高，每个子账户资金比例配置随时调整

2. FOF在互联网基金销售中的应用

目前，基金组合中的FOF模式被广泛应用于互联网基金销售中，结合大数据、人工智能等科技手段，根据用户的风险承受能力和风险偏好，为用户定制一个基金组合，以满足用户投资理财的需求。具体实现形式和场景有以下几种：

（1）资产不隔离，仅提供投资建议，不自主进行调仓。这种形式是最弱的“基金组合”模式，仅用于概念推广阶段，让用户对资产组合的概念有初步的感知。当市场环境发生变化需要调仓时，向用户发送通知提醒，由用户决定是否进行调仓行为。

（2）资产隔离，仅提供投资建议，不自主进行调仓。这种形式是过渡模式，主要用于没有投顾资质的互联网金融公司，向用户普及“资产组合”的概念及用户自主构建投资组合并实践投资策略的场景。

（3）资产隔离，自主调仓。这种形式是最标准的基金组合FOF模式，由基金管理人自主调仓，用户需要支付双层管理费。招商银行“摩羯智投”、建信理财佳以及国家大力推广的养老FOF均为这种模式。

由此可见，资产隔离、自主调仓的FOF模式是市场上基金组合的主流模式。由于基金组合包含的最底层标的资产内容丰富，投资范围广，每个组合的基金配置调整范围大，可以满足不同人群的资产配置需要。人工智能、大数据等新技术的加入使得基金组合如虎添翼，成为智能投顾的承载产品，在未来很长一段时间的互联网金融市场上仍有很大的发展潜力。

实训练习

实训操作1：余额宝的本质

1. 实训背景

余额宝在运营过程中涉及三个直接主体：支付宝公司、天弘基金公司和支付宝客户。其中，支付宝公司是天弘基金公司发行的天弘余额宝货币基金的唯一销售平台和第三方结算工具提供者；天弘基金公司发行和管理余额宝货币基金并将其放在支付宝旗下蚂蚁财富平台的“余额宝”板块，由支付宝进行销售；支付宝用户是余额宝货币基金的购买者，通过银行卡或支付宝将资金转入余额宝或反向操作，实现对余额宝货币基金的申购和赎回（见图4-2）。

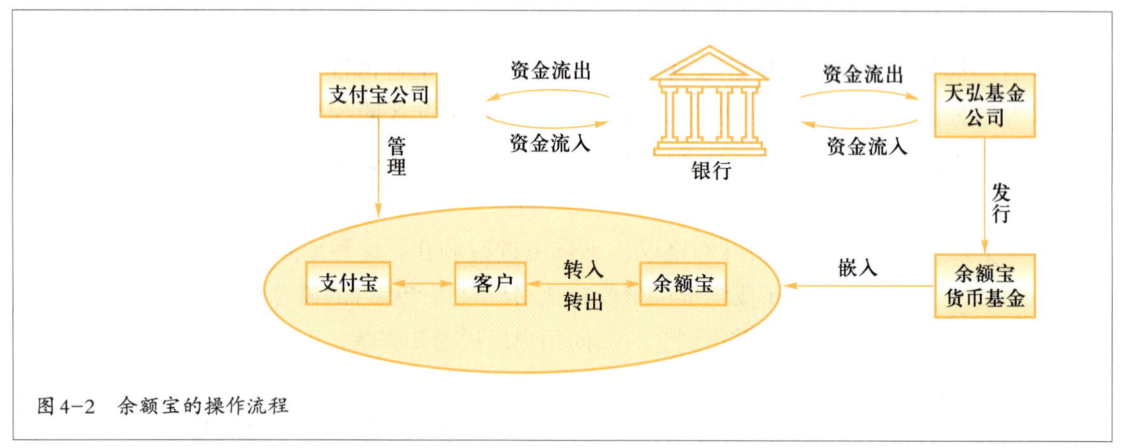

图4-2　余额宝的操作流程

2. 实训目标

认识及购买2018年改版后的余额宝

通过购买余额宝产品的完整过程，了解操作过程中所涉及各个步骤的具体含义，加深对于互联网方式购买基金产品便捷性的理解。

3. 实训内容

（1）对比余额宝、腾讯理财通余额+以及微信支付零钱通在产品结构、使用范围、申购赎回规则、资金到账时间等方面的相同点和不同点。

（2）尝试自己购买余额宝和其他货币基金理财产品，对比余额宝与其他货币基金在申购赎回额度、份额确认规则、收益发放时效、资金到账时间等方面的相同点和不同点。

（3）体验余额宝产品中的不同功能（如余额自动转入、蚂蚁星愿等），总结互联网基金销售方式与传统的基金销售方式有哪些不同点。

实训操作2：识别互联网金融理财产品风险

1. 实训背景

判断产品宣传是否违规主要有两个关键点：一，是否承诺收益。根据法律规定，公开披露基金信息不得有预测投资业绩、违规承诺收益或者承担损失等行为。如百度的“百发保本保收益，年化收益率8%”广告语就涉嫌金融产品宣传违规。二，是否涉及虚假宣传。需要审核的内容有两项：① 广告主体资格是否合法；② 广告内容是否真实。在银保监会明令禁止金融理财产品承诺收益的情况下，金融主体进行这种产品宣传需要承担责任。

2. 实训目标

通过互联网基金理财产品案例的搜集，加深对于投资风险、违规宣传等方面的认识。

3. 实训内容

（1）结合所学知识，收集互联网基金理财产品并分析其产品宣传语的措辞与特点。

（2）收集十条互联网基金违规宣传信息，分析它们为什么违规。

（3）试总结投资者在选择购买互联网基金产品的时候，应重点注意哪些信息。

在线练习

第4章在线练习

课后思考

1. 简述货币市场基金的特点。
2. 简述互联网基金销售的优势。
3. 互联网基金兴起的原因是什么？
4. 简述互联网基金销售的发展趋势。
5. 互联网基金有哪些特有的风险？

第5章　互联网保险

学习目标

【知识目标】

- 了解互联网保险的定义、特征。
- 了解传统保险企业的互联网业务。
- 理解我国互联网保险的产品及其未来发展趋势。

【能力目标】

- 能够区分互联网保险三种业务模式的异同。
- 能够掌握互联网保险业务流程。
- 能够正确评价互联网保险产品。

【思政目标】

- 牢记保险使命，品德为先，诚信为重，恪守职业操守。
- 培养保险行业职业素养，勤勉尽责，形成团队合作和敬业意识。

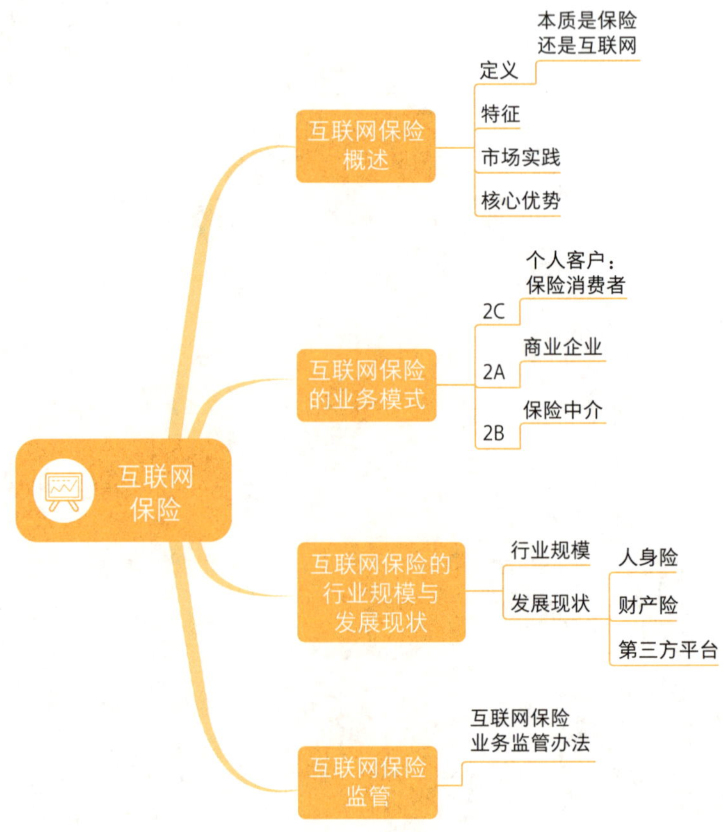

案例导学

微保：善良的好保险

2017年11月2日，腾讯旗下的保险平台——微保WeSure（简称“微保”）正式上线，微保是腾讯搭建“互联网+金融”生态的重要一环，微保用户可以通过微信与QQ这两个平台直接进行保险购买、查询以及理赔，让保险触手可及。

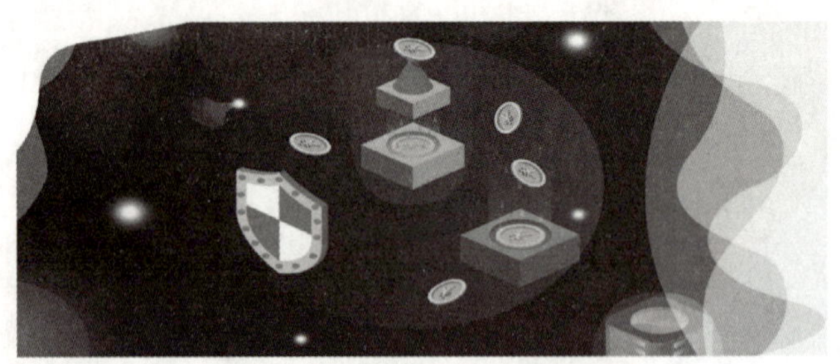

支付宝相互保

微保是一家保险代理销售公司，经营业务范围包括代理销售保险产品、代理收取保险费、代理相关保险业务的损失勘查和理赔等内容。这些获批的业务范围，结合腾讯拥有的社交媒体渠道和海量用户数据，让业界对微保的发展路径产生了强烈的好奇心。

不同于阿里、百度、京东等平台推出的“保险超市”方式，微保采用“严选+定制”模式进行发展：① 严选就是不同的险种都仔细挑选两到三个性价比高的产品。在此基础上做加减法则。加即为扩大保障范围，增强理赔跟进；减就是摒弃传统保险条款的复杂说明，化繁为简，用最清晰明了的语言来解释产品，易于消费者理解，也方便互联网传播。② 定制就是与保险公司共同开发产品，利用大数据为产品增加社交性。微保可以利用腾讯自身的用户触达、风险识别、网上支付，结合保险公司的精算、承保、核赔、线下服务，打造体验更好的保险产品。

微保上线以来牵手合作伙伴不断创新，闯入传统保险的“无人区”，将一个个“难做的”“没人愿意做的”“不可能实现的”产品变成了现实，真正为用户带来了更实惠、更有保障的保险服务。截至2019年年底，微保已经拥有超过5 800万注册用户，2 900万投保用户。微保用户人均保费超过1 000元，用户投保复购率高达40%。

坚持“严选+定制”的策略，用服务和信任打造一个“善良的好保险”平台，微保成为众多年轻用户的互联网保险首选，更被国际保险专业媒体Insurance POST评为2019年全球保险科技100强公司第一名。

案例分析

面对4万亿元的中国保险市场，互联网保险渗透率不到10%，这是互联网金融最后一块“未被开垦的土地”。

流量和用户成为互联网保险平台竞相争夺的战场，却少有平台能够兼顾服务和信任。随着人们的保险意识不断提升，信任和服务将成为用户最看重的因素。

产品方面：微保放弃了“大卖场”式的保险，从100多家保险公司中选择24家中外优质保险公司合作，调研用户需求，重新设计打磨保险产品，持续做产品创新，为用户填补保障真空，提供用户急需并且缺失的产品。

服务方面：① 微保在业内首创“好保险购买攻略”“购买冷静器”“一键退保”等功能，可协助用户快速选择合适的保险，大大提升了投保体验；② 微保一改行业普遍以机器客服为主的交互方式，推出真人一对一的“微保管家”服务，以企业微信好友的形式为用户提供从保单咨询、风险测评、方案定制、理赔协助等全流程服务；③ 微保理赔过程更是“一管到底”，消除了用户对理赔环节的顾虑。

正是靠谱的产品和服务才使微保赢得了口碑与销量的双丰收。

水滴保险商城：保险版“天猫”

一款名为“水滴百万医疗险”的产品在抖音上销售异常火爆：首月仅需3元，一年保费在几百元左右，保额最高可达600万元。这款性价比超高的产品一经推出，就得到了消费者的连连好评。当然也有质疑：水滴保险商城是什么平台？它销售的保险产品靠谱吗？

水滴保险商城是水滴公司2017年5月推出的互联网健康险平台，是中国银保监会批复的全国性保险经纪公司，注册资金500万元人民币。公司以“借助互联网科技手段来推动广大人民群众有保可医，保障亿万家庭”为使命，以“帮助用户优选高性价比保险产品”为服务理念。累计保障用户数超4 000万，保障家庭数超2 560万，覆盖全国34个省级行政区，2 988个市县，76%的用户来自三线及三线以下城市。

2019年，水滴保险商城实现签单保费快速增长，年度新单年化保费突破60亿元。同时，水滴保险商城已与国内超过60家知名保险公司达成合作，推出超过80余款高性价比优质保险产品。根据调研数据显示，90%的用户通过水滴保险商城完成个人首次在线投保，复购意愿高达73%，成为多数用户在购买保险上的第一选择。

水滴保险商城一直坚持“用户第一”的理念，受到消费者和行业内的广泛认可。曾荣获中国商报社“中国商业改革开放40周年卓越企业”、2019第二届亚太区互联网保险国际峰会“互联网保险流量型平台创新奖”、创业邦“2019中国金融科技创新企业30强 ”等十分具有含金量的奖项。

案例分析

水滴保险商城开创了互联网保险新模式，通过努力不断扩充和深化保险品类，丰富保险产品和服务，加强与入驻保险公司的深度合作，合力打造用户体验更好的健康险与健康保障服务模式。

水滴保险商城隶属于水滴公司，它旗下拥有水滴筹、水滴互助等业务，共同搭建起“事前保障+事后救助”的保险保障体系。

水滴保险商城具有以下优势：

（1）为传统保险公司打补丁，强力渗透下沉市场。数据显示，水滴保险商城的这些下沉市场用户不仅是传统保险机构较难触及的群体，也恰恰是最需要保险保障的群体。未来，互联网保险只有不断下沉和拓展边缘，将触角渗透到现在传统保险公司和保险中介暂时没有渗透全的地方，去捕捉增量需求，才能获取更大的发展机遇。

（2）依托精准的健康险场景构建护城河。作为保险中介的新兴力量，水滴保险商城在自身基础上不断迭代和创新，已经逐步建立起平台自身的护城河。水滴保险商城联合保险公司，为用户提供全面保障的保险服务。通过场景触达用户，唤醒用户进行购买，达成转化，不断通过用户数据的提炼来带动保险产品的升级和销售。

3 大象保险：探索保险服务的“最后一公里”

成立于2015年的大象保险，在创业初始就致力于通过科技赋能和大数据技术来改善保险信用流程，优化用户体验。大象保险的底层是数据驱动，从入职、培训到后面产品的学习、理赔等环节都有标准化的评估和管理流程，以提升顾问团队服务的下限。

大象保险在2019年重构了自己的大数据中台和信息化系统。如今，大象保险新战略“大象Plus”致力于将产品能力、平台能力和运营服务能力赋能于保险产业中的各个领域与环节，通过“三新”（新销售、新场景、新服务）服务生态网络的高效整合，提高平台转化效率及用户体验，满足专业且个性化的用户服务需求，打造三大业务线融会贯通、场景互促的增长闭环。

（1）“新销售”业务模块——象保保。“象保保”由专业的顾问团队组成，实现数据驱动，可提高代理人效率，推进服务流程专业化标准化，提高产能。

（2）“新场景”业务模块——象芽。它以技术为切入点，为保险中介机构降低成本、提升效率、增加收入。此平台面向互联网中小企业、同业中小型经代公司及团体，将多年来积累的保险产品库、平台功能、服务能力以标准化接口及功能租用的方式对外开放，赋能整个行业。

（3）“新服务”业务模块。该平台具有方案定制能力、产品创新化能力和服务效率等方面优势，用户可享受全生命周期内安全、周密、高效的保险服务体验。

“大象Plus”属于线上线下充分融合模式，即“互联网化的运营体系+线上标准化客户服务流程+线下顾问专业化服务能力+科技智能化”四大环节充分融合。这被认为是互联网保险目前的最佳发展路径。

案例分析

保险是需要不断升级突破的领域。2013年至今是国内互联网保险不断摸索的阶段，从起步到高速发展，到增长受挫乃至全面负增长到如今逐渐融合。大象保险这样的保险科技企业通过深耕互联网保险慢赛道，可以深入到整个保险价值链，把线上线下的场景以数字化、可视化的方式进行重构融合。

大象保险坚持线上线下融合的发展模式，完成“最后一公里”的保险服务落地。所有的环节都在考虑通过科技的力量做产业赋能。希望把用户买保险变成一件简单、可靠、可信赖的保障过程。

在互联网保险新时代，赋能的过程一定不是单纯的卖产品和技术输出，而是影响用户心智。从保险普惠初级版——让每一个人都拥有保险发展到保险普惠升级版——让每一份安全感都触手可及。

众安尊享e生：现象级百万医疗保险

随着国内保险市场不断升级革新，如今，备受民众欢迎的百万医疗险产品成了各大保险公司的“标配”。什么是百万医疗保险？简单来说，就是一般医疗保额达到或超过100万元的健康险。作为百万医疗险的“鼻祖”，众安“尊享e生”险凭借过硬的服务和强大的实力从激烈的市场竞争中脱颖而出。多年来，不仅稳居同类产品的第一序列，也深受广大用户好评，有着“国民医保”的美誉。

众安保险是国内首家互联网保险公司，由蚂蚁金服、腾讯、中国平安等国内知名企业，基于保障和促进整个互联网生态发展的初衷发起设立，并于2013年9月29日获原中国保监会同意开业的批复。

尊享e生是2015年众安保险新推出的一款健康保险产品，凭借着保费门槛低、保额高、保障全等全新理念，该产品一经推出就吸引了大批消费者，成为一款现象级的百万医疗险产品。尊享e生被保用户超过400万人，其中超过6成的是40周岁以下的用户，“80后”为主力购买人群。

众安尊享e生的特色：① 赔付全面——从出生30天到60周岁人群都可以投保，并且可以续保至80周岁。② 价格亲民——保费低，是人人都买得起的国民医疗保险。③ 高额保障——虽有1万元免赔额，但免赔额以外赔付比例为100%。

案例分析

“尊享e生”能够成为行业的先行者，得益于众安保险的独特基因——互联网思维。作为国内首家互联网保险公司，众安保险依托强大的资金支持和独到的设计理念，将旗下的百万医疗险不断打造成适应当下互联网发展格局的“网红”产品。

以不久前更新上线的“尊享e生”优甲版为例。该产品没有像大多重疾险产品从保障范围中删除甲状腺癌，相反还为甲状腺结节患者提供专属的服务定制，最低每年只需支付194元，平均每月仅16元，最高保额可达400万元。此外，优甲版的投保条件更为宽松，只要符合相关健康告知就可承保。更难能可贵的是，甲状腺术后患者病情稳定后同样可以申请购买。“尊享e生”优甲版有效缓解患者及家庭的治疗费用负担，是众安致力于持续服务用户的一个缩影。

如今，众安保险正充分运用互联网技术，并且融入全新的医疗科技，深入探索医疗大数据区块链化的应用。通过保险科技，不断了解和满足每个用户的需求，同时利用技术优势进行快速反馈、迭代、升级，持续优化流程体验。

药神保：话题性保险产品

合理地“赶热点”成为保险企业推出新产品的一项重要考量。例如，2019年4月，腾讯旗下保险平台微保宣布，联合泰康在线、上药集团旗下镁信健康，推出“药神保·抗癌特药保障计划”。

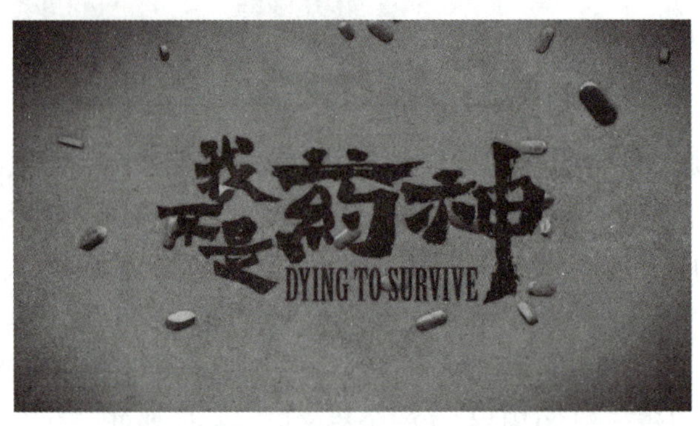

“药神保”是一款由泰康在线承保的商业保险，有基础版和升级版两个版本。

基础版保费每月一元，覆盖目前社保目录外的全部12种高价抗癌特药，为用户提供确诊癌症后两年的抗癌特药供药保障和服务。

升级版与基础版的差别主要体现在保费、用药保障额度、期限和药物种类上。升级版可提供投保后保障确诊之日起3年内用药，覆盖的抗癌药也更多，治疗期内大陆已上市的全部抗癌特药全都在保障范围内，报销比例为社保目录外赔付100%，社保目录内经社保报销后赔付100%，未经社保赔付90%，报销上限300万元。

药神保的报销流程相当简单：① 院内用药，先垫付费用，事后需要申请理赔，再报销费用；② 院外用药可以药店直付，直接送药上门。

案例分析

数据显示，目前全国每年医疗费用总支出已超过4万亿元，其中大约2万亿元是个人自费，2018年健康险业务赔款和给付合计为1 700多亿元，覆盖个人支出部分不到10%，这说明商业保险的支付功能并没有充分发挥出来。

“药神保·抗癌特药保障计划”正是瞄准了市场这一空白和消费者的敏感点，向患癌的被保险人“提供”抗癌神药，且可以和社保、商保中的所有医疗保险相互配合，打通癌症患者获取抗癌特药“最后一公里”。

药神保之所以能够在众多的健康保险产品中立足，源于其能够化解抗癌特药购药贵、购药难、持续用药难等患者的诸多痛点，为投保人编织多层次的医疗保障网。

内容讲解

5.1　互联网保险概述

1. 定义

互联网保险的定义起源和优势

互联网保险是伴随电子商务在保险业的渗透应运而生的，是一种保险公司或保险中介机构以互联网和电子商务技术为工具来支持保险经营管理活动的经济行为。保险公司通过网络和电子商务技术实现全方位的保险服务，即在网上实现投保人的咨询、投保、审批、交费、理赔、投诉等业务流程及对业务员和代理人提供服务以及后台的一系列管理工作。2019年12月出台的《互联网保险业务监管办法（征求意见稿）》将互联网保险业务定义为“保险机构依托互联网订立保险合同、提供保险服务的保险经营活动。”征求意见稿中还明确，“保险机构通过互联网和自助终端设备销售保险产品，消费者能够独立了解产品信息并自主完成投保行为的属于互联网保险业务。”突出了互联网保险在平台、产品和数据处理方面能够发挥的优势。互联网保险颠覆了保险营销员与客户面对面交流沟通的传统经营模式，开创了全新的保险销售方式和渠道，提供了全新的经营理念和管理模式。

2. 特征

保险经营活动仅仅涉及资金和信息的流动，不会遭遇物流配送的问题，这也是互联网保险的先天优势。除了虚拟性、直接性、电子化和时效性外，互联网金融还具备以下特征：

（1）保险行业的销售误导和理赔服务问题，很大程度上正是源于供求双方之间的信息不对称，抬高了交易成本，增加了交易风险。互联网保险具有信息量大、传导速度快、透明度高的特点，可以改善保险交易双方信息不对称的现状。互联网以及相依托的信息技术是非常好的解决方案。

（2）互联网保险具有极低的上架成本，不受销售场地、位置、时间等方面的制约，可以大大降低销售成本，从而提升消费者的实际利益，推动整个行业的更快发展。互联网金融为消费者提供低成本、低风险和高效率的支付、理赔等多样化服务选择，大数据和云计算的存储、计算和分析能力为保险消费者提供完整服务，让消费者可以快速精准地搜索和比较保险产品。

（3）数据管理方面的天然优势。保险市场专业化的深入、经营水平的提高、服务品质的提升，都要建立在对数据，尤其是客户消费数据的深入挖掘和分析的基础之上。互联网本身就是一个数据平台，通过大数据挖掘，增强市场竞争力和盈利能力，将基于顾客行为的挖掘分析用于决策制定，通过大数据挖掘将业务重点从高风险用户细分市场中的欺诈检测和亏损防堵转移到个性化定价上来。

3. 市场实践

与传统保险公司的业务操作实践相比，互联网保险业务包含：

（1）网络宣传推广业务：互联网保险公司的网站主要针对个人客户和企业客户介绍保险的相关产品、服务、投保信息和经营理念，并对保险公司、保险中介机构和业务员进行介绍和宣传，具有成本低，时间持续长，介绍清晰，个体需求针对性强的特点。另外，不同的保险公司和保险机构也可以互相链接，相互推介；还可以通过个性化的保险网页展示业务员的素质和特长。

（2）信息咨询业务：互联网保险可以向客户提供财务数据报告、保险产品种类及费率、保险新闻、政策法规、监管机构要求等信息的咨询业务，使客户对保险机构和保险行业有基本了解和认知；在与客户的交流咨询中，可以通过网页文字说明，对客户的常见问题进行汇总解答，也可以通过网上在线交流，直接解决客户问题。

（3）网上投保和理赔：从核心业务来看，互联网保险在保险业务的基本环节上并没有发生变化。消费者通过网络平台了解保险产品的特点和功能，在网上直接选购保险产品，计算保费，投保下单，完成电子支付，获得电子保单或者纸质保单，从而实现全流程的网上投保。如果出险，客户可以获得网上报案、理赔单证下载等理赔服务。互联网保险公司可以对客户出险之后的报案、理赔和给付及时做出反馈。

（4）其他业务：对消费者来说，互联网保险流程涵盖了售前、售中、售后服务，还包括保单和产品价格查询、保全、续期缴费和咨询投诉等业务。针对保险业务员以及保险公司提供一系列管理工具和应用服务，以提高工作效率及管理控制能力，实现业务系统之间的网上连接。

4. 核心优势

（1）渠道：互联网思维下的用户触达及获客方式。运用互联网思维构建保险网络销售渠道以实现流量变现，这是互联网保险最初的商业逻辑。由于保险产品天然具有低频、非刚需属性，单纯的流量模式并不能完全发挥互联网的优势，转化率较低，获客成本并不能满足理想预期。而依托于特定的互联网场景能够一定程度激发用户的保障需求，保险的需求度相对较强，例如在航旅出行场景下用户购买意外险的意愿更强。因此，拥有优质场景的第三方平台开展保险经纪代理业务具有天然优势，而对于缺少业务场景的第三方平台，精细化运营、加强与保险公司合作、提升服务质量以维护客群黏度是发展之道。

（2）产品：以用户需求为中心的产品设计及定价原则。传统保险依赖大数定律进行设计，保险产品往往大而全，大量细分保障需求无法覆盖。而互联网保险以用户为中心，依托于互联网海量的用户数据，能够重塑传统保险公司原有的产品设计方法、定价方式和承保风控模式。从保险类型来看，目前产品创新已不仅局限于互联网新型险，以车险、健康险、寿险为主的传统险种也正在经历着互联网的重组再造。

（3）服务：提升保险全流程体验。互联网保险在服务领域的创新能够提升用户购买保险的体验，包括售前的保险咨询、保险顾问；售中的投保核保、保单管理；售后的便捷理赔、服务延伸。而在渠道和产品创新的基础上，加强服务体系建设，提高用户的保险购买体验也是互联网保险企业提高核心竞争力的必由之路。

5.2　互联网保险的业务模式

近年来，互联网保险发展迅猛，随着人工智能等新技术的发展与应用，行业、资本切入互联网保险的模式也更为多样。

互联网保险发展的商业模式分析

1. 个人客户

（1）保险超市。保险超市对接多家保险公司不同类别的多种保险产品，直接面向消费终端。消费者通过保险超市能够实现这些保险产品的在线保费计算、对比、投保、核保、支付等环节。保险超市是最早的也是最常见的互联网保险模式之一，随着这几年互联网保险的发展，更多的保险中介公司设立了自己的保险超市。

（2）保险特卖平台。保险特卖平台指的是优选或定制保险公司性价比高的产品，通过互联网或移动互联网平台将其产品销售给C端客户并为其提供理赔等服务。保险特卖平台可以理解成“精简版”的保险超市。

互联网保险发展的三重模式

（3）大流量平台。大流量平台指本身有很大流量的公司上线保险业务，向其C端客户销售保险产品并提供保险服务。保险特卖平台本身没有流量，是靠优选产品或定制产品带动销售；而大流量平台是通过流量转化销售。这类模式主要适合互联网巨头，比如蚂蚁的支付宝、腾讯的微保，都是以此切入保险行业的。

（4）在线保险经纪。在线保险经纪在线上为消费者提供保险经纪服务，平台会根据消费者的情况为其推荐适合的保险产品。最初，该模式的创业公司对接了一批经验丰富的保险经纪人为客户提供服务，随着人工智能技术的发展，目前已经有不少创业公司通过AI+客服的形式向客户推荐保险产品，提供在线保险经纪的服务，相信在不久的将来，纯人工智能在线经纪人也会出现。

（5）赠险。赠险指向消费者赠送免费的短期险，从而获得消费者的信息，后期通过二次开发对消费者进行加保。这是早先保险公司的一种营销模式，主要是靠代理人来做赠险。现在也有专门做赠险的创业公司，将赠险挂在流量平台或场景端，通过在线赠险获取客户信息，再将客户信息导给保险公司、中介公司或者自己直接进行二次开发。

（6）入口类险种创新。入口类险种创新指开发一些创新型险种，将这些险种作为入口吸引消费者预先收费，同时整合后端服务供应商，以手机碎屏险为例，原先是消费者手机屏幕坏了去找手机维修商，有了碎屏险后，就是相当于先把所有的消费者都找到，先把钱收上来，然后出问题了手机维修商直接提供服务。

（7）保单管理。用户通过手机拍摄保单上传，系统自动生成数据，按被保人和保障类型分门别类管理，每张保单会自动匹配对应保险公司的服务电话、官网及营业网点查询，自动提醒续保到期及续交保费。用户可以根据被管理的保单，发现自己哪些场景下有保障，哪些场景下无保障，从而挑选适合自己的保险产品。此外，用户可以通过已有的保单去申请保单质押贷款等。

2. 保险中介

（1）代理人工具。指的是为代理人提供互联网工具，让代理人能够跨空间跨时间办公，提升代理人的管理效率。

① 展业工具，指的是为代理人提供在线展业工具，包括但不限于：代理人微名片、动画/漫画保险理念阐述、计划书、海报、贺卡、视频、保费计算器、邀请函制作工具等。

② 学习工具，指的是为代理人提供学习平台，这类公司会找知名讲师直播或录制课程，代理人可以通过直播或者点播视频进行学习。

③ 客户关系管理，指为代理人提供客户、团队、销售管理的工具，把原先代理人通过微信群、Excel表格以及纸笔完成的管理工作系统化，从而提升代理人的管理效率。不过，由于对客户数据的敏感性，代理人不愿上传客户信息到管理工具，如何解决代理人的信任问题是该模式的关键。

（2）分销平台。代理人分销平台能够实现车险、健康险、意外险等产品的在线投保。分销平台将产品价格和佣金列出，由保险代理人自行选择相应的保险产品进行销售，为了吸引更多代理人入驻，分销平台通常设置了二级分销，即当代理人招募的代理人完成交易后，其可以收到一定比例的佣金。

（3）资讯平台。指为代理人提供行业新闻或保险相关的资讯，这类公司通常以微信公众号或网站的形式每天发布内容吸引代理人群体的关注。

（4）理赔众包。理赔众包平台是将理赔查勘人员聚起来，有理赔查勘任务时就近发布给查勘人员，由查勘人员进行调查。

3. 商业企业

（1）场景险定制，是互联网保险创业公司通过互联网或移动互联网技术，为企业或行业提供特定场景下的保险解决方案。这一方向的创业公司主要分为两类，一类是垂直于某一行业或场景，深入挖掘需求，设计适合该行业的保险产品，持续为该行业的企业客户提供服务。还有一类是面向不同行业提供场景保险解决方案。

（2）企业团险，指互联网保险创业公司为中小型企业提供团险服务，一般从保险公司选择性价比较高的产品，利用移动互联网技术，更好地连接保险公司跟客户，提升用户体验及降低服务成本。企业团险主要是指企业的雇主责任险和医保补充健康险，原来经纪公司会给大公司提供这块服务，现在该方向的创业公司从中小企业开始切入。

（3）为保险公司提供服务。

① 获客，指的是这类互联网保险创业公司为保险公司做推广带流量，针对不同的保险产品设计不同的推广方式从而实现价值转化。一般这类公司会为保险公司提供一些营销工具，比如精准投放、微信自媒体品牌形象展示、邮件营销、移动媒体等。

② 电商代运营，指的是为保险提供代运营的天猫、京东、微信等电子平台，以B2C的方式将保险产品销售给终端客户。提供的服务内容包括但不限于:电子商务平台的用户及市场研究、创新产品设计、运营策划、营销推广、客服指导、数据分析、大数据服务、财务方案、战略建议等，公司根据实际完成的交易量和协议约定的费率收取服务费。

③ 大数据服务。比如评驾科技，为保险公司提供驾驶行为大数据，通过其算法和模型，将驾驶行为与风险匹配，帮保险公司做差异化定价和风控。

④ TPA，指的是医疗保险第三方管理公司，其业务包括为保险公司提供新契约与保全服务，提供客户服务，处理理赔、安排医疗费用结算等。

5.3　互联网保险的行业规模与发展现状

5.3.1　行业规模

根据中国保险行业协会显示的公开数据，互联网保险在2012—2015年经历了爆发式的增长，保费收入增长近20倍，从111亿元升至2 234亿元；互联网保险渗透率于2015年达到了9.2%。然而从2016年开始，互联网保险保费规模增长陷入停滞并开始减少，渗透率连年下滑。2018年保费下降到1 889亿元，渗透率为5%（如图5-1所示）。究其主要原因，是受保险业政策影响，给互联网保险行业发展带来了短期阵痛，但从长远发展来看，政策调整后的互联网保险行业能够更加健康地发展。

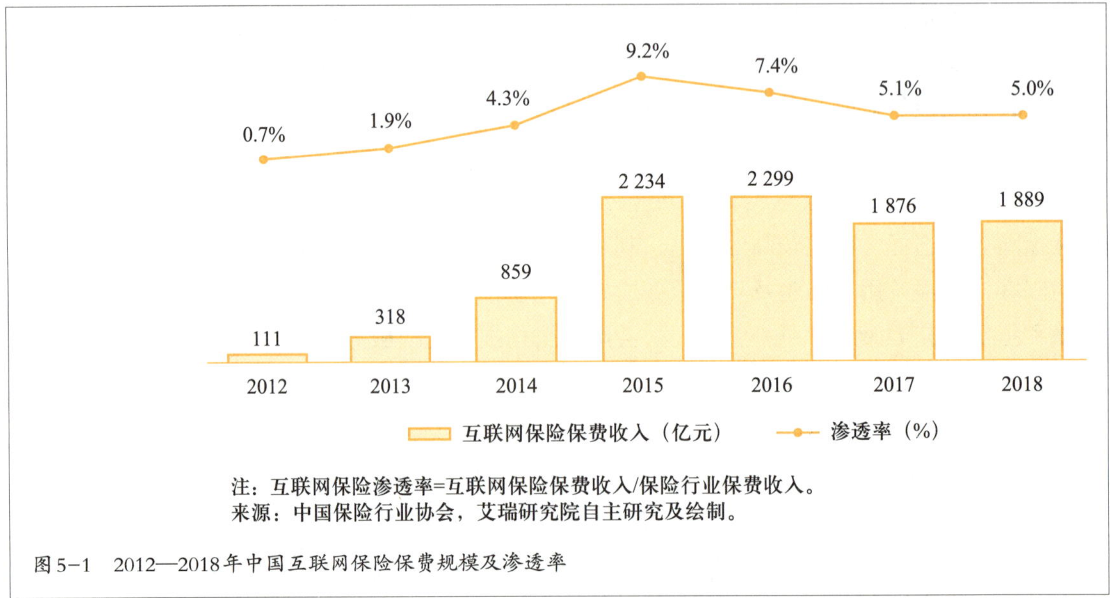

图 5-1　2012—2018 年中国互联网保险保费规模及渗透率

5.3.2　发展现状

互联网保险的发展、平台和法规

1. 互联网人身险发展现状

互联网人身险 2017、2018 连续两年保费负增长，主要由于发展初期险种结构过于单一，因此在面对行业政策变化时更容易受到影响。细分不同险种来看，寿险 2018 年保费收入为 675 亿元，较 2016 年下降了 55%，而健康险却逆势高速增长，2018 年保费收入同比增长 108%，成为互联网保险领域发展的唯一亮点。目前健康险仍然以短期医疗险为主，终身重疾险、定期寿险等更有利于保险公司发展的长期险难以在互联网渠道打开市场，因此如何由短期险转向长期险发展或许是未来最迫切需要解决的问题。

2. 互联网财产险发展现状

在互联网财产险领域，随着商业车险定价改革的深入，网销车险的价格优势消失殆尽，同时银保监会对第三方车险网络平台的监管逐渐增强，导致互联网车险发展陷入困境，直到 2018 年，才开始出现回温迹象。与互联网车险的发展状况截然不同的是，非车险业务保持着快速增长，2018 年互联网非车险业务在互联网财产险中的占比已接近 50%，这很大程度上得益于互联网财产险向更多场景进行渗透以及意健险[①]的高速增长。不过，车险作为财产险中最重要的部分，未来被互联网化改造仍是大概率事件，随着保险科技以及车联网的应用，互联网车险有望迎来新一轮的增长。

2019 年保险消费投诉情况通报

3. 互联网保险保费收入主要来源——第三方平台

第三方平台是互联网保险销售主要渠道，分为官方自营渠道和第三方渠

① 人身意外伤害险和健康险的综合简称。

道。从渠道侧市场份额来看，第三方渠道占据互联网保险的主要保费收入来源。得益于互联网保险产品结构的不断优化，在互联网保险整体保费增长疲软的背景下，通过第三方渠道产生的保费在互联网财产险领域依然保持快速增长。而互联网人身险领域中第三方渠道占比虽然有所下降，但依然占绝对主导地位。相比于官方自营渠道，第三方网络平台拥有更多的用户场景，赋予了更多互联网保险的核心意义。2015—2018年人身险和财产险第三方平台保费收入及占比情况如图5–2所示。

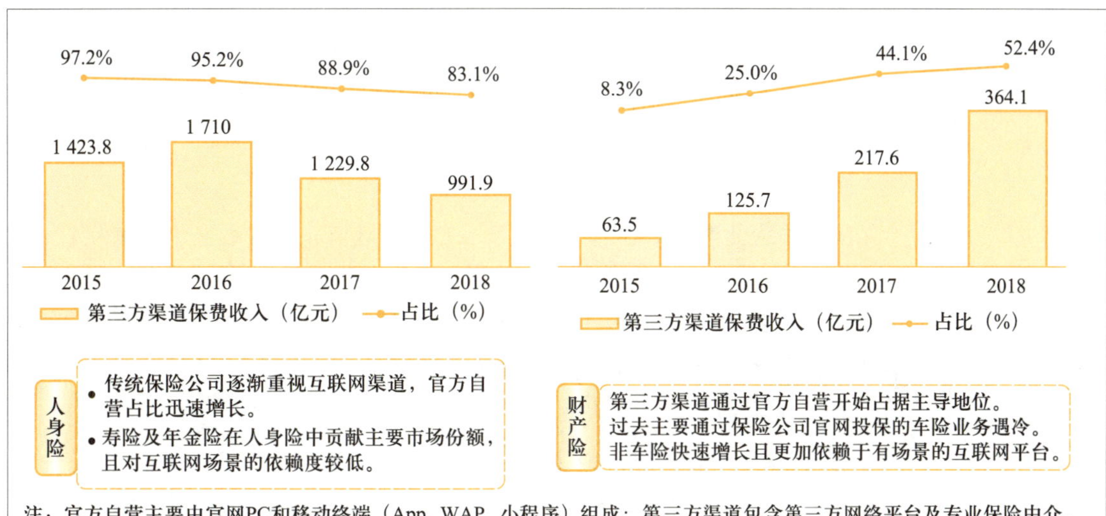

注：官方自营主要由官网PC和移动终端（App、WAP、小程序）组成；第三方渠道包含第三方网络平台及专业保险中介。
来源：中国保险行业协会，艾瑞研究院自主研究及绘制。

图5–2　人身险和财产险第三方平台保费收入及占比

4. 专业互联网保险公司发展现状

综合成本率是衡量保险公司经营状况的重要指标之一，在传统保险领域，中小保险公司往往在竞争激烈的市场环境下由于无法均摊成本而处于承保亏损的困境。专业互联网保险公司能够独立在互联网上从事保险业务，无须设立线下分支机构，理论上能够降低获客成本和运营成本以解决综合成本率高的问题。不过从市场表现来看，盈利问题仍然困扰着专业互联网保险公司，主要是因为发展初期规模化经济尚未体现。

第四次工业革命来临，保险业准备好了吗？

如今技术爆炸、多元化的用户需求和可持续发展要求正在引领第四次工业革命并几乎同时影响所有行业。物理、数字和生物领域之间的界限正在模糊。今天，技术正在连接并重塑整个社会结构和经济格局。越来越多的证据表明，保险业并不能抵御生活、工作和交流方式的根本转变，第四次工业革命给保险公司带来了深远的影响和潜在的危机。

保险公司或可从以下六个方面找到突破口：

1. 定位新兴产业，涉足蓝海市场

工业革命4.0正在改变工作的性质，新的就业市场产生了新的风险，同时也为保险公司提供了相应的新业务。

2. 抓住传感器机遇，打造创新高地

保险公司越来越多地将可穿戴设备和其他传感设备纳入保险产品的设计和开发中。即时场景化保险业务成了保险公司的亮点，在构建数字化消费者关系的潜力方面显而易见。

3. 预测+预警+预防，风险抵御力最大化

保险相关的健康计划和老人护理项目已然能改善消费者的生活和健康轨迹。

4. 未雨绸缪，迎接机器人时代

劳动力短缺在一定程度上推动了机器人技术的进步。机器人技术可以为整个行业日益扩大的人才缺口提供一个解决方案。

5. 强化客户交互，提升行业效能

尽管人们越来越多地选择上网购买保险，但保险公司一直难以复制线下经纪人或代理人的销售效率和说服力。不过，这种情况可能正在改变。基于人工智能，以预测分析和自然语言处理为驱动力的聊天机器人“智能顾问”能够与潜在客户进行清晰沟通，并根据个人的独特需求调整报价。

6. 精细化经营

工业革命4.0为保险业打开了潘多拉的盒子，不仅有许多引人注目的面向客户的机会，同时也有一些创新正悄无声息地提高业务效率。以美国再保险公司的风险维度为例，这种方法以独特的方式将预测模型组合在一起，解读并分析大量信息，从而生成可以加强承保和索赔等环节的洞察力，并识别业务增长机会。

为了顺应时代发展，对于保险公司而言，面对市场信号的变动，既要具有灵敏的反应能力，又要拥有良好的应变能力。第四次工业革命中基于数据的创新正在改变我们的交流方式和观察周围世界的方式，甚至将改变我们身体的功能，这也为保险在社会中发挥与众不同、更高价值的作用带来了重大机遇。

5.4 互联网保险监管

近年来，呈现加速发展态势的互联网保险为保险业注入了活力，但也存

在销售行为触及监管边界、服务体系滞后和管控不足等风险和问题，需要进一步规范。为此，监管部门出台了一系列政策法规并持续进行完善。

2011年4月，《互联网保险业务监管规定（征求意见稿）》明确保险公司、保险专业中介机构开展互联网保险业务的资质条件和经营规则。

2011年8月，《中国保险业发展“十二五”规划纲要》提出要大力发展保险电子商务，推动电子保单的创新应用。

2012年5月，《关于提示互联网保险业务风险的公告》规范了互联网保险业，向广大投保人进行了风险提示。

2013年8月，《关于专业网络保险公司开业验收有关问题的通知》补充了专业网络保险公司开业验收条件，进一步规范了互联网保险的发展。

2013年12月，《关于促进人身险公司互联网保险业务规范发展的通知（征求意见稿）》规定保险公司经营区域，认可赠险或服务赠送行为，并强调对网销应严格监管。

2014年4月，《关于规范人身保险公司经营互联网保险有关问题的通知（征求意见稿）》从多个方面对人身险公司经营互联网保险业务进行了规范。

2014年8月，《关于加快发展现代保险服务业的若干意见》明确提出支持保险公司积极运用网络、云计算、大数据、移动互联网等新技术促进保险业销售渠道和服务模式创新，为互联网保险未来的发展指明了方向。

2015年7月，为规范互联网保险经营行为，促进互联网保险健康规范发展，保护保险消费者合法权益，《互联网保险业务监管暂行办法》正式出台。围绕放开经营区域限制、产品管理、信息披露、落地服务、信息安全等一系列重要问题，明确了监管政策。

2019年12月，由银保监会中介监管部牵头起草的《互联网保险业务监管办法（征求意见稿）》开始向业内征求意见。同时，原保监会发布的《互联网保险业务监管暂行办法》文件废止。相较于此前政策实施，此次《征求意见稿》内容从30条增至106条，新增内容对互联网保险业务从宏观到微观的各个方面均作出了明确的规定。

延伸阅读

迈向“人工智能时代”的保险行业

近年来，人工智能领域投融资活跃。未来人工智能将贯穿保险业务的整个周期。《人工智能保险行业运用路线图（2018）》预计：人工智能将从产品设计、销售、投保、核保、理赔、售后服务各个环节对保险业产生全方位的影响，其中，精算、风控、保险资金运用三个核心业务环节受到的影响最大。

互联网保险与保险科技创新

从与机器人客服“对话”到“刷脸”领取养老金，从智能保险顾问量身定制“家庭理想保险建议”到仅需手机上传资料就可完成“智能赔付”。近年来保险行业新鲜事层出不穷，人工智能成为其中的“高频词”。这无疑是一个信号：生物识别、计算机视觉、机器学习、自然语言处理、语音识别等尖端技术的加盟，正让传统保险行业直面“人工智能时代”。人工智能加速发展并呈现出深度学习、跨界融合、人机协同、自主操控等新特征，给保险业带来了较大的冲击。如何适应新技术革命的变化，需要整个行业加以重视和思考。

在客户咨询服务领域，利用知识图谱、自然语言处理以及机器学习等技术实现的智能客服机器人，通过在线问答的方式，可以覆盖绝大多数用户咨询问题，随着解答问题的增多，机器人也在不停地学习沉淀，不断提升解答能力。智能客服机器人的出现，既解决了用户体验的问题，又帮保险公司降低了人工成本，未来是人工智能在保险行业应用非常重要和热门的一个领域。

随着互联网技术的发展，各公司都陆续开展了远程定损的探索，但受制于技术瓶颈，定损准确率一直不太理想。近年来，深度学习及图像识别等人工智能技术的突破，极大地提升了远程定损的精度及自动化水平，为进一步商业应用提供了坚实的支撑。以蚂蚁金服的“定损宝”为例，通过远程采集车险事故照片，对受损位置进行分解定位、角度还原、去反光、云端自主学习比对等操作，系统能在几秒钟之内就给出准确的定损结果。包括受损部件、维修方案、价格以及出险后对来年保费的影响等。

图像识别等人工智能技术的发展，可以有效破解传统方式下的鉴伪难题，为保险业的反欺诈应用开辟了广阔的空间。人工智能鉴别技术可以快速有效地判别虚假照片，适应于电商新业态下的理赔需求。传统寿险引入活体识别技术，可以通过虹膜、眼纹等有效识别真人与视频、照片等的区别，远程判断被保险人真实生存情况，有效解决生存金冒领问题。

互联网巨头的保险布局

大多数保险公司高管已经意识到，人工智能将彻底改变他们所在的行业。未来，随着智能化运用不断深化，除附带感情色彩的沟通之外，人工智能可完成投保过程大部分沟通问答，针对大数据分析实现差异化定价、精准推销等。而伴随机器学习功能的不断深化，人工智能有望实现“千人千面”的个性化保险产品定制，从而引领保险行业进入“强智能时代”。业界专家坦言，人工智能技术的迅速发展为保险行业带来了正面效应，但政策监管、数据、市场、研发技术和信息安全层面也存在一定障碍，在资本、数据、道德伦理、人才等因素方面仍存在挑战。

未来保险公司具备的特质

当下，保险业正处于一个发展转折点。新一代保险公司正在崛起，打破了传统的商业模式。这些挑战者努力挣脱传统的约束，正在构建多元化的业务系统，为当今数字化消费者提供能产生共鸣的产品和服务。

放眼未来，新一代保险公司需要具备以下七项特质：

1. 第一性原理

对于保险公司来说，第一性原理就是重新思考保险的意义："如果现在有人发明了保险，那会是什么样子？我们还会使用表单和合同吗？还会以同样的方式进行承保和理赔吗？"

对于今天的保险公司来说，要想跟上行业转型步伐，它们必须从传统观念转变到"第一性原理"思维模式。

2. 为"超级连接"时代做好准备

今天的保险客户活在"超级互联"的世界里。他们通过手机、计算机、可穿戴设备、联网汽车、智能语音助手，获得全方位、全时段的在线体验。

许多保险公司错误地认为，仅仅推出一款移动App就能解决这一创新需求。然而，在缺乏现代基础设施和信息系统支持的情况下，App的背后依旧是糟糕的业务流程，仍然无法满足当今数字客户的需求。新渠道将暴露遗留系统的弱点，给保险公司带来灾难性的后果。新一代保险公司必须建立起强大的高性能信息系统体系结构，从而满足"超级链接"客户的实时需求。

3. 扩展价值主张

如今的客户想要更有价值、更多样化的"一站式"服务，其中许多都不是保险公司的核心竞争力。关于"价值主张"的构建，保险公司可以从其他服务提供者中获得各项功能性模块。参考航空业，除了提供机票预订，航空公司还与酒店在线预订网站和汽车租赁代理平台合作，满足客户的差旅"全方位"需求。

新一代保险公司应该认识到，整合其他供应商产品的价值和效应，价值链不需要（也不应该）完全由内部开发。

4. 紧跟科技巨头的步伐

过去，保险公司往往在价格和产品上展开竞争。当降低保费仍不济时，公司推出新产品，然后竞争对手跟风模仿，最终导致利润率极其微薄，保险公司难以盈利。当整个行业的定价和产品趋同时，保险公司需要凭借客户体验争夺市场份额。

麦肯锡认为，组织结构阻碍了传统保险公司的发展。新一代的保险公司需要打破不同的业务功能间的信息障碍，创建以客户为中心的服务体验。

5. 快速响应市场

保险公司在提供积极的客户体验方面面临的主要挑战之一是，它们无法快速适应不断变化的市场动态。客户不再区分垂直行业，期望在所有市场中都能获得近乎实时的响应。

新一代保险公司要学会快速行动，更快地向市场提供个性化的产品，也更快地满足客户对这些产品的服务要求。在一个即时满足的时代，消费者对产品的期望很高，而当这些期望没有得到满足时，消费者却表现出很小的容忍度。因此，产品交付的速度和产品服务的速度将定义未来的保险公司。

6. “智能化”工作

新一代保险公司不仅要注重速度，也要注重效率。为了降低运营成本，保险公司必须精益化经营，但也不能牺牲商业决策的质量。

新一代保险公司要学会在资源和技能日益受限的环境中，更聪明地工作，而不是更努力地工作。

7. 拥抱无处不在的信息

在数据大爆炸的时代，保险公司如何将源源不断的数据洪流转化为可操作的信息？保险公司需要构建跨部门、跨领域合作，建立从数据获取、数据整合到数据使用的完整链路，并实现业务、数据、服务三者的协同配合：① 通过扩大业务范围搜集更多的客户数据；② 通过提升数据组织和处理能力整合更多的可用数据；③ 通过充分运用到服务中促进提升客户体验、为公司业务创造更大价值。

实训练习

实训操作1：互联网保险市场的商业模式分析

1. 实训背景

从保险深度及密度上看，我国保险市场仍处于发展初期。但商业保险核心驱动力极强，行业未来前景广阔。作为金融行业三大支柱之一的保险行业，从产品设计到服务再到营销模式，都因互联网金融的兴起发生了翻天覆地的变化。在经历过2012—2015年的爆发期、2016—2018年的压抑期后，互联网保险行业的竞争将加速进入到白热化阶段。作为保险行业中的重要一员，互联网保险是垂直细分的领域，近年来发展迅猛，随着人工智能等新技术的发展与应用，行业、资本切入互联网保险的模式也更为多样。

互联网保险现有模式分析

在对互联网保险模式分类的时候，从产品、营销和服务三个层面切入，是从互联网保险创业公司选择保险价值链哪一环节进行改造出发（如表5-1所示）。

表5-1　互联网保险公司类型：按不同营销进行分类

互联网保险商业模式	经营主体	数据采集方	产品体系是否丰富	是否有利于同类产品对比
官方网站模式	大型保险集团、上市险企	保险公司	是	否
第三方电子商务平台模式	第三方电子商务平台	第三方电商	是	是
专业互联网保险公司模式	持有互联网保险牌照的互联网保险公司	保险公司	是	否
专业中介代理模式	获得保险网销资格的网站	中介代理企业	是	是
网络兼业代理模式	银行、旅行网站及航空、铁路客票网站	兼业代理企业	否	否

此外，还可以从互联网保险公司所面对的商业企业（2B）、个人客户（2C）和中介机构（2A）出发来进行分类。互联网保险业务在这三大模块的积极发展，有效丰富了互联网保险市场，为互联网保险的发展奠定了基础。

2. 实训目标

通过阅读实训背景，查阅搜索相关资料，加深对互联网保险业务模式的理解。通过2B、2C、2A三种互联网保险模式的分析，从客户角度深入理解互联网保险业务。

3. 实训内容

（1）请对2B、2C、2A三种互联网保险业务模式进行分析填入下表。

模式	优势	劣势	代表企业
2B			
2C			
2A			

（2）请统计这三类业务模式现有的市场规模并判断其未来的发展空间填入下表。

模式	市场规模（主体数量、保费规模、典型产品）	代表企业
2B		
2C		
2A		

实训操作2：互联网企业的保险布局

1. 实训背景

互联网保险模式比较

保险历来是互联网巨头的兵家必争之地。2016年，阿里旗下的蚂蚁金服发起成立了蚂蚁保保险代理有限公司，并取得了保险经纪牌照。2017年，由腾讯持股57.8%的微民保险代理有限公司正式获批，此举也意味着腾讯可依靠QQ和微信开展保险业务。

在腾讯、阿里、百度、京东等互联网巨头相继进入保险市场之后，被称为互联网第二梯队的美团和滴滴、今日头条也紧随其后，争相试水保险业务，打响了互联网保险战场的新战争。

（1）美团。早在2015年，美团就上线了与外卖有关的保险业务——“准时保”，为顾客提供外卖订餐的时间保险。“准时保”服务规定，在美团专送，且在线支付的立即送出订单（非预订单）均可购买，如果订单餐品在规定时间内没有送到，就可以获得订单实际支付金额20%的赔偿。2018年2月，美团旗下全资子公司重庆金诚互诺保险经纪有限公司获批，可以在国内经营保险经纪业务。这意味着美团终于名正言顺地进军保险行业了。美团在日常提供的外卖等服务中积累了大量用户，也掌握了大量与消费者有关的数据，包括消费者的生活习惯、消费特征等。手握巨大的流量，进而利用之前搭建的平台，场景化的保险业务将是美团进军保险市场的重中之重。

（2）滴滴。滴滴在保险市场也是深耕多年。2015年，中国平安参与滴滴投资，滴滴与平安产险上海分公司合作推出了“滴滴平台司乘意外综合险”，为滴滴司机与乘客提供意外风险的保障。2016年，滴滴又获得中国人寿6亿美元的投资，双方合作推出一款车险产品，为滴滴打车首批1.6万辆汽车提供保险。

2020年3月，银保监会官网上挂出现代财产保险（中国）有限公司变更注册资本的批复公告。公告指出，现代财险新增四个股东，滴滴出行全资控股的迪润科技有限公司出资5.33亿，和联想同为第二大股东，持股32%。这也是滴滴可以控制的第二块保险牌照。除了传统保险业务外，滴滴还推出了网络互助平台“点滴相互”，目前参加人数已经超过131万人。

目前滴滴保险已经形成了以车险为主、人身险为辅的格局。从上线互助平台可以看出，滴滴大力发展健康险的意图明确。滴滴手中巨大的客户数据以及保险需求，将是滴滴进军保险行业的一把利剑。

（3）今日头条。2018年6月，今日头条母公司福建字节跳动科技有限公司斥资5 000万元收购华夏保险经纪有限公司100%股权，开始了其在保险行业的布局。2019年7月，今日头条保险服务平台重新上线，丰富了保险的品种，包括重疾险、意外险、旅行险等，合作的保险公司除了泰康在线，还有百年人寿、平安养老、安联财险等。和腾讯、阿里相比，今日头条在用户积累、行业沉淀、支付等方面劣势明显，尤其是缺少支付牌照，大大影响了今日头条在保险板块的动作。

不过，今日头条巨大的流量倒是为保险行业打开了一条新渠道。今日头条系下的抖音聚集了多保鱼、小帮保险等保险公司，通过短视频、直播吸引了众多粉丝。除了这些创业公司外，众安、平安等保险公司也纷纷进驻抖音，短视频俨然成了保险业在互联网平台的新战场。

2. 实训目标

通过阅读实训背景，查阅搜索相关资料，加深对互联网企业加大保险布局的目的、优势和做法的理解。

3. 实训内容

请登录并浏览美团、滴滴和今日头条的主站及App进行体验并浏览产品，尝试分析这三家互联网企业在发展保险时不同的优势和做法。

在线练习

第5章在线练习

课后思考

1. 互联网保险的定义是什么？
2. 与传统保险相比，互联网保险具有哪些特点？
3. 请简述互联网保险的运营模式。
4. 互联网保险产品的开发需要遵循哪些原则？
5. 请简述互联网保险未来发展的趋势。

第6章 互联网信托和互联网消费金融

学习目标

【知识目标】

- 掌握互联网信托和互联网消费金融的本质和合规特征。
- 了解互联网信托和互联网消费金融的形式和典型产品。

【能力目标】

- 能够区分互联网产品与传统线下产品。
- 能够辨识互联网信托和互联网消费金融的公司和产品的合法性。

【思政目标】

- 树立正确的财富价值观，坚持正确的消费价值取向。
- 在互联网信托和互联网消费金融中倡导并践行社会主义核心价值观。

思维导图

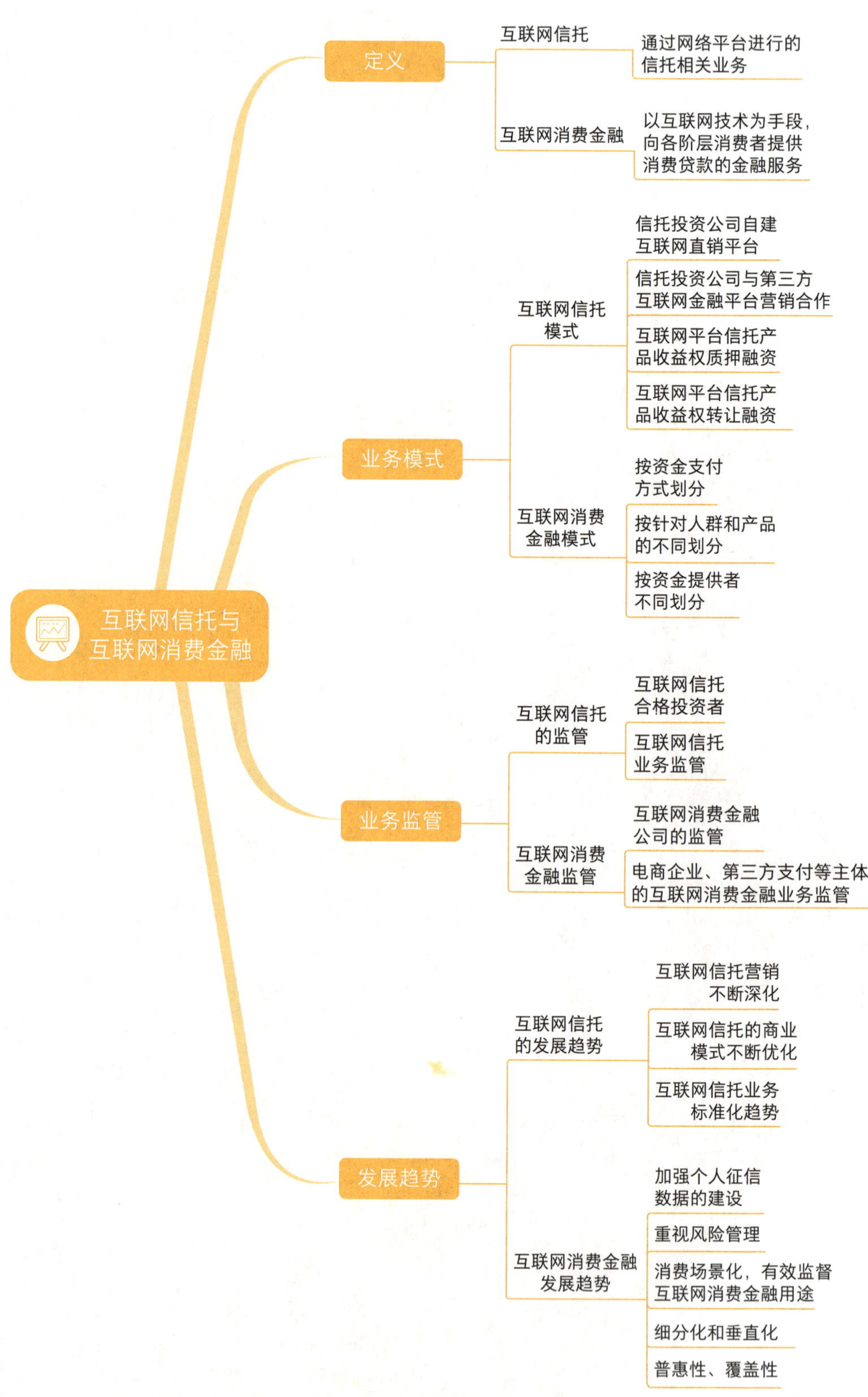
互联网信托与
互联网消费金融
定义
互联网信托
通过网络平台进行的
信托相关业务
互联网消费金融
以互联网技术为手段，
向各阶层消费者提供
消费贷款的金融服务
业务模式
互联网信托
模式
信托投资公司自建
互联网直销平台
信托投资公司与第三方
互联网金融平台营销合作
互联网平台信托产
品收益权质押融资
互联网平台信托产
品收益权转让融资
互联网消费
金融模式
按资金支付
方式划分
按针对人群和产品
的不同划分
按资金提供者
不同划分
业务监管
互联网信托
的监管
互联网信托
合格投资者
互联网信托
业务监管
互联网消费
金融监管
互联网消费金融
公司的监管
电商企业、第三方支付等主体
的互联网消费金融业务监管
发展趋势
互联网信托
的发展趋势
互联网信托营销
不断深化
互联网信托的商业
模式不断优化
互联网信托业务
标准化趋势
互联网消费金融
发展趋势
加强个人征信
数据的建设
重视风险管理
消费场景化，有效监督
互联网消费金融用途
细分化和垂直化
普惠性、覆盖性

案例导学

互联网信托直销网站：中信信托网站

中信信托的“一千零一夜”

中信信托有限责任公司是以信托业务为主业的全国性非银行金融机构、中信集团系统重要性成员企业、中国综合实力领先的信托公司。1988年3月1日，公司前身中信兴业信托投资公司经原中国人民银行批准在北京正式成立。2002年经中国人民银行批复，中信集团将中信兴业信托投资公司重组、更名、改制为“中信信托投资有限责任公司”，并承接中信集团信托类资产、负债及业务。2007年，经原中国银监会批准，公司名称变更为“中信信托有限责任公司”。中信信托网站上有信托产品介绍、信托产品信息披露、信托知识宣传、客户服务、网上交易等项目，客户可以在其网站上查询集合信托产品，充分了解信托产品信息和风险后，可以在其网站上通过视频认证，直接签订电子合同，投资信托产品。该网站拓展了中信信托公司的营销渠道，也方便投资者投资，减少信息不对称。

案例分析

随着人们理财观念的改变，出于对实力雄厚的平台机构的信任，越来越多的客户开始在网上购买大额理财产品。互联网信托直销，即信托公司通过互联网渠道（包括官网、客户端和微信平台等）销售信托产品。不同于银行及证券公司等其他金融机构，信托公司缺少营业网点，销售能力受限；但搭建自己的直销平台则开辟了新的销售渠道并减少了对第三方平台的依赖，合规争议也不大。因此，互联网信托直销有望成为互联网信托重要业务营销模式。

信托登记网站：中国信托登记有限责任公司

中国信托登记有限责任公司（以下简称“中国信登”）是经国务院同意、由中国银保监会实施监督管理、提供信托业基础服务的非银行金融机构，于2016年12月26日成立。中国信登定位为我国信托业的信托产品及其信托受益权登记与信息统计平台、信托产品发行与交易平台、信托业监管信息服务平台等三大平台，并以市场化方式运作，坚持依法合规和稳健经营的原则，忠实履行监管部门赋予的信托登记和其他相关职能。根据原中国银监会关于中国信托登记有限责任公司开业的批复和发布实施的《中国信托登记有限责任公司监督管理办法》，中国信登可以经营下列业务：① 集合信托计划发行公示；② 信托产品及其信托受益权登记，包括：预登记、初始登记、变更登记、终止登记、更正登记等；③ 信托产品发行、交易、转让、结算等服务；④ 信托受益权账户的设立和管理；⑤ 信托产品及其权益的估值、评价、查询、咨询等相关服务；⑥ 信托产品权属纠纷的查询和举证；⑦ 提供其他不需要办理法定权属登记的信托财产的登记服务；⑧ 国务院银行业监督管理机构批准的其他业务。中国信登在其网站上披露各个信托公司合法发行的产品，信托产品登记、信托受益权转让登记等服务，是我国统一的信托业基础服务公司。

案例分析

信托机构开展信托业务，应当办理信托登记。根据《信托登记管理办法》，信托机构申请办理信托登记时应当根据信托登记公司的规定，通过信托登记公司的信托登记系统提交信托登记信息，并上传相关文件。信托登记公司与信托机构应当建立专用网络，实现系统对接，确保信托登记信息和相关文件报送安全、高效。信托登记公司应当在完成信托登记当日向信托机构出具统一格式的信托登记证明文书。集合资金信托计划的信托登记基本信息应当在信托初始登记后五个工作日内在信托登记公司官方网站公示。信托登记基本信息包括集合资金信托计划名称、登记时间、产品编码、信托类别、受托人名称、预计存续期限、信托财产主要运用领域等内容，国务院银行业监督管理机构另有规定的除外。

因此，对于信托产品是否经过登记的查询，信托受益权转让登记等业务，都可以到中国信登的网站上实现。中国信登增加了信托产品的透明度，也让投资者能更快捷方便地检索信托产品。

时间价值网：信托收益转让产品

时间价值网是深圳市时间价值信息技术股份公司旗下运营的互联网金融平台。时间价值网通过金融结构和法律结构的创新，将非标金融资产改造为普通投资者可以参与的低门槛、低风险、高流动性的投资产品。时间价值网践行的是收益转让，后台产品设计和交易规则更趋向于资产证券化。时间价值网明确规定产品定价规则和定价依据，标的以风险较低的征信类信托为主。自网贷风险专项整治以来，时间价值网不断收缩业务规模。2019年以来，随着互联网金融政策的持续收紧，备案一直延迟，整个行业存在不确定性。通过对目前政策环境和市场环境的分析，在《深圳市网络借贷信息中介机构良性退出指引》的指引下，经过创始人和管理团队慎重考虑，2019年12月停止了新增业务，决定良性退出P2P网贷，最大限度地保障投资人的利益。这是时间价值网目前最好的选择，也是最能保障投资人利益的方式。

案例分析

中国存在大量有良好收益风险比的非标金融资产，但因门槛高、流动性差等原因，投资主体大多局限于机构或高净值群体，市场未能盘活，社会公众难以参与。市场上的投资理财工具虽然繁多，但符合流动性需求，收益率和安全性又较好的产品十分稀缺，大量社会财富只能以活期储蓄形式投资。时间价值网运用金融和法律技术，借助互联网平台，解决非标金融资产流动性问题，同时为社会公众提供优质的闲置资金管理工具。同时投资者要注意规避资金池风险，仔细查看账户和合同，看金额与具体资产是否一一对应。

4 互联网消费金融公司：美利金融

2015年9月21日，国内首家专注二手车与3C消费分期服务的互联网消费金融公司——美利金融正式上线，采用一端对接线上有投资需求的投资人、一端对接线下有消费需求的借款人的商业模式。在风险防范举措上，美利金融平台上的所有投资产品均享有由该公司发起设立的美利保障金计划，将更好地保护投资人的资金安全。据介绍，美利金融还通过小额分散的原则，在投资时将投资人资金分散投向不同地域、行业、人群特征之中。美利金融将大数据融入传统的消费金融审核，结合借贷政策、征信数据以及FICO评分卡等多种信用风险识别系统，在筛选合适用户的同时过滤真实消费，运用客户行为信息、申请信息、征信信息和互联网大数据进行交叉验证和数据建模，对客户进行更加精准和立体的画像，有效地锁定目标客户群体，避免潜在的欺诈和逾期风险。2019年10月31日，美利车金融向美国证券交易委员会提交招股书，计划募资至多1亿美元。据招股书显示，截至2019年6月30日，该公司汽车融资余额219亿元。

然而，美利车金融成立以来，从未逃脱被投诉“套路贷”的命运。如车辆贷款金额问题：“买车时总价10万元，首付3万元，贷款7万元，为何还款时贷款会变成75 000元？”根据美利车金融招股书披露的数据：在2019年前6个月中，美利车金融收取的服务费，约为贷款本金的4.9%至11.4%。同期，美利车金融资金合作伙伴收取的平均年化利率为8.4%。2019年7月份某客户在中国人民银行打印了征信报告，显示其有一笔为46 678元的新网银行贷款，然而客户表示其从未签订过借款方为新网银行的借款合同。在美利车金融后续发给客户的合同中，隐藏了贷款服务费6 498元，贷款GPS1 780元，贷款保险费4 800元，实质为变相收取砍头息行为，从实际贷款3.6万元变为46 678元。自2019年6月开始，全国公安机关开展了新一轮打击惩治“套路贷”专项行动。众多涉嫌套路贷的消费金融公司以及提供风控的大数据公司相继落马，行业处于风声鹤唳的状态之中。互联网车贷中介机构合规经营，将服务费用公开公示，明码标价，避免“套路贷”成为一个重要的措施。

案例分析

个人消费贷款频次高、黏性大、规模化程度强、非标准化程度高、链条很长，互联网个人消费金融平台可以做的服务很多，也有较大的业务空间。互联网金融平台大举发展消费金融业务，成为消费金融服务的新兴力量。互联网消费金融公示如何合规经营，如贷款服务如何收取、贷款如何合法催收、不良贷款率如何降低、如何避免客户将资金用于非法活动等都成为互联网消费金融公司要研究的课题。

花呗分期

花呗分期是蚂蚁金服推出的消费金融产品，用户在支付时使用花呗分期支付，订单全额实时支付到商家支付宝账户中，用户分期偿还花呗。签约成为花呗分期服务商后，作为花呗分期收款产品的服务商，可为包括但不限于线下家居、家电、家具、教育、母婴、生活服务等消费场景的商户提供花呗分期收款工具。商户使用花呗分期收款，服务商即可以获得花呗协作费。花呗分期作为支付宝内的一个便捷的分期付款方式，用户使用支付宝时可以快速完成花呗分期付款，期数有3、6、12期等多种选择，分期还款可以大大促进线下门店的交易转化率。

案例分析

花呗分期依托阿里巴巴强大的生态系统，为消费者提供了良好的金融服务。掌握众多数据的阿里巴巴在意识到数据的重要性之后，便开始布局挖掘数据价值，将闲置的数据点石成金，金融服务的推出建立在其多年的电子商务行业数据积累之上。阿里巴巴积累大量的用户消费数据后，分析其信用能力，推出花呗分期业务，在控制风险的基础上也促进了用户的消费。

6　杭银消费金融股份有限公司

杭银消费金融股份有限公司是由杭州银行主导发起，携手中国银泰、欧洲商业银行、西班牙对外银行等国内外企业联合组建。杭银消费金融股份有限公司是经中国银保监会批准、持有消费金融牌照的全国性金融机构。公司以“数据、场景、风控、技术”为核心，依托大数据、人工智能、云计算等尖端互联网科技，为全国消费者提供金融服务。其主要互联网消费金融产品有轻享贷、轻享卡。轻享贷是年轻客户在线即时借款，仅凭身份证即可完成，500元起借，借款金融一分钟到账。轻享卡全程线上申请，申请成功即可以在微信绑卡消费，可先消费后还款。

案例分析

消费金融公司推出线上消费金融模式，客户从申请至提款全部在线完成，无须抵质押，额度立等可见，资金分分钟到账，按日计息。互联网消费金融模式大大拓展了消费金融公司的业务空间，避免了消费信贷需求者与消费金融公司在时间、空间上的不对称，但是也对消费金融公司的信贷技术、信息技术提出很高要求。

内容讲解

互联网信托和互联网消费金融是互联网金融的业态之一。《关于促进互联网金融健康发展的指导意见》指出，要鼓励信托和消费金融等金融机构依托互联网技术，实现传统金融业务与服务转型升级，积极开发基于互联网技术的新产品和新服务，建立服务实体经济的多层次金融服务体系，更好地满足中小微企业和个人投融资需求，进一步拓展普惠金融的广度和深度。

6.1 互联网信托和互联网消费金融定义

6.1.1 互联网信托定义

1. 信托概述

信托是指财产的所有者（自然人或法人）为本人或他人的利益，将其财产交与受托人，委托受托人根据一定的目的对财产作妥善的管理和有利经营的一种经济行为（如图6–1所示）。信托也是一种金融行为，它具有融通资金以及融资与融物、融资与财产管理相结合的特点。

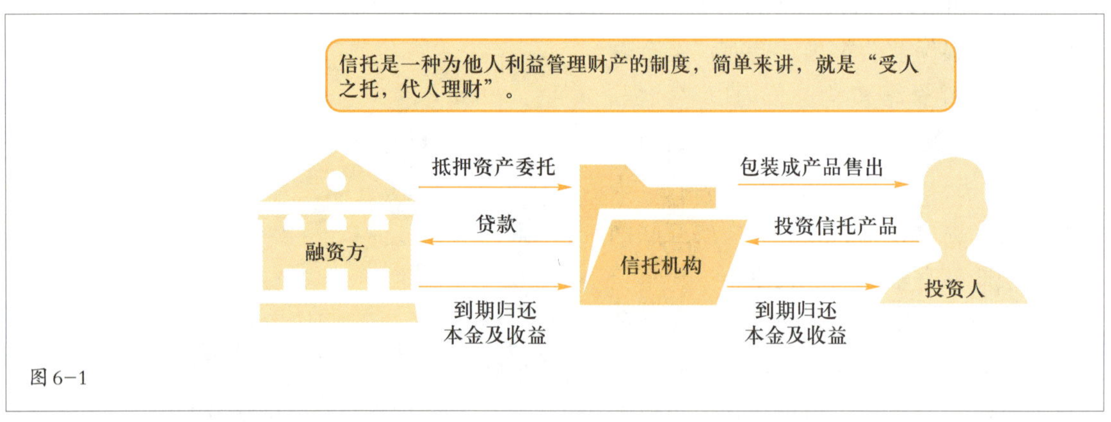

图6–1

信托的概念、类别、功能及特色

信托投资公司也称信托公司，是以资金及其他财产为信托标的，根据委托者的意愿，以受托人的身份管理及运用信托资财的金融机构。信托投资公司受委托人的委托，为委托人的利益管理、支配信托财产。经营风险由委托人或受益人承担，收益一般归受益人，公司收取手续费。信托公司的业务活动范围相当广泛，几乎涉足所有金融领域。由于信托公司在经营信托业务的过程中表现出来的突出特征在于其投资性，而且信托投资、委托投资等属于信托公司的传统业务，所以一般的信托公司又都称为信托投资公司。

按照信托的内容划分，可以分为贸易信托和金融信托。贸易信托是指商业贸易机构接受客户的委托，从事商品代理买卖的信托行为，它是比较古老的信托方式。金融信托是指经营金融委托代理业务的信托行为，它以代理他人运用资金、买卖证券，发行债券、股票，管理财产等为主要业务。金融信托与银行信贷、保险并列为现代金融业的三大支柱。国际上办理信托业务的主要机构有商业银行的信托部、专业性的信托公司和信托银行等。互联网信托主要是金融信托。

2. 互联网信托

互联网信托就是通过网络平台进行的信托相关业务，如信托产品销售、获得信托产品收益权的转让、信托产品收益权质押等业务。互联网信托平台为有资金需求的项目和有投资理财需求的主体搭建了一个安全、稳健、透明、高效的线上信托撮合平台。互联网信托平台上所发布的项目需要参照金融行业风控体系进行严谨的发布前审核，委托人可根据个人理财收益目标差异选择不同信托产品，并获得相应稳定的理财收益。

传统信托的资金门槛较高，一般在百万元以上，投资期限也长达几年，而大众闲置资金则有投资门槛低、期限短的特点，其分配和调整相对更灵活。通过互联网信托产品的创新，可以引入上述大众闲置资金。同时，互联网信托的透明化程度也是传统信托所不具备的，在互联网信托平台上，对借款企业与投资个人要求实名认证，借款企业基本资料公开，每一个项目进行过程基本完全透明。

6.1.2 互联网消费金融

1. 消费金融

消费金融的概念

传统消费金融，是指向各阶层消费者提供消费贷款的现代金融服务方式。《消费金融公司试点管理办法》所称消费贷款是指消费金融公司向借款人发放的以消费（不包括购买房屋和汽车）为目的的贷款。

消费金融公司是指经中国银行保险监督管理委员会批准，在中华人民共和国境内设立的，不吸收公众存款，以小额、分散为原则，为中国境内居民个人提供以消费为目的的贷款的非银行金融机构。专业消费金融公司不吸收公众存款，在设立初期的资金来源主要为资本金，在规模扩大后可以申请发债或向银行借款。此类专业公司具有单笔授信额度小、审批速度快、无须抵押担保、服务方式灵活、贷款期限短等独特优势。

消费金融公司的业务主要包括个人耐用消费品贷款及一般用途个人消费贷款、信贷资产转让及同业拆借、发行金融债等。就前两种业务来说，个人耐用消费品贷款通过经销商发放，一般用途个人消费贷款则直接向借款人发放。

设立消费金融公司这样一类新型金融机构，是促进中国经济从投资主导型向消费主导型转变的需要。消费金融在提高消费者生活水平、支持经济增长等方面发挥着积极的推动作用，这一金融服务方式目前在成熟市场和新兴市场均已得到广泛使用。在发达国家，消费金融公司主要面向有稳定收入的中低端个人客户。

2. 消费金融的发展

在国际上，消费金融已有400多年的发展历史。最早是由于产能过剩，为了扩大产品销售，制造商和经销商就对产品进行了分期付款销售，因此带来了消费信贷的迅速发展。中国的消费金融公司概念最早出现在2009年《消费金融公司试点管理办法》发布后。2010年，北银、锦程、中银和捷信4家消费金融试点公司获批成立，业务快速扩张。由于4家消费金融公司有3家是以银行为主导，所以在成立之初，消费金融遭遇了一个尴尬的现实：消费信贷业务基本被银行信用卡覆盖，那些无法申请信用卡的客户也比较难获得消费信贷。在行业发展最初的几年间，消费金融业务模式与业绩饱受争议，参与主体数量也没有进一步放开。

2013年，消费金融公司试点进一步扩大，消费金融公司准入门槛放宽，招联、兴业和苏宁云商等消费公司陆续批复筹建。2014年京东白条的上线和天猫分期的推出标志着大型电商平台介入消费金融领域，互联网金融平台大举发展消费金融业务，逐渐成为消费金融服务的新兴力量。

2015年6月，国务院常务会议决定将消费金融公司试点扩至全国之后，消费金融政策限制破冰。之后的两个月内，超过12家消费金融公司获准开业，这一数量已接近之前五年消费金融公司的总和。

3. 互联网消费金融

互联网消费金融

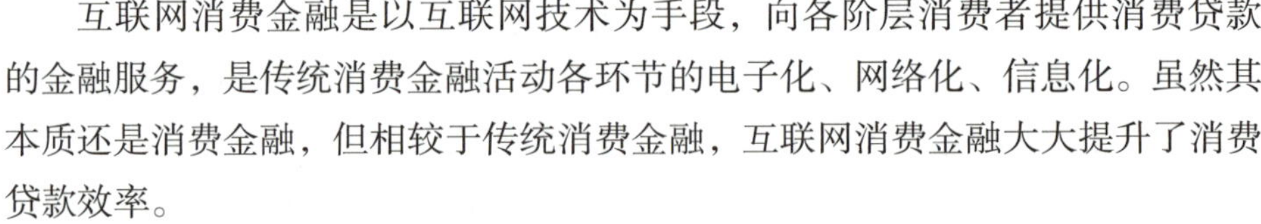

互联网消费金融是以互联网技术为手段，向各阶层消费者提供消费贷款的金融服务，是传统消费金融活动各环节的电子化、网络化、信息化。虽然其本质还是消费金融，但相较于传统消费金融，互联网消费金融大大提升了消费贷款效率。

互联网消费金融被认为是未来互联网金融最具有价值的业务之一。其原因有：① 符合国家整体经济形势导向。从以往的出口拉动型转型为以需求为导向的内部驱动型，消费金融从内涵上已经基本满足了国家这一经济发展策略，从各个方面的金融服务配套来看，未来针对个人的综合性消费金融服务必然会成为整体内需导向型经济的一个重要组成部分。目前，消费类贷款余额大约占总体贷款余额的35%，仍有可能进一步提高。② 对于互联网金融产业而言，消费金融是一个较大的嵌入点。利用互联网便捷、差异化的渠道和数据分析能力，消费金融是一个很好的实体经济细分市场。目前很多互联网金融平台已经朝着这个方向发展，平台标的是小额、分散、有严格期限匹配的消费类金融借贷和理财服务，这些消费类金融服务依托于一些具体的行业和产业，这样就可以批量降低成本，同时做好行业性风控。③ 消费金融目前已经在一些互联网巨头中逐步产生了较大的影响力，并且顺利实现了对外部传统金融机构资产端的输出。主流的互联网金融平台并不能自己产生资产，而像阿里小贷这样的平台已经通过小微企业借款和白条资产等的证券化实现了标准化资产输出，这是一个很大的进步，标志着互联网金融可以从只做渠道进入到资产生成阶段。

新闻速览

公安部：积极配合做好互联网金融风险整治，严防风险外溢传导

2020年1月18日至19日，全国公安厅局长会议在京召开，国务委员、公安部党委书记、部长赵克志出席并讲话。

赵克志强调，要紧紧围绕打赢防范化解重大风险攻坚战，扎实抓好维护国家政治安全和社会稳定各项措施的落实，坚决捍卫政治安全，全力维护社会安定，切实保障人民安宁。要始终把防范政治安全风险置于首位，深入开展反渗透反颠覆反分裂反邪教斗争，牢牢绷紧反恐怖斗争这根弦，加强侦察打击、基础防范和国际反恐合作，严密落实反恐措施，不断巩固我国反恐怖斗争稳中向好的良好态势。

要坚持“稳”字当头，深入开展打击非法集资等违法犯罪专项行动，依法打击非法金融活动，积极配合做好互联网金融风险整治，严防风险外溢传导。要坚持和发展新时代“枫桥经验”，以开展“百万警进千万家”活动为载体，深入开展矛盾纠纷大排查大调处，最大限度地把各类问题隐患发现在早、化解在小，努力从源头上预防群体性事件和个人极端暴力事件的发生。要毫不动摇地坚持依法严打方针，深入推进扫黑除恶专项斗争、确保取得决定性胜利，继续深化打击整治枪爆违法犯罪专项行动。

严厉打击跨境电信网络诈骗、网络赌博、套路贷、侵犯公民个人信息、涉税、走私和“食药环”“盗抢骗”等违法犯罪活动，持续深化对毒品问题、“三非”问题和网络黑灰产业等网上乱象的集中整治，努力使人民群众安全感更加充实、更有保障、更可持续。要加强公共安全治理体系建设，探索建立新技术新业态安全监管制度，加强道路交通和铁路、民航、交通港航安全管理防范，维护国家关键信息基础设施和大数据安全，不断提高对动态环境下社会治安的整体防控能力。

6.2　互联网信托和互联网消费金融业务模式

6.2.1　互联网信托发展

1. 信托业务与互联网金融差异性

互联网信托平台

我国信托业目前的业务还是私募性质的，其产品不像基金产品或理财产品那样标准化，每款信托产品都有不同的设计。按规定，信托公司对产品不得进行公开宣传，而且信托产品投资门槛大多在100万元以上，客户总体数量偏小但客单价偏高，信托产品的投资者也需要严格满足合格投资者的规定，监管层对于信托产品的销售、发行、转让等都有明确的规定，跟目前大众化的互联网金融产品有所不同。信托公司业务与互联网金融的交集并不明显，由于定位不同，所以面对的客户和需求也不同。

2. 信托业务与互联网金融融合

互联网信托对信托业转型发展的启示

互联网金融正以公开、透明、方便、快捷以及广泛、低成本的交易模式颠覆着传统金融，已经有越来越多的人通过互联网购买金融产品并快捷支付。金融产品也能通过互联网进行受益权转让，信托公司认识到了这个现实并顺应客户需求，在合法合规的前提下，把互联网和金融因素有机整合，从产品设计、市场营销、资产管理、客户服务等方面推动业务转型。

《关于促进互联网金融健康发展的指导意见》(以下称《指导意见》) 首次提出“互联网信托”概念，并明确互联网信托为互联网金融的主要业态之一。互联网金融的快速发展为正处于转型关键时期的信托业提供了一个新的转型方向，信托公司充分利用互联网思维开拓新的发展模式，凭借灵活的制度优势，主动探索如何将互联网基因与金融元素整合起来，开发全新的业务模式，从产品和服务两方面提升客户体验。

在产品开发方面，信托公司可以利用互联网金融这种新型模式，打通需求端和供应端，根据客户不同需求，提供更加个性化的产品；同时，互联网为信托公司提供了绝佳的风险控制通道与合作创新平台，通过大数据的挖掘，可以为信托公司项目中后期管理、创新产品研发以及机构合作等提供有力支撑，延伸产品线。在客户服务方面，信托公司可以借鉴互联网思维最核心的给客户极致体验的理念，构建互联网平台进行产品销售，为理财及投融资客户提供更方便、更快捷、更优质的服务，完善客户体验，增强客户黏性。

《指导意见》为互联网信托的发展奠定了基础，信托公司应在合法合规的前提下继续探索互联网信托的可能性，以业务创新和经营创新为出发点，助力信托公司业务的顺利转型和经营水平的实质提升。

6.2.2 互联网信托模式

1. 信托投资公司自建互联网直销平台

(1) 建立互联网营销网站。移动互联网对传统金融行业的改变之一，便是营销模式的改变。传统信托产品的营销主要依靠银行和第三方理财机构代销，在行业转型时，直接铺设成本高昂的营销网点显然是下策；而利用互联网模式突破时间和空间的限制，为客户提供更好的服务体验，才是上策。信托投资公司自建互联网直销平台，在自建平台上推介营销信托产品，从而积累大量的客户。

(2) 信托公司纷纷推出手机移动 App。互联网营销平台具有成本低、推广不受空间和时间限制等优点。从功能上来看，信托公司开发的App，基本都是以财富管理为目的，大部分包括常规的理财产品推介与持有产品查询功能。例如，国投泰康信托的“国投财富”，客户通过在智能手机及其他客户端安装和使用App，可以了解国投金融板块下的各类理财产品信息，如信托产品、资管产品、基金产品等，还可以在线预约认购理财产品，查询交易情况。渤海信托的App除了公司概况，还设置有“持有资产查询”“历史交易查询”“收益分配查询”和“信息披露查询”等功能。除了常规的理财产品推介及预约，查询已购买产品的持有、交易、收益分配情况外，部分信托公司为已办理电子交易的客户提供了旗下现金管理型产品的申购和赎回申请功能，而一般集合信托产品的在线交易功能大多还没有实现。

（3）微信公众号。从已有的信托公司官方微信公众号上来看，一个信托的微信号大多会设置产品推介预约、信托研究、新闻资讯、活动推送，以及公司简介等功能模块。例如，中信信托按产品类别推出了4个微信公众号，分别是中信信托、中信信托信惠财富、中信消费信托和中信珠宝钻石信托。

2. 信托投资公司与第三方互联网金融平台合作

（1）第三方公司开发App营销。如由第三方公司开发的用于信托资讯传播、产品销售的App达上百只，如“信托100”“51信托理财”“信托宝”等，功能与信托公司自行开发应用的类似。

（2）第三方网站平台营销。第三方互联网金融营销网站作为营销中介与信托投资公司合作。按照约定，第三方互联网金融平台为客户提供专业的理财服务，为信托公司推介信托计划并收取一定服务费用，但第三方互联网金融平台不承担任何投资风险，也不解决投资纠纷。

3. 互联网平台信托产品收益权质押融资

从目前市场中的产品看，以信托资产的收益权作为质押为信托合格投资人提供债权融资，是一个信托产品互联网化的有效方式。这种模式可以良好地结合互联网金融和信托业务，降低了信托业务参与的门槛，也为信托受益人提供了融资服务，为互联网金融提供了良好的资产。如梧桐理财平台“梧桐诚选”在撤下“分拆信托”产品后，推出了非标金融资产（包括信托、券商资管、基金子公司产品等资产）质押融资的模式。同样通过信托质押方式对接信托资产的互联网理财平台还有懒财网贷，在为投资者提供高收益的同时，保障了资金灵活性。

4. 互联网平台信托产品收益权转让融资

信托产品收益权转让融资业务一般涉及三个方面当事人，即受益人、网站和互联网金融投资人。信托产品收益转让后，后台产品设计和交易规则更趋于资产证券化。互联网平台通过金融结构和法律结构的创新，将非标金融资产改造为普通投资者可以参与的低门槛、低风险、高流动性的投资产品。如时间价值网的信托权益转让理财产品。

互联网平台信托产品收益权质押和转让融资模式中，互联网理财平台、信托公司各自发挥长处，弥补了对方的不足，为市场提供了更安全、更便捷的产品，可以帮助解决互联网理财市场中收益与风险失衡的问题。

6.2.3 互联网消费金融

1. 互联网消费金融产业链

互联网公司成消费金融新主体

完整的互联网消费金融产业链包括上游的资金供给方、消费金融核心圈及下游的催收方或坏账收购方。

上游的资金供给方包括消费金融服务商的股东、消费金融服务商的资产受让方、P2P网贷平台投资人等。

消费金融核心圈包括消费金融服务提供商、零售商、消费者和征信/评级机构四部分。消费金融服务提供商又包括银行、互联网消费金融公司、大学生消费分期平台、提供消费分期服务的电商平台、P2P网贷平台等。零售商是广义的零售商，包括各种消费品和服务的经销商。在消费金融核心圈中，第三方征信与评级是消费金融服务提供商风险控制的关键环节，但目前国内信用体系建设滞后，个人征信与信用评级体系尚处于缺位状态。

下游的催收方是专业的催收公司，坏账收购方则是专门收购坏账的金融机构。

2. 互联网消费金融模式

互联网消费金融

（1）按资金支付方式划分。按消费资金支付方式划分，可以分为消费者支付和消费金融服务提供商支付两种模式。

① 消费者支付模式是消费金融服务提供商先给消费者发放贷款，消费者在消费时自行支付给零售商。这种模式的产品主要有信用卡和综合性消费贷款，对于综合性消费贷款，消费金融服务提供商往往难以控制消费者的资金流向。

② 消费金融服务提供商支付模式是消费者在进行相应消费时消费金融服务提供商直接向零售商支付。这一模式可以保证专款专用，但需要消费金融服务提供商拓展更多合作商户。

（2）按针对人群和产品的不同划分。① 综合性电商消费金融，以天猫分期、京东白条等产品为代表。② 3C产品消费金融。③ 租房消费分期。④ 二手车消费分期。⑤ 大学生消费分期。⑥ 蓝领消费分期。⑦ 装修消费分期。

⑧ 旅游消费分期。⑨ 教育消费分期。⑩ 农业消费分期。

（3）按资金提供者不同划分。

① 消费金融公司的互联网消费金融服务。线上线下结合的互联网消费金融公司无须设置物理网点即可轻松实现产品的全国覆盖，而这一渠道又会直接转化为成本优势和客户体验优势，从而促进金融产品创新，为客户提供更完善的金融服务。

② 电商公司提供的互联网消费金融服务。京东白条和天猫分期都是综合型电商消费分期，用户引导和商品分期引荐都强烈依赖于自有的电商平台。作为拥有大数据资源的互联网企业，百度、阿里巴巴、腾讯、京东等已经完成了在消费金融领域的布局。

③ 第三方支付公司提供的互联网消费金融服务。由第三方支付公司对用户授信并提供资金。如利用类似搜索引擎的爬虫技术来获取用户在社交网络等公共空间的高价值数据，同时与合作伙伴进行充分的数据共享，进而通过一套严密的信用评级系统，计算出用户的最终授信额度。

④ P2P公司提供的消费金融服务。P2P公司与商家合作，对特约商户的客户提供互联网金融服务。

新闻速览

电商互联网消费金融

随着2019年各大电商“双十一”“双十二”购物狂欢节的结束，各个平台都晒出了亮眼的成绩单。仅“双十一”当天，天猫和京东两家电商的成交额就接近5 000亿元，同比增长30.5%，再次刷新纪录。在国内经济增速放缓的当下，消费市场的增长依然强劲。

不同于以往的是，“新中产人群”的消费升级不再是各大品牌关注的重点，抓住90后、95后的年轻消费者，才是抓住了引领消费潮流发展的新趋势。根据艾瑞咨询调研数据显示，超过60%的95后每天至少浏览一次电商网站，45.1%的95后是重度网购用户，每周至少下单一笔。年轻人必将成为整个市场的主力军。

这些年轻消费者大多拥有不错的学历，对于未来的发展预期更加乐观，同时有较好的移动互联网使用习惯，在消费行为上乐意接受分期消费。友信金服旗下好分期平台凭借对于年轻消费者的深入洞察以及自身卓越的技术能力和优秀的产品体验，成为分期消费领域的新黑马。

好分期平台受到年轻消费者关注的原因除了该客户群体乐于选择金融工具来满足自己消费需求的把控，也源于自身卓越的产品和技术能力。此前，凭借在大数据风控方面的创新实践，友信金服自主研发的新一代风控平台在数博会上获评“2019领先科技成果优秀项目”。通过对大数据、前沿人工智能技术的应用，好分期实现了更精准、更高效的风险甄别。目前已建立起贯穿整个用户生命周期的大数据风控系统，形成“大数据—建模—大数据”的闭环，实现了系统的自动化和智能化。大数据智能风控系统有助于好分期识别出接受过良好教育的优质用户，这些用户更愿意投资自己，通过分期消费来提升自己的见识与技能，让自己得到更快的成长。对于好分期来讲，这些用户的高成长性也降低了风险水平，有助于平台的良性发展。

得益于友信金服集团在金融科技领域的领先优势，好分期与众多持牌金融机构、电商平台和品牌方建立了合作关系。据好分期相关负责人表示，好分期坚持合规运营，接下来将推动公司与合作伙伴在智能获客、消费场景、金融科技等领域更深入的合作，合力满足不断增长的年轻消费市场需求。

6.3 互联网信托和互联网消费金融业务监管

《关于促进互联网金融健康发展的指导意见》提出，信托公司、消费金融公司通过互联网开展业务的，要严格遵循监管规定，加强风险管理，确保交易合法合规并保守客户信息。信托公司通过互联网进行产品销售及开展其他信托业务的，要遵守合格投资者等监管规定，审慎甄别客户身份和评估客户风险承受能力，不能将产品销售给与风险承受能力不相匹配的客户。信托公司与消费金融公司要制定完善产品文件签署制度，保证交易过程合法合规，安全规范。互联网信托业务、互联网消费金融业务由银保监会负责监管。

6.3.1 互联网信托的监管

1. 互联网信托合格投资者

互联网信托也是信托业务，其经营与监管也要依据信托投资公司的标准。根据《信托公司集合资金信托计划管理办法》，信托计划的合格投资者是指符合下列条件之一，能够识别、判断和承担信托计划相应风险的人：① 投资一个信托计划的最低金额不少于100万元人民币的自然人、法人或者依法成立的其他组织；② 个人或家庭金融资产总计在其认购时超过100万元人民币，且能提供相关财产证明的自然人；③ 个人收入在最近3年内每年收入超过20万元人民币或者夫妻双方合计收入在最近3年内每年收入超过30万元人民币，且能提供相关收入证明的自然人。

《信托公司集合资金信托计划管理办法》还规定，单个信托计划的自然人人数不得超过50人，但单笔委托金额在300万元以上的自然人投资者和合格的机构投资者数量不受限制。因此，互联网信托也不能向普通的投资者销售相关信托计划产品，只有信托计划的合格投资者才能够投资。

信托 100 成立于2014年3月，由财商通发起运营，该平台将原本100万元起步的信托计划拆分成100元就可以投资的互联网理财产品，这使得小额资金也有机会购买信托产品，避开了信托投资的门槛限制。根据《中华人民共和国信托法》规定，信托100主要涉及以下两个方面违规：①信托100的投资者不符合信托合格投资人规定；②信托产品购买者中自然人人数超过规定的50人。所以，信托100最终被叫停。

除了信托100，“梧桐理财”“雪山贷”“钱先生”等平台也都推出过类似的信托产品，通过“分拆”信托的形式销售，也被称为“团购信托”。在信托100被叫停后，这些平台都陆续停止了信托拆分销售。但这并没有阻碍互联网平台对信托产品的热情，他们仍在不断尝试着合法合规对接信托产品的方法。

2. 互联网信托业务监管

银保监会信托监督管理部于2015年1月设立，专司对信托业金融机构的监管职责，将对信托的监管从非银行金融机构中独立出来，是对信托监管专业化和规范化的体现，部门之间的职责界定变得更清晰，监管力度以及监管效率有很大程度的提高，对信托业发展也产生很大的推动作用。

银保监会《关于做好信托业保障基金筹集和管理等有关具体事项的通知》要求各家信托公司于2015年4月1日前按去年净资产余额的1%认购保障基金，以信托公司自有资金进行认购，之后新设立的信托计划将按照规模向信托公司或融资方征收。

此外，信托业协会还发文提示信托产品正确的“打开方式”：投资者在投资信托产品之前，应综合衡量自身财务状况、风险偏好、风险承受能力等指标，不盲从、不追逐“热门”产品。信托公司应切实履行“卖者尽责”义务，坚持把合适的产品卖给适合的对象。投资者也要仔细阅读认购风险申明书，遵循“买者自负”原则，自行承担风险损失。

中国信托业协会组织制定并正式发布了《信托公司行业评级指引（试行）》。该指引按照信托公司资本实力、风险管理能力、增值能力、社会责任四个方面进行行业评级，评级内容包括资本实力指标、风险管理能力指标、增值能力指标、社会责任指标四个方面，简称“短剑”（CRIS）体系。评级结果根据各项评价内容的量化指标得分情况综合确定，将信托公司分为A、B、C三级。

6.3.2　互联网消费金融的监管

伴随着“互联网+”时代的来临，加上政策的日趋开放，国内消费金融支持体系也迎来新的发展契机。苏宁任性付、阿里花呗、京东白条、微众银行微粒贷、百度有钱等消费金融产品纷纷涌现，各种各样的电商、厂商、互联网金融企业都参与到消费金融产品创新中。这些新产品是基于商业信用开展的消费金融创新，有助于推动内生于实体部门的消费金融模式发展。

1. 互联网消费金融公司的监管

互联网消费金融公司的成立应当满足《消费金融公司试点管理办法》的

相关规定，符合消费金融公司成立的基本条件。消费金融公司主要出资人应当具备相关条件；消费金融公司的注册资本应当为一次性实缴货币资本，最低限额为3亿元人民币或等值的可自由兑换货币；经营过程不吸收公众存款，以小额、分散为原则，为中国境内居民个人提供以消费为目的的贷款。

因此，互联网消费金融公司在经营中不能吸收，也不能变相吸收公众存款。

2. 电商企业、第三方支付等主体的互联网消费金融业务监管

电商企业、第三方支付公司充分利用大数据的技术手段，有效利用各类信用数据库，积累有效的个人信用评价机制，与央行征信体系形成有效互补。建立独立的风险评估部门和完善的风险控制措施，同时有效管理消费金融业务，与其他主业进行协调定位，避免出现财务风险和流动性风险。目前在传统金融市场从事消费金融的公司多为传统银行所设立，可见资金实力是消费金融良好开展的基础。

银保监会作为互联网消费金融的监管主体，应当注意对互联网消费金融的资金来源的监管，防止互联网消费金融提供主体利用互联网平台，将虚无项目包装为理财资产包，防范互联网消费金融公司出现如“e租宝”等恶性金融事件和非法集资的恶果。

新闻速览

2018年4月，互联网金融风险专项整治工作领导小组下发《关于加大通过互联网开展资产管理业务整治力度及开展验收工作的通知》(整治办函〔2018〕29号文，以下简称“29号文”)，要求依托互联网以发行销售各类资产管理产品（包括但不限于“定向委托计划”“定向融资计划”“理财计划”“资产管理计划”“收益权转让”）等方式公开募集资金的行为，应当明确为非法金融活动，具体可能构成非法集资、非法吸收公众存款、非法发行证券等；未经许可，互联网资管模式需要立即停止。过去监管并未明确该种做法是否属于代销或推介，而“29号文”将“引流”界定为变相提供代销服务，冲击大型互联网平台以流量助销量的做法。虽然“29号文”通知仅点名了互联网平台不得为各类交易场所以“引流”方式代销，但可见监管机构已将该种活动视为代销，而此次监管部门对互联网平台机构为信托公司提供的引流，实际上是对“29号文”的重申。

如何规范第三方互联网机构推介信托产品？市场观点认为，首先要将其纳入监管范围。除了创新销售渠道“引流”外，金融诈骗的触角早已伸向了信托行业，2018年12月，各地银保监局筹备组就已向辖区内信托公司发布《关于不法分子冒用信托公司名义进行线上诈骗风险提示的通知》，近期有不法分子在微信群中发布二维码，诱使金融消费者在扫描后进入该平台下载以假乱真

的信托公司App，并以此诈骗投资者钱财。据了解，不法分子盗用信托公司或证券公司的官方App信息后，冒用其名称、logo等制作虚假App，并将其发布至某App托管服务分发平台上（非官方应用商店）。随后，不法分子在微信群中发布二维码，诱使金融消费者在扫描后进入该平台下载以假乱真的信托公司App，并以此诈骗投资者钱财。

6.4　互联网信托和互联网消费金融的发展趋势

6.4.1　互联网信托的发展趋势

1. 互联网信托营销将会不断深化，弥补传统信托营销渠道的不足

互联网金融平台最大的优势在于能够借助网络运营模式的便捷性实现对传统理财投资渠道的颠覆性冲击。互联网金融平台以客户需求为导向，能够借助平台天然的优势与客户形成互动，随时随地满足客户需求。互联网金融平台通过了解客户的真实需求从而实现后期的精准营销；通过不断更新版本、推出新产品来改进和完善；通过提供7×24小时的服务平台和支付平台，不受空间的限制，最大程度地满足客户的理财需求。

2. 互联网信托的商业模式将不断优化

如何将信托业务与互联网金融对接将成为互联网信托业务发展的重点。信托权益的转让、质押激活信托业务的流动性，可以很好地与互联网金融对接。而信托登记平台和信托受益权流转机制将盘活信托资产，提升产品的流动性，为产品的标准化交易打下基础，大大提升信托产品的互联网竞争力。但是互联网信托平台发展此类业务也需要投资注意风险，应分析信托项目是否真实可靠。

3. 互联网信托业务标准化趋势

现在信托产品类似于私募产品，从某种程度上说，缺乏二级流通平台，主要原因是某只信托产品针对某一项资产设计的相关条款，与其他产品的收益率、期限以及风险的水平都是不同的。而当信托产品权益质押或者转让进入互联网金融市场以后，投资者对信托产品的评级和风险控制量化指标更为关注。因此，信托产品如果要进入互联网金融市场并且得到投资者的认可，信托公司在风险量化的基础上必须做到信托产品的标准化，这样才能在二级市场上交流。如果信托公司能够逐渐将产品标准化，并为信托产品建立一个畅通的流转平台，必将提高信托产品吸引力，也会满足投资者的需要。

6.4.2　互联网消费金融的发展趋势

1. 加强个人征信数据的建设

中国信用环境尚处于发展阶段，个人贷款违约风险较大；电商公司以消

费金融形式开展个人授信未进入央行征信系统，个人信用体系建设也不是短期可以实现的，难以保证用户出现恶意违约和信用危机；对于价格为王的网购市场，用户忠诚度难以通过单个平台的大数据分析而得出，坏账控制能力将是开展互联网消费金融的关键。

2. 互联网消费金融企业重视风险管理

充分运用各种风险分散手段，如保险和担保支持。保险业可以通过提供征信服务、小额信贷保险等来解决消费信用风险控制，担保同样为消费金融的发展提供专业化的风险防范机制。例如，现有的汽车消费信贷保证保险、助学贷款信用保证保险、小额信贷保证保险都对促进消费发挥着重要作用。

3. 消费场景化，有效监督互联网消费金融用途

有效监督消费信贷用途，建立奖惩机制，使得贷款人真正利用消费金融工具来进行日常消费，而不是把资金用作他途。对于互联网消费金融来说，在消费场景中为消费者提供消费贷款的金融服务已经成为趋势，其中，最关键的就是基于消费场景的体验，如在O2O消费金融模式中，将个人消费贷款和消费场景相结合来获取借款客户，借款目的更明确，反欺诈审核也更精准。

4. 互联网消费金融将细分化和垂直化

消费金融正在向更加细分化和垂直化的方向发展，根据不同人群、不同消费产品的互联网消费金融产品分化得越来越细，也给行业带来优化，每个领域，每一条行业线，都有更为专业的互联网消费金融公司出现。

5. 互联网消费金融将呈现普惠性、覆盖性

互联网技术特别是移动互联网技术在消费金融领域的应用，使得消费金融服务更具普惠性和覆盖性，不仅能覆盖到生活消费的各个场景，还能够覆盖更多的中低端用户群体，包括农民工等流动人口，以及大学生等中低端用户群体，使金融服务更具普惠性。

随着消费群体的年轻化、消费观念的改变和消费习惯的升级，消费信贷理念将逐渐被中国消费者所接受，未来的互联网消费金融领域将会是互联网金融发展的必然趋势之一。

延伸阅读

信托与互联网信托

在中国，信托公司是指依照《中华人民共和国公司法》和《信托公司管

理办法》规定设立的主要经营信托业务的金融机构。

互联网信托对信托业转型发展的启示

信托业务的关系人包括委托人、受托人和受益人。转移财产权的人，即原财产的所有者是委托人；接受委托代为管理和经营财产的人是受托人；享受财产所带来的利益的人是受益人。

信托的种类很多，主要包括个人信托、法人信托、任意信托、特约信托、公益信托、私益信托、自益信托、他益信托、资金信托、动产信托、不动产信托、营业信托、非营业信托、民事信托和商事信托等。信托的制度功能就是信托作为一种财产性制度安排所具有的功能。

信托制度是一种普适性制度，信托业并没有既定的经营范围，只要是在法律所允许的范围内，都可以灵活经营。从这个角度来分析，信托其实是一种兼具财产转移功能和财富管理功能的制度性安排（见表6-1）。

表 6-1　信托的两大功能

功能	介绍
财产转移	信托具有财产转移的制度功能。由于其本质是将信托利益的受益权转于信托受益人，当信托的委托人为受益人设立他益信托时，需要把自己的原有资产转移至受托人名下。此外，委托人还可以设立公益信托，委托人实际上是将信托财产及其利益转移给社会。比如，某校友拿出200万元作为信托财产，委托给某信托公司为××大学的学生设立助学金，每年奖励成绩优异的20名学生各3 000元，这就是一个典型的公益信托。可见，他益信托和公益信托这两类不同的信托类型，都是在利用信托制度的财产转移功能
财富管理	信托是一项财富管理制度，它能被广泛用于各类社会财富的管理。受托人通过设计信托类产品为委托人管理信托财产，信托产品是依照委托人的意愿表达来设计的。委托人借助信托产品利用信托制度实现自身财富的管理。例如，某投资者希望自己的特定财产得以保值增值，但自己缺乏必要的理财技能，那么他可以利用信托制度的财富管理职能，将其特定财产交由专业的财富管理机构，也就是受托人，来按照自己的要求管理。自益信托是一种较为特殊的信托类型，在自益信托中，信托仅发挥了其财富管理的制度功能，因为在自益信托中并没有第三方的财产转移。而对于公益信托和他益信托，信托制度不仅表现出了财富管理的制度功能，也表现出了财产转移的制度功能

当前，能够从事资产管理业务的公司除了证券公司、基金公司、信托公司以外还有第三方理财公司，从某种意义上来说，第三方理财公司在资产管理市场上的拓展和定位有些类似于如今的私募基金，将专家理财和灵活的合作条款捆绑嫁接作为打开资产管理市场的突破口。信托业务方式灵活多样，适应性强，有利于搞活经济，加强地区间的经济技术协作；有利于吸收国内外资金，支持企业的设备更新和技术改造。

我国的信托行业经历了4次重大的整顿之后，信托公司仅剩下68家，信托牌照相当珍贵。2018年总收入排名前五的信托公司分别是中信信托、中融信托、平安信托、华能信托以及重庆信托。

信托由于具有私募属性，与互联网的公开性存在着天然的不一致，所以与其他互联网金融业态相比，互联网信托的发展相对滞后，至今并未出现相对成熟的、大面积推广开的业务模式。

互联网信托是信托活动的互联网化，即在网上运作信托业务，比如通过网络签订合同、查询信托信息、转让信托产品等。通过对近年来互联网信托创新的梳理，可以总结出以下四种业务模式：

（1）互联网信托直销，即信托公司通过互联网（包括手机App和微信平台等）销售信托产品。2009年修改的《信托公司集合资金信托计划管理办法》禁止信托公司通过非金融机构进行产品推介，2014年下发的《关于信托公司风险监管的指导意见》重申，禁止第三方理财机构直接或间接代理销售信托产品，之后信托公司纷纷建立自己的直销平台。

在实务中，信托产品的销售一般要求投资者面签并提供身份证明。2015年12月，中融信托开通了首个视频开户和视频面签系统，使得所有产品的销售都可以在线上完成，从而实现了真正的互联网直销。

（2）互联网消费信托。消费信托指连接投资者与产业端，为投资者提供消费权益的同时，对投资者的预付款或保证金进行投资理财，从而实现消费权益增值的信托产品。互联网消费信托指借助互联网手段发售的消费信托。

互联网消费信托的创新在2014年至2015年间较为活跃，2016年之后随着监管趋严创新热度下降。总体上，互联网消费信托有两种形式：一是信托公司与互联网平台合作推出互联网消费信托产品，如百度联合中影股份和中信信托推出“百发有戏”，通过百度金融中心及百度理财App进行发售。二是信托公司打造消费信托产品，借助互联网手段进行发售。如2017年3月，华融国际信托推出消费信托产品“融华精选”并通过其微信公众号发售。

回顾以往的互联网消费信托创新实践，由于市场接受度、合规性、业务逻辑以及盈利能力等多方面的先天缺陷，多有“昙花一现”的特征，未能形成持续的成熟的商业模式，其市场表现仍有待观察。

（3）互联网理财平台的信托受益权质押融资。目前开展信托受益权质押融资的平台有两种：一是信托公司自建互联网理财平台，为本公司的存量信托客户提供信托受益权质押融资。二是第三方理财平台提供的信托受益权质押融资业务。由于监管趋严，开展该业务的平台已经为数不多。

（4）互联网理财平台的信托拆分。信托拆分是备受合规争议的互联网信托业务，因其与《信托公司集合资金信托计划管理办法》中关于信托受益权拆分转让的规定相悖。在互联网金融热潮中，出现了多家涉足信托受益权拆分转让业务的第三方互联网理财平台。近年来，这些平台在合规的压力下纷纷转型，但在实务中仍然存在以信托“收益权”拆分及转让为名开展业务的互联网理财平台。

由于信托的私募属性天然与互联网的开放性相悖，同时受制于现有监管体系，目前除了互联网直销，其他形式的互联网信托均表现为“点”状的创新，未能形成大面积推广的业务模式。2016年12月，中国信托登记有限责任公司成立，标志着支持信托受益权流转的“基础设施”开始建立。在以上几种互联网信托业务模式中，基于互联网理财平台的信托受益权质押融资或更具发展空间。

2 何为互联网消费金融公司

《关于促进互联网金融健康发展的指导意见》鼓励银行、证券、保险、基金、信托和消费金融等金融机构依托互联网技术，实现传统金融业务与服务转型升级，积极开发基于互联网技术的新产品和新服务。同时，在“指导意见”全文中也多次提到“互联网消费金融”公司的发展方向、监管、创新等。第一批试点的消费金融公司基本沿用传统经营模式、依托线下门店发展、互联网化程度并不高。

究竟何为互联网消费金融公司？互联网消费金融的运作模式、运营特点、市场优势在哪里？

首先，金融场景互联网化。在传统观念中，大部分消费金融场景是以房贷、车贷为中心，有抵押、有担保性质的大额消费贷款。艾瑞咨询对中国消费贷款的调研数据显示，从2007年起，房贷、车贷、信用卡之外的消费贷款需求逐步增强；同时，贷款周期也将从中长期贷款向短期贷款转移。新型的消费金融场景将不断出现，并且呈碎片化、互联网化的趋势。近几年，伴随着互联网电子商务的崛起，线下资金流、物流、信息流将逐步转移线上，完全打破了线上、线下的界限，最终会实现动态平衡。实现金融场景互联网化是互联网消费金融的核心内容之一。

其次，产品互联网化。互联网消费金融产品创新的重要途径就是产品互联网化，产品互联网化的核心在于用户互联网化。80后、90后和00后是天生的互联网一代，互联网消费需求与日俱增，网上消费已经是年轻人最主要的消费方式。所以，专注于互联网用户消费需求和体验，是实现互联网消费金融产品互联网化的不二法则。

第三，渠道互联网化。消费场景由实体渠道向互联网化发展，用户维护、用户体验、用户沟通和支付渠道等的互联网化，以及因移动互联、社交网络和大数据应用的发展而被颠覆的传统营销——这一切均决定着依托于场景的消费金融，其获客渠道的互联网化趋势。具体来说，互联网化的渠道拓展主要包括：借助互联网渠道扁平化的优势快速扩大业务规模；利用渠道和客户的信息及数据、进行更加精准的营销；利用互联网增加与客户的沟通频率，从产品设计角度提升客户体验；同时帮助渠道优化交易流程、降低运营成本。

第四，规则风控和数据模型风控并重。得益于政府和监管机构对互联网消费金融的倾力支持，使得直连央行征信、公安部、社保等权威性数据成为可能。要想推动信用基础设施建设，就要先完善更准确、更敏捷、更科学、基于大数据的风险控制体系。这种基于互联网与金融结合的体系是通过设定消费者的历史申请、信用、行为、交易记录以及社交、公共事业等指标，运用FICO决策引擎来前置信用风险和反欺诈规则，根据线性/非线性回归和机器学习等大数据方法建立完善的风控模型，完成基于风险等级的定价。在从申请到放款的整个流程中，使用图像、语音、人脸、虹膜等尖端识别技术支持，使审批流程告别传统面签模式，进入更轻松的新科技时代。风控是消费金融公司的命脉，是整体运营的重中之重。风控体系与互联网金融的碰撞，从根本上缩短了审核周期。

第五，支付互联网化。伴随互联网技术的升级和进步，支付行业也逐渐从线下走到线上，支付介质也从有形实体走向虚拟化。由于金融场景的互联网化，网络支付，尤其是移动支付将成为发展的必然趋势。对于基于互联网特别是移动互联网场景的互联网消费金融来说，贷款发放、消费支付、客户还款等功能，都能“动动拇指即可实现”，简单、便捷、迅速地满足客户需要。

第六，服务互联网化。简单说就是“只要用户能上网，就能为用户提供服务”，让用户感受到无所不在的云化的服务。服务形式不应该局限于单纯的一问一答，而以文字、图片、视频等多媒体化服务，充分体现与客户的互动性。融入用户的社交圈，满足用户不同场景的服务需求。消费金融公司的客服中心应将来自App、IM以及传统平台上的语音服务融合到一个平台进行与用户的统一交互，这样，多渠道的用户交互信息汇聚，更便于描绘客户画像、认清客户并抓住客户最真实的需求。

最后，基础设施互联网化。从传统金融到互联网金融，多元化消费的前提是基础设施建设，“十部委”发布《关于促进互联网金融健康发展的指导意见》，提倡从业机构相互合作，基础建设是合作的前提，而互联网金融需要以云平台为基础，建立支付体系和信用体系，做到行业内信息便捷的共享。与传统金融相比，互联网金融打破地域限制、真正做到以用户为中心，依托不同的场景做到简单交易、同时又不失安全保障。

整体来说，互联网消费金融绝不是仅仅将互联网作为一个工具、一个途径，更不是行业流行语中所谓的“一种思维模式”。互联网消费金融是充分利用互联网的优势，能够利用规则风控和大数据模型，快捷、迅速、安全地为客户提供面向全场景的消费金融服务。

（资料来源：搜狐网，作者：赵国庆，有删改。）

实训练习

实训操作1：互联网信托网站商业模式分析——信托易

1. 实训背景

信托易网站隶属于长升（北京）信息科技有限公司（简称长升理财），成立于2013年，是一家新兴的第三方理财专业机构，属于研究型的互联网专业理财机构。公司通过对金融产品的深入研究，利用互联网的便利性，为投资者提供专业、快捷、客观的理财咨询服务。

公司只针对具有金融牌照的正规金融机构发行的产品进行测评和提供预约咨询，具体包括以下3类：信托公司发行的信托产品；公募基金子公司发行的基金资管产品；证券公司发行的证券资管计划。

上述三类发行机构中，信托公司由银保监会履行监管责任，公募基金子公司和证券公司由证监会履行监管责任。公司对不具有金融牌照（指经金融监管部门发放的牌照）的公司所发行的产品不提供测评和咨询服务，例如很多类信托的固定收益类有限合伙产品。

2. 实训目标

通过分析信托易网站，熟悉互联网信托网站的商业模式分析。通过分析其运行模式、风险控制、盈利分红模式来理解互联网信托产品。

3. 实训内容

（1）登录信托易官方网站。

（2）浏览信托易网页，了解其股东、背景、优势，理财团队。

（3）自行判断该网站的安全性、盈利性。如有意愿，注册账号，仔细阅读注册协议、理财协议。

（4）分析信托易投资信托项目，了解其运行模式。

（5）实训报告，主要内容包括信托易的商业模式、运行模式、风险控制、盈利分红模式。

实训操作2：京东白条业务

1. 实训背景

我们在日常生活中，很多时候会使用京东白条进行网上购物付款。选择京东白条最主要的原因是在京东商城上买东西很方便，有时候白条可以分月偿还而且免息。很多消费者在使用京东白条的时候，感受到了便利，但方便消费的同时也有一些征信方面的影响是值得重视的。京东白条只要开通，无论使用与否，每月都要被上报一次征信。白条上报业务类型为“个人消费贷款”，且上报主体为“重庆两江新区盛际小额贷款有限公司”。也就是说，只要开通京东白条，用户名下就有了小贷记录，在银行的征信报告中有小贷，对于申请房贷、车贷、信用卡来说都会加以参考，因此用户要加以关注并记得按时还款。

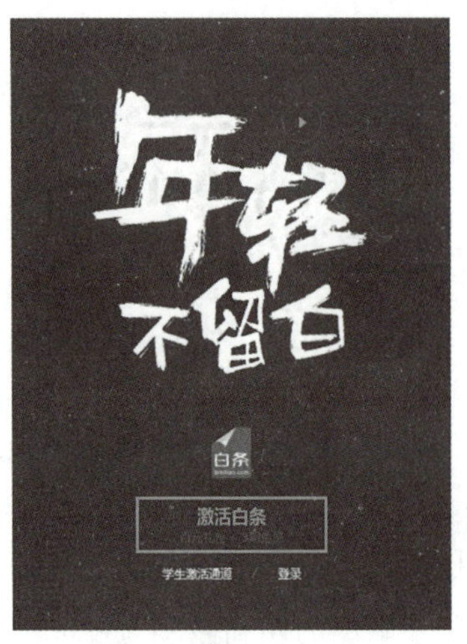

2. 实训目标

通过了解京东白条业务，了解电子商务企业如何提供消费信贷，如何盈利，探讨其商业模式。

3. 实训内容

（1）进入京东商城网站。

（2）浏览京东商城的支付方式。

（3）浏览京东商城的京东白条。

（4）注册体验京东白条。

（5）撰写实训报告，内容包括京东白条的使用条件、额度的确定、利息、还款期限等。

第6章在线练习

课后思考

1. 简述信托业务特性与互联网特性差异。

2. 简述信托投资公司与第三方网站平台合作开展营销业务的特点。

3. 简述互联网平台信托产品收益权质押融资业务特点。

4. 互联网消费金融应按消费资金支付方式划分为哪些模式？这些模式各有什么特点？

5. 第三方支付公司提供的互联网消费金融服务有哪些特点？

第7章 金融科技：云计算

学习目标

【知识目标】

• 了解云计算的发展背景、理解并能够描述云计算的概念及特征。

• 理解云计算应用于企业尤其是金融企业的重要性与作用。

【能力目标】

• 能够将云计算的服务类型、应用样例等与实际企业应用进行对应分析。

• 能够对云计算应用于企业信息化、金融企业信息化的过程和效用进行简要分析。

【思政目标】

• 云计算是信息社会发展的客观需要，已成为新时代最核心的竞争力之一，对于我国经济发展尤为关键。要担当民族复兴大任，为学习明确方向。

• 云计算贯穿对技术精益求精的追求，体现工匠精神，强调奉献社会、服务人民的思想。

思维导图

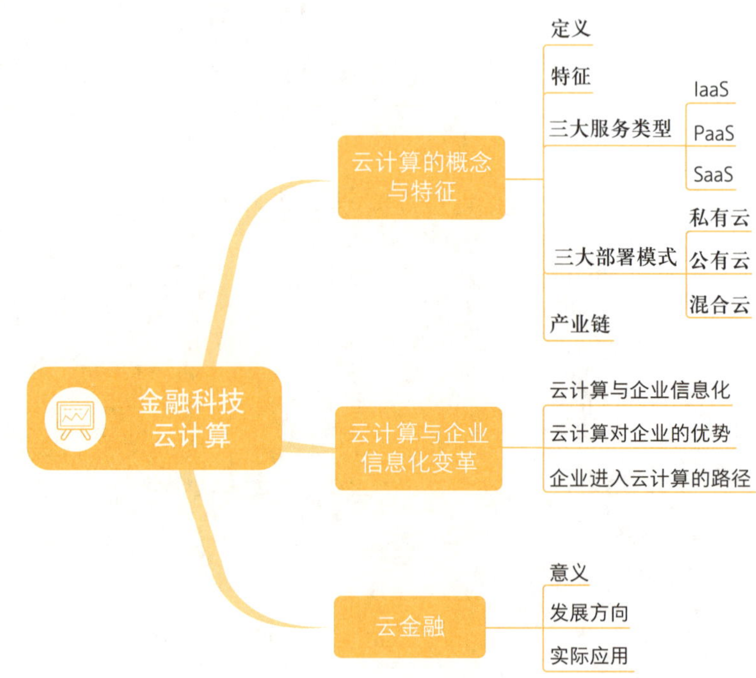

案例导学

“双十一”背后的故事

每年11月11日是大家所熟知的“双十一购物节”，而作为这场购物狂欢节的主角，2019年阿里巴巴集团淘宝商城（天猫）全天成交额为2 684亿元人民币，为同期美国购物狂欢节——黑色星期五成交额的5倍。数据显示，2019年“双十一”期间，淘宝每秒交易创建峰值为54.5万笔、实时计算消息处理峰值为25.51亿条/秒、双十一批处理计算数据量为982PB、消息系统峰值处理量为15 750万条/秒。而经历了全球最大的流量洪峰，用户在购物过程中却完全没有感受到“抖动”，购物体验非常流畅平稳。

什么技术能支持如此大的业务峰值呢？答案是云计算。作为国内最早发力云计算的公司，阿里云从2009年开始搭建云

计算最核心的平台——云操作系统“飞天”，支持调度超过10万台服务器进行并发计算。飞天是阿里云大规模、高并发、低成本和弹性计算的根本保障。它的主要设计目标是通过构建一套综合性的软硬件系统，使得用户（或应用系统）可以像使用一台计算机一样，便捷地使用数以千计的存储和计算资源。正是阿里云这十多年来在云计算上全力地投入才换来能支持如此巨大业务峰值的计算处理能力。

中国唯一世界级，阿里云飞天大数据平台创四项世界纪录

案例分析

“双十一”的成功印证了云计算所带来的革命性技术价值，阿里云的缔造者王坚博士当选中国工程院院士更说明了国家对云计算的重视。近年来亚马逊和微软一度成为全球市值最高的公司，它们靠的都是云计算。云计算作为一项革命性的技术，引发了科技进步的大浪潮，各行各业都会不同程度地涉及云计算技术，因此，也更需要了解云计算技术。

2　银行业的云计算平台

金融云市场规模快速增长，拉开了金融信息和数据管理创新的帷幕，2020年市场规模有望突破200亿元，包括银行业在内的诸多相关公司都在着力开发属于自己的云计算平台。2016年7月，原银监会发布《中国银行业信息科技“十三五”发展规划监管指导意见（征求意见稿）》，提出银行业应稳步实施架构迁移，到“十三五”末期，面向互联网场景的重要信息系统全部迁移至云计算架构平台；2017年6月，中国人民银行印发《中国金融业信息技术“十三五”发展规划》，要求落实推动新技术应用，促进金融创新发展，明确提出稳步推进系统架构和云计算技术应用研究。

市场的繁荣与政策的出台，都意味着银行“上云”成为未来趋势。平安云隶属于平安集团，是由平安科技自主研发金融行业最大的云平台，涵盖平安集团95%以上的业务公司，通过业务风控、智能网点服务、展业营销、智慧办公等业务场景，帮助银行实现场景化、数字化、规制化、智能化，完成数字银行转型。

2013—2018年，平安云经历了内部云、金融云、公有云、生态云四个阶段。目前，平安云不仅可以为平安银行和平安集团内部子公司的金融业务提供稳定支撑，还可以将平台对外开放，以金融为起点，拓展到更广泛的医疗健康和智慧城市领域，作为平安服务的综合输出平台为全行业提供IaaS、PaaS、SaaS整套云服务。

平安云金融云

近年来，信息技术在银行业乃至金融业中发挥着越来越重要的作用，为银行业务经营、风险管理、公众服务、流程控制等各领域提供了重要支撑。面对挑战，银行业信息化发展的方向很多，其中，云计算作为各金融机构关注的新技术应用在银行业实践中的表现尤为突出。平安集团自主云平台的开发，不仅能够为自身业务提供良好的支撑，还可以对外提供服务，是一个典型的金融云应用案例。

中国银联云计算平台

2011年10月，中国银联“基于云计算的电子支付和电子商务综合服务平台”获得国家发改委等部委批复，成为“国家云计算示范工程”项目。目前，银联云计算平台平稳运行，正在支撑银联内部及合作伙伴众多创新业务系统的运行。银联云计算平台建设仍在继续，相应的云安全工作在进一步加强，银联云平台支撑的各类应用系统和服务也在进一步增加。

银联云计算平台立足于私有云、行业云、金融云的理念，高效利用IT资源，为基于银联网络的电子支付和电子商务提供强大的业务支撑能力，满足业务快速按需部署的要求，形成一个由内到外、开放性越来越强的综合云计算服务体系。银联云计算平台是银联转型为综合支付服务平台的最佳基础支撑平台，可推动银联银行卡交易转接中心向泛支付及支付周边服务转接中心转型。

银联云计算平台的建设分为两条主线：能力构建主线和应用主线。能力构建主线主要负责完善云平台的基础支撑能力，基础支撑能力包括按需服务、节能减排、自动化运维、资源池建设、快速开发部署等；在完善基础支撑能力的基础上，应用主线可实现综合支付服务平台的构建，进而丰富电子支付和电子商务服务，推动银联业务发展，促进行业进步。

在能力构建方面：银联云计算平台以业界领先的开源技术和开源软件为基础，进行自主研发，既有继承也有创新。基于网络、存储和计算资源，结合虚拟化技术和分布式计算技术，分别构建虚拟化平台和大数据平台。其中，虚拟化平台以云资源管理平台和云集成开发平台为基础，主要解决资源按需分配、快速部署等问题，支撑各类应用的运行，而大数据平台则以分布式大数据处理技术为基础，主要支撑大规模数据分析和挖掘等数据处理应用。

在应用方面：① 现有的应用系统逐步迁移到云平台，实现更强的功能、更快速的响应；② 开展智能云支付终端系统、电子票据服务系统、并行数据挖掘系统等创新研究。

银联云计算平台整体架构主要包括物理资源层、资源调度层、资源管理层、平台服务层、平台应用层以及贯穿整体的云安全。银联云计算平台的主要成果，正是对云计算三大服务类型（IaaS、PaaS、SaaS）的最佳实践。

在IaaS（基础设施即服务）建设方面，以虚拟化平台和云安全技术为核心构建了基础设施服务能力，实现与银联原有IT基础设施的互通；建设了具有自身特色的、能对全平台基础设施和资源进行统一管理调度的资源管理平台。

在PaaS（平台即服务）建设方面，建成具备应用生命周期集中管理服务能力的云集成开发平台，完成覆盖主流的Android、iOS系统和机型的移动编程引擎的研发。

在SaaS（软件即服务）建设方面，独创终端集中管理、动态更新、多应用运行等关键技术，设计开发了具有自主知识产权的智能支付终端（云POS），同时结合智能支付终端中的增值应用提升商户的服务质量；自主研发电子票据系统，建设面向各类票据电子化的综合服务平台，实现安全、可靠、智能的电子票据存储、查询等服务。

案例分析

中国银联云平台是中国金融业关于云计算的最佳实践之一，起步早，发展快。该案例剖析了云计算在金融业的部署落实方法，使我们对于云金融有了更具体的认识。

银联云平台遵循云计算三大服务类型进行部署和层层架构实施，搭建了一个相对完整的、可以支撑多应用创新和数据处理的平台，为银联提供了大数据分析、支付平台支撑、产品业务创新等多方面的强大的基础功能，这正是云计算作为基础设施在我国金融业最经典的具体应用。

4 澳大利亚金融企业对云计算的应用

澳大利亚政府于2009年开始对云计算产业进行研究，其金融信息管理办公室对外公开发布了《云计算战略指引白皮书》，对澳大利亚云计算的应用方式和政府工作进度做出了明确的公示，政府机关及其代理机构在论证投资价值和确保安全的情况下，可以使用以云计算为基础的服务。

澳大利亚联邦银行成立云计算部门，对银行内部的计算任务进行了梳理分类，将工作任务分成了6类，正好对应了云计算不同的部署模式：① 只能运行在传统IT架构上，② 可以运行在自建私有云上，③ 可运行在本国的第三方数据中心提供的专用云上，④ 可运行在外国的第三方数据中心专用云上，⑤ 可运行在本国公有云上，⑥ 可运行在外国的公有云上的。

进行云分类、积极推进私有云建设以及第三方专用云、公有云的使用，在金融业中具有广泛的应用价值，为此，澳大利亚联邦银行参与到云计算标准制定上，从企业用户角度提出了云计算的标准。

澳大利亚的西太平洋银行从2009年年底就开始试验开发测试云，接着开始把不能满足业务需求而又困扰业务多年的IT系统向云服务转移。2011年5月西太平洋银行与富士通公司达成合作协议，以服务外包的方式，利用云计算整合、改善银行内部的管理系统。

西太平洋银行的邮件系统兼容性差，电子文档管理十分混乱，邮件延误、丢失情况时有发生。因澳大利亚法律把电子邮件上的协议、交易确认为法律依据，将邮件与电子文档进行统一管理非常必要。

西太平洋银行利用富士通公司提供的云计算SaaS，在专属网络基础设施和专属服务器及存储设施基础上，为各下属金融机构的用户提供统一电子邮件和协同服务，资费按照实际使用量计算。通过电子邮件和协同系统的云外包，西太平洋银行实现电子信息的快速安全传递，电子文档安全保管和快速查询，同时员工可以高效方便地通过协同服务进行沟通和知识分享，而管理运营和维护成本较过去则有大幅下降。

案例分析

云计算在金融机构中的实际应用表现千差万别，技术实现非常复杂。但从金融机构的角度来看，除了像中国银联云平台一样自建云平台外，本案例提供了另一种金融机构应用云计算的途径，即西太平洋银行采用的将不重要的业务“外包”给云计算的方法。让云服务商为其提供服务，不仅降低了成本，还提高了运作效率。如今，云计算各环节服务商提供的PaaS、SaaS等服务，能够实现更高层次、更自动化的云外包，使企业通过外包减少IT成本和资源，关注核心能力，在商业银行优化资源配置、改善经营管理的进程中发挥不可或缺的作用。

交通银行数据中心“系统运维云”

近十年来，中国的银行业获得了跨越式的发展，业务规模与业务水平快速提高。作为我国五大国有商业银行之一，交通银行一直处于中国银行业发展的前列。交通银行提出了“走国际化、综合化道路，建设以财富管理为特色的一流公众持股银行集团”的战略目标，在该发展战略下，交通银行IT的建设和发展也面临新的挑战与机遇。需要从传统的业务支撑角色向产品创新和业务驱动的角色转变，IT运维管理也需要突破原有模式的束缚，全面提升基础架构的灵活性、可扩展性和快速交付能力。而云计算所特有的高效、易扩展、快捷、大规模和可计量等特点恰恰满足了这些需求。所以，IT运维的“云化”也成为交通银行打造全新IT运维平台的重要方式。

交通银行与IBM共同合作，通过对交行当前的IT运维发展状态以及未来业务发展需求的分析，制定了数据中心云计算发展规划，并拟定出了打造数据中心“系统运维云”的实施计划。

该“系统运维云”主要包含云服务平台门户、运维服务自动化、配置与软件生命周期管理、运维支持管理四大部分，实现服务标准化、自动化、和虚拟化。该平台是一款端到端的面向服务的系统运维流程平台，可以覆盖系统安装、健康检查、系统巡检、信息收集、日常监控、容量管理、安全审计等全方位的日常运维服务。同时，该平台还将通过统一的IT运维管理，集成各类智能化管理工具，实现集中统一的自动化管理。

交行数据中心管理范围包括生产、灾备、测试环境，它对“运维云”建设更有长期持续发展的规划。从系统日常运维管理角度实践云计算技术，即将繁重复杂的系统运维流程“云化”，从服务自动化的角度梳理服务目录，将各类运维工具提供的功能看成运维服务的“资源池”，标准化并全面整合现有的各类系统运维流程，设计开发数据中心系统运维云服务平台；在平台上将手工或已利用各类运维工具的自动化操作进行整合，最终实现全面的系统运维流程服务自动化，打造“系统运维服务云”。

案例分析

云计算所特有的高效、易扩展、快捷、大规模和可计量等特点可以满足金融机构的许多需求。本案例具体讲述了交行在系统运维方面实践云计算技术的理念和过程，实际上这样的实践过程可以应用在更多的金融服务中，不变的核心就是云计算的特点与金融机构需求的吻合。另外，交行的“系统运维云”将云计算的应用从基础设施云上升到运维服务云（BPaaS）的层面，把云计算的概念推广至全面的系统运维管理，是一次创新和突破，具有重要意义。

众安保险的云计算应用

众安保险的云计算应用效果

互联网金融产品日新月异、高速迭代。国内首家互联网保险公司众安保险得益于云计算弹性可拓展的特质，以平均每分钟可处理9.7万个保单的速度，完成了一次“超体式”的业务爆发性增长考验，一时被业内传为佳话。

2015年7月，原中国保监会《关于加强保险公司筹建期治理机制有关问题的通知》发布，明确表示“允许新设保险公司使用依托于云计算模式的电子商务系统等应用系统”。

作为中国第一个搭建在云上的金融公司，众安保险从正式挂牌到估值500亿元，只用了17个月时间。在这17个月里，众安保险上线了100多款互联网保险产品，业务增速远超传统金融机构。

据了解，众安保险在业务初期即根据互联网保险小额、海量、高频、碎片化的特点，经过半年多时间的努力将自有核心系统架构在阿里金融云上并通过合规审查，开创了行业先河。

借助强大的研发能力和灵活的技术模式，众安保险的产品上线周期可以缩短到两周，创新成本极大降低。新产品能够低成本快速上线，不断迭代更新。

得益于云计算弹性可拓展的特点，众安保险能够以轻资产的IT模式应对业务的爆发性增长。在通常情况下，中小型保险公司核心系统的日均支持保单量在10万件以内，较普遍的是3万件左右；大中型公司大约在几十万量级，不超过百万件。而众安保险单日处理上亿件保单规模，相当于一般中小型公司的千倍以上。在传统模式下，这是难以想象的速度与量级。

阿里金融云帮助众安保险进行数据分析。退运险这种依托于海量数据设计的险种对大数据分析能力要求极高。通过将系统搭建在阿里云上，众安保险相当于是和淘宝天猫在一个内网里，可以更快地获取交易数据。同时，借助阿里云的大数据处理能力，完成对海量数据的实时分析，实现保单动态定价。低廉的IT成本使得众安保险可以承接平均金额仅为0.6元的退运险保单，从而保证了在保险场景碎片化，保单金额低价化，购买频率高频化的互联网保险场景下，能够自如地设计产品商业模式。

案例分析

这是一个互联网金融企业应用云计算获得优势的典型案例。通过阿里金融云提供的云计算功能，众安保险可以像用电一样灵活增减计算资源，成本低廉效率高。众安保险对云计算的成功应用，说明了云计算不仅在传统金融行业有所实施，更是为新兴的互联网金融行业带来了无限可能。而更易接受新技术的互联网金融企业，更有可能开发出多样化的基于云计算的应用，进而助推云金融和互联网金融协同发展。

内容讲解

7.1　云计算的概念与特征

云计算是一场划时代的变革，在美国高德纳（Gartner）咨询公司的一项调查中，共有2 000名首席信息官将云计算列为首选技术。美国宾夕法尼亚大学沃顿商学院研究员杰里米·里弗金（Jeremy Rifkin）认为，云计算是“接入时代（The Age of Access）”的自然结果，因为市场经济正在被网络经济所取代。在市场经济中，人们拥有并交易商品和服务；而在网络经济中，人们通过付费来接入商品和服务。如果可以随时随地地接入某种物品和服务，又何必一定要拥有它呢？例如，你只想听CD里的歌，却不想拥有CD盘；金融机构想搭建信息技术的基础设施，而拥有几千台服务器的成本很高且不划算，这正是云计算提供的时代机遇。

云计算的概念及应用

行业观察

云计算的应用场景

其实“云”就在我们的日常生活中，在以下场景中，都用到了云计算技术或其相关理念。

- 通过微博分享并更新照片和状态；

- 通过智能手机在线观看优酷土豆网上的视频；
- 通过网盘与朋友分享文档和照片；
- 从苹果公司的iTunes商店或者安卓市场购买音乐、视频和App；
- 通过Kindle下载电子图书；
- 通过智能电网，对空调、洗衣机、电饭煲等电器进行远程监控和调节。

除了个人，企业对云的应用也非常广泛：

- 农场通过监测温度、降雨量等来确保农作物得到足够的灌溉；
- 医院利用病人监护设备监测病人的血压和脉搏，再将这些信息反馈到远程保健服务站；
- 视频监控摄像机将实时监控视频传送到基于云计算的视频存档服务器上，从而增强安全性，等等。

7.1.1 云计算的定义

云计算技术

云计算（Cloud Computing）是2006年才出现的名词，其被关注度一直居高不下，相关定义也层出不穷，但迄今为止尚未有统一的定义。本书参考美国国家标准与技术研究院（NIST）和“云经济学”之父乔·韦曼（Joe Weinman）在《云经济学》中提供的定义，认为云计算是一种按使用量付费的模式，这种模式提供可用的、便捷的、按需的网络访问，进入可配置的计算资源池（资源包括网络、服务器、存储、应用软件、服务等），这些资源能够被快速提供，只需要投入很少的管理工作，或与服务供应商进行很少的交互，就可以最大限度地降低资源管理的工作量和交互成本。其中，“池”的含义是一个集合，资源池就是将各种可用的资源进行整合，形成一个池，资源池根据业务需求提供各种资源，用户可廉价、按需、即时地获取资源，并不用关心业务究竟运行在哪个服务器上。

云计算技术是一个完整的生态系统，能够在便捷性和敏捷性上不断产生新的活力，为节奏日益加快的商业活动、更加复杂的客户关系以及更为全球化的服务业与制造业，提供强大而又廉价的动力。云计算与实体产业的深度融合，意味着共享生产过程的革命正在来临，社会必将变得更具有可持续发展性。

通过虚拟技术，就可以在云计算平台上创建虚拟的服务器、数据库、硬盘等，这样就产生了可配置的计算资源池，这些基础设施资源提供的计算资源像家里的水电一样可用、便捷、可按需供给和计费。

阿里云宣传片

云计算是代表一类理念的抽象名词，云计算的实现需要借助于虚拟化、自助化等技术。所以云计算不是特指一项或几项技术，也不是特指某类产品。就像PC变革不是特指某类计算机，互联网技术不是特指某几项网络技术一样。

7.1.2　云计算的特征

云计算最显著的特征，可概括为：

（1）资源按需分配。消费者可以单方面部署资源，这些资源包括存储、处理器、内存、网络带宽等。资源是按需自动部署的，而不需要与服务供应商进行人工交互。就如同打开开关接入水、电一样简单，不用操心自来水厂和电厂的运作。

（2）可计量、付费使用。云计算系统自动控制和优化资源使用，通过使用一些与服务种类（例如存储、计算、带宽、激活的用户账号）对应的抽象信息提供计量能力（通常在此基础上实现按使用付费）。资源使用能被监控、控制、报告，就如同使用水电时，会有水表和电表自动计费，消费者使用多少，就付出多少价值的费用。

（3）地域分散，通过互联网获取。资源的物理分布可能是分散的，客户一般无法控制或知道资源的确切位置。资源是通过互联网获取的，并可以通过标准方式访问（通常是通过浏览器、智能手机客户端等进行访问）。如同在亚马逊上订购图书时，无须关心图书是从亚马逊哪个配送中心发货的一样。

（4）资源池化，弹性可拓展。供应商的资源被池化，以便被不同客户同时使用，例如不同的物理和虚拟资源可根据客户需求进行动态分配。资源可以弹性地部署和释放，以便能够迅速地按需扩大和缩小规模。所以，对客户来说，可以获取的资源看起来是无限的，可在任何时间购买任何数量的资源。这是与水电供应不同的地方，当水资源紧缺、夏天电力供应紧张时，会出现断水断电，但云计算的资源池化特性，可以动态分配资源、按需扩大和缩小规模，做到资源高效利用。

云计算与传统资源使用方式的区别可通过图7–1和图7–2展示：

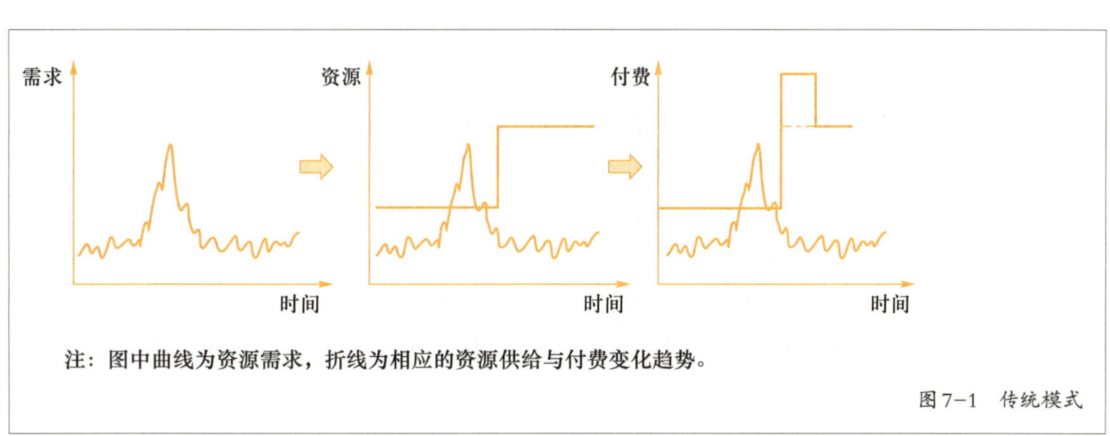

注：图中曲线为资源需求，折线为相应的资源供给与付费变化趋势。

图7–1　传统模式

随着时间的推移，需求是不断变化的，大部分时间，资源都处在过度供给的状态。但当需求量突然增加时，资源却不能够满足需求，再增加资源时，却已经产生了延后效应，导致收入损失、客户满意率下降。而云计算则没有这样的烦恼。

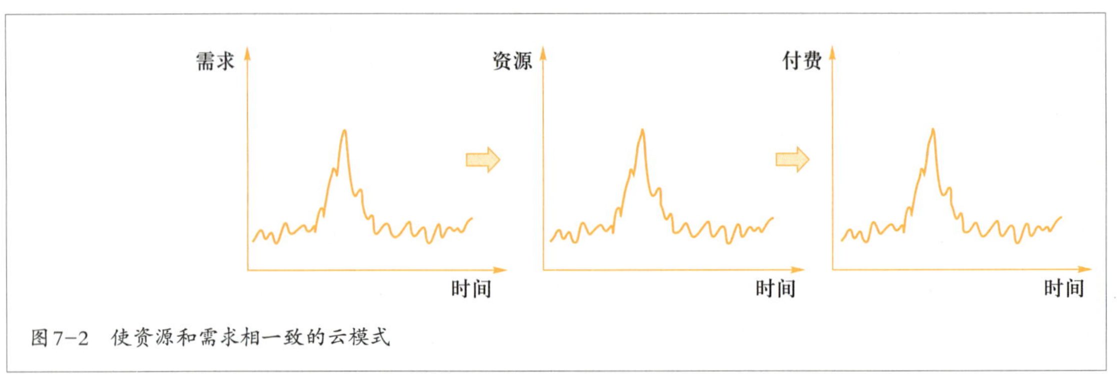

图7-2　使资源和需求相一致的云模式

云计算代表了信息产业的规模化、专业化、精细化、自助化的趋势。云计算已经从最开始的IT基础知识设施领域扩展到几乎涵盖所有的IT硬件、软件、服务领域，甚至已经扩展到非IT领域，比如营销、人工智能仓库等。从对信息产业和人类社会的影响，以及对信息产业趋势的引领作用看，云计算无疑是一场变革。

未来，随着国家对于云计算发展的大力支持、国内云计算领军企业的持续发力，对物联网所产生的海量大数据的存储与分析需求不断增长，以及相关云计算技术的继续更新与优化，我国云计算产业链的下游应用市场将得到持续拓展，云计算市场亦将随之不断壮大。

7.1.3　云计算的三大服务类型

自下而上可将云计算分为三层架构，分别是基础设施即服务（Infrastructure as a Service，IaaS）、平台即服务（Platform as a Service，PaaS）、软件即服务（Software as a Service，SaaS）。云计算三层架构见图7-3。

1. 基础设施即服务（IaaS）

IaaS是将广义的IT基础设施资源进行物理或逻辑集中，构成统一的资源池，提供给消费者的是服务器、存储、网络和其他基本基础设施所拥有的计算资源和能力，用户能够部署和运行任意软件（包括操作系统和应用程序），并按照所消耗或占用的资源量支付费用。消费者无须关心资源的具体情况，不管理或控制底层的云计算基础设施，但能控制操作系统、储存、部署的应用。通俗来说，IaaS就是硬件集中、统一调度、按需服务。IaaS应用如表7-1所示。

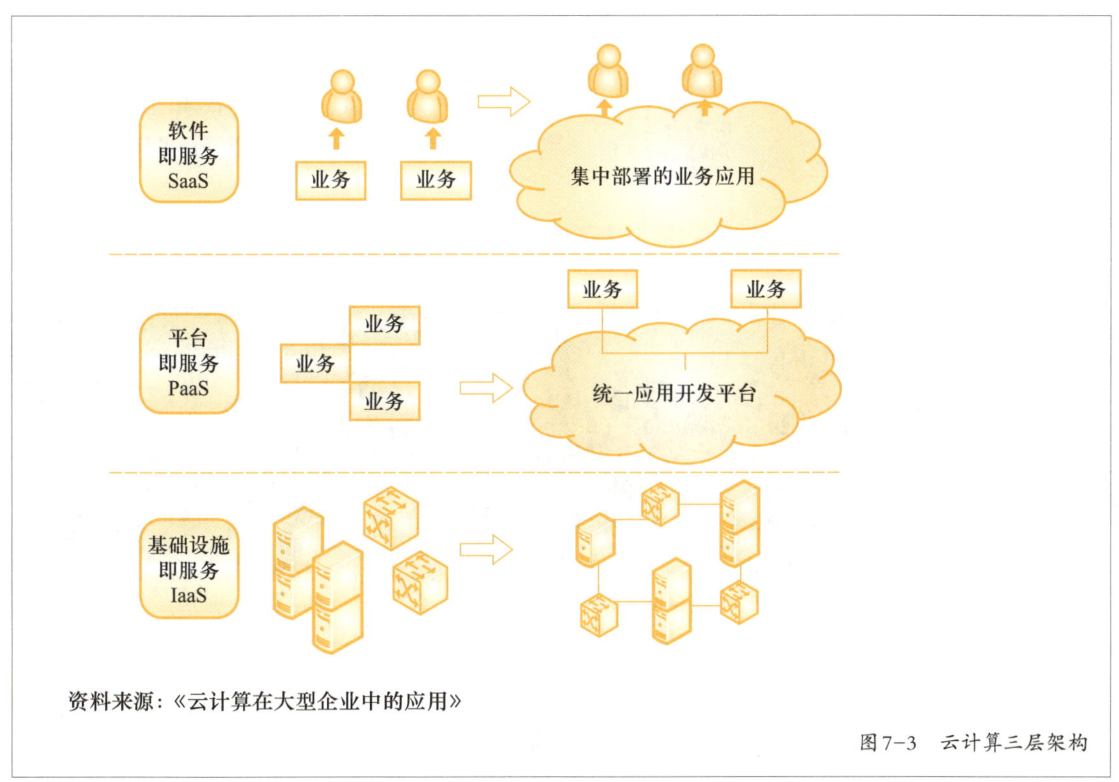

资料来源：《云计算在大型企业中的应用》

图7-3　云计算三层架构

表7-1　IaaS应用

分类	应用
服务管理	跨系统管理/网格管理/配置管理
虚拟化	虚拟化平台/主机管理
计算	计算服务
安全	安全态势分析
存储	主存储/二级存储/备份服务
通信	路由/VLAN组网/防火墙

资料来源：《转型中的企业云服务》

第一步，云计算需要成千上万台普通计算机或服务器集成在一起。这些计算机或服务器通过网络集中在一个或多个数据中心机房（见图7–4），如谷歌的数据中心有近百万台服务器。

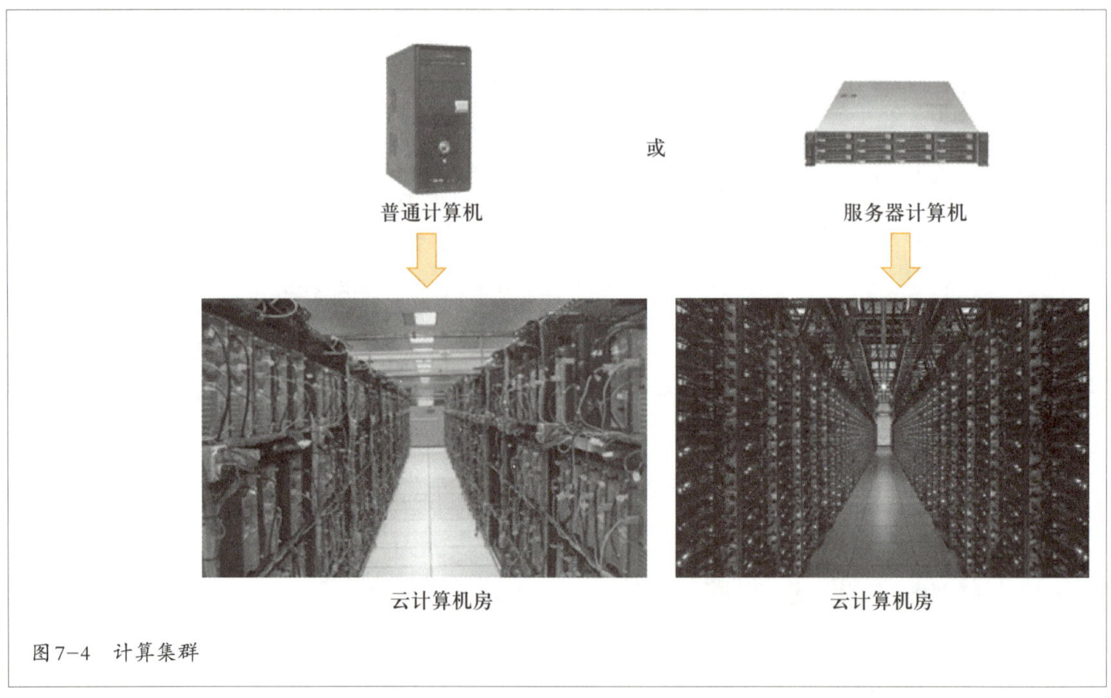

图7-4　计算集群

第二步，再将成千上万块硬盘通过网络集群在一起（见图7-5）。

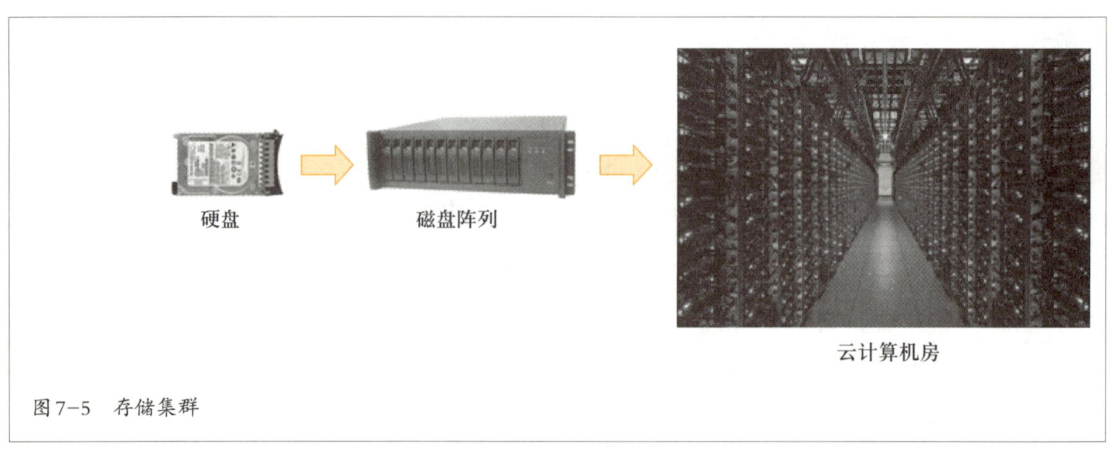

图7-5　存储集群

最后一步，所有这些计算集群和存储集群通过虚拟技术实现统一管理和分配，而这些计算和存储器集群提供的计算资源，就是计算基础设施（见图7-6）。

2. 平台即服务（PaaS）

PaaS是为用户提供应用软件的开发、测试、部署和运行环境的服务。这里的平台可以指直接承载应用软件的运行平台（如应用服务器）、也可以是支撑软件运行的辅助系统（如数据库）。消费者不需要管理或控制底层的云基础

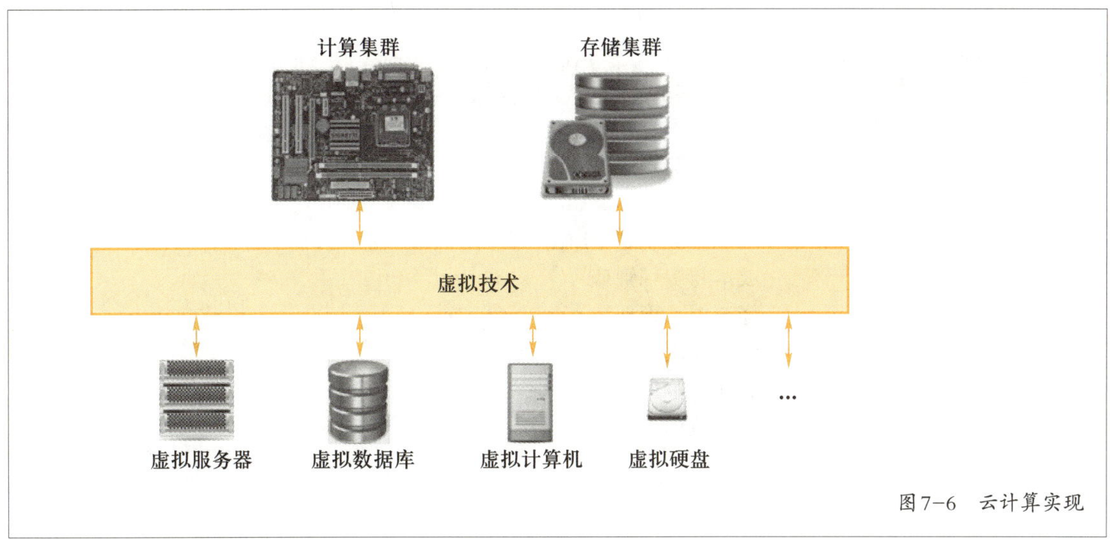

图7-6　云计算实现

设施（网络、服务器、操作系统、存储等），但消费者能控制部署的应用程序，可根据外界环境变化随时搭建、扩展器信息系统。PaaS在企业中的落地形式包括：统一开发平台、企业级数据库服务等。PaaS应用如表7-2所示。

表7-2　PaaS应用

分类	应用
企业应用	企业流程管理/业务框架
Web应用	站点托管/web分析/门户服务器
面向用户的应用程序接口和管理	移动应用支付/内容管理/结算和计量
软件开发和测试	开发工具/测试工具/测试环境/部署工具
通用平台	DNS服务/操作系统/应用集成
安全	安全工具/安全入口
数据库	数据存储/数据同步/数据集成

资料来源：《转型中的企业云服务》

3. 软件即服务（SaaS）

SaaS提供给客户的服务是特定功能的应用程序。客户不需要自己在本地安装庞大的应用程序客户端，只需要接上网络，通过浏览器就可以直接使用在云上的应用程序。在企业实际应用中，SaaS就是将各类业务应用系统统一集中部署，通过网络对外提供服务，用户只需要根据自己的需求通过网络使用即可。SaaS应用如表7-3所示。

表7-3 SaaS应用

分类	应用
企业应用	文件备份、共享、访问 人力资源管理 财务系统 企业资源规划（ERP） 成本与费用管理 客户关系管理 营销应用 商业情报 大型数据分析

7.1.4 云计算的三大部署模式

云计算的部署模式有很多种，除了私有云、公有云、混合云以外，还会有根据不同需求产生的社区云、专用云等。本书介绍前三种主要部署模式。

（1）私有云，是指云基础设施由一个单一的组织部署和独占使用，通常设在该组织的防火墙内，如大型集团企业面向企业内部提供云计算服务。私有云的所有者不与其他企业或组织共享任何资源。私有云因为其安全、稳定、集成性强而成为众多拥有较大IT资源和软件系统的企业用户的选择。例如，交通银行数据中心的系统运维云，目前只针对银行内部开发使用，属于私有云。

（2）公有云，是指云基础设施被部署给广泛的公众开放使用，一般面向外部用户需求，通过开放网络向一般大众或中小企业群体提供云计算服务。大部分互联网公司提供的云服务都属于公有云，如阿里金融云、亚马逊的Amazon Web Service（AWS）等，具有强大的可扩展性和较好的规模共享经济，是没有能力部署私有云的中小企业的首选。

（3）混合云，是指基础设施是由两种或两种以上的云（私有云、公有云）组成，一部分满足内部需求、一部分服务于公众，在企业中可以用来完成一个复杂的业务流程的不同步骤。每种云通过安全装置进行隔离，仍然保持独立，但用标准的或专有的技术将它们组合起来，具有数据和应用程序的可移植性。

7.1.5 云计算产业链

就像商品的供应链中有生产商、供应商一样，要实现云计算在企业中的应用，一个完整的产业链是必不可少的。云计算目前的产业链生态系统主要包括：

（1）硬件与设备制造市场，包括绝大部分传统的硬件制造商，因为它们都已经在某种形式上支持虚拟化和云计算，比如Intel、AMD、思科。

（2）云计算解决方案，这是为客户建立公共和私有云等提供软件和方案，云计算解决方案主要以虚拟化管理软件为基础，该市场的参与者多为以前虚拟化管理软件市场的参与者，主要有：IBM、微软、思杰、Oracle（收购了Virtual Iron和Sun）、CA（收购了3Tera）、Red Hat。

（3）基础设施即服务，是向客户出售服务器、存储、网络设备、带宽等基础设施资源，该市场的主要参与者目前有：AWS、Rackspace、GoGrid、Gridlayer、惠普、Google、阿里云、腾讯云、华为云等。AWS是目前公有云市场的最大服务商，为大中小各型数十万家企业提供了完整的云服务。

不一样的亚马逊

在大家的印象中，亚马逊是一家以卖书著称的电子商务公司。其实它不仅是一家电商公司，还是全球公有云市场最大的服务商。除了卖书以外，亚马逊另一项主要的业务就是通过它的开放市场，允许小商家在亚马逊上售卖商品。但是不同商家卖的东西不同，店铺的设计、交易方式和提供的服务也不同，这些商家大多拥有单独的网站，对于中小商家，自己建立和维护这些网站从成本上讲是非常不合算的，于是亚马逊开始给他们提供网站托管服务，为了满足众多商家的网站托管需求，亚马逊开始自荐数据中心，这时亚马逊发现，它不仅可以为商家提供网站托管服务，还可以为任何需要建立网站的公司提供。这样，任何想通过互联网提供服务的公司和个人都无须自建网站，而只要租用亚马逊的计算资源即可。正是在这种背景下，亚马逊把握住机会，迅速成为云计算行业的领军企业。

（4）平台即服务，是利用一个完整的基础设施平台，包括应用设计、应用开发、应用测试和应用托管，这些都作为一种服务提供给客户，而不是用大量的预置型基础设施支持开发。该市场的参与者目前主要有：Google（App Engine）、微软（Azure）、GigaSpaces等。Google（App Engine）是一个开发、托管网络的应用程序平台，支持Python、Java、Go、PHP等四种语言，易于构建和维护，在使用App Engine时，不需要维护任何服务器。目前，App Engine上有25万多活跃开发者。

（5）软件即服务，是提供面向各种具体应用的服务，以租赁的概念（提供一组账号密码即可使用）提供客户服务，该市场直接面向最终的消费者，参与者众多，包括Salesforce、Zoho、Google等。Salesforce是一个提供按需定制客户关系管理服务的网站，用户每个月支付租金来使用其中的各种服务，从联系人管理、到订单管理、机会管理、销售管理等，通过Salesforce，客户无须拥有和维护自己的软件，更可以在Salesforce上通过新增和删减功能来定制软件，真正做到按时按需使用。

7.2 云计算与企业信息化变革

云计算已渗透到传统企业和政府机构，大趋势不可阻挡

云计算作为IT产业的第三次变革，不仅将影响IT产业的各个细分行业和IT行业的整体格局，也将对企业、甚至人类社会产生深远影响。金融业也是商业的一种，金融机构也是企业，在讨论云计算与金融业的关系之前，首先应明确云计算为企业带来的影响。

7.2.1 云计算与企业信息化

云计算将信息产业变成绿色环保和资源节约型产业，将IT基础设施变成如水电一样按需使用和付费的社会公用基础设施，将软件产业变成传统工业流水线一样的高效产业，极大地简化了企业的IT管理，有效地降低了企业的IT基础设施成本，全面提高了社会整体信息化水平，将所有电子产品变成具备无限性能和容量的设备，信息化将成为社会的、组织的、个人的基本属性。

以IT相关行业和跨国企业为代表的信息化迅速发展，信息化程度也已经相当深入。但是从社会整体来看，包括很多制造业，农、林、牧、渔等传统行业，特别是中小企业的信息化程度仍有很大的成长空间。而云计算的出现，不仅从基础设施层面为这些企业深入信息化或者开始信息化提供了便利，降低了投入，更是从众多的PaaS、SaaS层面直接为企业信息化提供了应用。

第一，因为云计算的出现，企业将信息系统视为基本条件。

目前，信息化还只是企业的可选项，是用以提高效率、增加收入的辅助手段，也是用以方便沟通、方便管理的重要方式。但是，当所有的人和产品都被信息化后，如果没有信息化系统的支撑，企业从建立到运转都将变得不可能。

第二，企业的IT和信息系统将可以在不同的服务商之间迁移。

首先，绝大部分企业的IT和信息系统的管理是混乱和低效的：其次，无论是从内部向云计算迁移，还是在不同的IaaS或SaaS服务商之间迁移，都是困难甚至是不可能的。但是在将来，IT系统和应用从一个服务商向另一个服务商的迁移可能并不比换一件衣服复杂。

第三，将产生专门为企业运营提供全套IT和信息系统服务的公司。

可以认为，这是一种信息化外包，或者一站式信息化服务。企业不需要自建机房，自购服务器，自己开发维护ERP系统。例如，西太平洋银行的云计算各环节服务商提供的PaaS、SaaS等服务均可理解为银行的外包服务，通过云计算，能够实现更高层次、更自动化的外包，在商业银行优化资源配置、改善经营管理的进程中发挥不可或缺的作用。

7.2.2　云计算对企业的优势

中小企业可以从云计算中获得极大的优势，因为云计算可以让它们从云提供商那里租借资源，而不用耗费巨大的资金和IT技术投入去维护一个基础架构。云计算可以帮助这些中小企业在云环境里孵化创新，缩短他们产品投入市场的时间。在这种模式下，可以部署一些公有云来为中小企业提供共享服务和资源。

对于中小企业的IT部门而言，中小企业IT投资将大为降低，特别是软件开发、互联网应用开发企业的初始投资将大为降低；非IT开发企业可能不需要IT部门，甚至不需要办公计算机以外的服务器，可采用第三方提供的标准或定制化的远程企业数据中心服务；中小企业可以较少的人力成本，利用PaaS和SaaS服务，开展大规模的业务。

大型企业也能够享受公有云服务带来的优势。即使大型企业出于保留IT软硬件设施和一些特有流程的考虑，不能立即采用公有云服务，也可以采用私有云模式，由企业自己搭建云计算基础架构，面向内部用户或外部客户提供云计算服务。企业拥有基础架构的自主权，并且可以基于自己的需求改进服务，如中国银联、交通银行。

大型企业对云计算的使用将经过三个阶段：非关键业务使用公有云；关键业务使用混合云；关键业务使用公有云。公有云的特性是获取便捷、有较好的规模经济效应，大型企业将其非关键业务部署在公有云上可降低成本；而大型企业的关键业务属于商业机密，应部署在安全性、体验感较好的混合云和私有云上。

综合来看，对企业来说，云计算的优势主要体现在帮助降低成本、提升效率上：

（1）降低运营成本及风险。IT服务具备标准的流程和易于使用的模板，使IT管理更加透明和容易，减少运营风险；云计算按需提供计算能力，避免了IT资源的重复投资和建设，有效降低IT服务的成本；云计算还可帮助企业节省能源，充分响应国家节能减排的号召，降低污染。

（2）提升信息管理与利用效率。一方面，云计算可提升企业整体掌控信息的能力，提高掌控信息的效率，使企业能够统一管理IT基础设施而无须顾虑这些设施在哪里；更重要的是，针对企业需求，能够及时有效响应，迅速反馈结果，降低等待时间。另一方面，云计算促成充分资源共享，资源可以在企业内部进行充分利用，部门之间可以充分共享结果，提高资源的利用率，根据调查，充分利用云计算可以使资源利用率提升50%以上。

7.2.3　企业进入云计算的路径

企业应该如何使用云计算呢？根据企业性质、目的的不同，IBM总结了企业进入云计算的四大路径。

（1）通过云化数据中心实现削减IT支出及复杂性的目的。对于以削减IT支出与复杂性为目的的云构建，企业可以从IT基础设施即服务（IaaS）层面为出发点打造资源共享的云服务平台。充分利用云计算在IT基础架构方面的高效性与共享性特点，大幅减少IT成本与复杂性。

IBM云计算解决方案助力中国电信战略转型

（2）通过云化平台实现加快产品上市速度。对于以加快产品上市速度为目的的云构建，企业可以通过打造平台即服务（PaaS）来实现云环境下的产品开发测试过程，使研发部门可以在高效、共享、安全的环境下与各个部门紧密协作，大幅提升研发进度。例如，IBM中国开发中心已经构建了强大的开发测试云平台，该平台的建设解决了IBM中国开发中心计算资源较为分散、集中化管理程度低、使用效率参差不齐等问题，实现了自动化资源的部署与配置，保障了开发的安全性，并能够支持动态的资源需求，大大提升了整体研发效率与能力。

（3）通过云化应用实现快速应用支持。企业业务需求的快速变化往往要求IT应用快速、灵活地响应。但传统IT运营方式已经越来越难以满足业务需求的快速变化。随着公有云服务模式的产生，这个问题得到了根本解决。企业可以通过公有云服务平台向服务提供商随需购买所需要的IT应用或IT环境，可在极短时间内完成应用部署，实现对企业需求的快速响应。

阿里云和腾讯云谁更强

（4）通过云化业务模式成为云服务提供商。对于行业领先企业，云平台不仅为他们带来了业务发展的动力，更将成为他们构建未来新业务模式的重要选择。因此，这些企业可以通过构建强大的公有云平台成为行业云服务的领导者与提供者，如阿里金融云。

7.3 云金融

随着云计算技术的迅速发展，其所具有的互联网接入、海量数据处理、弹性响应、按需服务等特点受到业界青睐，云计算模式受到越来越多的认可，得到日益广泛的应用。金融业正是应用云计算技术较早的行业之一。金融机构的IT部门，已经意识到了云计算带来的潜在利益。

云金融概念及应用

云计算提供了一种新的经营思路和方式，为金融信息化带来了机遇，对金融业产生了深刻的影响。它提供一种十分便捷灵活的业务模式，以客户为中心，不需要银行业务人员具备专业IT领域的知识，使得技术与业务细节分离。云计算不仅为金融机构的信息系统提供新的解决方案，也为金融机构的经营提供了新的思路，包括组织管理的变革、客户关系的变革、对各类资源优化利用的思路等。

7.3.1 金融业应用云计算的重要意义

相比其他行业，金融行业是较早开始信息化、且信息化程度较高的行业，但随着社会的发展，金融信息化的各种问题也逐渐凸显。

长期以来，金融业是一个技术门槛非常高的行业。高门槛一方面保证了金融行业的安全，但另一方面，不断抬高的巨额IT成本也让很多金融机构负担加大。按照传统思路，金融行业的信息化都是自建数据中心、独立开发软件的。这种方式要求每个企业都要专门研制定制化的软件服务，给IT厂商的产品开发和维护带来了难度，使得金融信息化项目效率低，这种问题在中小型金融机构中更是突出。

这样的传统思路导致了以下瓶颈：一是庞大的基础设施普遍利用率不高，一个系统就锁定一批资源，无法实现资源的负载均衡、信息动态共享和动态的调整，平时资源利用率不高，在高峰时资源又不够用；二是金融机构普遍都是集团化、多地域化或跨国经营的，拥有很多的数据分中心和机房，这些数据中心分布非常零散，管理起来难度大，很难做到资源的整合；三是金融机构普遍相对比较臃肿，机制不够灵活，资源的配置、调整和审批流程非常复杂，技术配置的步骤非常繁琐。如何在满足不断增长的计算需求的同时，适当降低IT成本，成为摆在众多金融机构面前的一道难题。

除了IT部署问题之外，如何通过信息技术降低成本，提供更好的金融服务，适应复杂多变的金融制度和金融产品，保障金融信息和客户交易的安全性，均是金融业寻求新技术的商业驱动力。

行业观察

云计算之争

云计算目前发展如此迅速，赋予金融以及其他行业新的发展模式，产生革命性的影响，但这种结果在十年前是不可想象的。

其实在多年以前云计算并不被专家看好。2010年的中国IT领袖峰会上，马化腾、马云和李彦宏都出席了，他们谈论了云计算的存在意义。当时马化腾和李彦宏都不是很看好云计算在中国的发展，李彦宏认为："云计算这个东西，不客气一点讲它是新瓶装旧酒，没有新东西。早期的时候，15年前大家讲客户端跟服务器这个关系，再往后大家讲基于互联网web界面的服务，现在讲云计算。其实本质上都是一样的，主要的活都是在服务器这端来做，在客户端所做的事越来越简单"；马化腾认为："我们倡导这个理念，现在来看还为时过早。如果说未来各种综合性业务软件，各种企业管理系统都可以去云端处理，都不需本地局域网服务器处理，而是由公共网络设施完成，像水和电一样，这的确是有想象空间的。可能你过几百年、一千年后，到'阿凡达'那时确有可能，但现在确实还是过早了"；但是马云却认为云计算非常有未来，他指出：

"我的理解云计算是一种分享，数据的处理、存储并分享的机制。我们自己公司对云计算是充满信心和希望，不是因为我们又找到一个新的矿产，阿里巴巴拥有大量消费数据、支付宝交易数据，我们觉得这些数据对我们有用，对社会更有用。我们做云计算因为市场需要、客户需要，如果我们不做这个，成本会越来越高。我们不做，将来要死。"

三人的观点直接体现在了现在BAT的云计算赛道上，而后面的结果是阿里云成为国内第一大云计算厂商，并且在全球排名靠前。云计算是一个非常复杂的技术集合，但是技术出身的李彦宏却没有马云的前瞻性，说明了技术发展是社会发展的必然趋势，我们要时刻保持辩证的、发展的眼光看待技术，要勇于探索，尝试新技术。如果从事技术相关工作，就要不断学习，时刻保持"学习如逆水行舟，不进则退"的心态。

金融机构应用云计算，各种结算业务提供应用环境，所有的软硬件设备和技术问题都交付给云计算服务商完成。企业只需要定期付费便可获得云计算服务，无须重复建立各种应用系统，打破了传统的自运营模式。无疑，这解决了专业技术上的问题，节约人力物力和运营成本。

以此而言，中小型金融机构更能得益于云计算。与实力雄厚的大型金融企业相比，成本控制对中小型金融机构显得更为重要。而在互联网金融时代到来之后，云计算的广泛应用不仅帮助了中小金融机构的生存和发展，也直接帮助了中小金融机构的服务对象小微企业，对小微企业的生存和发展，具有普惠金融的重大意义。

云计算为金融机构带来的优势可以归纳为以下几点：

（1）构建高效、灵活、便于管理的金融平台系统。金融机构涉及的数据、信息和各类系统相交其他行业而言非常繁多，如一家证券公司就需要客户关系管理、咨询提供、支持交易等各类大型信息系统，因涉及的客户数据众多，计算量大，每个系统本身又需要强大的基础设施、数据库、各类软件的支持，很多精力往往消耗在各个系统重复搭建和数据流转上。使用云计算构建标准化平台系统，摒弃传统服务提供的方式，使银行能够从业务需求出发，快速配置所需要的资源，而不用考虑太多信息技术方面的专业性问题。

（2）以客户为中心，提升客户体验。商业价值遵循着"产品→商品→服务→体验"的演进过程，对于金融业这个特殊的服务业而言，产品差异性较小，客户服务与体验无疑是重中之重。传统金融机构囿于对小微客户服务成本太高，通常只选择服务20%的大客户。而云计算能够提供7×24小时不间断的金融服务，可以连接到任何分支机构，辅助完成数据分析、专家诊断各项功能，通过提供更丰富、更具互动性的服务，提高包括前端如咨询、办理业务的客户体验和后端如安装、维护的客户体验，帮助金融机构快速识别客户的喜好、按客户需求提供定制服务，从而留住老客户、吸引新客户。

（3）提高数据分析能力和数据的处理能力。金融业拥有的数据量非常大，是大数据最有应用前景的行业之一。但目前大多数商业银行仍然不能熟练运用银行客户的数据分析工具，在共享、整合和存储数据方面也存在问题。云计算可以通过对数据中心的改造大大提升这些方面的处理能力，成为新的发展趋势。

（4）提高创新能力。云计算提供的资源和生态系统的建立，可消除规模壁垒，产品与服务的创新将不再囿于信息技术资源的匮乏和限制，激发金融机构中IT人员或非IT人员的创新活力，并且可以利用前述的对客户的快速分析和数据处理能力，为创新提供了资源、降低了创新的风险，进而推动产品与服务的创新，提高金融机构的创新能力和竞争力。

（5）降低成本。前端银行办事处连接到后端基于云平台的分析和运算后，节省了大量的能源、空间和成本。包含人力资源及各种设备支出等成本。如大型金融机构使用云计算搭建标准化平台后，可以节约与分支机构交互的时间；而小型金融机构使用云计算后，可以节约信息技术方面的开支。将所节约的时间、成本和人力资源投入到金融机构的核心业务中，能产生更多的效益。

（6）丰富收入来源。云计算的运算资源和能力可以共享。虽然现在的云计算技术都是云计算供应商提供的，但在未来这些运算资源和能力可以由金融机构提供、进行共享。在云框架下，金融机构之间可以直接调配资源，从资源的使用者变成资源的生产者，进一步实现了资源的合理分配。另一方面，云计算帮助金融机构将精力集中在其主要业务上，并且能够辅助其进行创新，也可以间接地为金融机构增加收入来源做好辅助工作。

总体而言，云计算对于金融机构的意义十分重大，不仅通过资源分配降低各类成本、节约时间，而且为其在客户服务、数据分析、产品创新等方面做出了卓越的贡献，是金融机构提高比较优势、核心竞争力和可持续发展力的重要助推技术。

7.3.2　云金融及其发展方向

1. 金融云计算与云金融

金融云计算（金融云）是指利用云计算的构成原理，将各金融机构及相关机构的数据中心实现互联互通，构成云网络，或是利用云计算服务提供商的云网络进行金融业务运作。将金融产品、信息、服务分散到云网络当中，以提高金融机构迅速发现并解决问题的能力，提升整体工作效率，改善流程，降低运营成本，为客户提供更便捷的金融服务和金融信息服务。

云金融则是金融机构融合云计算模型及业务体系所诞生的新产物，是包

平安云金融云

含了金融云计算在内的更广泛的概念。云金融是云计算在技术上和概念上的专业化延伸，是金融机构利用云计算的有益探索。

从技术上讲，云金融就是利用云计算理念和系统模型，将金融机构的数据中心与客户端分散到云里，全方位提高自身系统运算能力、数据处理能力，改善客户体验评价，达到降低运营成本的目的。

从概念上讲，云金融是利用云计算的模型构成原理，将金融产品、信息、服务分散到庞大分支机构所构成的云网络当中，提高金融机构迅速发现并解决问题的能力，提升整体工作效率，改善流程，降低运营成本。

2. 云金融发展方向

目前，云金融的发展主要有三个方向。

（1）原本从事金融服务的金融机构，利用云计算的手段改造传统的信息技术架构和传统业务，实现自身“云化”转型，降低成本提升效率。这也是最常见的发展方向。例如，国内某大型保险集团为全国7 000万客户提供保险解决方案、投资理财和资产管理服务，这家保险集团原有的数据中心面临着数据量急速膨胀、服务器利用率低、能耗大、场地不足、IT运维成本高昂、业务持续能力低等一系列问题。该保险集团采用云金融思维，启动新数据中心的建设和数据迁移，新数据中心还支持比传统环境下增加25%左右的计算资源容量。

（2）新兴金融机构和中小金融机构将某一部分业务甚至整个业务与云计算供应商对接，直接“上云”，实现技术和成本的双赢。例如，邢台银行将手机银行业务部署在阿里云上，获得了惊人的效果。众所周知，在传统IT的模式下，一次性采购的设备规模必须要提前做好估算，但移动互联网业务的特点恰恰就是规模的不确定性。通过阿里云，邢台银行手机银行项目在3个月内上线，其中基于阿里云的基础架构部署，只用了两天。而在传统架构下，同样的项目需要1 000多万元的IT预算。该银行事后评估，采用阿里云后节约了约70%的预算。

（3）互联网或曾经的IT企业借助自身在云计算方面的技术优势，开展其不曾涉及的金融业务，积极地向金融行业拓展。例如，阿里巴巴集团继余额宝之后主攻云计算，它的“阿里金融云”产品目前已经有渤海银行、东海银行、天津农商银行、厦门银行等多家银行使用，在其上实现了网上支付功能。在为银行、基金、保险等金融机构提供IT资源和互联网运维服务的同时，阿里巴巴自己也在从事互联网金融业务，并认为阿里金融云是其赢在未来的保障。

7.3.3 云金融的实际应用

云金融的典型落地形式有金融信息处理系统、金融机构安全系统、金融机构产品服务体系等，理论上，云计算可以应用于所有的金融业务运作环节。

1. 金融信息处理系统中的云应用

云概念最早的应用是亚马逊于2006年推出的弹性云计算（Elastic Computer Cloud，EC2）服务。其核心便是分享系统内部的运算、数据资源，以达到使中小企业以更小的成本获得更加理想的数据分析、处理、储存的效果。

云计算可以帮助金融机构构建“云金融信息处理系统”，减少金融机构在诸如服务器等硬件设备的资金投入，增加金融机构业务种类和收入来源，使效益最大化。

金融机构构建云化的金融信息共享、处理及分析系统，可以使其扩展和推广服务领域。诸如证券、保险及信托公司均可以作为云金融信息处理系统的组成部分，在全金融系统内分享各自的信息资源。

通过构建云金融信息处理系统，可以统一接口类型，最大化地简化跨行业务办理等技术处理的难度，同时也可减少全行业硬件系统构建的重复投资。信息共享和接口统一，使云金融信息处理系统成为一项针对金融系统同业企业的产品，为金融机构创造额外的经济收入来源。

2. 金融机构安全系统的云应用

基于云技术的网络安全系统也是云概念最早的应用领域之一。例如，360安全卫士将免费的云安全服务作为其产品竞争力的核心，推出云安全解决方案。

将云概念引入金融网络安全系统的设计当中，借鉴云安全在网络、计算机安全领域成功应用的经验，构建“云金融安全系统”具有极高的可行性和应用价值。这在一定程度上，能够进一步保障国内金融系统的信息安全。

3. 金融机构产品服务体系

通过云化的金融理念和金融机构的线上优势，可以构建全方位的客户产品服务体系，进行一站式财富管理。例如，可以将A省的服务器、B市的风险控制中心、C市的客服中心等机构共同组成金融机构的产品服务体系，为不同地理位置的不同客户提供同样细致周到的产品体验，这就是“云金融服务”。

事实上，基于云金融思想的产品服务模式已经在传统银行和其网上银行的服务中得到初步的应用。金融机构可通过对云概念更加深入的理解，提供更加云化的产品服务，提高自身的市场竞争力。

虽然各家传统银行的网上银行都能针对客户提供诸如储蓄、支付、理财、保险等多种不同的金融服务，但作为客户，办理同一种业务可能需要分别在多家不同的银行平台上操作，极其繁琐。而云金融信息系统可以协同多家银行为客户提供云化的资产管理服务，包括查询多家银行账户的余额总额、同时使用多家银行的现金余额进行协同支付等，均可在金融机构单一的平台得以实现。如此一来，将会为客户提供前所未有的便利性和产品体验。

延伸阅读

云上银行：网商银行

1. 业务背景

云上银行不依赖物理网点，突破网点辐射范围限制，让偏远地区的用户也可以获得金融服务，实现普惠金融，同时大幅降低网点和人工成本。业务特色是7×24小时随时在线，为小额频发、促销等突发流量提供弹性服务能力。基于大数据的运营模式，利用数据模型识别和评估借款人的风险。

云上银行核心系统由客户、产品和账务三个平台构成“瘦”核心。在平台规划上，客户和产品平台均应具有融合打通全集团范围内客户和产品的能力，同时能通过映射、集成等技术手段实现和外部金融行业客户的匹配。

2. 系统架构

整个系统架构基于分布式服务化进行应用解耦，使用柔性事务确保数据一致性，实现大平台微应用。通过开放平台进入各种场景，实时数据总线支持秒级风控、智能营销。全部批量业务实现联机化和实时化异步处理。

整个平台的规划具备亿级金融交易处理能力、PB级大数据处理能力、秒级风险实时管控能力、人均十万级客户处理能力，80%以上流程自动化处理，全面采用国产化自主可控技术。

浙江网商银行是中国第一家完全运行在“云”上的银行。网商银行系统由蚂蚁金服专家团队自主研发，将最先进的核心银行系统思想与互联网金融理念相结合，采用全分布式的金融架构，完全基于蚂蚁金服和阿里云自主研发的金融云计算平台、移动互联平台、金融大数据平台和OceanBase数据库开发。在不到半年的时间内，通过蚂蚁金融云技术成功地自主研发了网商银行系统，充分证明蚂蚁金融云具备高度的业务扩展性，足以支撑银行核心级别的复杂金融级业务。

国内首家开在“云”上的银行

浙江网商银行搭建在蚂蚁金融云上，所有的底层和系统都采用阿里云计算技术。蚂蚁金融云覆盖了金融业务系统研发、运行与管理所需要的整套技术服务，包括金融云计算的IaaS、PaaS、DaaS（数据即服务）、MPaaS（移动互联即服务）等，未来还会推出面向各个金融行业的业务基础组件云服务平台BPaaS（业务流程即服务）。这些服务大大降低了分布式环境下金融系统的研发与管理的难度，同时将金融级系统标准的安全性、一致性、连续性、可靠性等特性，以及移动互联网时代所需要的高度并发、随时在线、实时互动能力，集成为技术平台的基础能力。

云上证券：国泰君安

国泰君安作为中国证券业全面领先的综合金融服务商，多年来始终以客户为中心，深耕中国市场，为个人和机构客户提供领先的综合金融服务。与此同时，国泰君安高度重视对信息科技的战略性投入，持续推进数字化转型创新，在信息技术推动证券业务发展上有着长远规划和思考。

早在2016年，国泰君安就制定了三年数字化战略，建立了“紧抓数字时代机遇，以信息技术和金融科技为手段引领公司发展转型，以数据驱动综合金融服务升级”的总体建设思路，明确提出零售端以“科技+服务”双轮驱动，通过云计算、移动互联、大数据、人工智能等新技术应用，推进公司零售客户服务体系建设，为亿万级用户提供优质服务。国泰君安夯实数字化金融平台，大力推进数字化建设，金融科技实力不断增强。

尤其在云计算方面，国泰君安全方位拓展云计算应用的深度和广度，以云计算平台建设为契机推动数据中心向可用性管理中心转型，构建了基于私有云的证券与金融产品交易综合服务平台，成为券商行业中首个在两地三中心（数据层与应用层双保险）、SDN应用、业务快速交付、云平台工作流、容器编排、自动化运维与监控、裸机资源池管理、虚拟网络监控分析等方面有丰富实践经验的企业。

证券与金融产品交易综合服务平台的建立，使得国泰君安能够利用云计算整合并充分利用现有的IT资源，提高信息系统的效率和性能，加强经营决策的实时性。同时，云计算服务能够为国泰君安证券发展提供重要支撑，加快研发进程，缩短金融产品投入市场的时间。

国泰君安在技术上一向勇于创新。随着业务演进和云计算、大数据、物联网和人工智能等新型技术的兴起，国泰君安清醒地认识到必须拥有云技术能力，才能满足未来的挑战。国泰君安积极探索容器的应用和部署，以便实现敏捷部署，持续集成，持续开发演进。规划把手机银行等面向个人的业务放在容器平台上来，实现手机证券业务容器化，目前已经完成了部分应用的微服务化改造。

国泰君安始终将金融科技视为公司发展的首要战略支柱，私有云平台的建设和应用使得公司又向战略目标迈出扎实的一步。科技赋能，创新发展，凭借一流的科技金融企业信息化、数字化的基础运营能力，国泰君安不断践行金融报国的公司理念以及服从、服务国家战略的使命。

实训练习

实训操作1：云服务器产品对比

1. 实训背景

云服务器（Elastic Compute Service，ECS）是一种基础云计算服务，使用云服务器 ECS 就像使用水、电、煤气等资源一样便捷、高效。我们无须提前采购硬件设备，而是根据业务需要，随时创建所需数量的云服务器实例，并在使用过程中，随着业务的扩展，对云服务器进行扩容磁盘、增加带宽。如果不再需要云服务器，也可以方便地释放资源，节省费用。正如马云所言，未来的云服务器就是社会的基础设施，就像打开水龙头就可以用水一样，我们也可以随时根据我们的需求使用自己的服务器。

2. 实训目标

通过本实训使学生明确各云计算厂商的云服务；了解云服务器的特点以及和物理服务器的区别；注重培养学生分析问题、解决问题的能力。

3. 实训内容

（1）访问我国几大云计算厂商（至少3家）的官方网站，浏览各大云计算厂商提供的云产品有哪些，至少列出10项；

（2）类比各大厂商所提供的云服务器产品优势，以及应用场景（产品类别），完成对比表格的填写，例如：

特点	阿里云	腾讯云	华为云
产品优势	稳定：单实例可用性达99.975%；弹性：支持分钟级别创建1 000台实例；高安全：免费提供 DDoS 防护、木马查杀、防暴力破解等服务；高性能：单实例性能最高可达到700万PPS，35Gbps网络收发带宽；易用性：丰富的操作系统和应用软件；可拓展性：ECS 可以与阿里云各种丰富的云产品无缝衔接		
应用场景	通用型、计算型、内存型、大数据型、GPU型、本地SSD型、高主频型、FPGA型、弹性裸金属服务器		

（3）实训总结（例如：对比物理服务器和云计算服务器的优势与区别，和各大云计算厂商云服务器产品共同点有什么，区别点在哪里）。

实训操作2：认识阿里金融云并明确实施步骤

1. 实训背景

阿里金融云到底是什么呢？实际上，阿里金融云是我国著名云计算服务的供应商，阿里提供的金融云服务是服务于银行、证券、保险、基金等金融机构的行业云，采用独立的机房集群提供满足三行一会监管要求的云产品，为金融行业提供量身定制的云计算服务，具备低成本、高弹性、高可用、安全合规的特性，帮助金融客户实现从传统IT向云计算的转型，为金融客户提供完整的“云、端、数”的能力。

在为金融机构打造的金融云之外，阿里云还为P2P、小贷、众筹、消费金融等互联网金融机构提供微金融专区解决方案。微金融专区同样采取独立的集群资源，与公有云物理隔离，并享有高规格的服务。针对微金融的行业特点，提供高可用、高级别、低成本、稳定的云计算服务，让微金融企业轻松应对业务增长，没有后顾之忧。阿里金融云整体产品见图7–7。

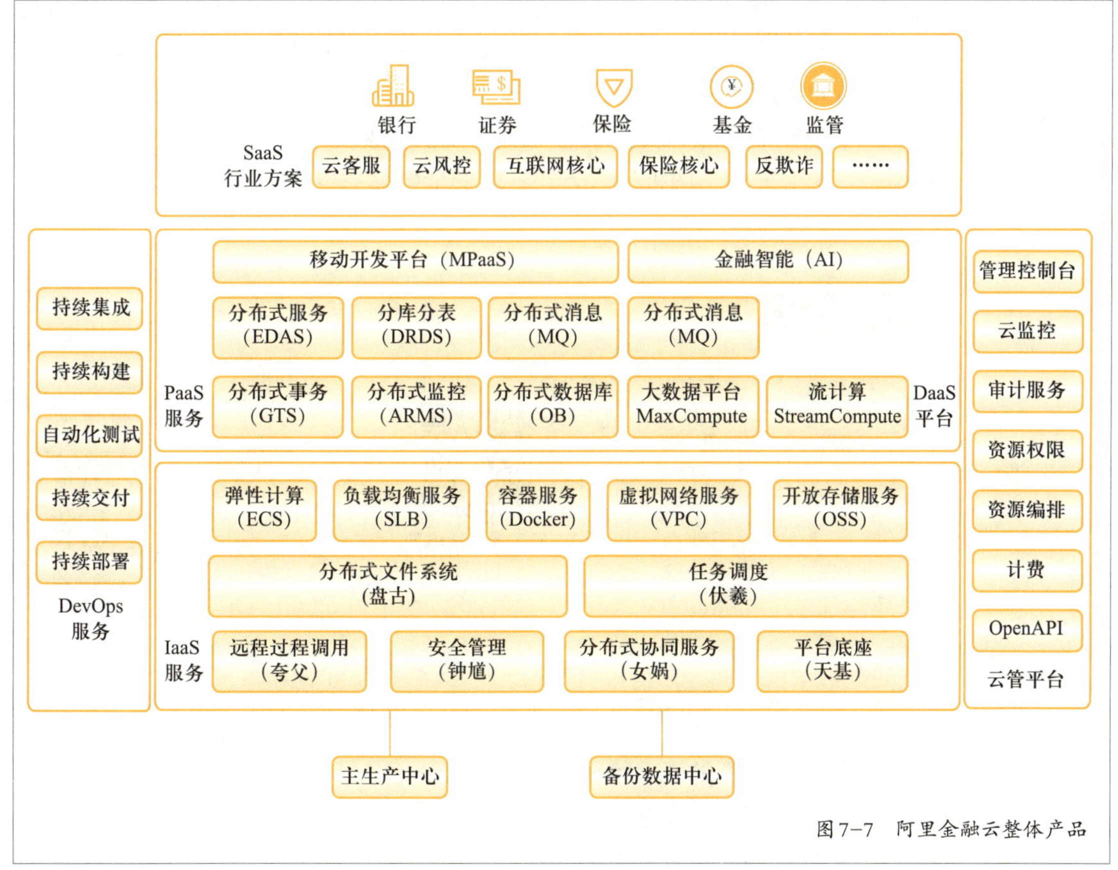

图7–7　阿里金融云整体产品

2. 实训目标

通过了解金融云具体实施步骤，加深对云计算和金融业务结合的理解。

3. 实训内容

（1）认证金融云客户。申请认证成为金融云用户，根据机构类型和云资源需要选择“金融云”或“微金融专区”认证，认证提交后，会在3个工作日内完成审核。

在进行金融云认证之前，需要了解：①账号加入金融云后，申请的资源将只能开到金融云集群，无法开到公有云集群。②金融云的资源，需要通过VPN令牌/专线形式来访问、管理和进行数据交互，且专线还会涉及专线接入费。

（2）实名认证。受安全合规要求，客户需要完成企业实名认证，方可正常开通和使用金融云。

（3）开启管理多因素认证设备。为了提高金融云控制台的安全性，需要账户密码＋动态数字令牌双重认证才能管理具体服务。请先进行多因素认证（MFA），并与阿里云账号进行绑定。

（4）购买开通云服务。金融云目前有杭州、深圳、青岛三个独立机房集群，微金融专区目前有杭州一个独立机房集群。请根据需要选购和开通服务。

（5）使用管理VPN。金融云实施了严格的网络隔离策略，远程连接进行日常运维时，需要先开通管理VPN。金融云用户可以免费使用。（深圳金融云全部进行网络隔离，可跳过此步骤）。

（6）选择业务接入方式。金融业务需要在多个机构间进行交互，金融云在网络传输上提供了两种接入方式：IP安全协议VPN接入和专线接入。

第7章在线练习

课后思考

1. 简述云计算的五大特征。
2. 简述中国银联云平台的主要成果。
3. 云计算的应用场景有哪些?
4. 简述云计算的三大服务类型。
5. 请用自己的语言描述云金融。

第8章　金融科技：大数据与人工智能

学习目标

【知识目标】

• 理解大数据与人工智能的概念、关系以及在金融行业的应用。

• 了解大数据与人工智能的发展方向以及对现有金融体制的挑战。

【能力目标】

• 能够完成个人征信的在线查询；

• 能够完成基于大数据的互联网信用查询。

【思政目标】

• 了解我国在大数据与人工智能技术领域的成就，培养民族自豪感；

• 了解我国在大数据与人工智能技术领域发布的政策，了解未来国家发展重点方向。

思维导图

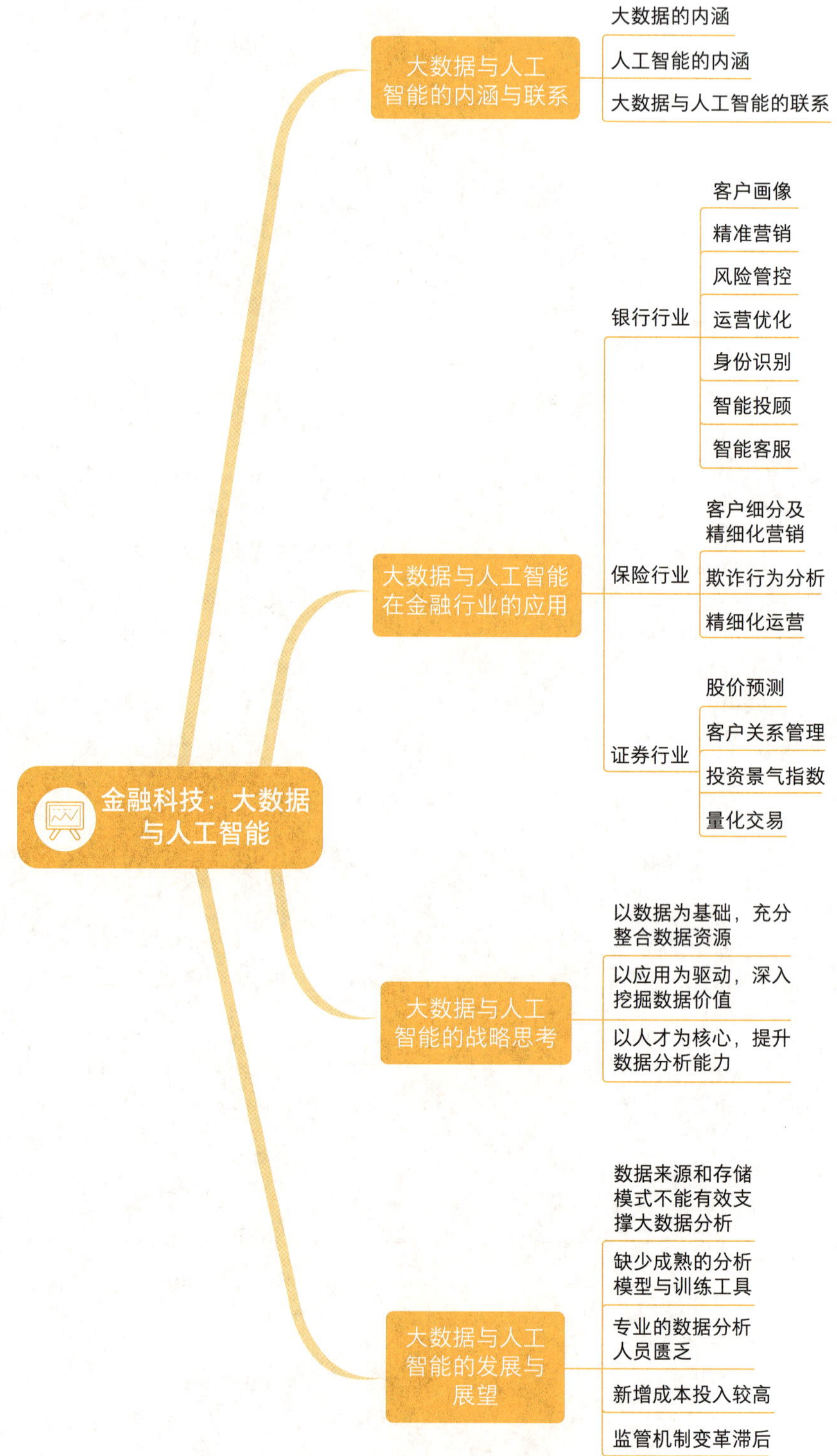
金融科技：大数据与人工智能
大数据与人工智能的内涵与联系
大数据的内涵
人工智能的内涵
大数据与人工智能的联系
大数据与人工智能在金融行业的应用
银行行业
客户画像
精准营销
风险管控
运营优化
身份识别
智能投顾
智能客服
保险行业
客户细分及精细化营销
欺诈行为分析
精细化运营
证券行业
股价预测
客户关系管理
投资景气指数
量化交易
大数据与人工智能的战略思考
以数据为基础，充分整合数据资源
以应用为驱动，深入挖掘数据价值
以人才为核心，提升数据分析能力
大数据与人工智能的发展与展望
数据来源和存储模式不能有效支撑大数据分析
缺少成熟的分析模型与训练工具
专业的数据分析人员匮乏
新增成本投入较高
监管机制变革滞后

案例导学

芝麻信用：基于大数据的信用评估及管理

芝麻信用，是蚂蚁金服旗下独立的第三方征信机构，通过云计算、机器学习、大数据等技术客观呈现个人的信用状况，在信用卡、消费金融、融资租赁等场景为用户提供信用服务。

传统的征信系统数据来源比较单一。阿里巴巴和蚂蚁金服本身积累的数据是芝麻信用的一大优势，包括淘宝、天猫等电商平台网络购物的相关行为数据，支付宝平台水电煤电信缴费数据，各种生活服务场景相关数据以及千万级以上的贷款数据。贷款数据又包括阿里巴巴平台上接近200多万的小企业贷款数据，千万级的天猫分期购的数据以及消费者无忧支付产品蚂蚁花呗的数据。对于外部的数据，又大致可以分为公共部门数据、合作企业的数据、金融机构的数据、用户自主上传的数据等几个方面。

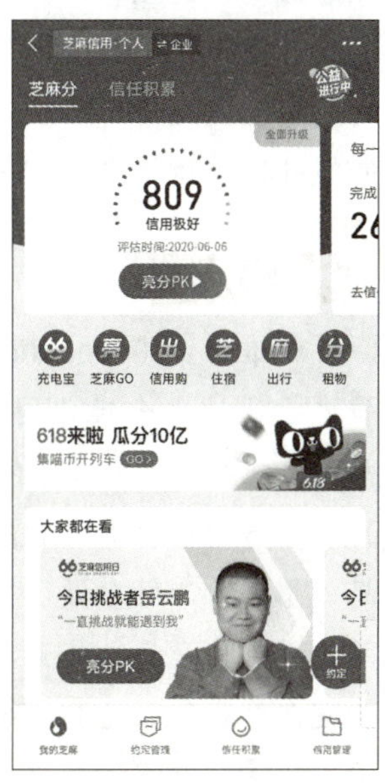

图8–1　芝麻信用示例

通过多种渠道汇集的数据，在芝麻信用分的评分当中，被分为身份特质、履约能力、信用历史、人脉关系、行为偏好等维度。通过这些维度，建立了刻画个人信用全貌的模型（如图8–1所示）。基于大数据7×24小时在线运算能力，通过账户行为分析，能够准确地刻画个人的行为，以此判断其是否出现行为异常，帮助合作伙伴进行反欺诈识别。

案例分析

芝麻信用是在大数据互联网模式下建立的征信系统。该系统充分利用了分布在互联网中的各种形式的数据资源，对其进行重新整合与分析，从而对客户的信用状况进行评估，并发掘出一些通过常规手段不易发现的行为规律，这些潜在的客户特征和行为规律为实现用户信用精准预测提供了保证。基于大数据的信用评估方法是从数据的角度对用户信用进行挖掘和评估。

精准营销：工商银行金融产品个性化服务

近年来，金融脱媒、利率市场化进程逐步加快，互联网金融等全新业态利用互联网技术和大数据技术不断渗透到商业银行的传统业务领域，愈加激烈的市场竞争对工商银行的市场营销提出了新挑战；客户多样化和个性化需求与传统营销的矛盾构成了向精准营销转型的新动力。如何借助新的精准营销理论和大数据、数据挖掘等信息技术提升精准营销能力，是银行业新时期能否持续发展的关键。在精准营销管理平台的支撑下，工商银行不断深化营销流程再造，建立起精准营销管理体系，明确了精准营销的工作流程，量化了精准营销效果评价，实现精准营销智能化、自动化、制度化、流程化管理。

工商银行深入研究大数据和数据挖掘等信息技术应用方法，结合信息化银行发展战略和市场营销实践，加强理论联系实际，以数据仓库为基础，打破信息孤岛，建立客户营销统一视图；量化客户贡献，推进分层服务；深度挖掘需求，定位目标客户；推动营销活动，提升营销效率；大胆推进营销管理模式再造和制度完善，加强“以客户为中心”的精准营销能力，有效提升客户服务质量和核心竞争力。利用数据分析提升精准营销应用实践。

案例分析

精准营销（Precision Marketing）是在精准定位的基础上，依托现代信息技术手段建立个性化的顾客沟通服务体系，实现企业可度量的低成本扩张之路。公司需要更精准、可衡量和高投资回报的营销沟通，也需要更注重结果和行动的营销传播计划和对直接销售沟通的投资。精准营销是在充分了解顾客信息的基础上，针对顾客喜好，有针对性地进行产品营销，在掌握一定的顾客信息和市场信息后，将直复营销与数据库营销结合起来的营销新趋势。按照精细化定向营销的理念和结构框架进行市场细分，帮助企事业单位在激烈的市场竞争中取得竞争优势。目前，越来越多的企事业单位通过“精准营销”的营销模式，精确找到目标顾客的需求，从而拉近自身与具体顾客的距离。

商业银行目前具有庞大的客户群体，同时企业级数据仓库存储了覆盖客户、账户、产品、交易等大量的结构化数据，以及海量的以语音、图像、视频等形式存储的非结构化信息。这些信息背后都蕴藏了诸如客户偏好、社会关系、消费习惯等丰富全面的信息资源。可以说，商业银行已经兼具客户基础和数据基础，在未来，商业银行应如何开展大数据分析、提升精准营销能力显得尤为重要。

百融云创：金融风控新模式

百融云创是一家依托大数据技术的金融风控服务公司。根据来自互联网、金融机构、线下零售、社交、媒体、航空、教育、运营商、品牌商等多维数据源，创新性地为信贷、保险、投资理财等行业企业提供获客引流、精准营销、客群分析、风控管理、反欺诈、贷前信审、贷后管理等服务。

百融金服

目前，百融云创与大数据有关的业务主要有信贷审批系统、iData互联网金融分析引擎、用户评估报告以及银行业解决方案等。其中，iData是百融云创推出的一款专注于互联网金融行业的平台分析工具，涵盖Web站点、手机站点、App、微信公众号等企业与客户接触的平台。iData可以帮助客户统计分析流量来源、用户行为、金融产品销售等情况；此外，iData还依靠百融云创沉淀的海量数据，使用特有的用户画像算法，全方位洞察用户，帮助客户运营流量，创造价值。

百融云创通过搭建大数据平台，在不同数据源中采集并处理包括通信、社交网络服务、电商交易、虚拟消费、关系链、阅读行为、游戏行为、媒体行为、金融行为、房子、汽车、资产和基础画像等数据，并利用统计学和机器学习的方法，构建一幅全面、立体、生动精准的“用户画像”，并最终得出信用主体的信用得分，进而为金融机构提供参考依据。用户评估报告包括真实性评估、风险评估、价值评估、兴趣评估以及高端定制模块。

银行业解决方案主要使用线上、线下融合的海量非金融与金融数据进行信用风险建模，通过风险模型识别欺诈风险和信用风险。百融云创参照国内外征信服务市场并立足中国国情，开发了适合中国市场的征信产品和服务体系。截至目前，百融云创主要的征信服务产品有关于欺诈和信用风险识别的授信评估系列产品，包括企业征信和个人征信，未来将拓展到金融营销和一些增值服务，覆盖金融客户全生命周期。总体来看，百融云创在贷前提供营销引流服务、授信评估服务；在贷后提供用户增值、风险预警及失联催收服务。

百融云创风控解决方案如图8-2所示。

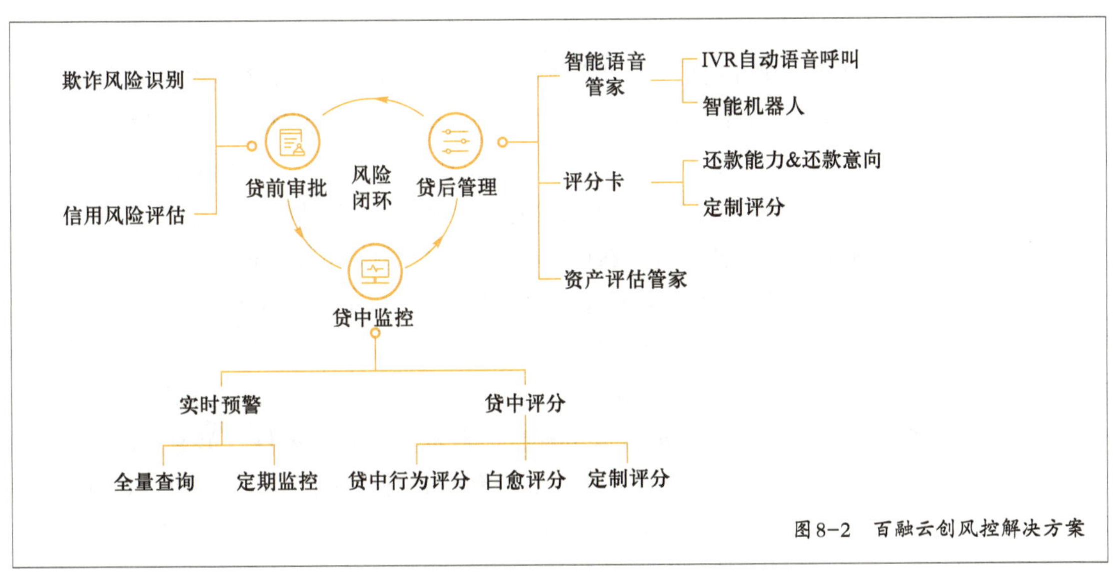

图8-2　百融云创风控解决方案

案例分析

目前，我国征信体系尚处于发展初期，为金融机构方便应用的个人信用评估数据的匮乏严重制约了我国金融业，尤其是普惠金融、互联网金融的健康有效发展。

大数据技术的日趋成熟让金融机构看到了个人征信的另一种可能性——即利用非金融领域的数据为金融机构提供用户信用评估。大数据技术可以对人口统计、消费、网站行为、社交、金融等结构化以及非结构化数据进行挖掘和关联性分析，给出相应的信用评分，为金融机构提供信用参考。大数据征信收集的信息面宽，可以覆盖很多无法被央行征信中心覆盖的学生、工人、农民、个体工商户等群体，让更多的人可以拥有一份全面的个人征信报告，进而能够享受到普惠金融带给每个个体的切实利益。

与金融机构自身的交易数据相比较，这些大数据公司的数据量会更宽泛，能够更好地识别客户偏好，有助于为其提供更精准的服务，在规模批量运营的情况下还能提供个性化的服务。如何利用大数据风控技术助力金融机构不良资产管理也在积极探索中，其主要思路是打破传统的催收运营模式，降低催收成本，在一定程度上化解金融机构当前的不良资产。百融云创是最早将大数据技术应用到清收行业的企业，可以利用大数据清收帮助金融机构更好地管控个人信贷业务逾期风险，通过百融大数据资产增值服务平台为金融机构提供资产处置、资产托管以及资源整合的全方位服务，全面提升金融机构不良资产的价值。

刷脸消费：无卡时代的支付新趋势

2016年4月18日，中国建设银行在上海举行“刷脸创新全渠道应用发布会”，会上宣布：建设银行已实现刷脸创新全渠道、全流程应用。广大客户可通过建设银行1.48万个网点，9.7万台自助设备、2.9万个自助银行、4.8万台智慧柜员机，体验到最新的刷脸金融服务。目前，建设银行的人脸数据库，已储存8 000多万张面孔，每天新增40万张左右，预计将储存6亿张面孔。

据介绍，建设银行的刷脸创新应用带来了以下几大升级。

（1）刷脸取款。首次使用需在ATM完成本人面部信息采集、绑定银行卡、手机号等签约手续。单笔500元以下的小额取款，无须插卡、无须验密、只用“输入手机号、刷脸”即可取走现金，整体用时不到40秒；单笔500元以上的大额取款，增加了“密码”验证，在保证便捷性的同时增强客户取款的安全性，真正实现“随用随取、小额随心、大额安全”。

（2）刷脸消费。留存过人脸信息的客户，通过手机银行完成开通手续，即可实现去超市购物、运动健身、娱乐休闲时的说走就走，只需“输入手机号、刷脸”即可完成付款，整体用时不到半分钟。

（3）客户精准识别。在建设银行的智慧银行网点，客户不需要出示身份证件或银行卡，在踏进网点的第一时间，就能刷脸识别身份。此时，将有微笑服务的大堂经理或是智能可爱的机器人主动迎宾，为客户提供业务咨询、引导和产品介绍等贴心的金融服务。通过刷脸和大数据分析，建设银行还提供直达客户需求的个性化、差异化的金融服务，实现“想客户所想，知客户所需”。

服务国家战略、支持实体经济发展是建设银行的使命和责任，建设银行刷脸技术已向社会输出，嵌入了企业的产品销售和服务流程，主动帮助企业解决身份认证难题。今后，建设银行也将牢记宗旨使命，以坚定的社会责任观、庞大的渠道体系、雄厚的技术实力、丰富的金融场景、充足的人员储备、合作共赢的发展理念持续创新，不断提升核心竞争力及风险防控力，以新时代的新作为推动建设银行事业的新发展。

案例分析

人脸信息有着不可复制、不可盗取、简便直观等优点，是大数据时代各商业银行应储备和发掘价值的重要战略资源。人脸识别技术是以身份检索或校验为目标，通过从给定的静态或动态图像中提取人脸信息等手段，与数据库中已知身份人脸进行匹配的过程，是人工智能技术的典型应用。由于受到光照、表情、遮挡、朝向等干扰因素的影响，与其他基于身份证、虹膜、掌纹、指纹等技术手段相比，人脸识别技术的准确率相对较低，但其采集方式最为便捷：无须当事人配合，甚至在其意识不到的情况下，就完成了对人脸信息的采集与识别。因此，人脸识别技术在过去的40多年中一直是人工智能领域的热点研究课题，现今已逐渐走向成熟，已经应用于反恐、安防等领域，近年来开始向教育、金融等领域推广。而随着技术变革和应用的普及，建设大规模、分布式人脸数据库及识别系统的成本不断降低，识别的精度不断提高。可以预见，人脸识别技术在商业银行领域的潜在价值将被不断发掘提升，在保障服务安全性、节约客户时间、提升客户体验、整合与挖掘数据资源等方面具备广泛的应用前景。

摩羯智投：手机里的投资顾问

2016年12月，“摩羯智投”作为招商银行App的主打新功能正式上线。

摩羯智投是运用机器学习算法，融入招商银行十多年财富管理实践及基金研究经验，在此基础上构建的以公募基金为基础的、全球资产配置的“智能基金组合配置服务”。

摩羯智投是一套资产配置服务流程，依靠“大类资产配置”和“围绕基金的金融大数据”进行双轮驱动。

一方面，其背后的专业团队根据现代投资组合理论设定大类资产配置逻辑，对资产进行分类，然后从招商银行代销的众多公募基金中遴选出产品组合。客户选择投资期限和风险承受等级后，摩羯智投会根据客户自主选择的“目标—风险”要求为客户构建基金组合，并提供了“一键购买”的便捷化服务功能。

另一方面，摩羯智投基于5.4万亿元的财富管理数据，每天进行100多万次的机器学习投资训练，使其具备算法进化能力，在对全球市场行情进行跟踪和监控的过程中发现并挖掘基金组合最优状态。不仅如此，摩羯智投每日还会对客户持仓情况进行回归验证，当验证结果与当前最优状态有一定偏离时，为客户提供动态的基金组合调整建议，在客户认可之后，即可进行“一键优化”。

作为商业银行智能投资的先行者，摩羯智投一经上市就引发了市场的广泛关注，截至2018年，累计销售规模已达122.33亿元，受到了广大投资者青睐。其界面如图8–3所示。

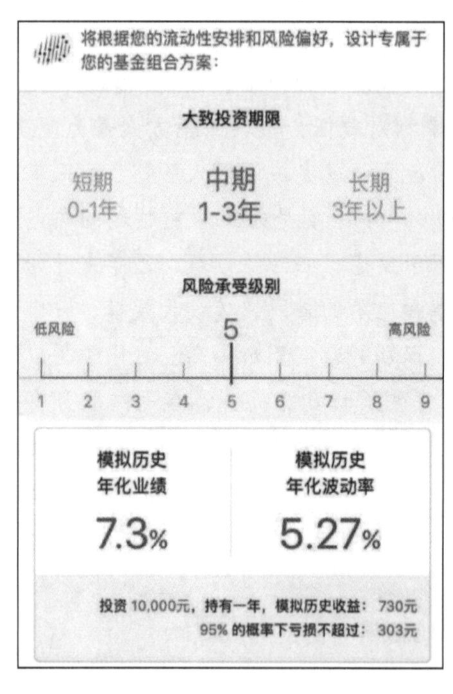

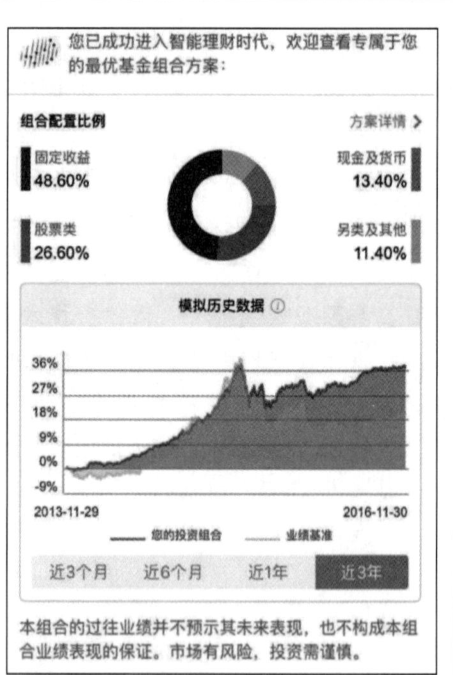

图8–3　招商银行摩羯智投界面

案例分析

智能投顾也称机器人投顾（robo-advisor），它运用云计算、大数据、人工智能等技术将资产组合理论等金融投资理论应用到模型中，再将投资者风险偏好、财务状况及理财规划等变量输入模型，为用户生成自动化、智能化、个性化的资产配置建议，并对组合实现跟踪和自动调整。智能投顾作为人工投顾的替代品，通过获取用户的风险偏好水平以及大致预期收益率等指标，运用智能算法以及组合投资的自动化管理技术，帮助用户实现主、被动投资策略相结合的定制化投顾服务。因其服务过程能够实现全部或绝大部分自动化操作管理，因此被称为智能投顾。

传统投顾投资门槛高，投顾费用昂贵，主要客户为高净值人群。而智能投顾降低了投资服务门槛。基于互联网提供的投顾服务可根据客户以问卷等形式反馈的信息进行风险偏好判别，然后计算机后台利用算法自动计算出满足条件的投资组合，在全球范围内实现资产配置。本质上来讲，节约了专业投顾的人力成本，且可以更高效、便捷、廉价地为中低净值客户提供投资理财、资产配置等服务。

工小智：客服的智能化转型

在当前人工智能快速发展的浪潮中，中国工商银行也依托前沿技术，加快向智能化服务转型，于2016年创新推出了“工小智”智能客服品牌。依托工商银行领先的科技优势和专业服务能力，“工小智”为客户带来了秒速回复、触手可及的无间歇良好体验。据统计，目前工行智能客服的识别率已达98%，处于行业领先水平，累计解决客户相关需求4亿余个。

工行智能客服通过与大数据、客户画像、自学习等技术的结合，建立了“主动建议+咨询解答+营销推介+业务办理+售后追踪”的全流程一站式服务，在满足用户基本需求的同时，为客户提供个性化的产品推介、优惠信息等增值服务。智能客服通过提供更加便捷、更有温度的数字化交互，在节约服务成本、提高服务效率的同时，也加深了对客户需求的洞察与情感联结。目前，“工小智”已成为工行提供对外服务、加强客户联系的重要枢纽，有效提升了客户服务效率和服务水平。其服务界面如图8–4所示。

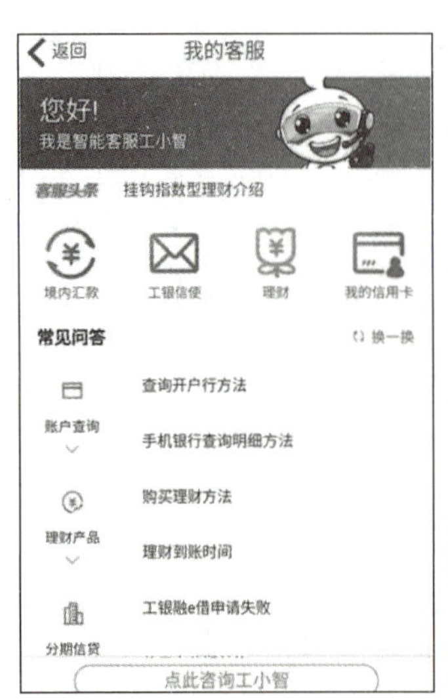

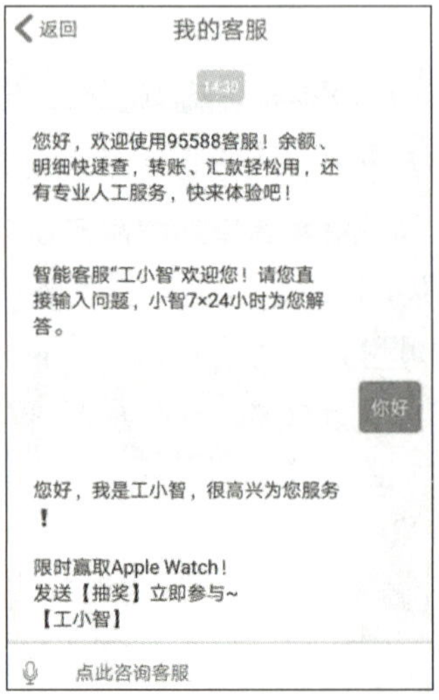

图8-4　工商银行智能客服工小智服务界面

案例分析

智能客服是在大规模知识处理基础上建立起来的一套面向行业应用，适于进行大规模知识处理、自然语言理解、知识管理、自动问答系统和推理等专业技术服务，不仅可为企业提供专业化的知识管理和精细化管理所需的统计分析信息，还能为企业与海量用户的沟通建立基于自然语言的快捷有效的渠道。

随着以人工智能、大数据、云计算等为代表的技术浪潮兴起，深度学习算法取得突破性进展，语义理解、语音识别和合成等人机交互技术日趋成熟，智能客服进入高速发展阶段。

特别是自然语音处理技术的逐渐成熟，使得智能客服可以根据上下文理解客户的本意，与客户进行多轮对话，解决了客户单次问题信息不完整无法作答的痛点，为客户提供个性化的服务和咨询，使得沟通更加顺畅。

智能客服系统主要由业务应用和能力平台两部分组成。业务应用作为前端，对外提供在线智能客服服务，对内提供语音的商业智能分析。能力平台作为后端，主要解决语音合成、语音识别、自然语言理解、会话流程控制等功能，并在后台开展智能质检、运营分析等服务。通过获取语音文件和客户服务过程中的用户、查询、交互、报修、报装等信息，智能客服系统可以进行专项性业务分析，最终形成运营决策优化的关键数据。

内容讲解

8.1　大数据与人工智能的内涵与联系

8.1.1　大数据的内涵

大数据及大数据技术

大数据（Big Data）也称巨量资料，是指无法在一定时间范围内用常规软件工具进行捕捉、管理和处理的数据集合，是需要新处理模式才能体现更强的决策力、洞察发现力和流程优化能力的海量、高增长率和多样化的信息资产。

大数据的主要特征可以概括为“4V+1C”。其中，4V是由国际数据公司（International Data Corporation，简称IDC）提出的，即：① 数据规模庞大（Volume），海量数据已跃升到PB级别；② 数据更新频繁（Velocity），数据处理技术的进步导致数据流转加速，对数据实时处理有着极高要求；③ 数据类型多样性（Variety），数据类型繁多，网络日志、视频、地理位置信息、图片等都是大数据；④ 数据价值巨大（Value）且价值密度低，需要在数据分析的基础上进行数据挖掘和智能决策，最终体现在工作生活中的应用，可以带来巨大的价值。在上述四大特征的基础上加上数据处理复杂（Complexity）来构成完整的大数据特征，即大数据要求数据处理复杂，不能套用现有的、成熟的数据库工具简单得到答案。

以中国人口的平均年龄统计为例，这个数据量非常庞大，有14亿条记录；这个数据也是动态更新的，每年都有几千万人出生，几千万人死亡；这个数据也是多样的，如湖南的数据可能放在Mysql中，湖北的数据可能在Oracle中，北京的数据可能在记事本文件中，上海的数据可能在Word文档中。这个数据集和这个分析都是有价值的，但是平均到每一条数据价值又非常有限。也就是说，这个数据虽然符合4V特征，但怎么看都“太简单”，年龄加起来求平均即可，不具备复杂性，不能成为真正意义上的“大数据问题”。

早在1980年，著名未来学家阿尔文·托夫勒便在《第三次浪潮》一书中，将大数据热情地赞颂为“第三次浪潮的华彩乐章”。不过，直到大约30年后，“大数据”才开始成为互联网信息技术行业的流行词汇。美国互联网数据中心指出，互联网上的数据每年增长50%，即每两年便将翻一番；而目前世界上90%以上的数据是最近几年才产生的。此外，数据又并非单纯指人们在互联网上发布的信息，全世界的工业设备、汽车、电表上有着无数的数码传感器，随时测量和传递着有关位置、运动、震动、温度、湿度乃至空气中化学物质的变化，这些设备也产生了海量的数据信息。

随着云时代的来临，大数据也吸引了越来越多的关注，通常用来描述一个公司创造的大量非结构化和半结构化数据，这些数据在下载到关系型数据库用于分析时会花费过多时间和金钱。因此，大数据分析常和云计算联系到一起，因为实时的大型数据集分析需要使用像MapReduce一样的框架来向数十、数百甚至数千台计算机分配工作。

8.1.2 人工智能的内涵

人工智能简介

人工智能（Artificial Intelligence，AI）的定义经历了多次转变。一些肤浅的、未能揭示内在规律的定义很早就被研究者抛弃。但直到今天，被广泛接受的定义仍有很多种。学术界的定义普遍采用斯图亚特·罗素（Stuart Russell）与彼得·诺维格（Peter Norvig）在《人工智能：一种现代的方法》一书中的定义，即：人工智能就是根据对环境的感知，做出合理的行动，并获得最大收益的计算机程序。

“人工智能”一词最初是由约翰·麦卡锡、明斯基等科学家于1956年在美国达特茅斯学院开会研讨“如何用机器模拟人的智能”时首次提出，标志着人工智能学科的诞生。

人工智能自1956年以来60余年的发展历程，可谓充满未知的探索道路曲折起伏。可以将人工智能的发展历程划分为以下6个阶段：

（1）起步发展期：1956年—20世纪60年代初。人工智能概念提出后，相继取得了一批令人瞩目的研究成果，如机器定理证明、跳棋程序等，掀起人工智能发展的第一个高潮。

（2）反思发展期：20世纪60年代—20世纪70年代初。人工智能发展初期的突破性进展大大提升了人们对人工智能的期望，人们开始尝试更具挑战性的任务，并提出了一些不切实际的研发目标。然而，接二连三的失败和预期目标的落空，使人工智能的发展走入低谷。

（3）应用发展期：20世纪70年代初—20世纪80年代中。20世纪70年代出现的专家系统模拟人类专家的知识和经验解决特定领域的问题，实现了人工智能从理论研究走向实际应用、从一般推理策略探讨转向运用专门知识的重大突破。专家系统在医疗、化学、地质等领域取得成功，推动人工智能走入应用发展的新高潮。

（4）低迷发展期：20世纪80年代中—20世纪90年代中。随着人工智能的应用规模不断扩大，专家系统应用领域狭窄、缺乏常识性知识、知识获取困难、推理方法单一、缺乏分布式功能、难以与现有数据库兼容等问题逐渐暴露出来。

（5）稳步发展期：20世纪90年代中—2010年。由于网络技术特别是互联网技术的发展，加速了人工智能的创新研究，促使人工智能技术进一步走向实用化。1997年国际商业机器公司（IBM）的深蓝超级计算机战胜了当时的国际象棋世界冠军卡斯帕罗夫；2008年IBM提出“智慧地球”的概念，都是这一时期的标志性事件。

（6）蓬勃发展期：2011年至今。随着大数据、云计算、互联网、物联网等信息技术的发展，泛在感知数据和图形处理器等计算平台推动以深度神经网络为代表的人工智能技术飞速发展，大幅跨越了科学与应用之间的“技术鸿沟”，诸如图像分类、语音识别、知识问答、人机对弈、无人驾驶等人工智能技术实现了从“不能用、不好用”到“可以用”的技术突破，使人工智能迎来爆发式增长的新高潮。

为抢抓人工智能发展的重大战略机遇，我国在相关政策支持方面开足马力。早在2015年，国务院就已发布战略文件《中国制造2025》，提出“以推进智能制造为主攻方向”。2016年1月国务院发布《“十三五”国家科技创新规划》，将智能制造和机器人列为“科技创新2030项目”重大工程之一；同年3月，人工智能概念进入“十三五”重大工程。2017年7月，国务院印发《新一代人工智能发展规划》，确立了新一代人工智能发展三步走战略目标，人工智能的发展至此上升到国家战略层面。同年12月，工信部印发了《促进新一代人工智能产业发展三年行动计划（2018—2020）》。2019年两会期间，人工智能连续第三年被写入政府工作报告。在国家的大力支持和引导下，中国人工智能正紧跟时代步伐发展。

文本
世界各国对人工智能的扶持政策

8.1.3 大数据与人工智能的联系

归结起来，三大技术基础的成熟和发展为人工智能的落地奠定了基石，即云计算、大数据、深度学习算法。

首先，计算能力是人工智能的平台。人工智能对计算能力的要求很高，而以前研究人工智能的科学家往往受限于单机计算能力，需要对数据样本进行裁剪，让数据在单台计算机里进行建模分析，导致模型的准确率降低。伴随着云计算技术和芯片处理能力的迅速发展，可以利用成千上万台的机器进行并行计算，尤其是GPU、FPGA、ASIC以及人工智能专用芯片（如谷歌TPU）的发展为人工智能落地奠定了基础计算能力，使得类似于人类的深层神经网络算法模型的人工智能应用成为现实。

第二，大数据是人工智能的基础。伴随着互联网的飞速发展，在线数据变得异常丰富，多来源、实时、大量、多类型的数据可以从不同的角度对现实进行更为逼近真实的描述，而利用深度学习算法可以挖掘数据之间的多层次关联关系，为人工智能应用奠定了数据源基础。正如阿里巴巴集团技术委员会主席王坚博士所述，人工智能是互联网驱动下的一个重要领域，能够发展到今天，不仅是靠着自身内部的驱动力，还因为互联网在不断完善，数据变得随处可得，所以，人工智能的进步来源于互联网基础设施的不断进步。离开互联网孤立地分析人工智能是没有意义的。

第三，机器学习算法是人工智能的引擎。人工智能专家杰弗里·辛顿

（Geoffrey Hinton）教授2006年发表了深度学习的论文，掀起了深度学习在学术界和工业界的浪潮，以人工神经网络（Artificial Neural Network，ANN）为代表的深度学习算法成为人工智能应用落地的核心引擎。

- 深度学习对并行计算、单位时间数据吞吐能力有更高要求
- GPU/FPGA的发展及计算能力的提升使得云计算平台可以快速计算、处理大量数据

- 大量实时产生的数据为人工智能的落地应用奠定了基础
- 通过大量数据可以训练人工智能的算法模型

- 机器学习尤其是深度学习/强化学习的完善与迭代促成了人工智能与商业场景的结合

- 云计算+大数据+深度学习三者相辅相成、相互依赖、相互促进，使得人工智能有机会从专用的技术成为通用的技术，融入各行各业之中

图 8-5　人工智能与云计算、大数据、机器学习的联系

如图8-5所示，云计算、大数据和机器学习三者相辅相成、相互依赖、相互促进，使得人工智能有机会从专用的技术成为通用的技术，融入各行各业之中。

8.2　大数据与人工智能在金融行业的应用

大数据推动金融体系的大变革

根据国际知名咨询公司麦肯锡的报告显示：在大数据应用综合价值潜力方面，信息技术、金融保险、政府及批发贸易四大行业潜力最大。具体到行业内每家公司的数据量来看，信息、金融保险、计算机及电子设备、公用事业四类的数据量最大。从投资结构上来看，银行将会成为金融类企业中大数据应用的重要部分，证券和保险分列第二和第三位。

8.2.1　银行行业

国内不少银行已经开始尝试通过大数据与人工智能来驱动业务运营，如中信银行信用卡中心使用大数据技术实现了实时营销，光大银行建立了社交网络信息数据库，招商银行利用大数据发展小微贷款，民生银行信用卡中心则启用了智能语音机器人。

银行的大数据与人工智能应用可以分为以下几个方面：

人工智能与金融

（1）客户画像。客户画像主要分为个人客户画像和企业客户画像。个人客户画像包括人口统计学特征、消费能力数据、兴趣数据、风险偏好等；企业客户画像包括企业的生产、流通、运营、财务、销售和客户数据、相关产业链上下游等数据。值得注意的是，银行拥有的客户信息并不全面，基于银行自身拥有的数据有时候难以得出理想的结果甚至可能得出错误的结论。

例如，某位信用卡客户月均刷卡8次，平均每次刷卡800元，平均每年打4次客服电话，从未有过投诉，按照传统的数据分析，该客户应该是一位满意度较高、流失风险较低的客户。但如果看到该客户的微博，其真实情况却是：工资卡和信用卡不在同一家银行，还款不方便，好几次打客服电话没接通，客户多次在微博上抱怨，该客户流失风险较高。所以银行不仅仅要分析从银行自身业务中采集到的数据，更应整合更多的外部数据，以扩展对客户的了解。包括：① 客户在社交媒体上的行为数据。通过打通银行内部数据和外部社会化的数据可以获得更为完整的客户拼图，从而进行更为精准的营销和管理。② 客户在电商网站的交易数据。如建设银行将自己的电子商务平台和信贷业务结合起来；阿里金融为阿里巴巴用户提供无抵押贷款，用户只需要凭借过去的信用即可申请。③ 企业客户的产业链上下游数据。如果银行掌握了企业所在的产业链上下游的数据，就可以更好地掌握企业的外部环境发展情况，从而预测企业未来的状况。④ 其他有利于加深银行对客户兴趣爱好了解的数据，如通过数据管理平台分析提取的互联网用户行为数据。

（2）精准营销。在客户画像的基础上银行可以有效地开展精准营销，包括：① 实时营销。即根据客户的实时状态来进行营销，如客户当时的所在地、最近一次消费情况等信息，来有针对地进行营销（例如，某客户采用信用卡采购孕妇用品，可以通过建模推测其怀孕的概率并推荐孕妇喜欢的业务）；或者将改变生活状态的事件（换工作、改变婚姻状况、购房置业等）视为营销机会。② 交叉营销。即不同业务或产品的交叉推荐，如招商银行可以根据客户交易记录分析，有效地识别小微企业客户，然后用远程银行来实施交叉销售。③ 个性化推荐。银行可以根据客户的喜好进行服务或者进行银行产品的个性化推荐；可以根据客户的年龄、资产规模、理财偏好等，对客户群进行精准定位，分析出其潜在金融服务需求，进而有针对性地营销推广。④ 客户生命周期管理。包括新客户获取、客户流失防范和客户赢回等。如招商银行通过构建客户流失预警模型，对流失率等级前20%的客户发售高收益理财产品予以挽留，这使得金卡和金葵花卡客户流失率分别降低了15%和7%。

（3）风险管控。包括中小企业贷款风险评估和欺诈交易识别等手段。① 中小企业贷款风险评估。银行可通过企业的生产、流通、销售、财务等相关信息结合大数据挖掘方法进行贷款风险分析，量化企业的信用额度，更有效地开展中小企业贷款。② 实时欺诈交易识别和反洗钱分析。银行可以利用持卡人基本信息、卡面信息、交易历史、客户历史行为模式、正在发生的行为模式（如转账）等，结合智能规则引擎进行实时的交易反欺诈分析（如从一个不经常出现的国家为一个特有用户转账或从一个不熟悉的位置进行在线交易）。如IBM金融犯罪管理解决方案帮助银行利用大数据有效地预防与管理金融犯

大数据与金融风险识别

罪，摩根大通银行则利用大数据技术追踪盗取客户账号或侵入自动柜员机系统的罪犯。

（4）运营优化。① 市场和渠道分析优化：通过大数据，银行可以监控不同市场推广渠道尤其是网络渠道推广的质量，从而进行合作渠道的调整和优化。同时，也可以分析哪些渠道更适合推广哪类银行产品或者服务，从而进行渠道推广策略的优化。② 产品和服务优化：银行可以将客户行为转化为信息流，从中分析客户的个性特征和风险偏好，更深层次地理解客户的习惯，智能化分析和预测客户需求，从而进行产品创新和服务优化。如兴业银行目前对大数据进行初步分析，通过对还款数据挖掘比较区分优质客户，根据客户还款数额的差别，提供差异化的金融产品和服务方式。③ 舆情分析：银行可以通过爬虫技术，抓取社区、论坛和微博上关于银行以及银行产品和服务的相关信息，并通过自然语言处理技术进行正负面判断，尤其是及时掌握银行以及银行产品和服务的负面信息，及时发现和处理问题；对于正面信息，可以加以总结并继续强化。同时，银行也可以抓取同行业银行的正负面信息，以作为自身业务优化的借鉴。

大数据与个人征信

（5）身份识别。主要是指通过人脸识别、虹膜识别、指纹识别等生物识别技术快速提取客户特征进行高效身份验证的人工智能应用。技术的进步使生物识别技术可广泛应用于银行柜台联网核查、远程开户、支付结算、反欺诈等业务领域中。

例如，平安集团运用人像识别技术，在指定银行区域进行整体监控，识别陌生访客、可疑人员和可疑行为，提升银行物理区域安全性。该套系统还能识别银行VIP客户等，实现个性化服务。在平安天下通App上，平安利用人脸识别技术进行远程身份认证，用户根据系统提示，完成指定动作识别，即可进行App解锁、刷脸支付和贷款等。

（6）智能投顾。主要是根据投资者的风险偏好、财务状况与理财目标，运用智能算法及投资组合理论，为用户提供智能化的投资管理服务。智能投顾将投资顾问服务标准化、批量化，降低服务成本，降低财富管理的费率和投资门槛，实现普惠金融。

2010年，美国出现全球第一家智能投顾公司Betterment 。同年，美国的理财公司Futures Advisor开始为全美1 000家证券公司提供自动的投资、退休金账户管理服务。2016年则是中国智能投顾元年，苏宁金融、招商银行、蓝海财富等公司纷纷上线智能投顾平台。例如，苏宁金融开发的智能投顾服务通过理财机器人方式，为普通用户提供用得起的专业理财顾问服务。苏宁智能投顾产品包括风险评测、投资策略分析、产品组合推荐三部分，先识别用户风险偏好，再据此通过人工智能引擎推荐产品组合。

（7）智能客服。主要是以语音识别、自然语言理解、知识图谱为技术基础，通过电话、网页、App、短信、微信等渠道与客户进行语音或文本上的互动交流。智能客服可以理解客户需求，语音回复客户提出的业务咨询并能根据客户语音导航至指定业务模块。智能客服为广大客户提供了更为便捷和个性化的服务，在降低人工服务压力和运营成本的同时进一步增强了用户体验。

行业观察

消费金融线下场景遭重挫 AI机器人成抗“疫”生力军

2020年年初爆发的新冠肺炎疫情令金融业深刻意识到，未来金融科技应用能力的强弱直接影响核心竞争力的高低。为了应对挑战，多家消费金融公司均充分利用AI、云计算、大数据等科技手段进行突围。

2020年春节原本是消费的旺季，但由于新冠疫情爆发，直接冲击餐饮、旅游、教育、零售等消费金融线下场景业务。疫情对消费金融行业短期带来了影响，消费从线下向线上转移。

同时，疫情对于行业的挑战在于远程办公，如何保证业务和数据安全，不影响公司正常运营，成为较为突出的挑战。

据了解，为了应对疫情，多家消费金融公司均充分利用AI、云计算、大数据等科技手段突围，如在系统监控下移动办公的“云呼叫中心”办公机制；招联金融启用了约5 000个招联智能机器人进行服务，覆盖对客户提醒等多个场景；中邮消费金融则及时暂停人工现场催收，全面启动智能机器人远程催收。

此外，不管是招联金融、马上金融等头部消费金融公司，还是中邮消费金融公司、苏宁消费金融公司等诸多消费金融公司，均对疫情重灾区湖北客户差异化豁免罚息、罚金，合理延后还款期限，以减低受疫情影响客户的还款压力。

8.2.2 在保险行业的应用

过去，由于保险行业代理人的特点，所以在传统的个人代理渠道，代理人的素质及人际关系网是业务开拓的最为关键因素，而大数据及人工智能在新客户开发和维系中的作用就没那么突出。但随着互联网、移动互联网以及大数据的发展，网络营销、移动营销和个性化的电话销售的作用将会日趋显现，越来越多的保险公司注意到大数据及人工智能在保险行业中的作用。如图8–6所示，保险行业的大数据应用可以分为三大方面：客户细分及精细化营销、欺诈行为分析和精细化运营。

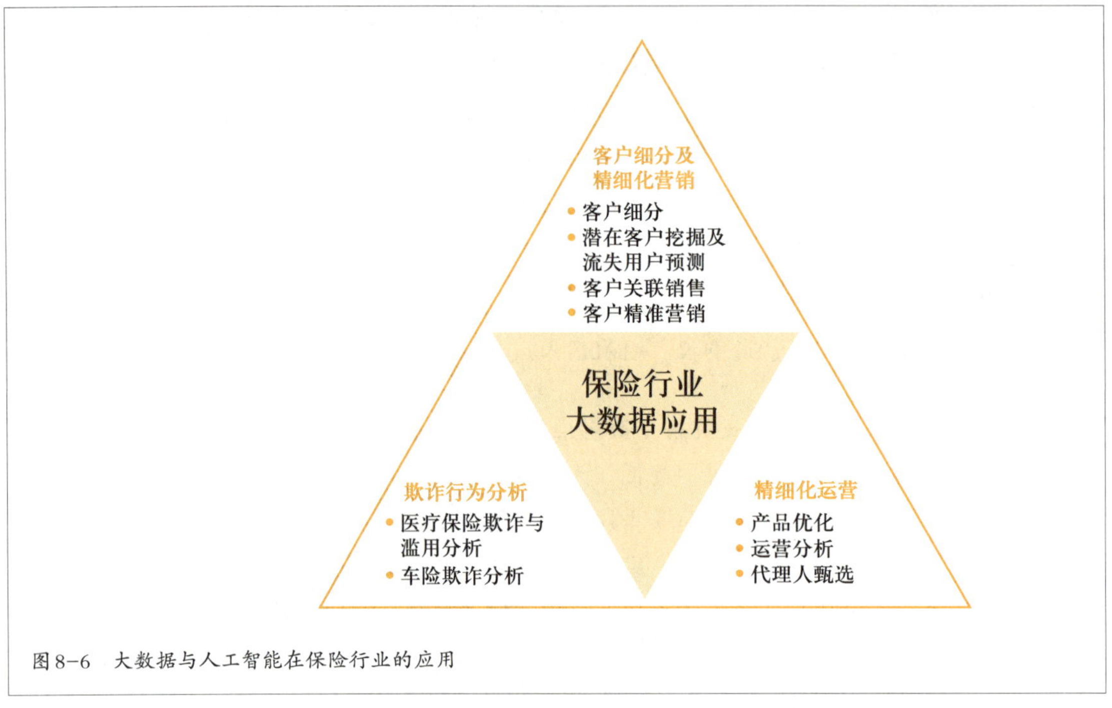

图8-6　大数据与人工智能在保险行业的应用

（1）客户细分及精细化营销。

① 客户细分。风险偏好是确定保险需求的关键。风险喜好者、风险中立者和风险厌恶者对于保险需求有不同的态度。一般来讲，风险厌恶者有更大的保险需求。在客户细分的时候，除了风险偏好数据外，要结合客户职业、爱好、习惯、家庭结构、消费方式偏好等数据，利用机器学习算法来对客户进行分类，并针对分类后的客户提供不同的产品和服务策略。

② 潜在客户挖掘及流失用户预测。保险公司可通过大数据整合客户线上和线下的相关行为，通过数据挖掘手段对潜在客户进行分类，细化销售重点。通过大数据进行挖掘，综合考虑客户信息、险种信息、既往出险情况、销售人员信息等，筛选出影响客户退保或续期的关键因素，并通过这些因素和建立的模型，对客户的退保概率或续期概率进行估计，找出高风险流失客户，及时预警，制定挽留策略，提高保单续保率。

③ 客户关联销售。保险公司可以通过关联规则找出最佳险种销售组合、利用时序规则找出顾客生命周期中购买保险的时间顺序，从而把握保户提高保额的时机、建立既有保户再销售清单与规则，从而促进保单的销售。除了这些做法以外，借助大数据，保险业还可以直接锁定客户需求。以淘宝运费退货险为例。据统计，淘宝用户运费险索赔率在50%以上，该产品给保险公司带来的利润只有5%左右，但是有很多保险公司都有意愿去提供这种保险。因为客户购买运费险后保险公司就可以获得该客户包括手机号和银行账户信息等，个

人基本信息，还能够了解该客户购买的产品信息，从而实现精准推送。假设该客户购买并退货的是婴儿奶粉，保险公司就可以估计该客户家里有小孩，向其推荐关于儿童疾病险、教育险等利润率更高的产品。

④ 客户精准营销。在网络营销领域，保险公司可以通过收集互联网用户的各类数据，如地域分布等属性数据，搜索关键词等即时数据，购物行为、浏览行为等行为数据，以及兴趣爱好、人脉关系等社交数据，在广告推送中实现地域定向、需求定向、偏好定向、关系定向等定向方式，实现精准营销。

（2）欺诈行为分析。基于企业内外部交易和历史数据，可以实时或准实时地预测和分析欺诈等非法行为。

① 医疗保险欺诈与滥用分析。医疗保险欺诈与滥用通常可分为两种，一类是非法骗取保险金，即保险欺诈；另一类则是在保额限度内重复就医、浮报理赔金额等，即医疗保险滥用。保险公司能够利用过去的数据，寻找影响保险欺诈最为显著的因素及这些因素的取值区间，建立预测模型，并通过自动化计分功能，快速将理赔案件依照滥用欺诈可能性进行分类处理。

② 车险欺诈分析。保险公司能够利用过去的欺诈事件建立预测模型，将理赔申请分级处理，这可以在很大程度上解决车险欺诈问题，包括车险理赔申请欺诈侦测、业务员及修车厂勾结欺诈侦测等。

（3）精细化运营。在没有精细化的数据分析和挖掘的情况下，保险公司把很多人都置于同一风险水平之上，客户的保单并没有完全解决客户的各种风险问题。

① 产品优化。现在，保险公司可以通过自有数据以及客户在社交网络的数据，解决现有的风险控制问题，为客户制定个性化的保单，获得更准确以及更高利润率的保单模型，给每一位顾客提供个性化的解决方案。

② 运营分析。基于企业内外部运营、管理和交互数据的分析，借助大数据平台，全方位统计和预测企业经营和管理绩效。基于保险保单和客户交互数据进行建模，借助大数据平台快速分析和预测再次发生的或者新的市场风险、操作风险等。

③ 代理人（保险销售人员）甄选。根据代理人员（保险销售人员）业绩数据、性别、年龄、入司前工作年限、其他保险公司工作经验和代理人人员思维性向测试等，找出销售业绩相对最好的销售人员的特征，优选高潜力销售人员。

8.2.3　在证券行业的应用

大数据时代，券商们已意识到大数据及人工智能的重要性，但他们的研究与应用正处于起步阶段，相对于银行和保险业，证券行业的大数据与人工智能应用起步相对较晚。目前国内外证券行业的大数据及人工智能应用大致有以下四个方向：

（1）股价预测。2011年5月，英国对冲基金Derwent Capital Markets建立了规模为4 000万美金的首家基于社交网络的对冲基金，该基金通过分析Twitter的数据内容来感知市场情绪，从而指导投资者进行投资。该对冲基金在首月的交易中实现了盈利，其1.85%的收益率让收益率平均数只有0.76%的其他对冲基金相形见绌。

美国佩斯大学的一位博士追踪了星巴克、可口可乐和耐克三家公司在社交媒体上的受欢迎程度，同时比较它们的股价。他发现，Facebook上的粉丝数、Twitter上的听众数和Youtude上的观看人数都和股价密切相关。另外，品牌的受欢迎程度还能预测股价在10天、30天之后的上涨情况。

但是，研究者自己也意识到，Twitter用户与股市投资者并不完全重合，这样的样本代表性有待商榷。不过这无法阻止投资者对于新兴的社交网络倾注更多的热情。

（2）客户关系管理。

① 客户细分。通过分析客户的账户状态（类型、生命周期、投资时间）、账户价值（资产峰值、资产均值、交易量、佣金贡献和成本等）、交易习惯（周转率、市场关注度、仓位、平均持股市值、平均持股时间、单笔交易均值和日均成交量等）、投资偏好（偏好品种、下单渠道和是否申购）以及投资收益（本期相对和绝对收益、今年相对和绝对收益以及投资能力等），来进行客户聚类和细分，从而发现客户交易模式类型，找出最有价值和盈利潜力的客户群以及他们最需要的服务，更好地配置资源和政策，改进服务，抓住最有价值的客户。

② 流失客户预测。券商可根据客户历史交易行为和流失情况来建立模型，从而预测客户流失的概率。如海通证券自主开发的“给予数据挖掘算法的证券客户行为特征分析技术”，主要应用在客户深度画像以及基于画像的用户流失概率预测。通过对海通证券100多万个样本客户的半年交易记录的海量信息分析，建立了客户分类、客户偏好、客户流失概率的模型。该项技术研发的最大初衷是希望通过对客户行为的量化分析，来测算客户将来的流失率。

（3）投资景气指数。2012年，国泰君安推出了“个人投资者投资景气指数”（简称3I指数），通过一个独特的视角传递个人投资者对市场的预期、当期的风险偏好等信息。国泰君安研究所对海量个人投资者样本进行持续性跟踪监测，对账本投资收益率、持仓率、资金流动情况等一系列指标进行统计、加权汇总后得到的综合性投资景气指数。3I指数通过对海量个人投资者真实投资交易信息的深入挖掘分析，了解交易个人投资者交易行为的变化、投资信心的状态与发展趋势、对市场的预期以及当前的风险偏好等信息。在样本选择上，

3I指数选择资金100万元以下、投资年限5年以上的中小投资者，样本规模高达10万个，覆盖全国不同地区。在参数方面，主要根据中小投资者持仓率的高低、是否追加资金、是否盈利这几个指标，来看投资者对市场是乐观还是悲观。3I指数每月发布一次，以100为中间值，100 ~ 120属于正常区间，120以上表示趋热，100以下则是趋冷。从实验数据看，自推出至今，3I指数的涨跌波动与上证指数走势的拟合度相当高。

（4）量化交易。在投资交易领域，投资策略的选择与相关研究人员的投资经历与个人特质息息相关，包括他们的主观偏见、情绪状况等，在“羊群效应”下，容易出现投资失误。量化交易采用现代统计学和数学的方法，以执行指令交易代替手工操作，可以规避人性弱点，克服认知偏差、情绪波动等问题。最初的量化交易是一种程序化交易应用，人工智能的发展使其进入新阶段，即人工智能自然语言处理和知识图谱阶段。

人工智能的发展为券商投资交易领域带来了以下两个变化：第一，投资策略全新化。投资策略的生产模式从“确定的模型”颠覆为“随机的效用”。所谓“确定的模型”是指当确定事件发生时，借助模型以设计出最优的配置资产方案。与前者不同的是，“随机的效用”则可以根据效用函数对发生的随机事件进行反馈，进而设计出最优效用资产配置方案。人工智能的机器学习拥有强大的挖掘能力，基于大数据样本，可以得到更多之前无法依靠经验和理论归纳出的新认知，为新的投资策略完善提供基础，还缩短了投资策略的生产时间，使其可以用分钟或秒来衡量。第二，交易模式的变革。与人工下单相比，人工智能的交易代理执行效率更高，一个智能代理交易程序能够方便地跟踪跨市场、跨品种证券，同时还可以实时观察委托单的变动，拟订最优交易指令，准确执行。原先的“人眼盯盘、人工下单、手工查询”的交易模式将被彻底颠覆。可以说，基于人工智能技术的量化投资可以拓宽数据维度，增强处理大数据和从海量数据中挖掘有效信息的能力。它将成为券商核心竞争力的重要因素。

大数据与人工智能在金融行业的应用起步比互联网行业稍晚，其应用深度和广度还有很大的扩展空间。同时，也依然有很多的障碍需要克服，比如银行企业内各业务的数据孤岛效应严重、大数据人才相对缺乏以及银行之外的外部数据缺乏整合等问题。可喜的是，金融行业尤其是银行的中高层对此技术的重视度非常高。相信在可见的将来，在互联网和移动互联网的驱动下，金融行业的大数据及人工智能应用将迎来突破性的发展。

大数据与人工智能在我国已具备了从概念到应用的成熟落地条件，迎来了飞速发展的黄金机遇。其在打造社会治理新模式、经济运行新机制、民生服务新体系、创新驱动新格局、产业发展新生态等方面发挥重要作用。无论是传统行业还是新兴行业都能够从其中获益，率先发掘出数据核心价值及相关性的企业更容易抢占市场先机。互联网企业凭借自身优势早已在大数据与人工智能领域精耕细作并获益良多，已经开始将其作为一种商业新资源，提供实时、深度的洞察营销、资源整合及定制服务，不断拓展自身发展空间。在这样的时代背景之下，商业银行也必须顺应时代潮流，把握历史机遇，将大数据与人工智能战略纳入国家规划，予以统筹规划并大力推进实施。

8.3 大数据与人工智能的战略思考

互联网金融生态的蓬勃发展、信息技术的快速变革与商业模式的不断创新，给传统银行业带来机遇的同时，也对银行自身的经营理念和模式、信息处理能力提出了前所未有的挑战。商业银行应该从“数据—应用—人才”三个层面构建大数据应用体系，全面整合集团数据资源，充分发挥数据资产价值，增强业务创新能力，加速推进银行转型发展。

8.3.1 以数据为基础，充分整合数据资源

经过多年信息化建设，商业银行已经积累起海量的金融业务数据，这些精确、高密度的金融业务数据始终是银行最基础和最核心的数据资产，价值挖掘潜力巨大。在此基础上，数据范围还将不断进行扩展：一是扩充银行现有信息系统中数据采集范围并延长保存周期，如对客户在网上银行、手机银行等应用上的行为信息进行采集和分析，对呼叫中心中的语音信息进行识别、分析和提取；二是要充分整合海内外商业银行以及集团附属公司的数据，构建全集团的数据视图；三是在安全合规的前提下充分利用银行外部的数据服务，并从这些外部信息中发掘商机，寻求新的价值增长点。

8.3.2 以应用为驱动，深入挖掘数据价值

数据的价值体现在应用。互联网企业与传统企业的区别不在于其拥有海量数据，而在于前者能够通过大数据技术对海量数据进行分析挖掘并直接应用到业务流程之中，以充分发挥其数据价值，从而形成独特的竞争力。商业银行如何发挥自身数据资产的价值，关键在于应用。基于大数据平台及应用分析能力的构建，商业银行应结合业务发展战略，在客户服务、精准营销、产品创新、信用评级、欺诈监测、流程优化、经营管理等业务领域中选择适当的应用场景，逐步推进大数据技术及人工智能技术应用，同时配套进行组织架构调整和业务流程变革，从而带来数据价值发挥的全面突破和提升。

8.3.3 以人才为核心，提升数据分析能力

商业银行作为传统行业，不仅需要充分利用大数据技术及人工智能技术，持续发挥银行数据资产的价值优势，推进银行转型发展；还需要在企业文化、业务流程和人才培养等方面进行革新和加强。

（1）变革企业文化和管理理念。银行需要大力塑造数据导向型企业文化，鼓励创新型价值观念，善于用数据说话，运用数据分析结果指导决策。

（2）优化业务流程。银行需要不断优化产品研发流程，更加敏捷高效地适应快节奏的大数据时代，真正做到业务与技术的高度融合，才能让数据产生价值。

（3）建设分析师队伍和培养人才。分析师队伍的建设是大数据战略的关键，只有培养自身专业化的分析师队伍，持续提升大数据分析和挖掘能力，银行的大数据平台才能够为业务转型发展提供源源不断的创新动力。此外，可以借鉴美国的创新计划，各金融机构成立人工智能创新中心或重点实验室，加强计算机视听觉、智能决策控制、基础算法、重点设备等共性软硬件的研发，集中力量突破核心瓶颈，推动人工智能感知识别、人工智能分析等技术在银行领域的深入应用；增加对人工智能的投入，培养人工智能金融复合型人才，完善人工智能基础设施，为银行应用人工智能创造好的机遇。

在大数据和人工智能能力的构建过程中，除了银行自身基础设施、应用场景和人才队伍建设等方面外，如何在互联网生态环境下，充分利用外部开放的数据服务，引入外部的先进技术和资源，同时融入银行现有的技术体系，确保银行数据资产的安全，也是值得关注的问题。

行业观察

2019年中国人工智能行业市场分析：人才缺口超过500万

进入人工智能时代，人才也在快速迭代转型，新时代呼唤更多的人工智能人才。放眼全球，各国的人工智能人才都非常稀缺，人工智能公司ElementAI发布的《2019年度全球AI人才报告》指出，全球人工智能人才的数量不断攀升，但顶级人才仍然供不应求。根据中国教育部门测算，我国人工智能人才目前缺口超过500万，国内的供求比例为1：10，严重失衡。不断加强人才培养，补齐人才短板，是我国的当务之急。

从市场规模来看，据前瞻产业研究院发布的《中国人工智能行业市场前瞻与投资战略规划分析报告》统计数据显示，初步测算2019年中国人工智能市场规模达500亿元左右并预测在2020年中国人工智能市场规模将达710亿元。2015—2020年复合年均增长率为44.5%，远高于全球17%的增速水平。

中国人工智能人才存在较大“缺口”，《2019年度全球AI人才报告》显示，中国成为全球最“吸金”的国家。由于国内的创业环境、政府支持和大数据沉淀，中国人工智能领域的投融资占到了全球的60%，吸引了较多拥有技术的海外留学生回国发展。即便如此，中国在人才培养和人才吸引方面仍然与美国存在较大差距。数据显示，58%的中国高级研究员在美国攻读研究生，35%在中国读研究生，7%在其他国家（澳大利亚和英国）读研究生。

在毕业于美国院校的中国高级研究员中，78%留在美国研究机构工作，仅有21%回到中国研究机构工作。该报告还显示，全球吸引人工智能人才的国家中，排名前五的是美国、中国、英国、德国、加拿大，共占据了72%的人工智能人才。中国虽然位列前列，但数量上仅有美国的1/4，与美国存在较大差距。

培养模式是限制中国人工智能人才的"短板"。清华大学2018年6月发布的《中国人工智能发展报告》显示，中国的人工智能论文总量和高被引论文数量都排名世界第一。但数量上的优势并不意味着质量上的领先。中国的顶级人工智能人才仅仅排在第六名，前面分别是美国、英国、德国、法国、意大利。在人工智能人才培养上，美国遥遥领先：在美国获得博士学位的约占44%，在中国获得博士学位的约占11%，其后是英国（6%）、德国（5%）以及加拿大、法国和日本（均为4%）。

虽然中国现阶段教育体系已经获得了长足进步，但是历史遗留问题仍需要长时间来解决，未来需要培养重视长期导向的基础型人才，为尖端人才的培养做"储备"。

8.4 大数据与人工智能的发展与展望

随着大数据与人工智能时代的到来，如何通过相关技术推动业务发展和创新，已成为银行业最近重点关注和讨论的话题。虽然已有部分银行启动了相关工作，但仍普遍存在数据来源与存储模式不能有效支撑大数据分析，缺少成熟的数据分析模型与工具，专业的数据分析人员匮乏、新增成本投入较高、监管机制变革滞后等问题，在一定程度上阻碍了大数据和人工智能技术在金融业的全面推广和应用。

8.4.1 数据来源和存储模式不能有效支撑大数据分析

近年来大部分银行已上线了可操作数据存储（Operational Data Store，ODS）系统或数据仓库系统，通过将分布在各个源系统中的原始数据进行清洗、抽取和转换后，按照一定的主题分类将数据进行了集成和存储，后续的数据挖掘和分析工作也大多是基于入仓数据开展的。这一系统虽然使数据的精确性和一致性得到了提升，但同时在一定程度上消除了数据的混杂性和关联性。而根据大数据理论，源数据适度混乱并不是缺点，反而能创造更多价值。如果因为追求数据来源的精准和纯净，而牺牲了原始数据的多样性，反而可能会造成趋势预测的延迟或误判。

此外，现有的数据仓库是按照主题分类对入库数据进行索引，虽然可以提高既定主题的检索效率和分析效率，但对于其他新增属性的检索和分析则变得较为困难，因为海量数据一旦按照A、B、C三个属性建立了索引并进行了存储，如果要求对D、E、F属性进行检索和排序，则需要遍历所有数据，效率会变得极低。临时增加新的主题或索引，则需要改变底层设计。由于大数据应用的需求具有多样性和易变性，传统的存储模式很难满足不断变化的应用需求。

8.4.2　缺少成熟的分析模型与训练工具

大数据与人工智能应用的核心是把数学算法运用到海量数据上来预测事件发生的可能性，因此强有力的数学工具和数学模型至关重要。但对于采用哪种数据算法或分析模型来实现特定的预测目标，银行业内尚缺少最佳实践案例，也很难找到一个具有普遍适用性的模型。为了使一个数据模型具有可用性或是达到商务智能化，必须要经过大量的测试应用、反复进行差错分析、不断地调整修订，不可能一蹴而就。在这方面，各家银行机构仍处于起步探索阶段，还有很长的路要走。

8.4.3　专业的数据分析人员匮乏

大部分银行尚未建立专业的数据分析团队，也缺乏数据分析的专业能力和经验。成熟的数据分析团队应具备四个条件：熟悉银行的业务细节、掌握数据分析工具操作、对数据价值敏感度高、具备提炼融合数据的能力。目前，很多数据分析师较擅长的是通过数据分析对已发生的问题查找原因，但缺乏发掘未知问题的能力，也缺少对趋势预测的把握，而大数据的价值恰恰在于预测未来。如果只熟悉数据分析工具操作，却不熟悉银行的业务和运作细节，就无法从既有数据中挖掘出新的价值，达到推动银行业务发展的目的。从业内目前的情况看，同时符合上述条件的复合型人才少之又少，专业分析团队的建设任重道远。

8.4.4　新增成本投入较高

大数据与人工智能技术对系统性能要求非常高，对于银行机构而言，既要满足应用系统联机交易的实时性（OLTP），又要满足数据仓库联机分析的处理效率（OLAP）以及关键业务应用的高可用性需求，不仅需要增加CPU数量、内存空间、存储容量、网络带宽等硬件投入，甚至需要改变银行的IT基础架构。这将产生大量的新增开支，包括硬件的采购成本、系统的运维成本、所需占用的空间成本和架构改造的时间成本，而且在某些情况下还容易造成资源的闲置。在短时间内，技术上的高投入未必会在业务上带来立竿见影的高收益，投入和产出的不平衡，在一定程度上会给相关团队带来较大的心理压力，也可能影响决策层对大数据与人工智能技术的支持力度。

8.4.5　监管机制变革滞后

在金融创新与金融科技快速发展的新时代，我国金融监管基本依靠事后监管，缺乏前瞻性的研究。央行与其他金融相关管理部门虽然多次提及金融科技的监管思路，但是仍未出台针对大数据与人工智能在金融领域应用的系统性法律法规。人工智能的深入应用正在对银行的信贷、风险控制和资产定价、营销和客服等重要环节和业务产生重大影响。如果发生意外，突发金融风险，波及范围和影响将会超过传统银行和互联网金融的范畴。在实践中，人工智能的应用涉及多项设备和技术，当出现故障并造成金融市场出现异常波动，并对投资者造成损失时，该如何厘清责任、如何处罚目前暂时没有法规可循。

延伸阅读

艾瑞咨询：2019年中国金融科技行业研究报告（节选）

1. 金融与科技的共生式成长

文本 2019年中国金融科技行业研究报告

回顾金融的发展史，科技创新与金融创新始终紧密相连：金属冶炼技术的发展让金属货币取代了实物货币，造纸印刷术的成熟让纸币逐渐流通。进入信息社会以来，在摩尔定律作用下，信息技术的运算速度及新技术的出现速度不断加快，而金融与科技的共生式成长也使得现代金融体系伴随着信息技术共同经历着指数级的增长。如图8-7所示，从“IT+金融”到“互联网+金融”阶段，再到现在以人工智能、大数据、云计算等为代表的“新科技+金融”阶段，每个阶段持续的时间越来越短，金融科技的创新速度越来越快，对于金融从业者及金融监管来说新时代下的金 融科技发展充满了机遇与挑战。

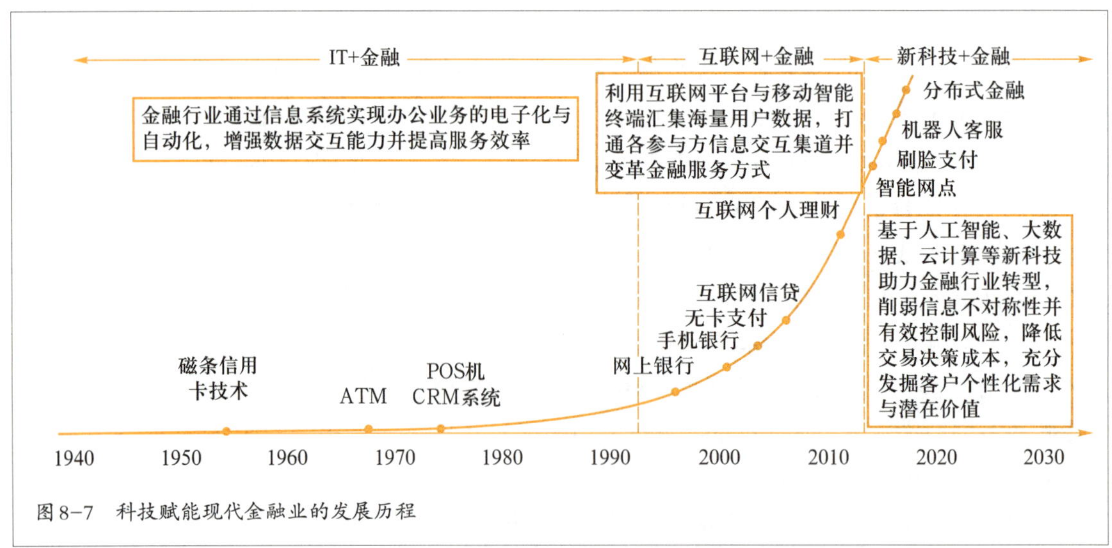

图8-7 科技赋能现代金融业的发展历程

2. 中国金融科技的弯道超车

中国尚未成熟的金融市场给予金融科技快速发展的土壤。与欧美等发达国家相比，中国的金融基础要薄弱许多，但正是我国金融市场尚未成熟这一特点给予了金融科技快速发展的土壤。以中美狭义消费信贷渗透情况对比为例，2016年中国狭义消费信贷渗透率仅为18.3%，与同期的美国（34.5%）相比差距巨大。但随着2017年中国金融科技行业的爆发，中国狭义消费信贷渗透率在短短两年的时间内完成了从18.3%到32.4%的增长，大幅缩小了我国与美国普惠金融进程之间的差距。从全球金融科技投资分布情况来看，2014年中国金融科技企业融资规模仅占全球的3.1%，但2018年中国金融科技企业融资规模已占到16.4%，增速远超欧美（如图8–8所示）。

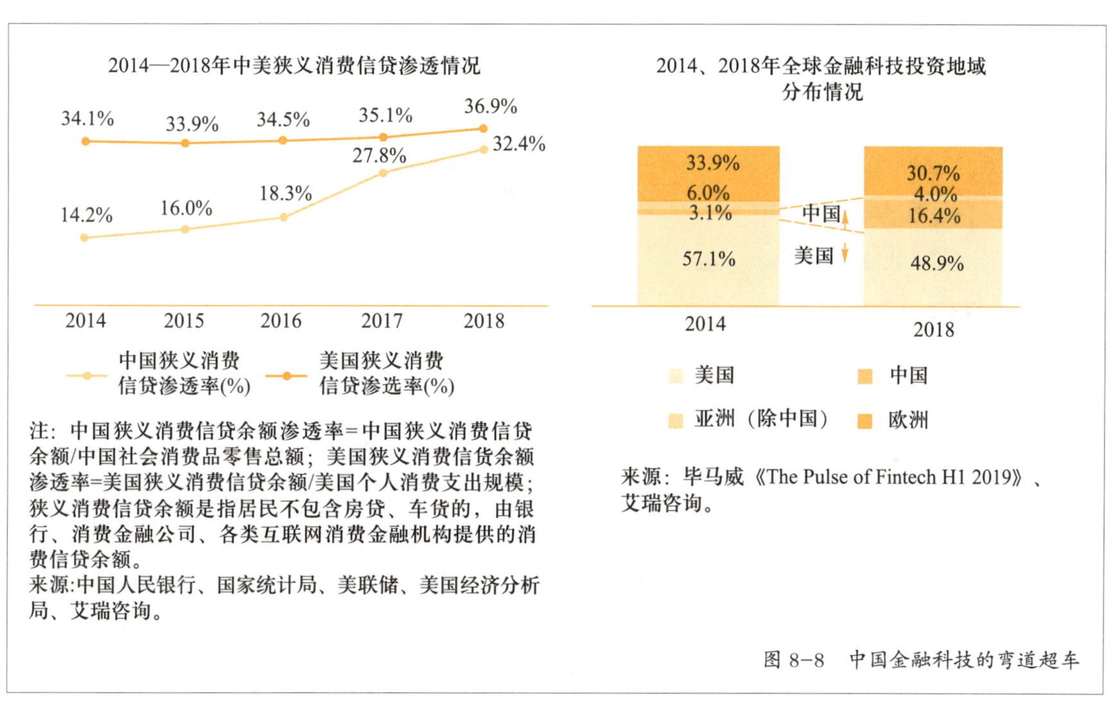

图 8–8　中国金融科技的弯道超车

3. 金融企业与科技企业开始融合

金融企业与科技企业不再泾渭分明。中国金融科技市场的参与企业按各自侧重点不同，可以分为三类：① 金融业务开展方，这类企业主要指持牌开展金融业务的银行、证券、保险等金融机构；② 技术提供方，这类企业主要指专注研发人工智能、大数据、云计算等前沿科技底层技术的科技研发公司；③ 金融科技解决方案提供方，这类企业主要指将前沿科技与金融业务相结合，为金融机构提供可落地的业务解决方案的科技公司。

金融与科技的融合带动了金融企业与科技企业的合作融合，目前上述这三类参与者的边界正变得越来越模糊。技术提供方正努力补齐金融业务能力的短板，为金融机构提供从单一技术到整体业务的科技升级服务；金融科技解决方案提供方一方面在加强前沿科技的研发，一方面在申请金融牌照，在金融业务与技术两方面发力；而金融业务方正加大前沿科技的研发投入，部分头部金融机构已经开展了面向同业的技术输出服务（如图8-9所示）。

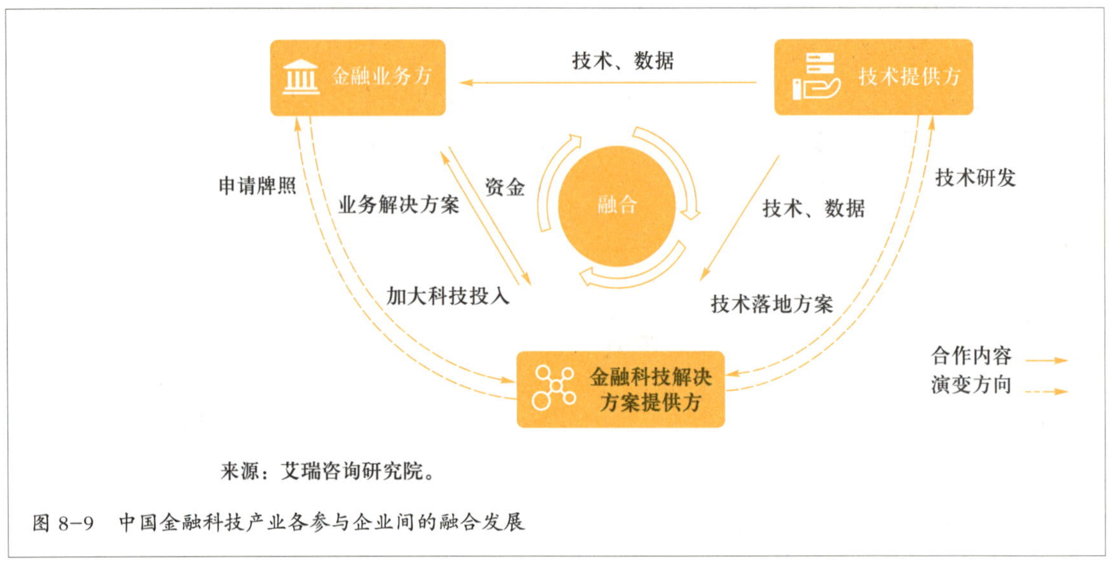

图 8-9　中国金融科技产业各参与企业间的融合发展

4. 金融机构科技投入规模及结构

2018年，我国金融机构技术资金投入达2 297.3亿元，其中投入到以大数据、人工智能、云计算等为代表的前沿科技资金为675.2亿元，占总体投入比重为29.4%。从金融机构技术资金投入结构来看，支付业务因其受众最广、交易最高频的特性投入占比最高。艾瑞咨询预计，到2022年中国金融机构技术资金投入将达到4 034.7亿元，其中前沿科技投入占比将增长到35.1%。金融机构科技投入规模及结构见图8-10。

5. 金融科技的顶层规划

中国金融科技产业图谱

金融科技顶层规划的出台有助于我国金融科技的健康发展，目标为到2021年，建立健全我国金融科技发展的“四梁八柱”，进一步增强金融业科技应用能力，实现金融与科技的深度融合、协调发展，明显增强人民群众对数字化、网络化、智能化金融产品和服务的满意度，使我国金融科技发展居于国际领先水平（如图8-11所示）。

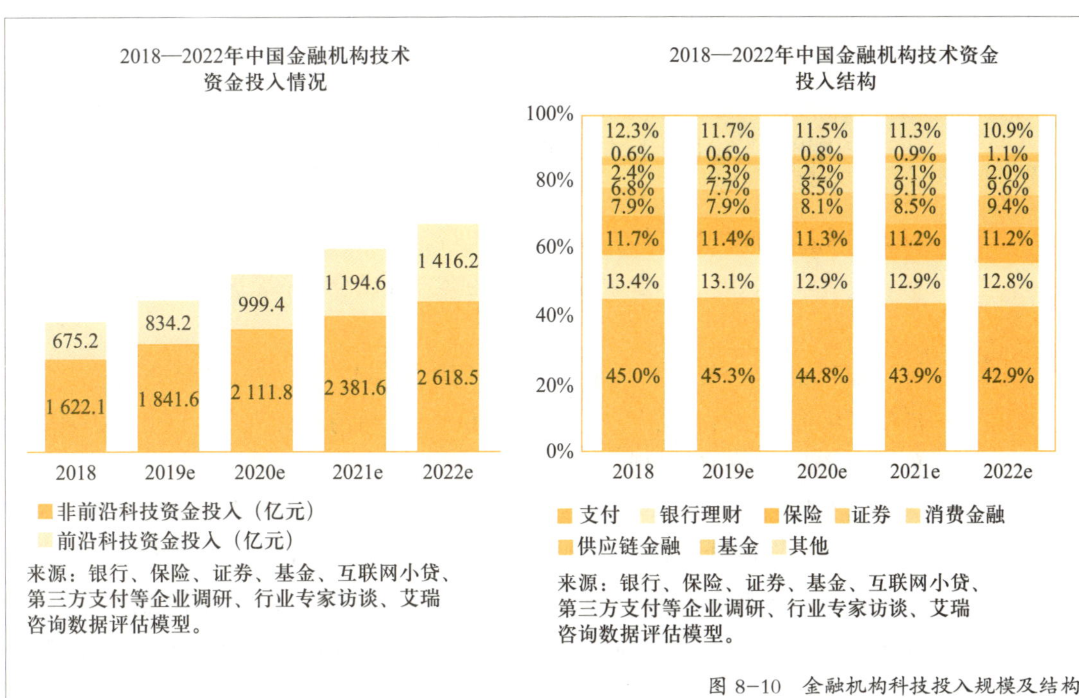

图 8-10　金融机构科技投入规模及结构

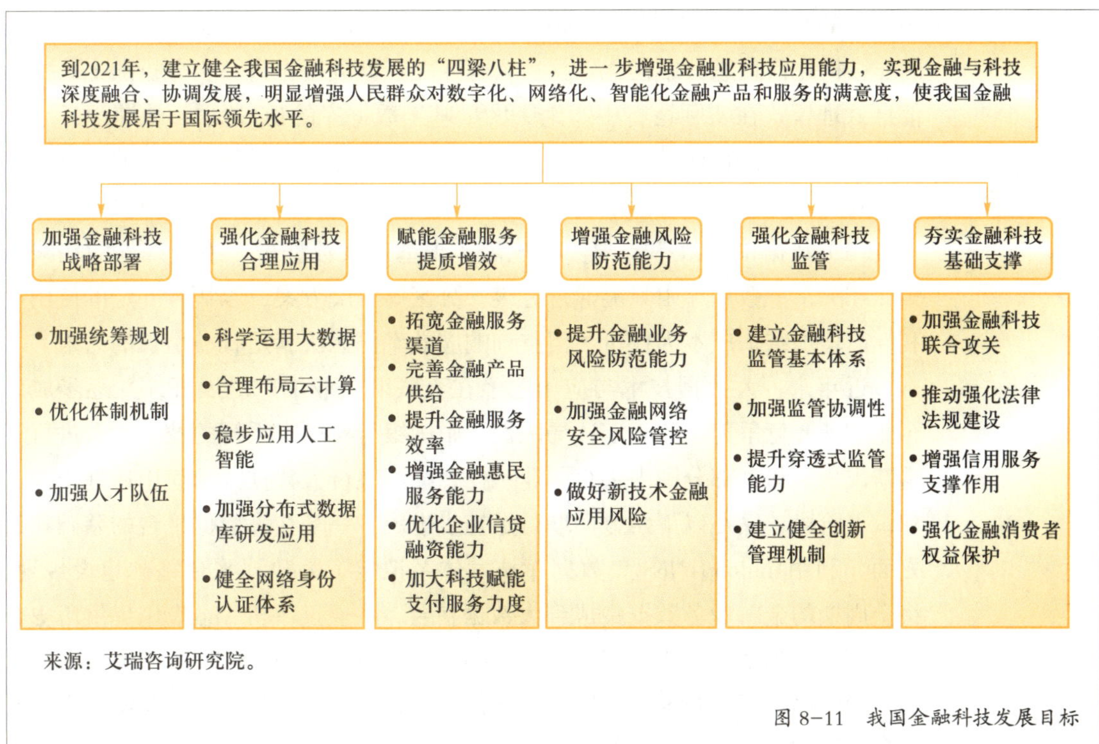

图 8-11　我国金融科技发展目标

中国银行的大数据实践与规划

中国银行是中国国际化程度最高的银行，在全球56个国家和地区设有分支机构，拥有比较完善的全球服务网络，形成了公司金融、个人金融和金融市场等商业银行业务为主体，涵盖投资银行、直接投资、证券、保险、基金、飞机租赁等多个领域的综合服务平台，为客户提供全面的金融服务。

1. 存在问题

随着宏观经济下行，商业银行信用风险不断累积并加快暴露速度，传统的信用风险监控措施及管理流程较为单一、滞后与被动，难以适应日益复杂的外部经济形势和内部管理要求。

（1）数据管理成本高、可扩展性差。系统最初采用关系型数据库解决数据管理问题，硬件配置为小型机及SAN存储，由于应用场景需要长期历史数据的累积，导致硬件开销增加、数据处理效率下降，高成本的硬件追加投入和简单的数据库调优无法彻底解决日益增长的数据规模和传统信息处理模式带来的性能瓶颈。

（2）半结构化、非结构化数据支持度低。为获取外部负面信息，系统在隔离区的PC服务器上部署外部信息采集服务，运用网络爬虫技术，将互联网的非结构化信息进行结构化转换后，写入关系型数据库进一步分析加工。这种信息处理模式在实际运行中产生了大量基于数据库的I/O请求，快速消耗系统资源，使服务器长期处于满负荷运作状态，但仍然无法适配互联网的更新频率和时效。

（3）数据检索效率受限。系统需实现基于大数据量、组合条件的在线检索，在关系型数据库中只能通过分表、分区等解决方案，以牺牲一定的使用便利性、增加维护成本为代价，但查询响应效率仍无法满足日益增长的需求。

近年来，大数据技术与应用已经在互联网企业中广泛展开，并逐步成为企业的核心竞争力。鉴于上述局限性，中国银行对原有系统的技术平台进行了重新规划。与大部分国内银行同业一样，中国银行大数据技术应用还处于探索和试点阶段，仅在以下两方面取得了初步进展：一是在大数据平台的基础建设方面，利用Hadoop+NoSQL数据库技术体系拟定了大数据平台基础建设规划，将全周期的金融业务数据集成到大数据平台，并通过手机App应用提供历史金融数据查询服务。二是积极推进业务应用。中国银行已推出基于大数据技术的“e触即发”“口碑贷”“中银沃金融”等试点项目，在为个人客户提供实时产品营销推荐、针对小微企业的客户发掘、信用评级和融资服务等方面进行探索，取得了很好的应用效果。

2. 大数据实践探索

未来，结合“十三五”规划总体思路，中国银行的大数据建设将继续为集团全球化、多元化以及互联网金融的发展战略提供有力支撑。主要围绕三个平台建设方面继续深化实践。

（1）优化完善大数据技术平台。密切关注行业发展趋势，跟踪大数据及相关领域的最新技术成果，深入研究大数据领域相关技术应用。研究制定全行性的大数据技术体系规范，优化完善全行大数据技术架构体系。在现有大数据平台的基础上，运用大数据所带来的新思维、新方法和新工具，逐步形成行内、行外、线上、线下的结构化与非结构化数据集成能力，多种数据格式并存的海量数据存储能力，基于分布式和流计算的快速计算能力以及运用机器学习、实时决策、数据沙箱、可视化等技术实现数据分析和挖掘能力。

大数据和云计算是分不开的，大数据平台的基础设施依赖于分布式架构下的私有云平台建设。按照自主可控的原则，中国银行正在着力构建服务营运、管理、开发、部署和运维一体化的私有云平台。基于X86体系架构，应用异构虚拟化、分布式海量存储、分布式数据库、大规模资源调度与管理等关键技术，实现可定制、可扩展的多租户金融服务，从而全面支持大数据技术组件开发和运维管理需要。

（2）深化推广客户精准营销平台。中国银行正在建设的客户精准营销平台，以大数据技术平台为依托，有机提炼并整合线下、线上关于客户行为的结构化数据和非结构化数据，形成客户360°画像，实现复杂统计分析模型和规则模型相融合的快速计算，构建与前端服务渠道的实时互动体系，实现网银、手机银行、网络金融多渠道实时客户营销及在线推荐服务。

通过营销平台洞察客户行为特征，不断挖掘客户，扩大客户基础，实时掌握客户需求，按需定制个性化的产品和服务；通过营销平台，结合机器学习、贝叶斯算法等人工智能技术，建立以数据为驱动、模型为核心的自动化、智能化、全方位、多渠道的精准营销模式，并通过营销结果反馈，不断优化和调整营销策略，提升营销效率；通过营销平台实现物理网点与网银、手机银行等服务渠道的营销协同，提升客户服务的渠道响应能力和客户体验；通过营销平台实现集团内部客户资源、产品销售和渠道信息的多层次数据共享，支持全集团内部交叉销售及业务联动，支撑集团全球资源的优化配置。

（3）探索构建互联网征信及欺诈监测平台。在符合信息安全相关规定的前提下，合理运用外部数据，进一步丰富大数据平台的数据范围，探索构建互联网征信及欺诈监测平台，提升对客户的风险识别及信用评估能力，为更广泛的客户群体提供操作便捷、定价合理的融资服务；提升预防和识别欺诈交易行为的能力，有效降低欺诈风险。

通过互联网征信及欺诈监测平台，深化中国人民银行征信数据应用，探索与外部征信机构的合作；与社保、司法、税务等政府部门及学历（学籍）等信息平台对接；与合作电商平台实现数据共享，挖掘分析客户互联网交易信息，掌握客户真实可靠的现金流、信息流、物流信息；利用互联网数据获取技术，在安全合规的前提下有效利用互联网上的个人行为信息，并通过与行内信息进行有效组织和关联，完善客户风险画像，全面评估客户信用，探索构建基于互联网模式的信用风险评价体系；基于客户风险画像，结合客户历史行为数据进行客户交易行为特征分析，运用机器学习等算法，实时监测并识别背离客户常规交易模式的资金交易行为，预防交易欺诈。

大数据技术正在给商业银行带来一场深刻的变革，金融服务从“关注整体”向“关注个体”转型，经营方式从以“产品为中心”向以“客户体验为中心”转型，运营管理从“粗放式管理”向“精细化管理”转变。面对前所未有的机遇和挑战，商业银行必须响应国家战略号召，牢牢把握技术发展趋势，将大数据技术应用作为一项基础性战略工程来推进，同时建立起相应的技术和人才配套保障机制，真正发挥银行数据资产的宝贵价值，提升银行核心竞争力。

结合“十三五”规划总体思路，中国银行的大数据建设将为集团全球化、多元化以及互联网金融的发展战略提供有力支撑，主要围绕大数据技术平台、客户精准营销平台、互联网征信及欺诈监测平台建设方面继续深化实践。

大数据与人工智能时代银行信息的安全防护

大数据与反欺诈

近年来，随着信息技术和网络金融的蓬勃发展，大数据和人工智能逐渐成为银行追逐的热点。借助自身丰富的数据资源，结合完备的互联网数据体系，各银行纷纷步入人工智能时代。在大数据时代，银行将客户信息和交易信息从内部系统延伸至整个互联网，信息被赋予了三大新特点：数据量大、数据价值高、数据泄露后破坏性强，给信息安全防护带来了前所未有的挑战。

根据统计，信息泄露的原因可以分为三类：外部原因、内部原因及合作公司泄密。其中外部原因占80%以上，如系统漏洞、外部攻击、黑客侵入等；其次是内部原因，如员工违规获取客户信息、工作计算机被盗、测试数据未脱敏等，占比15%；最后是由于对外包公司、合作公司管理不严导致的信息泄露，占比5%。因此，信息安全防护的重点一方面要提高银行系统安全技术水平；另一方面要制定更严密的数据管理流程，斩断内部作案的“黑手”；同时严格控制外部人员或外联系统获取敏感数据的途径，保护数据不被非法利用。

（1）发展信息安全保护技术。在大数据环境中，银行数据与外部接触的途径增多，受攻击的风险也相应增加。所以，在系统设计和维护过程中，应加强系统防范攻击的能力，不断利用新技术完善银行安全体系。

① 数据加密技术。数据加密是信息安全的“核心”，大数据的灵活性要求银行系统在选择加密方式时要对多样的数据防护需求和运行环境进行分析。在现有技术条件下，多模加密防护是较好的选择。多模加密技术将对称算法和非对称算法相结合，在确保数据防护质量的同时，其多模的特性能够灵活地选择加密模式，而这种灵活性也正是大数据时代应对多样化信息安全问题时所应具备的。

② 访问控制技术。不同类型的大数据有不同的访问控制需求，如在客户信息分析中，要实施基于历史记录的访问控制；在地理信息分析中，要实施基于尺度及精度的访问控制；在流数据处理中，要实施基于时间的访问控制。大数据的特点注定其要使用灵活的访问控制，除了常规的自主访问控制（DAC）和强制访问控制（MAC）外，基于信息流的访问控制更适合银行大数据的特点，通过控制信息在流动过程中的授权，保证信息的机密性和完整性。

③ 安全审计技术。大数据时代，银行系统的关联关系更加复杂。安全审计必须能够覆盖到每个系统的每个功能和每个用户，用以保证安全审计的有效性。其中，要重点对以下三个方面进行审计：首先，系统日志，通过日志文件对外部入侵过程进行行为分析；其次，用户的必要性及权限，减少不必要的和权限过大的用户，严控用户登录信息泄露，降低入侵发生的概率和安全风险；最后，系统版本更新情况，杜绝已知系统漏洞，不给违法分子可乘之机。

（2）加强敏感数据的管理。大数据的运用使接触敏感信息的人员数量增多，信息安全形势更加严峻。如何在客户隐私保护与业务创新营销之间进行取舍是大数据时代银行必须面对的问题。因此，银行必须建立严格的内部信息保密制度，从物理安全到数据安全的整个纵深角度进行防范。

① 安装数据泄露防护软件（Data Loss Prevention，DLP）。内部信息泄露的主要原因是数据存储设备（如个人工作计算机）管理不严，使不法人员有机会将敏感数据进行非法拷贝，导致信息外泄。安装DLP，可以阻止敏感信息被非法复制、浏览、窃取、拍摄以及通过电子邮件发送。此外DLP还应该结合加密验证技术，即使敏感数据被盗，在没有DLP服务器的授权下也无法查看。

② 规范敏感数据的访问。敏感数据的访问权限要严格控制，只能授权于特定工作人员，并确保在人员角色发生变化或离职时，立即撤销其访问权限。敏感数据的查询应该在安全环境中进行，如果需要脱离安全环境必须得到审批。敏感数据的使用过程要进行跟踪登记，确保数据的使用与申请用途一致，并在使用后及时进行物理销毁。

③ 加强测试数据的管理。测试数据原则上不能使用真实数据，确有业务需要的必须脱敏后使用，并在传输过程中加密。生产数据提取应遵循“最小化

需求”的原则，提取数据必须通过安全运维平台或数据提取专用终端进行，使操作过程可追溯。测试数据使用过程要按照最小权限、实名制原则控制，有条件的银行可以将开发测试工作移到云环境中。

④ 落实人员安全意识教育。银行应加强内部监管和惩罚力度，明确信息泄露应负的法律责任，将违规操作风险降到最低。银行对于敏感信息的保护有严格规定，但是往往在落实层面出现问题，所以要持续加强内部人员的安全意识和信息安全知识培训，将相关知识整理成册，定期学习考核。使有条件接触敏感信息的人员上岗前做出书面保密承诺，保密承诺要包含敏感信息的范围以及信息泄露后需要承担的责任。

（3）加强外包或外联系统的管理。银行大数据应用正处在起步阶段，受限于自身技术，在大数据平台建设上多数银行会采用外包或合作的方式。从各银行大数据系统建设情况看，这种模式发展速度较快，而与之匹配的管理模式却明显滞后，这使得信息安全面临新的危机。

① 外包现场服务的控制。银行外人员在进行敏感设备、系统的现场维护时，必须有银行内部监督人员在场，监督人员应接受过信息安全业务培训和技术培训，厘清外包公司的权利义务和违约责任，对涉密硬件和软件的安装、更新、参数调整、提取交易日志等操作进行密切监控，严禁外部人员私自复制任何敏感信息。在系统合作开发过程中，尽量避免外部人员自带设备接入内部网络，对提供给外部人员的工作设备要进行彻底的数据清理。

② 外联系统的控制。大数据在金融领域的运用使得银行与第三方支付平台或网络金融企业的合作越来越多，在此过程中难免会将内部信息发送给第三方机构，所以除了严格约束第三方禁止保留敏感信息外，还要缩短与外联系统的通信时间，防止信息被批量获取。此外，银行应积极进行技术和渠道创新，建立自己的互联网平台，减少与外部敏感信息的交互。

③ 外包或合作开发的系统控制。对于外包或合作开发的系统，银行应该制定安全检测机制，对相关的代码、文档进行严格审查，特别是对源码与目标码的一致性进行检查，必要时可以通过第三方进行安全评测。版本交付上线时，必须使用安全检查工具排查病毒、安全漏洞、可疑源码等安全问题，之后方可投入使用。

综上所述，在大数据与人工智能金融背景下，伴随着新技术、新业务形态的不断出现，信息安全已经成为银行最具挑战性的命题。反思已发生的风险案件，银行信息安全防护仍有诸多需要改进的地方，这是金融消费者权益保护的重要范畴。银行要结合自身实际情况在技术、制度、流程上打出组合拳，最大限度地保护客户信息和资金安全，让大数据与人工智能真正成为银行业务发展的利器。

实训练习

实训操作1：中国人民银行个人征信查询

1. 实训背景

从2013年10月28日起，继江苏、四川、重庆3省市试点之后，央行个人信用报告网上查询服务试点增加了北京、山东、辽宁、湖南、广西、广东6个试点省市。通过平台可查到的信用记录包括：个人信用信息提示、个人信用信息概要以及个人信用报告。个人信用信息提示是指注册用户在个人征信系统中是否有逾期记录的提示性信息，比如是否有最近5年内的贷款、贷记卡逾期记录，是否有准贷记卡透支超过60天的记录。个人信用信息概要为注册用户提供其在个人征信系统中信贷记录、公共记录和查询记录的汇总信息。个人信用报告则涵盖明细信息。公共记录包括欠税记录、强制执行记录、民事判决记录、行政处罚记录及电信欠费记录等。当日查询，次日反馈查询结果。

2. 实训目标

信用的重要性体现在生活的方方面面，比如信用良好可以更容易获取银行贷款，提升信用卡额度也更便捷。未来，人们的生活将极大地受到信用数据的影响，可以说良好的信用比钱还值钱。通过对个人征信信息查询，理解大数据模式下的央行征信的作用。

3. 实训内容

央行个人征信信息查询具体操作步骤：

（1）登录中国人民银行征信中心。

（2）点击“马上开始”，并进行用户登录（初次使用需要先进行注册）。

（3）按提示操作即可获得个人征信报告。

实训操作2：互联网信用查询——芝麻信用

1. 实训背景

芝麻信用管理有限公司是合法独立的信用评估及管理机构，其推出的芝麻信用是面向社会的信用服务体系，依据方方面面的信息，运用大数据及云计算技术客观呈现个人的信用状况，通过连接各种服务，让每个人都能体验信用所带来的价值。

芝麻信用分是根据个人用户在互联网多维度的数据信息进行加工、整理、计算后得出的信用评分，分值范围为350 ~ 950分，分值越高代表信用水平越高。芝麻信用分可以为各种生活服务和金融活动提供服务，为进行诚信评估做出更为快速和精准的决策。

2. 实训目标

芝麻信用是经过大数据综合评估而形成的评分体系。通过查询芝麻信用分，了解信用评估的影响因素，从而理解大数据对于征信的影响。

3. 实训内容

互联网个人征信信息查询具体操作步骤：

（1）进入支付宝App，搜索“芝麻信用”。

（2）在搜索结果中点击应用“芝麻信用”并进入。

（3）第一次进入芝麻信用的时候需要对支付宝的相关信息进行授权。

（4）查看自己的芝麻信用分，这个分数是根据个人在支付宝消费的相关信息综合评定得出。

在线练习

第8章在线练习

课后思考

1. 简述银行外部数据对发展征信业务的意义。
2. 银行应如何推进基于大数据金融产品的精准营销？
3. 请具体阐述保险行业大数据与人工智能应用主要包含的方面。
4. 简析如何以人才为核心，提升数据分析能力。
5. 谈谈大数据与人工智能在金融领域的发展会面临的挑战。

第9章 金融科技：区块链

学习目标

【知识目标】

• 了解区块链的产生背景和发展历程、理解区块链的定义和基本特征。

• 了解区块链的架构和关键技术、理解区块链的运行机制。

【能力目标】

• 能够将区块链的运行模式应用于解决其他领域问题。

• 能够对互联网技术引起的区块链进行分析整合。

【思政目标】

• 了解技术驱动金融发展的思想，体现为社会服务、造福人类的精神。

• 培养互联网金融辩证思维、发散思维、历史思维。

思维导图

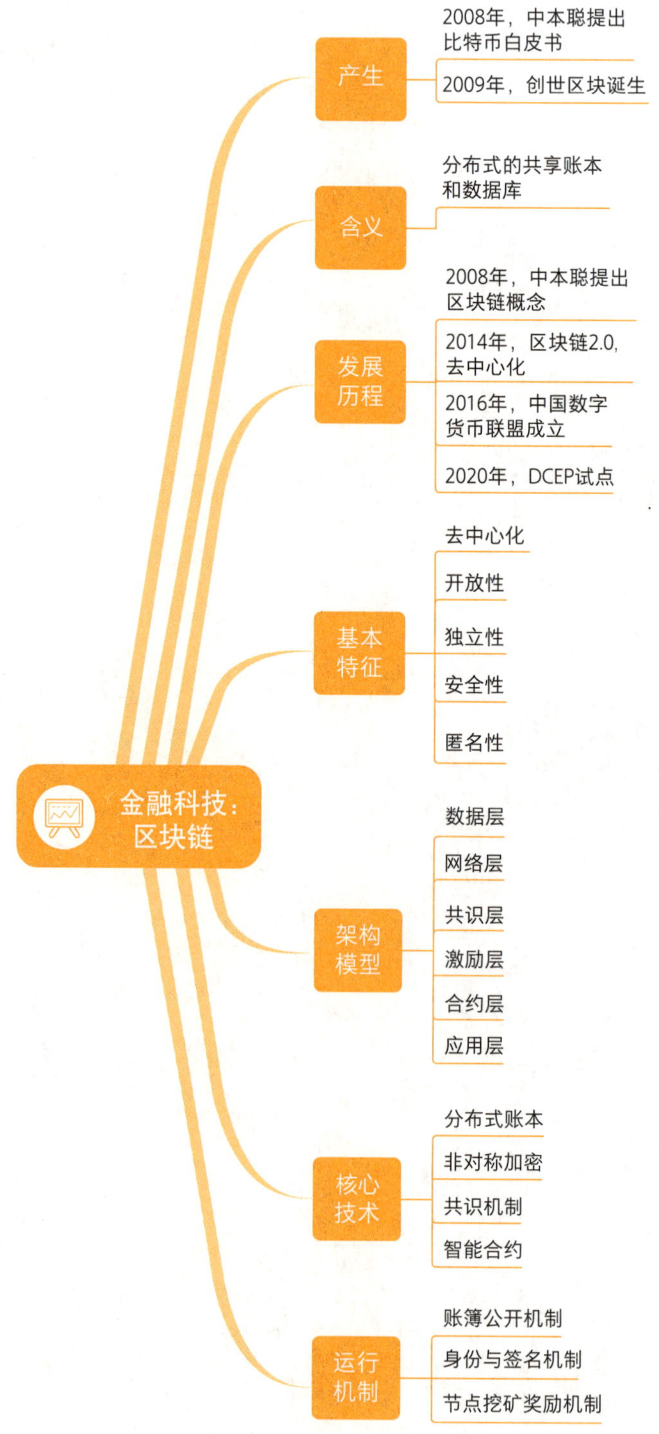
金融科技：区块链
产生
2008年，中本聪提出比特币白皮书
2009年，创世区块诞生
含义
分布式的共享账本和数据库
发展历程
2008年，中本聪提出区块链概念
2014年，区块链2.0，去中心化
2016年，中国数字货币联盟成立
2020年，DCEP试点
基本特征
去中心化
开放性
独立性
安全性
匿名性
架构模型
数据层
网络层
共识层
激励层
合约层
应用层
核心技术
分布式账本
非对称加密
共识机制
智能合约
运行机制
账簿公开机制
身份与签名机制
节点挖矿奖励机制

案例导学

创世纪：比特币的诞生

2008年11月1日，一个自称中本聪（Satoshi Nakamoto）的人在P2P foundation网站上发布了一篇论文《比特币：一种点对点的电子现金系统》，论述了他对电子货币的新设想——比特币就此面世。2009年1月，中本聪在芬兰赫尔辛基的一个小型服务器上挖出了比特币的第一个区块——创世区块（Genesis Block），获得了50个比特币的奖励。之后，创始区块记入公开账簿，区块链时代正式开始。

比特币不需要任何发行方，任何人都可以参与制造比特币，比特币可以全世界流通，可以在任意一台连接到互联网的计算机上进行交易；任何人都可以挖掘、购买、出售或收取比特币，并且在交易过程中其他人无法辨认交易者的身份信息。比特币作为一种新型数字货币，由计算机网络节点生成的一串串复杂代码组成。2010年5月，佛罗里达州的一名程序员Laszlo Hanyecz用10 000个比特币购买了两块比萨，这是比特币第一次被当成货币使用。

比特币网络通过“挖矿”来生成新的比特币。所谓“挖矿”实质上就是用计算机解决一项复杂的数学问题，来保证比特币的网络分布式记账系统的一致性。比特币网络会自动调整数学问题的难度，使整个网络大约每10分钟得到一个合格答案。随后比特币网络会新生成一定量的比特币作为区块奖励，奖励获得答案的“挖矿”人。

2009年比特币最初诞生的时候，区块奖励是50个比特币。诞生10分钟后，第一批的50个比特币便生成了，而此时的货币总量就是50个。随后，比特币以约每10分钟50个的速度增长。当总量达到1 050万个（2 100万个的50%）时，区块奖励减半为25个。当总量达到1 575万个（新产出525万个，即1 050万个的50%）时，区块奖励再减半为12.5个。该货币系统曾在4年内总量不超过1 050万个，之后的总量将被永久限制在约2 100万个（如图9–1所示）。

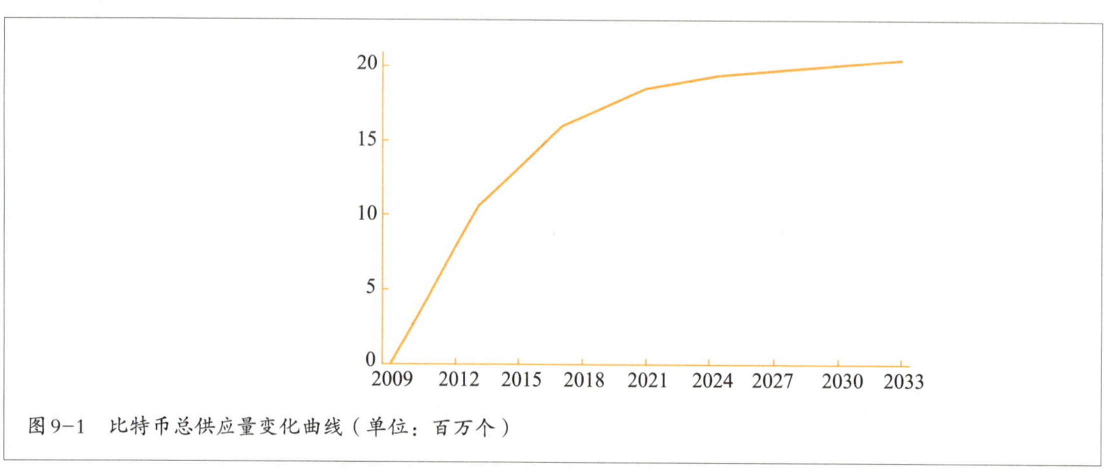

图9–1　比特币总供应量变化曲线（单位：百万个）

案例分析

比特币在发行、交易过程中都是去中心化，不映射任何现有货币，在数字世界中凭空发行出来的。区块链技术是构造比特币数据结构及交易体系的基础技术，将比特币打造成一种完全去中心化的数字货币和在线支付系统，利用加密技术实现资金转移，而不依赖于其他控制。

比特币是截至目前区块链技术最成功、最成熟的应用案例。区块链技术保证了整个网络中比特币的分布式记账数据的一致性。比特币作为一种虚拟货币，数量有限，可以用来套现，也可以兑换成大多数国家的货币；可以使用比特币购买一些虚拟的物品，比如网络游戏当中的装备；只要有人接受，也可以使用比特币购买现实生活当中的物品。

沃尔玛：区块链+医疗的组合

数字化的医疗中心通常将病人的记录数据统一保存在集中的服务器上，而不会存储在多个设备上，这很可能会带来信息安全隐患，即使忽略了安全风险，仍然存在碎片化的问题。目前，在全球不同城市的医院，有50多种不同的电子医疗记录系统（eHR）在运转，在同一个城市中也可能存在多种不同的医疗应用系统。这些相互独立的系统不能相互操作和调取病历，病人在各个医院的诊疗数据最终只能分散在不同的数据存储中心。

2016年，沃尔玛就对区块链+医疗的组合进行了成功尝试并申请了专利。

对于该项发明，沃尔玛给它起了一个更生动的名字：从可穿戴设备上获得存储在区块链上的患者病历信息。

这个区块链数据系统主要由三个关键部分组成。

（1）可穿戴设备手镯。主要作为区块链数据库的本地存储介质。

（2）射频识别扫描仪。主要作用是通过扫描病人的手镯来实现病历的传输。

（3）生物识别扫描仪。这个扫描仪的作用是用于获取病人的生物特征信号（比如人脸、视网膜、虹膜或者指纹）进行解密。

通过以上三个装置，患者解密后（类似于私钥）便可以将自己的医疗数据信息与医院共享，即便在病人遭遇车祸等灾害时，也可以快速地进行救治。

在当前的医疗信息化建设中，电子医疗记录的存储与共享存在病人隐私泄露的风险，可能会造成名誉损害和财产损失。现有的多数保护隐私的医疗记录存储与共享方案使用了中心化的管理节点，这也容易遭受集中攻击导致单点失效，存在恶意篡改的威胁。区块链技术与医疗数据存储的结合可以很好地解决隐私泄露、恶意攻击和信息篡改等问题。利用区块链技术构建个人健康记录分布式框架，采用分布式存储医疗大数据可以有效地解决医疗数据共享、数据安全和数据信任等问题。

在区块链中，每个事件都有时间戳，通过区块的延伸生成一条长链，不可篡改。区块链可以实现医疗信息全过程的记录，包括患者的就医记录和医疗用品整个供应链的过程。区块链的不可篡改性保证了医疗信息的真实性和完整性；区块链可采用多私匙加密，查看用户链上数据需要用户私匙授权，这样可以保证用户敏感数据的合法流通使用，而不会泄露给不法分子、被恶意利用。因为，企业或机构需要查看用户的医疗信息时需要用户私匙授权，这些行为都会记录在区块链上，一旦出现问题可以溯源追责。

BitGive基金会：区块链＋慈善业

随着互联网技术的发展，公益活动的规模以及辐射范围得到空前放大，随之而来的公益丑闻也紧随其后，不断挑战着公益慈善的社会公信力。公益与慈善机构想继续发展，公信力的保证不可或缺。而解决“信任问题”的区块链技术同样也给慈善公益的发展指出一条明路，并衍生出相互帮助，相互支持的新模式。区块链技术在慈善领域有以下几种优势：

（1）降低交易成本。区块链上的交易是可以点对点完成的，大众可以直接将钱捐赠给指定的人或机构，无须转手多家银行和机构，有效减少交易成本。

（2）增加透明度。区块链技术可以使捐赠的环节更加透明，每一次捐赠都会直接记录在分布式账本数据库中，记录公开透明可查询且不可篡改。捐赠人也可以通过账本追溯捐款的去向。

（3）增强信任。区块链技术可以使人们快速建立信任关系，消除了捐助者对第三方的需求，这意味着“2.0版”的公益慈善机构将不再依靠其他机构，如银行、律师和政府实体等。

2016年3月，BitGive基金会为肯尼亚西部的一所女子学校挖了一口水井，挖井的所有费用来自比特币社区捐赠的价值11 000美元的比特币。BitGive的负责人说，该井现在为500名肯尼亚人提供饮用水，如果没有这口井，他们就无法获得干净的水。可以说，这口井的作用是非常巨大的。

案例分析

每一笔善款都代表着公众对需要帮助的人的爱心和善意，但善款去向不明、信息不公开，这些问题也阻碍了人们奉献爱心。一旦曝出贪污等不法行为，打击几乎是毁灭性的。随着区块链加密资产的使用和区块链应用变得主流，慈善与区块链的结合使每一笔善款都有迹可循，实现有效监管。发起人、捐款人和受助者都能明确知道款项的数额、来源、走向以及用途，整个过程都无不得到公众的监督。

区块链技术能让捐助者真正看到企业的责任心和公信力，让公益变得更加令人信服。在区块链技术的加持下，确保资产流通各个环节都能安全，真实地拥有、转移以及支付。

利用区块链发行股票

股票结算是指证券从卖方到买方的交付，而清算则是从交易达成开始直至交易结算的交易处理过程。目前，结算一项股票交易的标准时间是两个营业日，中间银行需要进行大量的资产清算工作。因此，投资者一般在出售股票后须等待数日才能从证券经纪公司获得现金，整个周期冗长而缓慢。

利用区块链技术进行股票交易和结算，能借助区块链去中心化、信息不可篡改和可追溯性等优势，在保证资产信息安全的同时，让交易结算在当天或者更快地完成，大大缩短结算周期，提高资产的流动速度。

国外股票市场上有一种违法操作，即通过虚假交易无限卖空来恶意拉低某公司股价，进而造成该公司运营困难。该行为虽然违法，但一直以来都缺少有效的手段来制止。如果采用区块链来追踪股票市场，那么在一秒钟之内就可以知道每一只股票的去向，无限卖空就不可能发生了。区块链可以变成一个监管利器，如果有人违法无限卖空，就可以用智能合约一分钟之内把所有卖出股票再自动买回来。

案例分析

区块链不仅仅是支持比特币和电子货币等加密货币的一种手段，这项技术有可能彻底改变它所触及的任何市场。它还可以简化金融数据在市场参与者之间的存储和传输方式，确保难以应对市场活动波动的交易场所的稳定性。

对整个行业而言，区块链在股票结算领域的应用是技术在产业应用上的一次巨大探索。一方面，区块链允许各方之间快速透明地和解，并能确保系统在无人操作下也能正常继续运行，区块链现在已经成功地用于巨灾债券的结算机制中；另一方面，随着各国政府监管体系的相继落位和不断深化，一场围绕区块链的全球性卡位竞争拉开序幕。

区块链：供应链管理

供应链是指围绕核心企业，从配套零件、制成中间产品到最终产品，最后由销售网络把产品送到消费者手中，将供应商、制造商、分销商和最终用户连成一个整体的功能网链结构（如图9-2所示）。供应链管理被认为是应用区块链获益较好的案例之一，因为它非常适合于这种货物从发货到收货之间的快递运送或从制造商到商店的整个过程。IBM和沃尔玛联手在中国发起了区块链食品安全联盟，该项目与京东公司共同合作运行，旨在改善食品的运送，提供安全性保障，从而更容易对食品安全问题进行回溯。

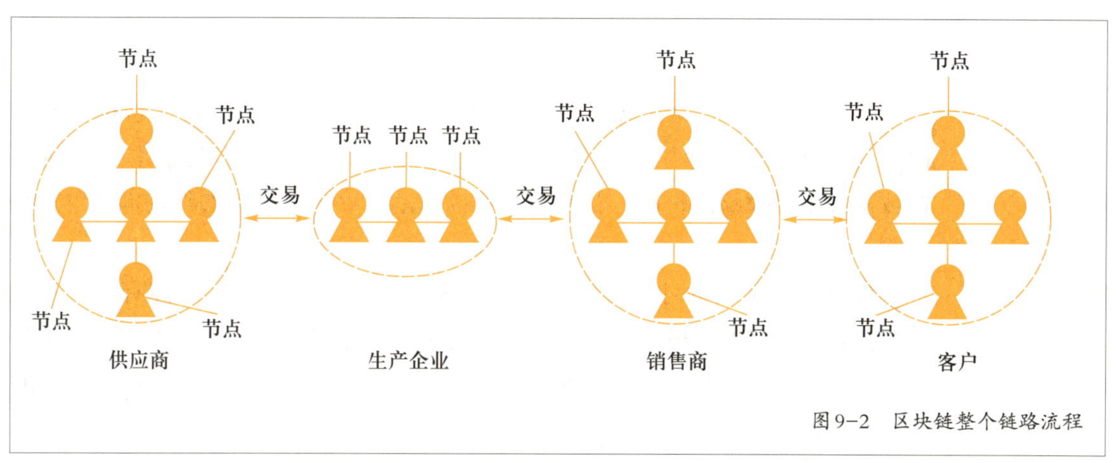

图9-2　区块链整个链路流程

事实证明，中国是区块链项目的成熟试验基地，也是世界上第一个农产品区块链的所在地。世界知名食品贸易商路易·德雷福斯公司（Louis Dreyfus Co.）与荷兰和法国银行合作建立了一个区块链技术项目，利用该项目技术，在向中国出售大豆的过程中，交易结算比传统方法更快。

对于供应链管理，区块链技术可以展示其所有潜在能力。区块链允许行业为供应链构建负责的系统。公司可以将物联网与区块链集成，记录生产步骤，如生产时间和物流温度。这些负责任的系统可以帮助各行业在客户收到质量差的产品时很容易地发现哪一个节点是错误的。

案例分析

区块链作为一种大规模的协作工具，通过“去中心化”和“共同信任”机制，有效解决多主体信息共享和复杂交易成本问题，奠定其在供应链物流信息资源管理方面的基础。供应链管理的目的是满足一定服务水平条件下的系统成本最小化。传统的供应链管理是简单地将节点企业串联起来形成一个链状的整体，而应用区块链可以为“由点、及链、到网”的供应链管理提供技术支撑。

区块链的链式结构是一种能储存信息的时间序列数据，这与供应链中产品流转的形式异曲同工。供应链上信息更新相对低频，回避了目前区块链技术在处理性能方面的短板。对于企业而言，可实时查看商品状态，帮助企业优化生产运营和管理，提升效益。

区块链+供应链的优势：区块链上的每一次交易信息（交易双方、交易时间、交易内容等）都会被记录在一个区块上，并且在链上各节点的分布式账本上进行储存，这就保证了信息的完整性、可靠性和高透明度。区块链的这些特点，使其在供应链的应用中有很多优势。

德比尔斯：区块链+钻石

长期以来，艺术品的保真鉴定都令人头疼。但区块链的特点包括不可更改、点对点、防伪溯源等，可以运用于解决艺术品流通生态问题。同时，区块链技术改变了收藏的传统，让普通人可以借助区块链技术，参与艺术品投资与收藏。

世界上最著名的钻石公司德比尔斯集团（De Beers Group）拥有自己的区块链公司并已开始运营，其目的在于“为平台上注册的每一颗钻石建立一个数字记录”。区块链技术的每一条记录都是不可磨灭的，它将确保每一颗钻石的自身电子数据和它本身一样长存。

与钻石交易类似，艺术品行业依赖于艺术品的出处和真实性，虽然区块链无法鉴定一幅画是原作还是赝品，但它可以用来证明这幅画之前拥有人的身份。此外，区块链技术现在也被用于艺术品获取，它能使有形的物品便捷地在世界任何地方进行交易和交换，而无须从安全的存储地进行物理转移。

案例分析

自区块链成为热议话题以来，艺术品电商平台是艺术行业中回应最为积极的领域之一。区块链技术的天然属性，使得每一笔交易都具有“可追溯性”，对020模式的艺术品电商而言，二者的匹配度极高。不论是线上交易环节对买卖双方身份信用的验证、为标的艺术品出具唯一性证书，还是线下物流运输过程中的艺术品综合保险业务，通过区块链应用，都能确保交易全程高效、安全地进行。

区块链技术重新定义艺术行业溯源体系，特别是解决艺术品独创性、复刻和价值方面的困扰，从而提高流通过程的安全性。

内容讲解

9.1　区块链的产生

区块链简介

区块链起源于比特币。2008年爆发了全球金融危机，当年11月1日，一位自称中本聪的人发表了《比特币:一种点对点的电子现金系统》。描述了P2P网络技术、加密技术、时间戳技术、区块链技术等电子现金系统的构架理念，标志着比特币的诞生。两个月后理论步入实践，2009年1月3日第一个序号为0的创世区块诞生，1月9日出现序号为1的区块，并与序号为0的创世区块相连接形成了链，标志着区块链的诞生。

虽然人们对比特币的态度起起落落，但作为比特币底层技术之一的区块链技术日益受到重视。在比特币形成过程中，区块是一个一个的存储单元，记录了一定时间内各个区块节点所有的交易信息。各个区块之间通过随机散列（也称哈希算法）实现链接，后一个区块包含前一个区块的哈希值。随着比特币交易的扩大，一个区块与一个区块相继接续，形成的结果就被称为区块链。

9.2　区块链的含义

什么是区块链？从技术层面来看，区块链涉及数学、密码学、互联网和计算机编程等很多科学技术问题。从应用层面来看，简单地说，区块链是一个分布式的共享账本和数据库，具有去中心化、不可篡改、全程留痕、可以追溯、集体维护、公开透明等特点。这些特点保证了区块链的“诚实”与“透明”，为区块链创造信任奠定基础。

区块链是分布式数据存储、点对点传输、共识机制、加密算法等计算机技术的新型应用模式。区块链（Blockchain）本质上是一个去中心化的数据库。作为比特币的底层技术，区块链是一串使用密码学方法相关联产生的数据块，每一个数据块中包含了一批次比特币的网络交易信息，用于验证其信息的有效性（防伪）和生成下一个区块。

9.3 区块链的发展历程

2008年由中本聪第一次提出了区块链的概念。区块链成为电子货币比特币的核心组成部分：作为所有交易的公共账簿。通过利用点对点网络和分布式存储，区块链数据库能够进行自主管理。区块链的发明使比特币成为第一个解决重复消费问题的数字货币。比特币的设计已经成为其他应用程序的灵感来源。

2014年，“区块链2.0”成为一个关于去中心化区块链数据库的术语。区块链2.0技术跳过了交易和“价值交换中担任金钱和信息仲裁的中介机构”。它们被用来使人们远离全球化经济，使隐私得到保护，使人们“将掌握的信息兑换成货币”，并且有能力保证知识产权的所有者得到收益。第二代区块链技术使存储个人的“永久数字ID和形象”成为可能，并且对“潜在的社会财富分配”不平等提供解决方案。

2016年1月20日，中国人民银行数字货币研讨会宣布对数字货币研究取得阶段性成果。会议肯定了数字货币在降低传统货币发行等方面的价值，并表示央行在探索发行数字货币。中国人民银行数字货币研讨会的肯定大大增强了数字货币行业的信心。这是继2013年12月发布关于防范比特币风险的通知之后，央行第一次对数字货币表示明确的态度。

2016年12月20日，中国FinTech数字货币联盟及FinTech研究院正式筹建。

2017年1月，央行在深圳正式成立数字货币研究所。

2017年10月，国务院发布《关于积极推进供应链创新与应用的指导意见》，提出要研究利用区块链、人工智能等新兴技术，建立基于供应链的信用评价机制。

2018年5月20日，工信部信息中心正式发布《2018年中国区块链产业发展白皮书》，这是国内第一份官方发布的区块链产业白皮书。

2018年9月，数字货币研究所搭建了贸易金融区块链平台。

2019年7月8日，在数字金融开放研究计划启动仪式暨首届学术研讨会上，中国人民银行研究局局长透露，国务院已正式批准央行数字货币的研发，央行在组织市场机构从事相应工作。

2020年4月22日，雄安新区管理委员会改革发展局组织召开了法定数字人民币（Digital Currency Electronic Payment，DCEP）试点推介会，19家拟参与落地应用的试点单位参会。

9.4　区块链的基本特征

（1）去中心化。区块链技术不依赖额外的第三方管理机构或管理中心，没有中心管制，除了自成一体的区块链本身，通过分布式核算和存储，各个节点实现了信息自我验证、传递和管理。去中心化是区块链最突出最本质的特征。

（2）开放性。区块链技术基础是开源的，除了交易各方的私有信息被加密外，区块链的数据对所有人开放，任何人都可以通过公开的接口查询区块链数据和开发相关应用，因此整个系统信息高度透明。

（3）独立性。基于协商一致的规范和协议（类似比特币采用的哈希算法等各种数学算法），整个区块链系统不依赖其他第三方，所有节点能够在系统内自动安全地验证、交换数据，不需要任何人为的干预。

（4）安全性。只要不能掌控全部数据节点的51%，就无法肆意操控修改网络数据，这使区块链本身变得相对安全，避免了主观人为的数据变更。

（5）匿名性。除非有法律规范要求，单从技术上来讲，各区块节点的身份信息不需要公开或验证，信息传递可以匿名进行。

9.5　区块链的架构模型

区块链系统由数据层、网络层、共识层、激励层、合约层和应用层组成（如图9-3所示）。其中，数据层封装了底层数据区块以及相关的数据加密和时间戳等基础数据和基本算法；网络层则包括分布式组网机制、传播机制和验证机制等；共识层主要封装网络节点的各类共识算法，如PoW、PoS、DPoS等；激励层将经济因素集成到区块链技术体系中来，主要包括经济激励的发行机制和分配机制等；合约层主要封装各类脚本、算法和智能合约，是区块链可编程特性的基础；应用层则封装了区块链的各种应用场景和案例。该模型中，基于时间戳的链式区块结构、分布式节点的共识机制、基于共识算力的经济激励和灵活可编程的智能合约是区块链技术最具代表性的创新点。

图 9-3　区块链系统

9.6　区块链的核心技术

1. 分布式账本

分布式账本指的是交易记账由分布在不同地方的多个节点共同完成，而且每一个节点记录的都是完整的账目，因此它们都可以监督交易合法性，同时也可以共同为其作证 。区块链的分布式存储的独特性主要体现在两个方面：一是区块链每个节点都按照块链式结构存储完整的数据，传统分布式存储一般是将数据按照一定的规则分成多份进行存储；二是区块链每个节点存储都是独立的、地位等同的，依靠共识机制保证存储的一致性，而传统分布式存储一般是通过中心节点往其他备份节点同步数据。没有任何一个节点可以单独记录账本数据，从而避免了单一记账人被控制或者被贿赂而记假账的可能性。由于记账节点足够多，理论上讲，除非所有的节点被破坏，否则账目就不会丢失，从而保证了账目数据的安全性。

2. 非对称加密

存储在区块链上的交易信息是公开的，但是账户身份信息是高度加密的，只有在数据拥有者授权的情况下才能访问到，从而保证了数据的安全和个人的隐私。

3. 共识机制

共识机制就是所有记账节点之间怎么达成共识，去认定一个记录的有效性，这既是认定的手段，也是防止篡改的手段。区块链提出了多种不同的共识机制，适用于不同的应用场景，在效率和安全性之间取得平衡。区块链的共识机制具备“少数服从多数”以及“人人平等”的特点，其中“少数服从多数”并不完全指节点个数，也可以是计算能力、股权数或者其他的计算机可以比较的特征量。“人人平等”是当节点满足条件时，所有节点都有权优先提出共识结果、直接被其他节点认同后并最后有可能成为最终共识结果。以比特币为例，采用的是工作量证明，只有在控制了全网超过51%的记账节点的情况下，才有可能伪造出一条不存在的记录。当加入区块链的节点足够多的时候，基本上不可能控制51%以上的记账节点，从而杜绝了造假的可能。

4. 智能合约

智能合约是基于这些可信的不可篡改的数据，可以自动化执行一些预先定义好的规则和条款。以保险为例，如果说每个人的信息（包括医疗信息和风险发生的信息）都是真实可信的，那就很容易在一些标准化的保险产品中进行自动化理赔。在保险公司的日常业务中，虽然交易不像银行和证券行业那样频繁，但是对可信数据的依赖是有增无减的。因此，利用区块链技术，从数据管理的角度切入，能够有效地帮助保险公司提高风险管理能力，主要包括投保人风险管理和保险公司风险监督。

9.7　区块链的运行机制

由于去中心化，区块链要求所有节点参与记账，区块链的运行基于以下机制：① 账簿公开机制；② 身份与签名机制；③ 节点挖矿机制。

把区块链系统看作一个集群的账簿，集群中的每个节点都可以创造区块链上的下一个区块，每个节点都拥有着这个集群节点所有交易的账簿，账簿是公开的。只要账簿的初始状态确定，并且每一笔交易的记录可靠并且有序，当前每个节点持有多少钱是可以推算出来的。按照常人的思维，就算节点之间交易的可以公开，每个节点肯定不想让其他节点都知道自己到底有多少“私房钱”。所以在区块链中，交易是公开的，但是参与的节点都是匿名的。参与区块链的节点之间不使用真实的身份进行交易，而是使用一个唯一的ID，在两个节点进行交易的报文中会带有此ID的数字签名，确保交易信息是从对应的交易方发起的。

那么在区块链系统中，节点之间是如何完成支付与交易的呢？假设在集群中两个节点A和B要完成一笔交易，A要向B支付10个比特币，A首先要询问B的ID，例如B的ID为ABC，A的ID为XYZ，此时区块链中产生了一个交易，XYZ要向ABC支付10个比特币，于是A就写了一个单子交给B。为了追溯资金的来源，单子上除了付款人和收款人的信息以外，还有那10个比特币的来源信息。单子写完后，A会在单子上加上自己的数字签名（私钥加密），以便于B验证这10个比特币确实是来自A的。B收到签名后，用A的ID（公钥）即XYZ对其进行签名验证，证明这个单子是A发过来的。

到此时，B确定这个单子是从A那发过来的，但问题是B怎么确定A有足够的比特币来支付。如果在一个没有去中心化的系统中，A究竟有没有足够的余额来支付是通过中介机构银行来确定的。而在区块链系统中，承担这个确定工作的是集群里其他节点。在A向B发送交易单的同时，他会把交易信息广播给集群里的所有其他节点，每个节点收到交易单后，负责确定交易并且把交易补充到账簿（区块链）中去。其他节点执行交易单确定操作会获得奖励。

其他节点的具体工作就是生成交易清单。首先，其他节点收到A与B之间的交易信息，会把这个交易写到交易清单一栏，接着其他节点找到当前账簿的最后一页，将其编号抄写到“上一交易编号”一栏。填写到这一步，其他节点的工作还没有完成，其他节点把交易清单、上一交易编号以及随机数通过哈希运算，生成一个本账单编号，而区块链中对于本账单编号的值有具体的规定，比如目标编号需要前N位为0。由于交易清单和上一交易编号都不可变，其他节点需要不断地变化随机数的值来生成符合规定的本账单编号。区块链会自调整账单编号的规则，使得其生成的时间是10分钟。某一节点得到一张有意义的账簿纸之后（这张账簿也就是区块），为了得到奖励，必须立刻向其他节点确认自己的工作成果。所以该节点会立刻广播他已经生成有效区块的信息，要求其他节点确认。其他节点收到此类的确认信息会立刻停下手中的工作，对此区块的有效性进行确认。确认完成之后，这个区块就进入了主账簿，后面的记账工作会基于这个更新后的主账簿进行。

对于其他节点来说，当账簿纸送出去后，如果后面有收到其他节点送来的账簿纸，其“上一页账簿纸编号”为自己之前送出去的账簿纸，那么就表示他们的工作成功被其他节点认可了，因为已经有节点基于他们的账簿纸继续工作了。而A看到大多数的节点都确认了这个交易，就认为这个交易已经成功。

综上所述，区块链中的交易过程如下：

第一步，货币的所有者A会利用他的私钥对前一次交易（比特币的来源）和下一位所有者B的签署一个数字签名，并且将这个签名附加在交易单后面。

第二步，A将交易单广播至全网，B与其他节点都能收到该交易单。

第三步，其他节点通过解出对应的随机数，生成符合条件的哈希值（此过程称为挖矿），去争夺创建新区块的权利并且争取比特币的奖励。

第四步，当一个节点找到解时，向全网广播该区块记录的盖有时间戳的交易，并由全网其他节点核对。

第五步，其他节点核对区块的正确定，没有错误后他们会将该区块认定为合法并且去竞争下一个区块，这就形成了一个合法记账的区块链。

延伸阅读

区块链应用领域

1. 金融领域

区块链在国际汇兑、信用证、股权登记和证券交易所等金融领域有着潜在的巨大应用价值。将区块链技术应用在金融行业中，能够省去第三方中介环节，实现点对点的直接对接，从而在大大降低成本的同时，快速完成交易支付。

区块链与金融

例如，Visa推出基于区块链技术的Visa B2B Connect，能为机构提供一种费用更低、更快速和安全的跨境支付方式来处理全球范围的企业对企业的交易。要知道传统的跨境支付需要等3 ~ 5天，并为此支付1% ~ 3%的交易费用。Visa 还联合Coinbase推出了首张比特币借记卡。花旗银行则在区块链上测试运行加密货币“花旗币”。

2. 物联网和物流领域

区块链在物联网和物流领域也可以天然结合。通过区块链可以降低物流成本，追溯物品的生产和运送过程，并且提高供应链管理的效率。该领域被认为是区块链一个很有前景的应用方向。

区块链通过结点连接的散状网络分层结构，能够在整个网络中实现信息的全面传递，并能够检验信息的准确程度。这种特性一定程度上提高了物联网交易的便利性和智能化。区块链+大数据的解决方案就利用了大数据的自动筛选过滤模式，在区块链中建立信用资源，可双重提高交易的安全性，并提高物联网交易便利程度。为智能物流模式应用节约时间成本。区块链结点具有十分自由的进出能力，可独立参与或离开区块链体系，不对整个区块链体系有任何干扰。“区块链 +大数据”的解决方案就利用了大数据的整合能力，促使物联网基础用户拓展更具有方向性，便于在智能物流的分散用户之间实现用户拓展。

3. 公共服务领域

区块链在公共管理、能源、交通等领域都与民众的生产生活息息相关，但是这些领域的中心化特质也带来了一些问题，可以用区块链来改造。区块链提供的去中心化的完全分布式DNS服务通过网络中各个节点之间的点对点数据传输服务就能实现域名的查询和解析，可用于确保某个重要的基础设施的操作系统和固件没有被篡改，可以监控软件的状态和完整性，并确保使用了物联网技术的系统所传输的数据没用经过篡改。

4. 数字版权领域

通过区块链技术，可以对作品进行鉴权，证明文字、视频、音频等作品的存在，保证权属的真实、唯一性。作品在区块链上被确权后，后续交易都会进行实时记录，实现数字版权全生命周期管理，也可作为司法取证中的技术性保障。例如，美国纽约一家创业公司Mine Labs开发了一个基于区块链的元数据协议，这个名为Mediachain的系统利用IPFS文件系统，实现数字作品版权保护，主要是面向数字图片的版权保护应用 。

5. 保险领域

在保险理赔方面，保险机构负责资金归集、投资、理赔，往往管理和运营成本较高。通过智能合约的应用，既无需投保人申请，也无需保险公司批准，只要触发理赔条件，实现保单自动理赔。例如，2016年区块链企业Stratumn、德勤与支付服务商Lemonway合作推出LenderBot，它允许人们通过Facebook的聊天功能，注册定制化的微保险产品，为个人之间交换的高价值物品进行投保，而区块链在贷款合同中代替了第三方角色。

6. 公益领域

区块链上存储的数据，可靠性高且不可篡改，天然适合用在社会公益场景。公益流程中的相关信息，如捐赠项目、募集明细、资金流向、受助人反馈等，均可以存放于区块链上，并且有条件地进行透明公开公示，方便社会监督。

区块链面临的挑战

从实践进展来看，区块链技术在商业银行的应用大部分仍在构想和测试之中，距离在生活、生产中的运用还有很长的路，而要获得监管部门和市场的认可也面临不少困难，主要有：

1. 现行观念、制度、法律制约

区块链去中心化、自我管理、集体维护的特性颠覆了人们生产生活方式，淡化了国家、监管概念，冲击了现行法律法规。对于这些特性，整个世界完全缺少理论准备和制度探讨。即使是区块链应用最成熟的比特币，不同国家持有态度也不相同，这不可避免阻碍了区块链技术的应用与发展。解决这类问题，显然还有很长的路要走 。

2. 区块链在技术层面尚需突破性进展

区块链应用尚在实验室初创开发阶段，没有直观可用的成熟产品。相比于互联网技术，人们可以用浏览器等具体应用程序，实现信息的浏览、传递、交换和应用，但区块链明显缺乏这类突破性的应用程序，面临高技术门槛障碍。再如区块容量问题，由于区块链需要承载复制之前产生的全部信息，下一个区块信息量要大于之前区块信息量，这样传递下去，区块写入信息会无限增大，带来的信息存储、验证、容量问题有待解决。

3. 竞争性技术挑战

虽然有很多人看好区块链技术，但也要看到推动人类发展的技术有很多种，哪种技术更方便更高效，人们就会应用该技术。比如，如果在通信领域应用区块链技术，通过发信息的方式是每次发给全网的所有人，但是只有那个有私钥的人才能解密打开信件，这样信息传递的安全性会大大增加。而这一点量子技术也可以做到，量子通信——利用量子纠缠效应进行信息传递——同样具有高效安全的特点，近年来更是取得了不小的进展，这对于区块链技术来说，就具有很强的竞争优势。

实训练习

实训操作1：总结数字货币的发展历史

1. 实训目标

数字货币是一种不受管制的、数字化的货币，通常由开发者发行和管理，被特定虚拟社区的成员所接受和使用。欧洲银行业管理局将数字货币定义为：价值的数字化表示，不由央行或当局发行，也不与法币挂钩，但由于被公众所接受，所以可作为支付手段，也可以以电子形式转移、存储或交易。

区块链与加密数字货币

数字货币可以认为是一种基于节点网络和数字加密算法的虚拟货币。数字货币的核心特征主要体现在三个方面：① 由于来自于某些开放的算法，数字货币没有发行主体，因此没有任何人或机构能够控制它的发行；② 由于算法解的数量确定，所以数字货币的总量固定，这从根本上消除了虚拟货币滥发导致通货膨胀的可能；③ 由于交易过程需要网络中的各个节点的认可，因此数字货币的交易过程足够安全。

2. 实训目标

通过对比不同种类的数字货币，加深对于区块链生态和应用的理解。

3. 实训内容

表9-1中列出了几种在国际市场上比较活跃的数字货币。

表9-1 国际市场上比较活跃的数字货币

货币	符号	发行时间	创始人	算法
比特币	BTC	2009	中本聪	SHA-256
以太币	ETH	2014	维塔利克·布特林	Ethash
瑞波币	XRP	2013	克里斯·拉森	SHA-256
柚子币	EOS	2017	丹尼尔·拉里默	DPOS
莱特币	LTC	2011	李启威	Scrypt
比特币现金	BCH	2017	吴忌寒	SHA-256

请利用互联网查询信息分析总结除比特币外的其他至少四种数字货币产生的背景和现状，并分析它们的未来可能发展趋势。

实训操作2：总结比特币挖矿机制

1. 实训背景

比特币的挖矿与节点软件主要是透过点对点网络、数字签名、交互式证明系统来进行发起零知识证明与验证交易。每一个网络节点向网络进行广播交易，这些广播出来的交易在经过验证后，矿工可使用自己的工作证明结果来表达确认，确认后的交易会被打包到数据块中，数据块会串起来形成连续的数据块链。每一个比特币的节点都会收集所有尚未确认的交易，并将其归集到一个数据块中，矿工节点会附加一个随机调整数，并计算前一个数据块的散列运算值。挖矿节点不断重复进行尝试，直到它找到的随机调整数使得产生的散列值低于某个特定的目标。

挖矿是一种将结算去中心化的过程，每个结算对处理的交易进行验证和结算。挖矿保护了比特币系统的安全，并且实现了在没有中心机构的情况下，也能使整个比特币网络达成共识。 挖矿这个发明使比特币变得很特别，这种去中心化的安全机制是点对点的电子货币的基础。铸造新币的奖励和交易费是一种激励机制，它可以调节矿工行为和网络安全，同时又完成了比特币的货币发行。

矿工们在挖矿过程中会得到两种类型的奖励：创建新区块的新币奖励，以及区块中所含交易的交易费。随着挖矿奖励的递减，以及每个区块中包含的交易数量增加，交易费在矿工收益中所占的比重将会逐渐增加。预计在2140年之后，所有的矿工收益都将由交易费构成。为了得到这些奖励，矿工们争相完成一种基于加密哈希算法的数学难题，也就是利用比特币挖矿机进行哈希算法的计算，这需要强大的计算能力，计算过程多少，计算结果好坏作为矿工的计算工作量的证明，被称为“工作量证明”。该算法的竞争机制以及获胜者有权在区块链上进行交易记录的机制，这二者保障了比特币的安全。

2. 实训目标

通过对比特币挖矿机制的研究，深入理解比特币和区块链的关系，同时了解比特币挖矿的本质。

3. 实训内容

通过网络查询资料，理解比特币产生和交易过程，总结比特币挖矿机制，借此深入理解区块链在比特币的应用原理。

第9章在线练习

课后思考

1. 简述区块链的定义及其特点。
2. 请结合区块链关键技术谈谈区块链技术在金融领域的应用。
3. 试辨析区块链和比特币的关系。
4. 试总结比特币的交易流程。

第10章 互联网金融监管

学习目标

【知识目标】

- 了解国内互联网金融监管体系和规则。
- 了解国外互联网金融监管概况和监管规则。

【能力目标】

- 掌握互联网金融各业态的法律权利义务、边界。
- 能够对互联网金融诉讼案件进行简单分析。

【思政目标】

- 遵循互联网金融监管规定，合法合规开展互联网金融业务。
- 熟悉互联网金融法律法规，培养法治思维、辩证思维。

思维导图

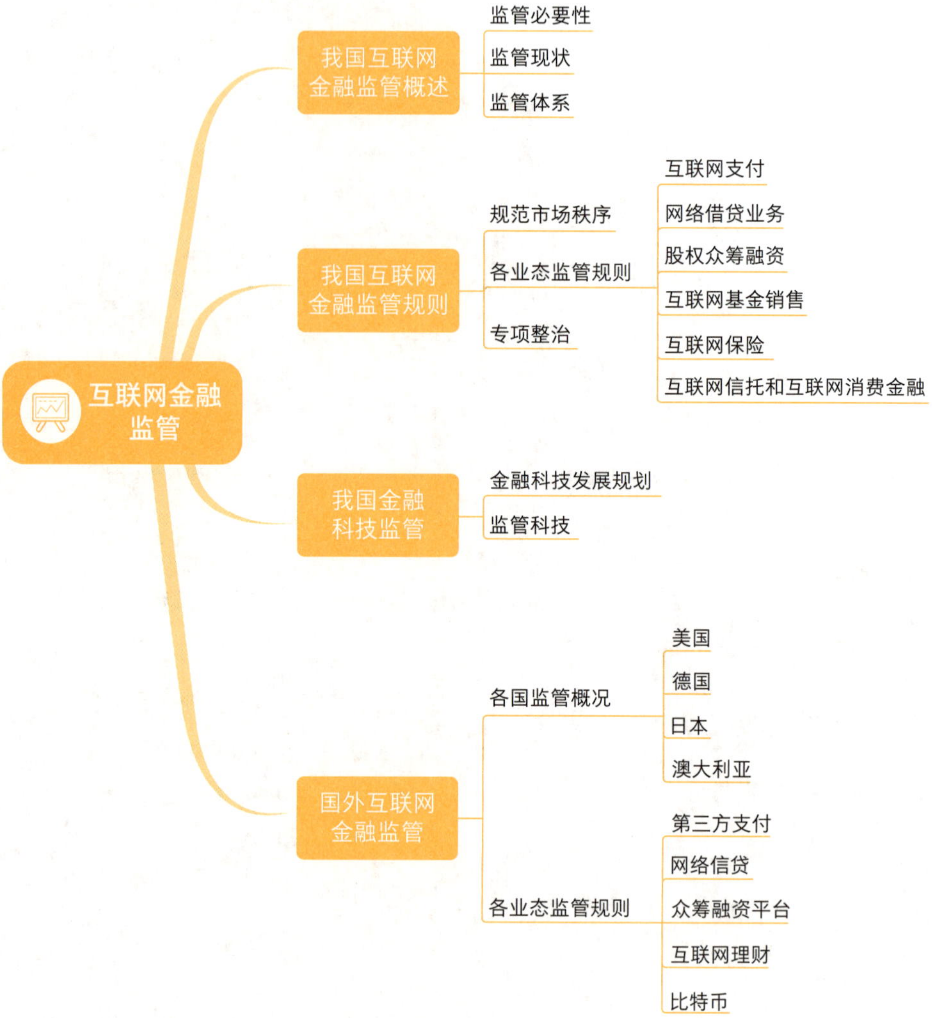

- 互联网金融监管
  - 我国互联网金融监管概述
    - 监管必要性
    - 监管现状
    - 监管体系
  - 我国互联网金融监管规则
    - 规范市场秩序
    - 各业态监管规则
      - 互联网支付
      - 网络借贷业务
      - 股权众筹融资
      - 互联网基金销售
      - 互联网保险
      - 互联网信托和互联网消费金融
    - 专项整治
  - 我国金融科技监管
    - 金融科技发展规划
    - 监管科技
  - 国外互联网金融监管
    - 各国监管概况
      - 美国
      - 德国
      - 日本
      - 澳大利亚
    - 各业态监管规则
      - 第三方支付
      - 网络信贷
      - 众筹融资平台
      - 互联网理财
      - 比特币

案例导学

两则借款合同纠纷案

2018年7月18日，北京市第一中级人民法院对高某与北银消费金融有限公司（下称“北银消费金融”）的金融合同纠纷作出了终审判决。判决书显示，2014年10月11日，高某向北银消费金融申请了10万元的贷款，借款期限12个月，利率为13.2%，按月付息、半年还本。合同同时约定，如果高某违约，北银消费金融有权要求高某承担支付罚息及复利、支付逾期滞纳费、支付违约金、支付补偿金以及赔偿损失等其他责任。

2014年10月16日，北银消费金融向高某指定的贷款账户中发放了10万元贷款，贷款到期日为2015年10月16日。但高某没有依照约定如期还款，北银消费金融起诉高某，法院一审判决高某偿还借款本金5万元及利息、逾期罚息、逾期滞纳金、账户管理费6 686.45元。

高某不服判决，向北京市第一中级人民法院提起上诉，在二审诉讼中，高某认为北银消费金融关于利息等费用的计算标准违反了《最高人民法院关于审理民间借贷案件适用法律若干问题的规定》(简称《规定》)中关于上述费用总计不应超过年利率24%的规定。但法院认为，北银消费金融是经银行业监管机构批准设立的金融机构，其向高某发放金融借款，不属于民间借贷，驳回了高某的主张，维持了原判，北银消费金融胜诉。

2018年4月18日，郑州市中级人民法院审理了捷信消费金融有限公司(以下称“捷信”)与陈某的金融借款合同纠纷案。陈某向捷信申请了1万元贷款，月贷款利率1.75%，不参加保险，分期期数36期，每月还款559元，首次还款日为2015年9月4日，月客户服务费率为0.335%。但之后陈某未能按合约足额偿还贷款本息，捷信因此起诉陈某，提出陈某应偿还贷款本金7 815.91元、利息521.63元、贷款管理费2 902.42元、月灵活还款服务包费60元、违约金370元，客户服务费725.66元，总计人民币12 395.62元。在一审判决中，法院仅支持陈某应偿还本金、利息、违约金和客户服务费，对于捷信提出的贷款管理费、月灵活还款服务包费不予支持。法院给出的理由是，陈某向捷信支付的利息及违约金，足以弥补其违约带给捷信的损失。

捷信不服一审判决，向郑州市中级人民法院提起上诉。在二审判决中法院认为，根据《最高人民法院关于进一步加强金融审判工作的若干意见》(简称《意见》)规定，金融借款合同的借款人以贷款人同时主张的利息、复利、罚息、违约金和其他费用过高，显著背离实际损失为由，请求对总计超过年利率24%的部分予以调减的，应予支持，以有效降低实体经济的融资成本。捷信与陈某合同约定的利息等费用总计超过年利率24%，因此对捷信提出的其他费用不予支持。

案例分析

专业律师认为,《规定》与《意见》的精神是一样的，但是效力却不同。《规定》是司法解释，只有司法解释可以作为判决依据。法院可以依据《规定》，但是不能根据《意见》作出判决。

《消费金融公司试点管理办法》对贷款利率的定价做了规定，要求消费金融公司建立风险定价机制，根据资金成本、风险成本、资本回报要求及市场价格等因素，制定利率水平，确保定价能够覆盖风险。捷信如此陈情，其实背后有更深层次的原因——如果超过年利率24%的部分不予支持，这对持牌消费金融公司来说是难以承受的，因为很有可能会击穿消费金融公司的成本，从而影响其盈利水平。

公安部开放“P2P系列”投资人信息登记

2018年9月，公安部非法集资案件投资人信息登记平台（下称“登记平台”）发布公告称，公安机关正在办理经营“P2P系列”平台涉嫌非法集资犯罪案件（如图10–1示）。为有利于公安机关及早准确查清事实、确认投资人合法权益、依法处置，请投资人如实、全面登记身份及投资信息。

此外，公告提示，投资人应在登记平台及时、全面、如实登记，避免因不登记、延迟登记、不全面准确登记而影响自己及其他投资人的合法权益。同时，为便于系统统计、准确核对、提高效率，建议此前已到公安机关报案的投资人也在网上登记信息。此后，公安机关如需就有关事项与投资人电话联系沟通时，将主动提供投资人网上登记的申报编号，以供投资人核对。

据投资信息登记栏显示，目前共有56家P2P平台已经立案。

该平台具备身份和投资信息登记、登记注意事项信息发布等功能，还将用于公安机关公告的其他重大非法集资案件。公安机关建议“e租宝”等相关案件中未赎回资金的投资人在登记期限内及时登记，以免延缓案件查处、资产处置工作进度，影响自身及其他投资人的合法权益。投资信息登记不影响投资人依法行使报案的权利。

互联网金融整治收官之年

2020年2月21日，央行召开2020年金融市场工作电视电话会议。会议在部署2020年重点工作时特别提到，要彻底化解互联网金融风险，建立完善互联网金融监管长效机制，似乎更为直接地表明了网贷行业的结局。此前，随着《关于网络借贷信息中介机构转型为小额贷款公司试点的指导意见》（即“83号文”）等文件的下发，“能退尽退、应关尽关，少量平台向小贷公司、消费金融公司等转型”已经成为各网贷平台的主要方向。

据不完全统计，湖南、山东、重庆、河南、四川、云南、河北、甘肃、山西等省市先后宣布取缔辖区内全部网贷业务。而在2月25日，银保监会也再次表态，政策没变，以“退”为主。

1月5日，央行曾在2020年工作会议中提到，持续开展互联网金融风险专项整治，基本化解互联网金融存量风险，建立健全监管长效机制。而在半个月后央行再次提到互联网金融时，便以“彻底化解互联网金融风险”来取代了“基本化解互联网金融存量风险”。从中不难看到，一是“存量”二字消失不见，二是表述从“基本”变成了“彻底”。措辞更坚决，意味着有风险的互联网金融业务都要处置完毕，不留余地，监管严格性进一步升级。因此可以预见，网络借贷等互联网金融机构的退出和转型步伐将继续加快，而近期疫情的压力，也会加速这一进程。

从行业表现上来看，主要分为网贷平台借贷余额彻底清理和按照监管要求转型。尤其是降低存量风险是监管在整治初期便提出的要求，转型也是化解风险的重要步骤。同时也应该注意的是，监管部门会设立长效监管机制，出台一系列的方案，防止互联网金融再次出现风险，保证风险不复发。

另一方面，一度因为疫情而暂停的网贷平台退出、转型工作，也随着复工复产等重新拉开序幕。2月以来，微贷网、51人品、积木盒子等几家头部平台停发新标、宣布退出的消息格外引人注目。多家平台也在公告中指出，疫情当前，部分借款人因停工停业暂时失去来源而导致无法还款，平台的贷后清收作业也受到影响。但其中也不乏部分借款人，恶意拖欠借款、拒不还款。2月24日，红岭创投便在公告中指出，受疫情影响，平台个人小额贷款业务清收连续多日回款为零。而监管部门对其清收给予了大力支持，共向2 026名逾期借款人发了催收函，并准备约谈蓄意拖欠、赖账不还的老赖。

时至2020年，互联网金融行业新的金融格局在行业出清与监管发力的同时

逐渐形成。2020年既是防范化解重大金融风险攻坚战收官之年，也是金融体系创新转型发展的开局之年。而彻底化解互联网金融风险，至少包括两个目标，一是破“旧”，二是立“新”。所谓破“旧”，指存量业务和产品的风险整治告一段落，比如P2P存量风险业务清理、现金贷产业链风险治理等，以各类产品规范类监管文件的相继确立为标志。所谓立“新”，指转型发展踏上新征程，以各类规划类、试点类文件的出台为标志，如金融科技转型规划出台、沙盒监管试点等。

全国首家互联网金融法庭

2015 年6 月28 日，全国首家互联网金融法庭——辽宁省沈阳市和平区人民法院互联网金融法庭，在首届“互联网+”智慧城市高层论坛上举行揭牌仪式。该法庭专门审理涉及互联网金融的民商、刑事案件，和平区人民法院互联网金融法庭下设刑事、民商两个专业审判团队，各设一名审判长，团队成员在审判长领导下开展工作。

此外，法庭从民商法、行政法、刑事法等角度，多视角、全方位、广渠道地考量互联网金融消费者权益保护问题。在一定意义上，刑法抬头是因为民法不张，进而引发和导致管控趋严和权力扩张。在必要的情况下，多数案件可以参照《中华人民共和国消费者权益保护法》，对网上银行、手机银行等互联网金融业务提出的要求予以处理。因此，在从投资服务为中心向消费服务为中心转变的互联网金融时代，探索私力救济与公力救济并重的双重救济渠道，构建民事、行政、刑事三位一体的立体化法网，才能充分保护消费者权益，维护金融秩序。

案例分析

互联网金融法庭能及时总结、分析互联网金融纠纷案件的收结案情况、案件类型、案件特点，提高审判的专业化水平，同时以司法建议形式对相关职能部门和企业进行风险提示；对可能影响社会稳定和经济发展大局的敏感案、事件，加强与党委、政府部门的信息沟通，及时化解，妥善处理。此举将使人民法院在保障、服务地方发展互联网金融产业方面，发挥重要的职能作用。

央行注销上海畅购支付业务许可证

2016年1月8日，中国人民银行依法注销上海畅购企业服务有限公司的支付业务许可证，终止其开展互联网支付以及预付卡发行与受理业务的资质，责令其退出支付服务市场。

上海畅购企业服务有限公司（以下简称畅购公司）成立于2006年11月，2011年8月获得支付业务许可证，获准在上海市、江苏省、浙江省（含宁波）、安徽省、山东省开展预付卡发行与受理业务以及互联网支付业务。

经人民银行执法检查确认，畅购公司存在以下严重违规问题：一是通过直接挪用、隐匿资金、虚构后台交易等方式，大量违规挪用客户备付金，造成重大损失；二是伪造财务账册和业务报表，欺骗、隐瞒客户备付金流向，规避相关监管要求；三是拒绝、阻碍相关检查、监督。

发现畅购公司严重违规后，人民银行、地方政府和相关部门高度重视，加强协调配合，及时采取措施，维护消费者合法权益。一是督促畅购公司履行主体责任，尽力筹措资金，弥补资金缺口，保证预付卡正常使用；二是深入核查畅购公司资产负债状况，督促畅购公司恢复少部分商户继续受理预付卡，并做好持卡人信息登记工作；三是制定处置措施和应急预案，在所涉四省一市之间建立联动工作机制，妥善处理持卡人投诉，及时回应社会关切；四是将畅购公司及相关责任人涉嫌犯罪线索移交司法部门立案侦查，追究刑事责任。

畅购公司风险发生后，中国人民银行在全国部署开展了预付卡客户备付金安全核查工作。从核查情况看，行业风险总体可控，个别机构在客户备付金真实性方面存在异常情况，人民银行已经要求相关机构加大整改力度，限期补足。人民银行将进一步健全监管机制，改进监管手段，提升监管有效性，努力防范支付风险，保障消费者合法权益。

案例分析

非银行支付机构与商业银行不同，不是存款类机构。非银行支付机构依靠商业信用发行预付卡或提供支付账户服务，代消费者保管资金并对资金具有一定的支配、控制权。消费者购买预付卡或开立支付账户，是在认可支付机构商业信用以及其代为保管资金能力的前提下，向其转移一定的预付价值，这与银行存款有本质区别，也不受存款保险制度保护。因非银行支付机构挪用客户备付金等发生资金损失时，预付卡持卡人或支付账户所有人要按照相关法规制度及合同约定承担部分或全部损失。

消费者接受和使用非银行支付服务时，应尽可能充分了解支付机构资信状况，考虑有关风险，审慎决定，合理使用，以有效维护自身合法权益。

非法吸收公众存款被摘牌

广东益民旅游休闲服务有限公司（以下简称广东益民）于2011年12月获得支付业务许可证，获准在广东省开展多用途预付卡发行和受理业务。此后，益民公司借用多用途预付卡名义，违规推出“加油金”业务，产品累计销售金额达22.2亿元，但销售资金并未存入客户备付金账户。2014年9月，广东益民董事长陈泽良突然去世，“加油金”业务随之停止，然而广东益民已将客户备付金挪作他用，导致备付金账户余额严重不足，造成资金风险敞口达9亿元，引发兑付风险。2014年10月，广州市公安局以涉嫌非法吸收公众存款罪对广东益民立案侦查。2015年10月8日，中国人民银行依法注销广东益民的支付业务许可证。这是有史以来第二家被注销第三方支付牌照的公司。2016年3月，广东益民“加油金”案司法判决生效，邹炼等人非法集资罪名成立，广东益民风险事件处置进入清偿债权债务阶段。

事实上，广东益民“加油金”并不属于预付卡。首先，预付卡应该是花2 000元就买2 000元面值的卡，并且有专门备付金账户对资金进行托管，而益民“加油金”不等值，更没有专门托管；其次，预付卡是多用途卡，是持卡机构发行的，但是每一张“加油金”都不是广东益民发行的。

案例分析

针对近年支付机构的风险案例和支付系统漏洞，建议适当控制网络支付机构的数量，保持适度的市场竞争程度；适当提高新设网络支付机构准入标准，更注重对申请机构资金实力、盈利能力、可持续性等审核，提高新设机构质量。对现存的持牌机构，建议根据业务量、业务类型、合规管理等情况，评定存量网络支付机构风险度，对于没有形成稳定业务模式的存量机构，建议结合支付业务许可证年检工作，引导这样的机构通过兼并、重组等方式退出市场。

内容讲解

10.1 我国互联网金融监管概述

1. 互联网金融监管的必要性

互联网金融是兼具互联网和金融双重因素的金融创新，促进了金融交易行为和消费方式的改变，交易成本更低，资源得到了更有效快捷的配置，并在一定程度上弥补了传统金融服务的不足，为实体经济发展提供了更多层面的支持。互联网金融的核心是金融创新，决定了其风险远比互联网和传统金融本身更为复杂，对于金融创新，必须在鼓励的同时，实施科学高效的监管。

而互联网金融确实面临着一定程度上的监管和法律真空，作为互联网金融中最受关注的领域，P2P网贷、众筹、互联网理财等都尚未完全建立信息安全风险监管机制，P2P网贷平台不断涌现的“跑路”事件使得监管需求更加迫切。

金融创新不能牺牲风险信息的透明度、增加金融体系的脆弱性，也不能脱离实体经济和消费者的需要，造成金融与实体经济和消费者利益的巨大背离。尤其对于跨行业的风险传导，要给予重点关注，并做出合理的制度安排，包括宏观的和微观的互联网金融监管规则，以实现金融创新与金融监管的动态平衡。

2. 互联网金融监管现状

互联网金融监管现状

经历了互联网金融业务的迅猛发展，2013年互联网金融监管首次提上监管议题，有关部门组成“互联网金融发展与监管研究小组”；2014 年 1 月，国务院办公厅发布《关于加强影子银行业务若干问题的通知》；2014 年 3 月，《政府工作报告》提出要促进互联网金融健康发展，完善金融监管协调机制等监管办法；2015年7月，互联网金融发展与监管研究小组外加财政部、原国家工商总局、国家互联网信息办公室等合计十部委联合印发《关于促进互联网金融健康发展的指导意见》(以下简称《指导意见》)。《指导意见》的颁布，标志着互联网金融告别“缺门槛、缺规则、缺监管”的监管空白状态，进入有章可循、有法可依的发展阶段。

2018年12月，中国人民银行等三部门联合发布《关于完善系统重要性金融机构监管的指导意见》，明确系统重要性金融机构监管的政策导向，弥补金融监管短板，引导大型金融机构稳健经营，防范系统性金融风险。

3. 互联网金融监管体系

互联网金融的本质仍属于金融，根据《指导意见》，在监管职责划分上，人民银行负责互联网支付业务的监督管理；银保监会负责包括网络借贷、互联网信托、互联网消费金融以及互联网保险的监督管理；证监会负责股权众筹融资和互联网基金销售的监督管理；这与传统金融监管架构基本一致。2019年2月，中国机构编制网发布《中国人民银行职能配置、内设机构和人员编制规定》，该规定明确指出，中国人民银行是国务院组成部门，为正部级；牵头负责重要金融基础设施建设规划并统筹实施监管，推进金融基础设施改革与互联互通，统筹互联网金融监管工作。

此外，根据互联网行业管理要求，工业和信息化部负责对互联网金融业务涉及的电信业务进行监管，国家互联网信息办公室负责对金融信息服务、互联网信息内容等业务进行监管。任何组织和个人开设网站从事互联网金融业务的，除应按规定履行相关金融监管程序外，还应依法向电信主管部门履行网站备案手续，否则不得开展互联网金融业务。

除此之外，《指导意见》在网络与信息安全要求方面，要求公安部与其他部门联合，分别负责对相关从业机构的网络与信息安全保障进行监管，并制定相关监管细则和技术安全标准。在监管协调与数据统计监测要求中，要求财政部负责互联网金融从业机构财务监管政策。同时《指导意见》还特别提出，要加强互联网金融行业自律。

中国互联网金融协会（National Internet Finance Association of China，NIFA）于2015年12月31日经国务院批准准予成立。2016年3月25日，中国互联网金融协会在上海黄浦区召开成立会议暨第一次全体会员代表大会。大会审议和表决通过了《中国互联网金融协会章程》《中国互联网金融协会会员管理办法》《中国互联网金融协会会费管理办法》等基础制度，签署了《中国互联网金融协会会员自律公约》和《互联网金融行业健康发展倡议书》。协会旨在通过自律管理和会员服务，规范从业机构市场行为，保护行业合法权益，推动从业机构更好地服务社会经济发展，引导行业规范健康运行。

10.2　我国互联网金融监管规则

《指导意见》对规范互联网金融市场秩序和互联网金融业态提出了具体的监管要求。

互联网金融监管规则

1. 规范互联网金融市场秩序

《指导意见》对互联网金融市场运行从互联网行业管理，客户资金第三方存管制度，信息披露、风险提示和合格投资者制度，消费者权益保护，网络与信息安全，反洗钱和防范金融犯罪，加强互联网金融行业自律，监管协调与数据统计监测等方面提出了具体要求。

2017年10月，中国互联网金融协会发布《互联网金融信息披露个体网络借贷》（T/NIFA 1—2017）团体标准和《互联网金融信息披露互联网消费金融》（T/NIFA 2—2017）团体标准，修订了信息披露、平台、信息披露义务人和逾期的定义，增加了从业机构备案信息。信息披露项为126项，强制性披露项为109项，鼓励性披露项为17项。

《中国人民银行职能配置、内设机构和人员编制规定》指出，中国人民银行内设机构科技司：拟订金融业信息化发展规划，承担金融标准化组织管理协调工作。指导协调金融业网络安全和信息化建设以及金融业关键信息基础设施建设。编制并推动落实金融科技发展规划，拟订金融科技监管基本规则，指导协调金融科技应用。承担中国人民银行科技管理、信息化规划和建设等工作。

2. 互联网金融各业态监管原则

（1）互联网支付。互联网支付是指通过计算机、手机等设备，依托互联网发起支付指令、转移货币资金的服务。互联网支付业务由中国人民银行负责监管。中国人民银行于2015年12月公告发布《非银行支付机构网络支付业务管理办法》（以下简称《办法》），2016 年 7 月 1 日起施行。

《办法》建立了支付机构网络支付业务分类监管机制。《办法》坚持支付账户实名制底线，要求支付机构遵循“了解你的客户”原则，建立健全客户身份识别机制，切实落实反洗钱、反恐怖融资要求，防范和遏制违法犯罪活动。《办法》作为《指导意见》的配套监管制度，是进一步建立健全互联网金融监管法规制度体系的重要举措，对规范我国支付服务市场、维护公平有序竞争、平衡支付安全与效率、保障消费者合法权益、促进支付服务创新和互联网金融健康发展具有重要意义。

2017年是支付行业的强监管年，从年初至年末，央行自上而下，对清算机构、金融机构、支付机构以及收单外包机构的监管都进一步收紧。其中较为重要的是2017年1月发布的《中国人民银行办公厅关于实施支付机构客户备付金集中存管有关事项的通知》，2017年1月发布的《中国人民银行关于强化银行卡受理终端安全管理的通知》，2017年8月发布的《中国人民银行支付结算司关于将非银行支付机构网络支付业务由直连模式迁移至网联平台处理的通知》等。

2018年1月，中国支付清算协会制定的《支付技术产品认证自律管理规则》和《支付技术产品认证目录》正式实施；2018年5月央行发布非银行支付机构开展大额交易报告通知，要求2019年1月执行；2018年11月，中国人民银行发布《云计算技术金融应用规范技术架构》《移动金融基于声纹识别的安全应用技术规范》等多个与移动支付相关的规范标准。

2019年3月，中国人民银行发布《关于进一步加强支付结算管理防范电信网络新型违法犯罪有关事项的通知》，与2016年9月30日人民银行发布的《关于加强支付结算管理防范电信网络新型违法犯罪有关事项的通知加强转账管理》一脉相承，针对电信网络新型违法犯罪新形势和新问题，提出21项措施。

2020年2月，中国银联发布《支付终端安全技术规范（UPTS 3.0）升级公告》，全文分为基础卷、安全卷、管理卷、产品卷、体验卷和检测卷。UPTS 3.0管辖范围相当广泛，适用于所有接入银联网络、受理银联卡支付交易的终端设备。

（2）网络借贷业务。网络借贷包括个体网络借贷（即 P2P 网络借贷）和

如何防范互联网金融诈骗

网络小额贷款。个体网络借贷是指个体与个体之间通过互联网平台实现的直接借贷。网络借贷业务由银保监会负责监管。在个体网络借贷平台上发生的直接借贷行为属于民间借贷范畴，受《合同法》《民法通则》等法律法规以及最高人民法院相关司法解释规范。

2015年12月《网络借贷信息中介机构业务活动管理暂行办法（征求意见稿）》正式发布。

2016年8月，《网络借贷信息中介机构业务活动管理暂行办法》（以下简称《管理暂行办法》）出台。《管理暂行办法》规定，网贷借贷金额应以小额为主，划定了借款人的借款上限。明确了P2P的信息中介定位，设定了13条红线，并指出由地方金融办承担具体监管职能。同时，《管理暂行办法》对网贷主管机构银保监会和地方金融监管机构职能进行了分工，实行“双负责”原则，即由银保监会及其派出机构对网贷业务实施行为监管，制定网贷业务活动监管制度；地方金融监管机构负责网贷机构的监管。网贷暂行管理办法的出台，意味着在中国发展近十年的网贷行业迎来监管时期。

2017年6月，中国人民银行等部门联合下发《关于进一步做好互联网金融风险专项整治清理整顿工作的通知》，要求各网贷平台化解存量、严控增量。2018年7月——2019年，P2P网络借贷频频暴雷，行业景气度下降，监管机构以互联网金融风险专项整治为抓手，注重防范网络借贷系统性风险的发生。从2018年上半年的整改验收加快备案，到2018年下半年的集中精力整治违法金融活动，有关部门全面打击恶意逃废债，整治暴力催收，全国范围扫黑除恶，制定规范退出指引，引领P2P行业调整，使其有序发展。

2019年11月，互联网金融风险专项整治工作领导小组办公室、网络借贷风险专项整治工作领导小组办公室发布《关于网络借贷信息中介机构转型为小额贷款公司试点的指导意见》；2020年1月，银保监会发布《中国银保监会关于推动银行业和保险业高质量发展的指导意见》，文件表示要深入开展互联网金融风险专项整治，推动不合规网络借贷机构良性退出。

2020年1月《商业银行互联网贷款管理暂行办法》发布，要求商业银行应当在总行层面对互联网贷款业务实行集中运营和统一管理，将互联网贷款业务纳入全面风险管理体系，建立健全适应互联网贷款业务特点的风险管理制度、内部控制机制、网络信息系统和安全防护措施，有效识别、评估、监测和控制互联网贷款业务风险，确保互联网贷款业务发展规划、实际发展速度、业务规模与银行的风险偏好、风险管理体系、风险管理能力相适应。

（3）股权众筹融资。股权众筹面向小微企业，是多层次资本市场的有机组成部分。股权众筹融资由证监会负责监管。《指导意见》对股权众筹提出以下监管要求：股权众筹融资是指通过互联网形式进行公开小额股权融资的活动。股权众筹融资必须通过股权众筹融资中介机构平台（互联网网站或其他类似的电子媒介）进行。股权众筹融资中介机构可以在符合法律法规规定前提下，对业务模式进行创新探索，发挥股权众筹融资作为多层次资本市场有机组成部分的作用，更好地服务创新创业企业。股权众筹融资方应为小微企业，应通过股权众筹融资中介机构向投资人如实披露企业的商业模式、经营管理、财务、资金使用等关键信息，不得误导或欺诈投资者。投资者应当充分了解股权众筹融资活动风险，具备相应风险承受能力，进行小额投资。

2018年12月，中国互联网金融协会发布《互联网金融 信息披露 互联网非公开股权融资》，文件指出，由于我国互联网非公开股权融资行业的法律地位不明确、监管体系不完善等原因，相关投融资活动在实际运行中产生了领投机构转嫁风险、信息披露无序、营销形式传销化、投资项目造假等诸多问题和风险。其中，信息披露不透明、不统一是制约互联网非公开股权融资行业发展的核心因素。

（4）互联网基金销售。互联网基金销售由证监会负责监管。《指导意见》提出，基金销售机构与其他机构通过互联网合作销售基金等理财产品的，要切实履行风险披露义务，不得通过违规承诺收益方式吸引客户；基金管理人应当采取有效措施防范资产配置中的期限错配和流动性风险；基金销售机构及其合作机构通过其他活动为投资人提供收益的，应当对收益构成、先决条件、适用情形等进行全面、真实、准确表述和列示，不得与基金产品收益混同。第三方支付机构在开展基金互联网销售支付服务过程中，应当遵守人民银行、证监会关于客户备付金及基金销售结算资金的相关监管要求。第三方支付机构的客户备付金只能用于办理客户委托的支付业务，不得用于垫付基金和其他理财产品资金的赎回。

2017年9月，证监会下发《公募基金流动性风险管理规定》，对公募基金（主要是货基）的募集、持有人结构、资产组合与流动性管理等多方面做出要求。

2018年3月，互联网金融风险专项整治工作领导小组发布《关于加大通过互联网开展资产管理业务整治力度及开展验收工作的通知》，明确指出互联网资管业务属于特许经营业务。2018年4月，中国人民银行等多部门联合发布《关于规范金融机构资产管理业务的指导意见》，进一步细化了标准化债权资产的定义，对资管业务制定了监管标准。2018年5月，中国证监会、中国人民银行联合发布《关于进一步规范货币市场基金互联网销售、赎回相关服务的指导意见》，明确开展货币市场基金互联网销售业务，以及非银支付机构在为基金管理人、基金销售机构提供基金销售支付结算业务过程中应遵循的规定。

（5）互联网保险。互联网保险由银保监会负责监管，监管细则《互联网保险业务监管暂行办法》(以下简称《监管暂行办法》)于2015年7月25日发布。《监管暂行办法》自2015年10月1日起施行,施行期限3年。

2019年12月银保监会中介监管部牵头起草的《互联网保险业务监管办法(征求意见稿)》(以下简称《监管办法》)开始向业内征求意见。此次《监管办法》共7章106条,首先厘清监管对象和范围,即保险机构通过互联网和自助终端设备销售保险产品,消费者能够独立了解产品信息并自主完成投保行为的属于互联网保险业务;在此基础上,“一刀切”要求仅持牌机构自营平台可从事保险销售,“第三方网络平台”作为“营销宣传合作机构”。

《监管办法》从互联网保险的准入门槛、经营范围、信息披露和监管管理等方面对自营网络平台、第三方网络平台等订立保险合同、提供保险服务的业务进行监管。

保险公司开展互联网保险业务,应遵循安全性、保密性和稳定性原则,加强风险管理,完善内控系统,确保交易安全、信息安全和资金安全。专业互联网保险公司应当坚持服务互联网经济活动的基本定位,提供有针对性的保险服务。保险公司应建立对所属电子商务公司等非保险类子公司的管理制度,建立必要的防火墙。保险公司通过互联网销售保险产品,不得进行不实陈述、片面或夸大宣传过往业绩、违规承诺收益或者承担损失等误导性描述。

(6)互联网信托和互联网消费金融。互联网信托和互联网消费金融由银保监会负责监管。

信托公司、消费金融公司通过互联网开展业务的,要严格遵循监管规定,加强风险管理,确保交易合法合规并保守客户信息。信托公司通过互联网进行产品销售及开展其他信托业务的,要遵守合格投资者等监管规定,审慎甄别客户身份和评估客户风险承受能力,不能将产品销售给与风险承受能力不相匹配的客户。信托公司与消费金融公司要制定完善产品文件签署制度,保证交易过程合法合规,安全规范。

2016年3月,《关于加大对新消费领域金融支持的指导意见》发布,要求大力发展消费金融市场,积极构建消费金融组织体系,不断推进消费信贷管理的模式和产品创新。另外,加大对消费重点领域的金融支持,最终不断优化消费金融的发展环境,加快推进消费信贷管理模式和产品创新,鼓励银行业金融机构创新消费信贷抵质押模式,开发不同首付比例、期限和还款方式的信贷产品。

2017年6月,《关于进一步加强校园贷规范管理工作的通知》发布;2017年11月,互联网金融风险专项整治工作领导小组办公室下发了《关于立即暂停批设网络小额贷款公司的通知》;2017年12月,互联网金融风险专项整治工作领导小组办公室联合P2P网贷风险专项整治工作领导小组办公室发布了《关于规范整顿"现金贷"业务的通知》，分别对校园贷、网络小额贷款、现金贷业务进行了严格的清理整顿。

2018年上半年，金融监管进一步趋严。2018年4月，经国务院同意，中国人民银行、银保监会、证监会、国家外汇管理局印发的《关于规范金融机构资产管理业务的指导意见》正式落地，对资产管理机构的资金杠杆、产品嵌套等方面加强约束，间接约束了消费金融平台的资金来源、资金杠杆等。同期国务院办公厅也印发了《关于全面推进金融业综合统计工作的意见》，要求全面推进金融业综合统计工作，明确表示建立地方金融管理部门，监管地方金融组织统计以及互联网金融统计体系。此前没有纳入金融统计工作的互联网消费金融等平台将逐步纳入地方金融管理部门统计监管工作中。互联网消费金融进入全面整顿和规范阶段。

2020年1月，银保监会发布《非银行金融机构行政许可事项实施办法（征求意见稿）》，其中关于消费金融公司的设立做出了一些调整，设立消费金融公司的门槛越来越高。2020年2月，银保监会发布《信托公司股权管理暂行办法》，加强信托公司股权管理，规范信托公司股东行为。

3. 互联网金融专项整治

2016年4月《互联网金融专项整治实施方案》印发。同年10月，《互联网金融风险专项整治工作实施方案》及系列配套方案正式公布；一行两会根据监管分工出台了细分行业专项整治方案：《互联网金融风险专项整治工作实施方案》《P2P网络借贷风险专项整治工作实施方案》《股权众筹风险专项整治工作实施方案》《P2P网络借贷风险专项整治工作实施方案》《通过互联网开展资产管理及跨界从事金融业务风险专项整治工作实施方案》《非银行支付机构风险专项整治工作实施方案》和《开展互联网金融广告及以投资理财名义从事金融活动风险专项整治工作实施方案》；覆盖了互联网支付、互联网资产管理、P2P网络借贷、互联网保险和股权众筹等各个方面。

互联网金融专项整治行动力度和规模空前，明确央行的领导地位，统筹全局，采取穿透式监管，要求互联网金融企业与传统金融企业平等竞争，行为规则和监管要求保持一致。多部门协作，打造互联网金融整治网，强调公安介入的重要性。仅北京市整治工作就多达22个协作部门。要求建立互联网金融产品集中登记制度，研究互联网金融平台资金账户的统一设立和集中监测，依靠对账户的严格管理和对资金的集中监测，实现对互联网金融活动的常态化监测和有效监管。规范互联网金融企业广告宣传，未取得相关金融业务资质的从业机构不得对金融业务或公司形象进行宣传；取得相关业务资质的，宣传内容应符合相关法律法规规定，须经有关部门许可，不得进行误导性、虚假违法宣传。

为规范互联网金融行业反洗钱和反恐怖融资工作，2018年10月，中国人民银行等部门联合发布《互联网金融从业机构反洗钱和反恐怖融资管理办法（试行）》。2019年3月，在全国扫黑办的统筹协调下，最高人民法院会同最高人民检察院、公安部、司法部（以下简称“两高两部”）联合制定印发了《关于办理“套路贷”刑事案件若干问题的意见》，该意见定义“套路贷”为新型黑恶犯罪，明确了“套路贷”共同犯罪人的处理。2019年10月，两高两部发布《关于办理非法放贷刑事案件若干问题的意见》，首次明确超过36%的实际年利率为非法放贷行为，非法放贷数额以实际出借给借款人的本金金额认定。2019年11月，中国人民银行上海分行下发《关于做好配合打击惩治“套路贷”加大消费金融业务创新的通知》，从严防信贷资金流向“助贷平台”、加大消费金融创新力度等方面对下一阶段商业银行信贷工作提出要求。

10.3 我国金融科技监管

1. 金融科技发展规划

2019年8月，央行发布了《金融科技（FinTech）发展规划（2019—2021年）》（以下简称《规划》）。《规划》明确定义，金融科技是技术驱动的金融创新，是金融供给侧改革的重要驱动力。这是央行首次出台金融科技的顶层设计，预示着金融科技正驶入规范发展的高速路。《规划》明确提出未来三年金融科技工作的指导思想、基本原则、发展目标、重点任务和保障措施。

国家市场监管总局、中国人民银行于2019年10月发布《金融科技产品认证规则》及首批认证目录，认证目录包括客户端软件、安全芯片、安全载体、ATM终端、POS终端、条码支付受理终端在内的11个产品总类，几乎全部与支付产业相关。移动支付的发展让支付业务愈发成为基础设施的存在，拥有广泛的用户基础。移动支付作为金融科技产品认证的“先锋”和金融科技生态系统的大门，一直是一个富有创新性的领域。

2018年10月，北京市金融工作局发布《北京市促进金融科技发展规划（2018–2022年）》，推动金融科技底层技术创新和应用，加快培育金融科技产业链、拓展金融科技应用场景。以“一区一核、多点支撑”为抓手进行空间布局。

2. 监管科技

2018年8月，中国证监会发布《中国证监会监管科技总体建设方案》，明确了监管科技1.0、2.0、3.0各类信息化建设的工作需求和工作内容。进一步推进证监会信息系统的资源与数据整合，充分发挥科技在监管工作中的作用。

方案指出，金融科技成为防范化解金融风险的新利器。运用大数据、人工智能等技术建立金融风控模型，有效甄别高风险交易，智能感知异常交易，实现风险早识别、早预警、早处置，提升金融风险技防能力。运用数字化监管协议、智能风控平台等监管科技手段，推动金融监管模式由事后监管向事前、事中监管转变，有效解决信息不对称问题，消除信息壁垒，缓解监管时滞，提升金融监管效率。

方案还指出，应提升穿透式监管能力。加强监管科技应用，建立健全数字化监管规则库，研究制定风险管理模型，完善监管数据采集机制，通过系统嵌入、API等手段，实时获取风险信息、自动抓取业务特征数据，保证监管信息的真实性和时效性。综合全流程监管信息建立监测分析模型，把资金来源、中间环节与最终投向穿透连接起来，透过金融创新表象全方位、自动化分析金融业务本质和法律关系，精准识别、防范和化解金融风险，强化监管渗透的深度和广度。引导金融机构积极配合实施穿透式监管，通过系统接口准确上送经营数据，合理应用信息技术加强合规风险监测，提升智能化、自动化合规能力和水平，持续有效满足金融监管要求。

2019年12月，在人民银行指导支持下，北京市在全国率先启动金融科技创新监管试点，探索构建包容审慎的中国版“监管沙盒”，运用信息公开、产品公示、共同监督等柔性管理方式，引导持牌金融机构在依法合规、保护消费者权益的前提下，推动金融科技守正创新，赋能金融服务提质增效，营造安全、普惠、开放的金融科技发展环境。

国外互联网金融的监管概况

10.4　国外互联网金融监管

10.4.1　各国互联网金融监管概况

1. 美国

美国的金融监管机构除美联储、联邦证券和交易管理委员会等传统监管机构之外，还包括金融危机后由多德·弗兰克法案催生的美国消费金融保护局。美国法律法规对金融产品的监管极其严格，尤其对创新的金融产品。Lending Club曾被证券和交易管理委员会全面、无限期停止所有新增贷款业务，直到完成相关新产品审批后才恢复。同时，监管者对违规者的惩罚相当严厉。

2. 德国

德国互联网金融业务主要为第三方支付。近年来，德国网上贸易额连续保持每年两位数的增长速度。德国第三方支付系统中，规模最大的为PayPal支付系统。德国目前有2万家网店支持PayPal支付系统进行交易，所有支付信息都锁定在PayPal，在交易过程中传输的客户信息都会被加密处理，网店运营方不会得到客户的银行和信用卡数据。德国并没有专门针对第三方支付系统的安全监管机构，不过，第三方支付系统必须经过德国联邦信息技术安全局或其认可的检测机构的检查和评估，获得资质证明。

3. 日本

2000年4月，日本金融厅发布《金融服务电子交易进展及监督报告书》，明确互联网金融是金融行业创新，有利于活跃市场及提高效率，但在发挥其长处同时，必须确保使用者权益，互联网金融在符合《金融商品贩卖法》的基础上须遵守上述报告书中一系列规定。作为“新形态银行”，日本金融厅将网络银行纳入银行监管体系，除《银行法》外，还有针对性地颁布了《银行法执行规则修订案》和《针对新形态银行资格审查及监督运用指针》，对基于互联网提供的银行服务加以规范并对非金融业进入互联网金融市场加以严格监管。如必须保持互联网金融子公司的独立性，与母公司联合开展业务时必须确保客户信息安全和建立“防火墙”等。

4. 澳大利亚

依据澳大利亚的《金融交易报告法》，网络支付服务商有义务在为顾客开户前核实顾客身份，并向澳大利亚交易报告分析中心报告所有1万澳元以上的支付交易。不得利用信用卡透支向支付账户充值。除了月充值额小于1 000澳元的，其余支付账户必须与银行账户挂钩。在澳大利亚，第三方支付要求采取实名制。例如在网上购物并通过PayPal付款，申请开设客户个人支付账户时，要转接到客户个人的信用卡或银行账户上，必须是实名制。

10.4.2 国外互联网金融各业态监管规则

1. 第三方支付

国外互联网金融监管规则

（1）美国：将第三方支付业务纳入货币转移业务监管。美国对第三方支付实行的是功能性监管，监管侧重于交易的过程而不是从事第三方网络支付的机构。

一是立法层面。美国没有专门针对第三方网络支付业务的法律法规，仅使用现有法规或增补法律条文予以约束。第三方支付被视为一种货币转移业务，其本质仍是传统支付服务的延伸，无须获得银行业务许可证。

二是监管机制层面。美国采用州和联邦分管的监管体制，联邦存款保险公司（FDIC）负责监管第三方支付机构，但其明确规定各州相关监管部门可以在不违背本州上位法的基础上，对第三方网络支付平台的相关事项做出切合本州实际的规定。

三是沉淀资金管理层面。美国法律明确将第三方支付平台上的沉淀资金定义为负债。FDIC规定第三方支付平台必须将沉淀资金存放于FDIC在商业银行开立的无息账户中，沉淀资金产生的利息用于支付保险费。FDIC通过提供存款延伸保险实现对沉淀资金的监管。

（2）欧盟：将第三方支付机构纳入金融类企业监管。欧盟对第三方支付的监管为机构监管，对第三方支付机构给出明确的界定。

一是立法层面。欧盟要求电子支付服务商必须是银行，而非银行机构必须取得与银行机构有关的营业执照（完全银行业执照、有限银行业执照或电子货币机构执照）才能从事第三方支付业务。这也从法律上确定了第三方支付平台的法律地位，即金融类企业。

二是沉淀资金管理层面。欧盟规定第三方支付平台均需在中央银行设立一个专门的账户，沉淀资金必须存放这一账户之中，这些资金受到严格监管，限制第三方支付机构将其挪作他用。

2. 网络信贷

（1）美国：纳入证券业监管，侧重于市场准入和信息披露。在美国，联邦证券交易委员会（SEC）要求互联网信贷平台注册成为证券经纪商，认定互联网信贷平台出售的凭证属于证券。在SEC注册的成本较高，阻止了其他的潜在市场参与者，如网贷平台Lending Club的注册成本高达400万美元。英国贷款规模最大的网贷平台Zopa因此放弃进入美国市场。

SEC重点关注网贷平台是否按要求披露信息，一旦出现资金风险，只要投资者能够证明在发行说明书中的关键信息有遗漏或错误，投资者可以通过法律手段追偿损失。除了在SEC登记之外，网贷平台还需要在相应的州证券监管部门登记，州证券监管部门的要求与SEC类似，但有些州对投资者增加一些个人财务相关标准，包括最低收入，证券投资占资产的比重上限等。

（2）英国：纳入消费者信贷管理范畴，通过行业自律引领行业发展。

一是行业自律。英国的网络信贷在规模和成长速度上不如美国，但是行业自律性比较强，于2011年8月成立了行业自律组织——英国P2P金融协会，协会包括英国最主要的3家网贷公司。2012年6月该协会正式出台了“P2P融资平台操作指引”，提出P2P融资协会成员应满足的9条基本原则，在整个行业的规范发展和金融消费者保护方面起到很好的促进作用。

二是政府管理。英国对网络信贷的监管较为宽松，除《消费者信贷法》之外缺乏更多的硬性法律约束。在业务准入方面，英国设立网贷公司需要提出申请并获得信贷牌照，但无最低资本金规模方面的“门槛”限制。法律规定了严格的信息披露制度，规定借贷双方在借贷过程中需要标明利率、期限等要素，并对合同的订立、履行、终止以及债务追偿、行政裁决、司法介入等方面均做出了详细规定。但这些规定多着眼于合规性管理，主要是对借方与贷方之间信贷行为的规范，对借贷平台提供者的规范与约束相对较少。

（3）欧盟：细化监管要求维护消费权益。欧盟对网络信贷相关的立法主要是消费者信贷、不公平商业操作和条件等指引性文件，这些指引对信贷合同缔约前交易双方提供的信息（如包含所有可预见税费在内的信贷成本）及各方义务进行了规定。

3. 众筹融资平台

2012年，美国通过了《创业企业融资法案》（JOBS法案），旨在使小型企业在满足美国证券法规要求的同时，更容易吸引投资者并获得投资，解决美国面临的失业问题。JOBS法案放开了众筹股权融资，而且在保护投资者利益方面做出了详细的规定。

（1）适当放开众筹股权融资。JOBS法案明确规定了满足以下条件的众筹融资平台不必到SEC注册就可以进行股权融资：由SEC注册的经纪人充当中介；筹资者每年通过网络平台募集不超过100万美元的资金；前12个月内收入不足10万美元的投资人所投金额不得超过2 000美元或其年收入的，前12个月内收入超过10万美元的投资人可以用其收入的10%用于此类投资，但上限为10万美元。

（2）保护投资者利益。JOBS法案对筹资者和提供服务的融资平台提出了相应要求，以保护投资者利益。对于筹资者，法案明确了四点要求，即要求其在SEC完成备案，并向投资人及中介机构披露规定的信息；不允许采用做广告来促进发行；对筹资者如何补偿促销者做出限制；筹资者必须向SEC和投资者提交关于企业运行和财务情况的年度报告。同时法案从业务准入、行业自律、资金转移、风险揭示、预防诈骗、消费者保护等方面对融资平台进行约束。

4. 互联网理财

美国对互联网理财的监管实践以PayPal为例：由于PayPal货币市场基金由非隶属于PayPal的独立实体进行运作并严格根据美国联邦证券交易委员会（SEC）的有关规则运作并受其日常监管，而且该货币市场基金的资金并未反映在PayPal的资产负债表中，因此当局在无先例可循的前提下，采取了保持现状、相对审慎的对策，尚未将其作为新兴业态进行专项立法监管。

5. 比特币监管

自比特币和区块链技术问世，到近年各类区块链项目大量涌现以来，全球大部分国家不同程度地推进了该领域的监管工作，包括成立调研组、出台法规、建立行业规范和标准等。但从整体来说，全球各国对数字货币的态度有所差异，出台的政策也有所不同。全球对数字货币的监管日益规范化、清晰化。

新加坡于2017年11月发布了《数字代币发行指引》，表明若发行的数字货币代表投资者持有的企业股权、资产所有权，或可转换为公司债权，即按照《证券期权法》受到监管。

美国SEC于2018年3月发布《关于可能违法的数字资产交易平台的声明》，确认数字资产属于证券范畴，因此交易所必须在SEC注册或获取牌照。

瑞士金融市场监督管理局于2017年9月发布《首次代币发行（Initial Coin Offering，ICO）的监管处理》，表示ICO涉及以下方面可能受到相关法律的监管：打击洗钱和资助恐怖主义的规定、银行法规定、证券交易的规定、集体投资计划立法规定；2018年2月又发布《ICO指导方针》，对早先发布的《首次代币发行的监管处理》进行补充，表示是否受监管需要根据个案的具体情况进行判断。

2016年5月，日本国会通过《资金结算法》修正案，承认数字货币为合法支付手段并将其纳入法律规制体系之内，从而成为第一个为数字货币交易所提供法律保障的国家。2017年4月，修订过的《支付服务法案》正式生效，数字货币作为支付手段的合法性正式被承认。2018年7月，日本金融厅（FSA）成立了一个新的部门——战略发展和管理局（The Strategy Development and Management Bureau，SDMB），其任务是处理数字货币，金融科技和洗钱问题。

2018年6月，马耳他宣布通过了关于数字货币，区块链和分布式账本技术（DLT）的三项法案，分别是“创新技术安排和服务法案”“虚拟金融资产法案”和“马耳他数字创新权力法案”；随着这些法案的通过，将帮助指导马耳他政府更好地融入区块链并实现马耳他成为国际加密业务中心的目标。

延伸阅读

北京金融科技试点“监管沙箱”

在央行顶层设计发布满3个月后，金融科技创新监管迎来了突破性进展。

2019年12月，央行宣布推出金融科技创新监管试点，中国版“监管沙箱”在北京正式启动。

1. 中国版“监管沙箱”正式启动，率先在北京落地

2019年12月，央行官网公告称，为落实《金融科技（FinTech）发展规划（2019–2021年）》，按照《国务院关于全面推进北京市服务业扩大开放综合试点工作方案的批复》，支持在北京市率先开展金融科技创新监管试点，探索构建符合我国国情、与国际接轨的金融科技创新监管工具，引导持牌金融机构在依法合规、保护消费者权益的前提下，运用现代信息技术赋能金融提质增效，营造守正、安全、普惠、开放的金融科技创新发展环境。

同日下午，北京市地方金融监督管理局发布消息，将在央行指导支持下，在全国率先启动金融科技创新监管试点，探索构建包容审慎的中国版“监管沙箱”，运用信息公开、产品公示、共同监督等柔性管理方式，引导持牌金融机构推动金融科技守正创新，赋能金融服务提质增效。

2. 金融科技创新监管利好金融业发展

众所周知，如何平衡金融科技创新和风险是金融监管面临的普遍难题，而“监管沙箱”作为一种金融产品创新测试机制，一直广受市场和监管关注。《北京市促进金融科技发展规划（2018—2022年）》中便明确，北京将推动监管创新与风险防范体系构建，并探索推动以“监管沙箱”为核心的金融科技监管创新试点落地。

金融科技是高资本投入、高人才聚集，高创新模式的行业，行业发展主要聚集在北京、上海、深圳和杭州四地，北京基础较好并且是监管的中心和枢纽，监管试点运作过程需要很多部门配合，在北京会更加便利。北京在全国拿到首例金融科技创新监管试点对于北京发展以金融业为主的服务业是非常大的利好。当前北京市经济发展也在面临转型，需要找到新的经济增长点，监管试点可谓强心剂。

3. 试点更多采用柔性手段进行监管

试点沙箱监管，会采取区块链、大数据、人工智能等手段辅助监管，给金融科技产品以及对应的监管手段一次试验的机会。从柔性管理上看，可能会运用多元化的社会手段进行监管，金融科技研究院、行业自律组织等会发挥作用。在技术手段方面，基于大数据、人工智能的监测等监管科技会迎来利好。

试点模式主要是会参考国际上比较流行的“监管沙箱”模式，设置准入标准和门槛，在一个范围内进行试点，合格之后离开沙箱，从试点针对的行业看，互联网小贷以及其他的创新领域可能会涵盖在内。

试点推出对于持牌机构技术创新是一大利好，另外“新、热、风险可控”

或许也是试点对于行业和产品的标准，其中，数字货币、支付领域可能率先试点，可能会细化到该领域内的具体的某项解决方案或产品。从主体上看持牌机构可能会率先进入试点，助贷、联合贷款等涉及传统金融领域但又存在争议的产品也可能进入试点。同时，会有非国家形式的类似Libra（Facebook新推出的虚拟加密货币）数字货币的尝试出现。在国家支持发展普惠金融政策引导之下，未来很有可能会鼓励服务中小微企业、服务普惠金融、农村金融的技术应用试点，引导金融科技向支小支农方面发展。

多家网贷接入央行征信　打击逃废债效果待观察

2019年2月下旬，陆续有多家网贷平台宣布正式接入中国人民银行金融信用信息基础数据库（即央行征信系统）。其中包括人人贷、向前金服、恒慧融、道口贷等，都表示接入后可以将所有借款人借款相关的信用信息定期报送征信系统。加上此前有信也科技、合众E贷等通过旗下公司或与第三方机构合作的方式间接接入央行征信，目前有约12家平台公布已经正式接入。网贷平台接入央行征信最直接的收益便是可以打击逃废债、降低逾期率等。此举主要目的还是为了化解P2P网贷存量退出。

1. 多家网贷平台接入央行征信

2020年2月12日，首金网对外表示正式接入中国人民银行征信中心。公告透露，首金网于2019年11月11日向央行征信的指定机构提交了申请，并第一时间启动央行征信的报送程序开发和联调测试，完成报送系统对接，开始正式进行相关征信信息数据报送。

同日，向前金服亦发布“获批接入央行征信系统”的消息称，近期公司即将完成央行征信系统数据上传。同时，应央行征信中心关于“上报借款人不良信息需事先通知信息主体知悉”的要求，向前金服已通过短信、电话等形式通知信息主体。随后又有人人贷、恒慧融等平台公告此事宜。

此前，由于网贷平台的信息不直接进入央行征信，不少借款人由此心存侥幸，对逾期引起的后果不管不顾。更有老赖非常直接地表示：“平台不接入央行征信的话，就没有还钱的必要。”还会有逾期用户的互助群，彼此指导反催收“高招”。为此，平台方面只得加大催收投入，也有多位平台负责人表示过苦恼。

而2019年9月2日，互联网金融风险专项整治工作领导小组、网贷风险专项整治工作领导小组联合发布《关于加强P2P网贷领域征信体系建设的通知》，支持P2P网贷机构接入征信系统。这一通知迎来了实质性进展。

据悉，2019年11月初，中国人民银行征信中心在北京举办了P2P网贷机构接入征信系统培训班。北京多家平台参与了此次培训，培训内容从有关征信的法规制度，接入征信系统的数据交互机制和运作方式、信息安全管理的重要性、如何围绕征信系统做好信息安全管理等几个方面进行详细说明；并且对接入征信系统后的信息安全风险管理内容展开重点培训和辅导。

据媒体报道，每家平台接入系统的测试期不同，并且需要2至3个月的接入测试。此前参加相关会议时，表达愿意对接央行征信的平台达到200多家，几乎是全部目前在运营的平台数量。

2. 打击逃废债效果有待观察

网贷平台在宣布正式接入央行征信时表示，所有借款人借款相关的信用信息将定期报送征信系统。定期报送可能存在信息延迟。网贷平台接入央行征信系统，首先要获得当地省金融办和央行分中心审批；其次，网贷平台要有意愿且相关借款业务是个人或者企业主借款才可以，对于小微企业贷款信息暂时不能上传央行征信系统；最后，对相关借款数据上报央行征信系统要求获得借款客户授权，没有获得借款客户授权的借款暂时不能上报央行征信中心系统。

根据要求，网贷机构要向征信机构提供所撮合交易的利率信息，利率超过法律承认的民间借贷标准，借款人有权向征信机构或网贷机构提出异议。对于借款利率超过36%的借款也可以通过对相关利率进行调减进行报送。同时，央行征信中心还要求网贷平台报送所有符合要求的历史存量数据，新增数据报送要满足T+1时效。也就是说，假设有借款人在平台逾期，那么第二天平台将会上报征信系统，第三天该信息便会在央行征信报告中显示。

鉴于目前数据上传需获得用户授权，若是新增借款则可以在借款协议中标明，用户不授权便无法进行借款行为。但显然对于存量业务中，信用度不高并且已经逾期的老赖而言，信息上传对其并不能形成督促效果。不过这一上传准则是暂时的，后续或还将进行不断的优化改动。

另外，逾期信息实际上会有2天的“空白期”。2天的时间虽然不长，但理论上在此期间，借款人仍可以凭借无逾期的信用在其他平台或机构进行借款。总体而言，此次多家网贷平台接入央行征信对于打击逃废债是有较大力度的，但最终能够形成怎样的效果，还有待观察。同时，相关操作的细节或许也会进一步优化，以形成更好的效果。

网贷平台接入央行征信系统有利于缓解暴力催收、打击逃废债，保护出借人的出借收益；有利于网贷行业存量风险出清，以及大量网贷平台平稳退出转型。此外，网贷平台主要服务长尾客户，央行征信中心接入网贷数据可以让传统金融机构在授信之前了解借款人的多头借贷情况，降低贷款逾期率。

实训练习

实训操作1：非银行支付机构网络支付业务许可证查询

1. 实训背景

中国人民银行于2015年8月30日对第三方支付企业——浙江易士企业管理服务有限公司（以下简称易士公司）“下重拳”，注销了易士公司的支付业务许可证，这使得首个被注销第三方支付牌照机构诞生。

据央行介绍，易士公司成立于2007年10月，于2011年12月获得支付业务许可证，获准在浙江省开展多用途预付卡发行和受理业务。经人民银行执法检查确认，易士公司存在以下严重违规问题：一是通过直接挪用、向客户赊销预付卡、虚构后台交易等方式，大量违规挪用客户备付金，造成资金链断裂，预付卡无法使用，持卡人权益严重受损。二是伪造、变造支付业务、财务报表和资料，欺骗、掩饰资金流向。三是超范围违规发行网络支付产品。

根据《中国人民银行法》和《非金融机构支付服务管理办法》，中国人民银行依法注销该公司支付业务许可证。根据《非银行支付机构网络支付业务管理办法》，支付机构应当依法取得支付业务许可证，获准办理互联网支付、移动电话支付、固定电话支付、数字电视支付等网络支付业务。

2. 实训目标

通过查询支付牌照，熟练掌握查询方式，可以对支付公司牌照进行查验。

3. 实训内容

请查证某一平台是否具备支付业务许可证。具体操作步骤：

（1）登录中国人民银行官网。

（2）点击政务公开栏—行政执法信息。

（3）进入页面后依次点击“政务公开”“行政执法信息”“行政审批公示”。页面呈现如下：

（4）进入“已获许可机构（支付机构）”页面，键入所需关键字进行查询。

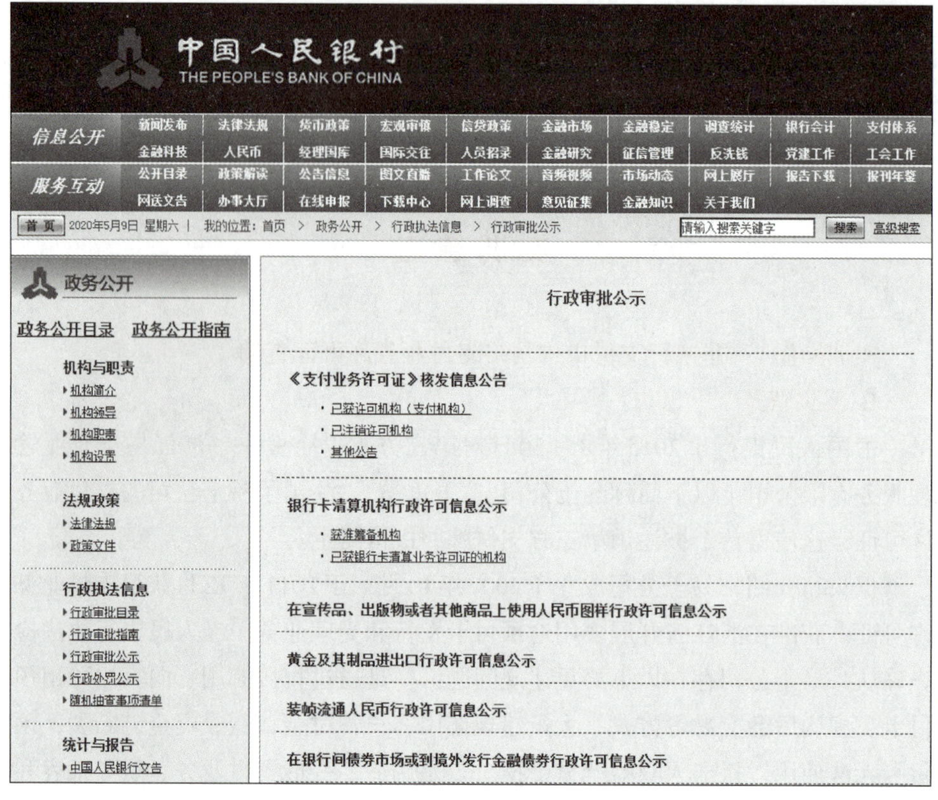

实训操作2：第三方支付直连变网联

1. 实训背景

2017年8月，人民银行下发了关于商业银行和非银行支付机构将网上支付业务直连迁移至网联平台的通知，通知中明确了两个时间点：① 自2018年6月30日起，支付机构受理的涉及银行账户的网络支付业务全部通过网联平台处理。② 各银行和支付机构应于2017年10月15日完成接入网联平台和业务迁移相关准备工作。

2. 实训目标

通过查阅有关文件，深入理解网联成立的意义，了解监管的目的以及今后支付监管的发展方向。

3. 实训内容

请通过网络搜索，列示“直连变网联”工作要点，具体操作步骤：

（1）进入搜索页面，键入关键字“人民银行关于网上支付直连转网联平台通知”。

（2）点击查看意见稿全文。

（3）归纳相关工作程序及要点。

第10章在线练习

课后思考

1. 请简述互联网金融监管的必要性。
2. 请简述我国互联网金融具体业态监管分工。
3. 请简述我国互联网金融监管对于市场秩序方面的要求。
4. 请简述互联网支付监管原则。
5. 请简述互联网保险监管原则。

参考文献 <<<<<<<<<

[1] 中国人民银行. 2019年支付体系运行总体情况[EB/OL].[2020-03-17]. 中国人民银行网站.

[2] 中国人民银行支付结算司. "互联网时代的支付变革"[EB/OL].[2015-04-23]. 中国人民银行网站.

[3] 三益宝. 2017年银行服务收费新规[EB/OL].[2017-11-09]. 三益宝网站.

[4] 罗知之. 多项银行服务免费 短信提醒将收费[EB/OL].[2017-08-04]. 人民网.

[5] 陈文. 国际上如何区分支付、清算、结算基本概念?[EB/OL].[2020-03-02]. 未央网.

[6] 孙璐璐. 银联正式"持证上岗"第二张牌照有望花落外资[J]. 中国外资(上半月),2019,7:43.

[7] 银联商务. 公司简介[EB/OL].[2020-05-22]. 银联商务官网.

[8] 创业家精选. 招行宣布进入"全面无卡化",App取代银行卡[EB/OL].[2019-01-16]. 搜狐网.

[9] 孟扬. 微众银行:我国第一家互联网银行探路普惠金融[EB/OL].[2018-11-15]. 金融时报.

[10] 詹晨. 中国第一家纯互联网银行如何跑"在云上"?[EB/OL].[2015-05-27]. 界面网.

[11] 黄平,卢晓婷. 基于Lending Club平台对P2P网贷平台利率的影响因素研究[J]. 巢湖学院学报,2019,21(05):54-60.

[12] 李姣. 中外P2P网贷大数据风控体系比较研究[J]. 甘肃金融,2019(06):24-29.

[13] 朱彦松,郭婧琳,周凯,齐琼. 互联网金融的风险防范研究[J]. 知识经济,2020(16):52-53.

[14] 王波,罗云,陈彩云. 中国互联网信托:内生逻辑、运营模式与风险规制[J]. 西安财经学院学报,2019(6).

[15] 郭跃猛. 消费金融证券化过程中的SPV及风险管控——基于信托视角分析[J]. 河北金融,2019(5).

[16] 李腾飞. 严监管下的互联网资管业务发展与展望[J]. 清华金融评论,2019(5).

[17] 明朗朗. 信托受益权质押担保的制度审思[M]. 南方金融,2018(5).

[18] 杜靖纬. 互联网下消费金融公司与信托公司合作浅议 [J]. 合作经济与科技，2018 (5).

[19] 巴曙松，赵伟. 构建消费金融的互联网应用场景 [J]. 中国国情国力，2020 (6).

[20] 程雪军，王刚. 互联网消费金融的风险分析与监管建构 [J]. 电子政务，2020 (5).

[21] 曹静. 消费升级背景下消费金融市场发展方向研究 [J]. 上海金融，2019 (9).

[22] 王志峰，杜娟. 科技驱动消费金融创新 [J]. 中国金融，2019 (6).

[23] 路倩颐. 基于货币市场基金的互联网金融理财产品运营风险及对策探究——以余额宝为例 [J]. 世纪桥，2015 (12).

[24] 吕欢. 货币市场基金与互联网金融深度融合对商业银行的挑战及应对策略研究 [J]. 经济期刊，2015 (04).

[25] 刘倩，李洁. 基于GARCH-VaR和GARCH-CVaR模型的货币基金产品风险研究 [J]. 经济研究导刊，2019 (21).

[26] 刘梦瑶. 基于自由现金流分析互联网融资问题 ——以支付宝旗下理财项目为例 [J]. 全国流通经济，2019 (6).

[27] 张艺骞. 关于互联网金融发展模式的几点思考 [J]. 环渤海经济瞭望，2019 (1).

[28] 张玲璇. 基于互联网金融背景下基金市场发展分析——以“余额宝”为例 [J]. 现代商业，2020 (12): 82-83.

[29] 吴腾. 浅析以余额宝为代表的基金类互联网金融产品的发展及与商业银行的博弈 [J]. 河南工业大学学报 (社会科学版)，2014，10 (04): 73-79.

[30] 刘国君. 互联网金融发展对银行基金业务的挑战探析 [J]. 中小企业管理与科技 (上旬刊)，2013 (11): 62-63.

[31] 张兆曦，赵新娥. 互联网金融的内涵及模式剖析 [J]. 财会月刊，2017 (02) 84-91.

[32] 杨海涛，符倩. 互联网金融营销研究——以网络货币基金为例 [J]. 中国商贸，2014 (26): 25-27.

[33] 何海锋. 监管科技的八大发展趋势 [J]. 财经，2019 (7).

[34] 破晓：中国金融科技行业研究报告 [R]. 上海：艾瑞咨询，2019.

[35] 金融科技 (FinTech) 发展规划 (2019—2021年) [Z]. 北京：中国人民银行，2019.

[36] 吴金旺，靖研. 互联网金融法律法规 [M]. 北京：中国金融出版社，2018.

[37] 杨西雯，中国金融科技监管模式探索［OL/B］，零壹财经，2019（5）.
[38] 朱振鑫，杨芹芹.金融科技：一场静悄悄的革命［OL/B］，如是金融研究院.2018（3）.
[39] 黎四奇，苗羽亭.大数据背景下金融隐私权的保护［J］.财经理论与实践，2019，40（4）.

作者简介 <<<<<<<<<

郭福春，中共党员，二级教授，博士，浙江金融职业学院党委委员，副院长，信息与互联网金融学院院长。全国优秀教师，浙江省杰出教师，浙江省新世纪151第二层次人员，国家级专业教学团队负责人，互联网金融专业国家教学资源库主持人，先后荣获浙江省高等教育教学成果奖一等奖3项（主持人），荣获高等教育和职业教育国家级教育教学成果二等奖3项（主持人），国家精品资源共享课“现代金融概论”负责人。兼任中国职业技术教育学会、中国高教学会理事，中国高教学会职业技术教育分会秘书长，全国金融职业教育教学指导委员会常务副秘书长，浙江省高职研究会秘书长。从事“现代金融概论”“商业银行经营管理”“互联网金融概论”等课程的教学工作。在《财贸经济》《金融研究》《中国高教研究》等期刊上发表学术论文100余篇，出版学术专著、编著、主编教材30余部。

史浩，浙江大学硕士、高级工程师。中国服务贸易协会专家委员会特约研究员、浙江省商业经济学会会员、美国“特许金融分析师协会”正式成员，美国“全球风险管理专业人士协会”独立会员。曾供职于中国工商银行浙江省分行和诺基亚公司，具有金融行业和信息技术行业从业经验。主要研究方向为互联网金融支付、科技金融、投资银行等方向。目前受聘为高等职业教育金融专业国家教学资源库“互联网金融基础”课程组课程建设核心成员。近年来，参与编写出版的书籍有《IT职业素养》《互联网金融概论》《互联网金融支付》《互联网金融基础》《跨境支付》，其中《互联网金融支付》荣获“零壹财经”年度十大新金融书籍。

郑重声明

防伪查询说明

用户购书后刮开封底防伪涂层，利用手机微信等软件扫描二维码，会跳转至防伪查询网页，获得所购图书详细信息。用户也可将防伪二维码下的20位密码按从左到右、从上到下的顺序发送短信至106695881280，免费查询所购图书真伪。

反盗版短信举报

编辑短信“JB，图书名称，出版社，购买地点”发送至10669588128

防伪客服电话

（010）58582300

资源服务提示

欢迎访问职业教育数字化学习中心——“智慧职教”（http://www.icve.com.cn），以前未在本网站注册的用户，请先注册。用户登录后，在首页或“课程”频道搜索本书对应课程“互联网金融基础”，进行在线学习。

也可访问爱课程网（http://www.icourses.cn），以前未在本网站注册的用户，请先注册。用户登录后，在首页或“在线开放课程”频道搜索本书同名课程“互联网金融基础”，进行在线学习。

授课教师如需获取本书配套教辅资源，请登录“高等教育出版社产品信息检索系统”（http://xuanshu.hep.com.cn/），搜索本书并下载资源，首次使用本系统的用户，请先注册并完成教师资格认证。

欢迎加入高教社高职金融交流QQ群：424666478